# 永定河史话

尤书英 著

北京出版集团
北京出版社

图书在版编目（CIP）数据

永定河史话 / 尤书英著． — 北京：北京出版社，2024.6
ISBN 978-7-200-17859-3

Ⅰ．①永… Ⅱ．①尤… Ⅲ．①永定河—文化史—北京 Ⅳ．①K291

中国国家版本馆CIP数据核字（2023）第038423号

## 永定河史话
### YONGDING HE SHIHUA
尤书英 著

\*

北京出版集团
北京出版社 出版
（北京北三环中路6号）
邮政编码：100120

网址：www.bph.com.cn
北京出版集团总发行
新 华 书 店 经 销
北京华联印刷有限公司印刷

\*

170毫米×240毫米 27.75印张 428千字
2024年6月第1版 2024年6月第1次印刷
ISBN 978-7-200-17859-3
定价：98.00元
如有印装质量问题，由本社负责调换
质量监督电话：010-58572393
责任编辑电话：010-58572281

# 再 版 序 言

■ 尤书英

《永定河史话》一书于2017年的3月第一次出版发行，至今已有5年多的时间。也正是这一年，大运河文化带、长城文化带、西山永定河文化带，正式列入新版北京城市"总体规划"之中，这意味着永定河文化的研究进入一个新的阶段。

本书出版后得到了社会以及媒体的关注，有关方面的专家老师给予了充分肯定，并提出宝贵的意见和建议，这对我是极大的鼓励和鞭策。

多年之后，把这本书再次介绍给读者，是一种荣幸，也是一种责任。新版的《永定河史话》中增加了第十六章，"续写新时代母亲河的精彩"。因为在过去的几年里，发生的事情实在是太多太多，永定河已然走进新时代，我希望通过这一章，能够记录永定河这一新的、重要的历史阶段。除此之外，我对书中存在的个别错误做了纠正；对其中极小部分的文字做了些微删改或补充；同时应读者要求增加了书中照片的数量。书中的基本内容、基本框架和基本观点未做大的修订。

在最近的几年中，我依然行走在永定河畔。在永定河的上游，我曾在朔州"引黄北干1号洞"前伫立良久，曾到一些河段实地感受治理的成果，也曾到沿线的一些水库和湿地走马观花。有时候，我还会站在永定河边，看着来自上游的补水情景和河道奔涌的浪花，沉浸于一种欣慰和感动。

2016年12月，国家发改委、水利部、国家林业局联合印发《永定河综合治理与生态修复总体方案》。2017年4月1日，永定河综合治理与生态修复总体方案实施动员会暨部省协调领导小组第一次全体会议在北京召开，《永定河综合治理与生态修复总体方案》正式启动，干涸断流多年的母亲河重新焕发生机，两岸的人们已经真切感受到那扑面而来的新生气息。

"多情惟有桑干水，照我红颜又白头。"当这本书再次呈现给读者之时，我已是年过古稀。在这本书中，我想通过对历史的回望，对现实的关注，在尽文字担当的同时，也能融入激荡在内心的永定河情怀。我愿意通过我的努力，唤起更多的人对母亲河的关注和关爱。

为此书再版，北京出版集团的领导和编辑人员给予了鼎力支持，他们从决策、策划、推广、重新装帧设计到发行，做了大量细致和辛苦的工作，在此表示诚挚的感谢，没有他们就没有《永定河史话》的重生。

在这里，我还要感谢永定河研究会的领导及各位同人，他们孜孜以求的境界和埋头工作的背影不断激励着我，研究会良好的工作氛围使我不断充实自己，提高自己，辛苦并快乐着。

最后，我要感谢我的家人，我的老伴儿和女儿。写作需要大量史料的积累和分析，还需要必要的实地考察，行走在永定河畔，有的地方并没有路，他们使我在艰难坎坷的行走中有了陪伴。我的女儿是副研究员，也是我的第一读者，如何使占有大量史料的《永定河史话》尽量通俗易懂，我吸纳了她很多有益的意见。

本书不足之处尚请读者谅解，有关永定河的课题，需要继续深耕和研究，永定河的故事依然在继续。

2022年8月1日

# 前 言

永定河发源于山西省宁武县管涔山，流至天津市屈家店，经永定新河于天津北塘注入渤海，全长759千米。永定河流域广阔，地跨内蒙古、山西、河北、北京和天津等5个省（自治区、直辖市），共涉及51个市、县、区，流域面积4.7万平方千米。

永定河流经北京170千米，自河北省怀来县幽州村东南流入北京市界，流经门头沟、石景山、丰台、房山和大兴五区，至大兴区南端崔指挥营村以东复入河北省境域，是北京地区最大的河流，流域面积3168平方千米。永定河上游的官厅水库位于河北省怀来县和北京延庆区交界处，延庆境内的妫水河是入库河流之一。

这是一条古老的河流，如果沿着永定河的历史不断上溯，我们可以看到亿万斯年的永定河，悠悠千古的华夏文明；这是一条不同寻常的河流，在北京从聚落到都城的漫长岁月中，永定河一直扮演着不可或缺的角色，她孕育了这座城市，见证了一代又一代王朝的更替和勃兴，给这片土地带来了无限荣耀与生机；这是一条无私的河流，她以淳朴、豁达、包容的胸襟滋养两岸繁衍生息的万物生灵，给广袤的山川大地留下秀美，给沿河的城市和村镇留下丰厚而隽永的文化底蕴。

我是在永定河边长大的，童年在河边玩耍时的记忆难以忘却，内心的皈依感强化了对永定河的眷恋和牵挂。多年来，我行走在永定河两岸，或溯源而上，或沿故道而下。我到过管涔山、桑干河大峡谷、官厅山峡、永定河新河入海口、永定河故道国家湿地公园；考察了泥河湾古人类遗址群之小长梁遗址；参观了阳原县泥河湾博物馆、涿鹿中华三祖文化园、门头沟永定河文化博物馆、建在金中都水关遗址上的北京辽金城垣博物馆、郭守敬纪念馆、首都博物馆。我还探寻了永定河古老的水利工程遗迹，以及新中国成立后永定河上的水库、水闸、水渠、水利枢纽工程等。

步履所至，见闻所及，母亲河的绰约风姿和两岸儿女的时代风采，丰富的山水风物和源远流长的永定河文化，常常会诱发我的思绪，让我尽情感受历久弥新的气息。尤其是沿河两岸的市、县，不遗余力地打造永定河文化，以满腔的热忱去感应永定河充满活力的脉动，给我留下的印象颇为深刻，北京市门头沟区连年举办的"永定河文化节"已然成为人们的期许。新时期，北京有关永定河的"十三五"规划开始实施，建设北京西部绿色生态走廊，打造沿河经济发展新空间，这一切不由得让人心中升腾起澎湃的情感力量。

在写作此书的过程中，我时常觉得离永定河很近，有时又会感到遥远，我想在尘封的故事中去寻找她，在历史的暮霭中走近她。由于本人学识所限，本书内容涉及面十分宽广，难免有粗糙之弊与不足之处，还请读者见谅。

在此，向所有给予本书关注、帮助、支持的有关部门和专家老师，一并表示诚挚的感谢。

尤书英

2016年12月8日

# 目 录

## 第一章 永定河是北京的母亲河
一、永定河造就北京湾 / 2
二、北京之摇篮 / 8
三、古都生命之源 / 13
四、故道留珍 / 17
五、永定河与北京胜景 / 22

## 第二章 她从远古走来
一、永定河上游有个泥河湾 / 28
二、永定河中下游流域的古人类遗址 / 34
三、桑干河畔的轩辕古城 / 38

## 第三章 一条多名的河流
一、永定河的早期称谓 / 45
二、沿用时间最长的名字——桑干河 / 47
三、争论未已卢沟河 / 50
四、亦清亦浊是浑河 / 65
五、康熙帝赐名永定河 / 71

## 第四章 水利回眸
一、淤地肥田之利 / 80
二、水力加工之利 / 83
三、航运和漕运之利 / 85
四、农田灌溉之利 / 92
五、新中国成立后水利新篇 / 103

## 第五章 震撼的水患记忆
一、永定河容易发生洪灾的四个汛期 / 112
二、北京地区永定河水灾举要 / 119
三、明清以来永定河水灾重点年份简介 / 121

## 第六章 水患是多因之果
一、永定河的特性 / 134
二、永定河水灾中的社会因素 / 139

## 第七章 走向永定
一、堤防工程 / 176
二、闸坝工程 / 187
三、新中国成立后的防洪工程体系 / 193
四、防汛责任重于泰山 / 206

## 第八章 崇祀河神的往事
一、三朝五帝敕封永定河 / 210
二、河堤上的祭祀带 / 213
三、祭祀河神的礼仪习俗 / 218
四、逝去的河神庙 / 221
五、纪念河神显灵之大王庙 / 226
六、不得不说的三家店龙王庙 / 229

## 第九章 古渡寻踪
一、三家店古渡 / 238
二、麻峪古渡 / 247
三、庞村古渡 / 252
四、卢沟古渡 / 259

## 第十章　永定河畔的近代工业

一、神机营机器局——北京最早的军火工厂 / 268

二、石景山发电厂的沧桑岁月 / 270

三、高炉下的蹉跎与重生 / 272

四、近代新式煤矿的诞生 / 276

五、长辛店铁路工厂 / 282

## 第十一章　永定河畔的古村镇

一、永定河流经北京的第一个村落——沿河城 / 286

二、为皇宫定制霓裳——琉璃渠村 / 290

三、繁华染就的老街——三家店 / 292

四、魅力古村——模式口 / 296

五、千年古镇——长辛店 / 299

六、因河得名的村庄 / 302

## 第十二章　一方水土

一、东方波尔多 / 310

二、幽州金丝小枣 / 313

三、千亩红富士造就金河滩 / 316

四、东山京白梨 / 318

五、龙泉务香白杏 / 320

六、鲜花盛开的地方 / 322

七、西瓜之乡庞各庄 / 324

八、指尖上的文化遗产 / 326

## 第十三章　沿着河水寻找美丽风景

一、嵌在大山深处的珍珠湖 / 334

二、金顶妙峰山 / 337

三、发现天台山 / 343

四、潭柘、戒台风景区 / 347

五、"燕都第一仙山"石景山 / 354

六、两岸掠影 / 358

### 第十四章　永定河上的露天桥梁博物馆
一、演绎传奇——闻名遐迩卢沟桥 / 368
二、永定河上的第一座铁路桥——
　　卢沟铁路桥 / 373
三、百年桥韵——京门支线铁路桥 / 376
四、"古董桥"——京门公路桥 / 377
五、多项第一聚一身——三家店拦河
　　闸桥 / 379
六、横贯水闸上游——丰沙线永定河一号
　　特大桥 / 380
七、有桥墩没桥面——丰沙线旧桥 / 382

### 第十五章　永定河文化研究进行时
一、概念的提出与共识 / 386
二、春华秋实，硕果累累 / 388
三、那些人，那些事 / 394
四、渐入佳境，方兴未艾 / 398
五、任重道远 / 403

### 第十六章　续写新时代母亲河的精彩
一、破解母亲河之忧 / 406
二、新理念开启新征程 / 409
三、聚焦永定河的变化与未来 / 420

**参考书目** / 431

**再版后记** / 433

北京永定河石景山段莲石湖 / 李文明 摄

# 第一章

## 永定河是北京的母亲河

**永**定河万古流长，是一条孕育北京灿烂文明的母亲河。追溯北京三千余年的建城史和八百六十余年建都史，其形成和发展与永定河息息相关。毫不夸张地说，是永定河水滋养了北京城。

"母亲"二字本身包含着厚重的人文内涵，有位作家颇为形象地比喻永定河，切切实实地融入了北京的血液里，让北京在她的襁褓中发育和成长起来。

## 一、永定河造就北京湾

永定河是流经北京地区的最大河流。从古都北京的起源和形成上看，洪荒时代的永定河，从上游挟带大量泥土和沙石，在出山后形成洪积冲积扇。这是北京城建城的地理基础。今天的北京即坐落在以永定河洪积冲积扇为主，沟河、潮白河、温榆河、大石河洪积冲积扇为辅的北京小平原上。

冲积洪积扇是一种地质现象，是指河水或洪水流出山谷出口，经冲积洪积的作用形成的扇形堆积地貌。河流从高山高原地带流出，流进低洼的地区，陡坡开始变缓，河水的冲击力随之变弱，河水从上中游带来的泥土、沙石沉降形成的堆积地貌为冲积扇。洪积扇则是在雨季山洪暴发形成的短暂"径流"挟带的砾石堆积形成的扇形堆积地貌。

永定河上游的桑干河发源于山西宁武县管涔山。永定河上游最大支流洋河发源于内蒙古自治区兴和县和山西省阳高县，于河北怀安县境内由东洋河、西洋河、南洋河汇成洋河，流经万全、桥西、宣化、涿鹿等区县，在河北省怀来县夹河村与桑干河汇合后始称为永定河。由于上游的气候条件和地理条件，山体缺乏足够的植被保持水土，遇有大雨、暴雨，雨水就会迅速在山谷中汇集起来，山洪挟带泥土沙石从高处汇流而下。凶猛的洪水冲出山口后，坡度骤降，失去了山谷的束缚，水流随之变得缓慢和散乱，形成一个扇状的堆积体。

永定河是北京的母亲河 第一章

桑干河与洋河汇合处 / 魏齐庚 摄

　　冲积扇催生城市。永定河冲积洪积扇不仅为北京提供了建城的空间和适宜耕种的土壤，还为北京的建立提供了直接或间接的水源。北京市地质调查研究院、北京市地质矿产勘查开发局、北京市水文地质工程地质大队，曾在《中国地质》2009年第5期发表署名文章《北京平原第四系的三维结构》，其中写道："河水出山后的河道也因构造运动多次改道，逐渐由北向南迁移。通过卫星相片可清晰地看到，每次永定河的改道形成的巨大冲洪积扇相互叠压，最终塑造成如今北京平原的面貌。这些冲洪积扇结构清楚，从扇顶到扇缘沉积物由砂砾石、中粗砂、粉细砂到黏土，由粗到细的趋势明显。在扇间洼地和扇缘分布有湖相和沼泽相沉积。"

　　专家考证，古代的莲花池水系、西山诸泉、高粱河水系以及城近郊区丰富的地下水，主要都是永定河通过地上、地下的途径补给的，有的直接就是永定河的古河道。冲积扇扇体表层的洪积物颗粒较大，排列也不够紧密，彼此之间的缝隙宽，因此有利于地表水的下渗。当水流到冲积扇扇缘部位的时候，已经离地表很近，非常利于打井汲水甚至直接形成泉水出露。因此沿着冲积扇的泉水带，非常适合人类的生产和生活，可以进行开垦和耕种，泉水带成为人类的聚落带。

首都博物馆在其展览中介绍永定河："古代永定河水量很大，北京小平原正是永定河泥沙冲积而成，永定河古河道还孕育了万泉河、清河以及大量湖沼，为北京地区提供了优越的水资源，永定河堪称北京的母亲河。"

永定河最古老的冲积洪积扇体的范围，包括东城区、西城区、朝阳区、大兴区的大部，石景山区的东南部，海淀区的四季青、玉渊潭以及东升乡、海淀乡的南半部，通州区的西部和南部，房山区东部，丰台区东部，河北省的部分市、县，以及天津市的部分地区。

对于永定河的河龄，是一个存在争议的话题。据专家考证，地质发育史上的永定河上下游并不连通，经过漫长的地质活动作用，在北京西山之中冲出一条通道，形成永定河山峡，成为沟通怀来盆地与北京平原的河道，来自上游的水流倾泻而下。永定河冲积洪积扇，是永定河经西山流出所挟带的大量砾石泥沙，经年累月造就的北京广袤肥沃的山前平原。因山前的地势较高，即北京地势为西北高，东南低。以出山口三家店、石景山地区为扇体的顶部，呈放射状，自顶点向东北—东—东南方向坡度倾斜下降，地面逐渐降低。扇顶沉积物为粗粒相山前砾石卵石层为主，逐渐向扇中的沙层沉积物过度，冲积洪积扇边缘的沉积物颗粒较细。边缘的细沙带所形成的土壤，正

永定河山峡／魏齐庚 摄

好适合于耕种。2004年，国土资源部与北京市政府联合开展北京市多参数立体地质调查，通过地质工作者的勘查断定，至晚第三纪上新世末期，距今约300万年，永定河全河贯通，奔流的河水涌入"北京湾"。

北京小平原又称"北京湾"，燕山山脉和太行山山脉像臂膀一样，把北京小平原围合起来，山前地区敞开犹如一个扇形，又如半封闭的"海湾"。

我国著名历史地理学家侯仁之先生的著作《北平历史地理》中，曾经写到"北京湾"：

风驰电掣的列车尽管一小时一小时地奔驰着，而窗中所见仍然是那同一的一幅图画。时间久了，心中未免起了一种茫无依归的厌烦，这平原委实是太大了。

但是一到黄土坡车站，情形立刻改变了。这时我从车窗中望去，在绚烂的夕照中，突然看见西北一带平地崛起一列高山，好似向列车进行的方向环抱而来，于是我又不由得想道："那应该就是这大平原的边际了吧！我们的行程也该告一段落了。"果然，列车一过丰台，便蓦地转了一个弯子，渐渐在灯火灿烂中安定下来，正如一艘远涉重洋的巨轮，泊入了它最后的港湾——这就是北京。

我用"港湾"两个字，只在描写我当时的心情，事后才知道，原来美国地质学家维里斯氏，在他考察过北京及其附近的地形之后，就早已给它起名叫作"北京湾"了。

"北京湾"所处之地，是太行山与燕山交会之地，两山围合出西、北环山，东、南向海的半封闭地形。从自然条件和地理形势看，这样的地形有利于阻挡北方的干冷空气，也有利于迎接东南方向的暖湿气流。古老的永定河带来泥土和充足水源，保障了山前平原农作物的耕种和丰饶的物产。北京小平原地域通达，水陆交通便利，是都城发展的必要条件，而山水同时构成天堑之险，以捍卫都城的安全。纵观历史上古都的定鼎与迁移，山水形胜，使北京成为盛产古都的地方，有史可鉴。

都城的堪舆往往需要风水来完成。风水关乎社稷，强调以山为龙，以水为血脉；水在风水中承载的内容关乎命运、关乎兴衰。古人称永定河为朱雀水，历史将激荡的永定河水与都城联系在一起。当然，北京作为古都有其历史原因和政治上的因素，即使是"相形取胜"，也有深深的政治烙印和来自帝王的灵感。但是，不能否认永定河冲积扇为北京原始聚落的形成以及三千多年的城市发展，提供了良好的地域空间。一个朝代逝去，又一个朝代在此崛起。

辽以幽州为陪都，都城位于今广安门附近，靠近永定河渡口，依托莲花河水源，曰南京，又称燕京。辽南京的建立在北京历史上承上启下，其政治地位骤然提升。一般的都城，皇城在城正中偏北，而辽南京的皇城却在西南，这是因为城西南自古燕国始便是宫殿区，皇城接近南部的永定河，对皇室用水和帝后游幸都十分便利。

金中都城是在辽陪都南京（燕京）的基础上建立的。金海陵王完颜亮登位后，有内侍梁汉臣奏曰："燕京自古霸国，虎视中原，为万世之基。陛下宜修燕京，时复巡幸。"天德二年（1150年），金廷就迁都事颁求言诏，得到朝官及士人的响应，"不若徙燕，以应天地之中"。天德三年（1151年），扩建燕京，兴建新都；贞元元年（1153年）竣工，金王朝定为"中都"，亦成为金王朝的政治中心。

忽必烈称帝，蒙古统治中心南移，在燕京兴建大都城，经过了多方面考虑和长时间准备。蒙古贵族巴图南向忽必烈进言："幽燕之地，龙蟠虎踞，形势雄伟，南控江淮，北连朔漠。且天子必居中以受四方朝觐，大王果欲经营天下，驻跸之所，非燕不可。"（《元史·巴图鲁》）元大都的建立对北京历史的发展有深远的影响。

明成祖意欲建都北京，得到群臣拥护。公侯伯等上疏："切惟北京河山巩固，水甘土厚，民俗淳朴，物产丰富，诚天府之国，帝王之都也。"六部尚书等奏曰："伏惟北京，圣上龙兴之地，北枕居庸，西峙太行，东连山海，俯视中原，沃野千里，山川形势，足以控制四夷，制天下，成帝王万世之都也。"（《明太宗实录》）明《宛署杂记》曰："夫太行自天之西柱奔腾以北，云从星拥，几千万派，而至宛平三岔口，析而为二，此堪舆家所谓大聚讲也。一自口东翔，为香山，结局平原，一望数百里，奠我皇都。一自口北走，百折而东，逆势南面，去作皇陵，而浑河、玉泉等水纵横其间，为之界分而夹送之，令岳渎诸山川，得拱挥襟带，比之共辰。相传冀州风水极佳，宛平盖独收其胜矣。"明万历年间修撰的《顺天府志》载："燕环沧海以为池，拥太行以为险，枕居庸而居中以制外，襟河济而举重以驭轻，东西贡道来万国之朝宗，西北诸关壮九边之雉堞，万年强御，百世治安。"《涌幢小品》中曰："京师前抱九河，后拱万山，正中表

永定河畔青纱帐 / 魏齐庚 摄

宅，水随龙下，自辛而庚，环注皇城，绕巽而出，天造地设。"由此可知北京被作为风水宝地，成为帝王建都的首选之地。

清朝定鼎北京，康熙帝有御制文曰："朕惟国家定鼎于燕，山河拱卫。桑干之水，发源于大同府天池，伏流马邑，自西山建瓴而下，环绕畿南，流通于海。此万国朝宗要津也。"

清《康熙宛平县志》曰："城西三十里内外，群山东向，积翠浮空，卢水南流，洪涛匝地，坎水艮地相会于中原，诚所谓终万物，始万物之大规模矣。"

清雍正帝写有《帝京篇》，曰："磐石占幽蓟，金汤固帝京。幅员宁有外，带砺自堪盟。形势河山拱，星文气象清。休征荷地力，瑞应感天成。济济匡时器，熙熙击壤情。溪流穿禁籞，霞彩映重城。日照朱甍丽，尘飞紫陌轻，烟花织锦秀，莺燕唱升平，池暖鱼吹絮，兰熏蝶抱英，新荷初浥露，宿麦晚蒸晴。极浦渔舟杳，斜阳牧笛横，所希均雨泽，南亩问春耕。"

清《钦定日下旧闻考》载："燕蓟为轩黄建都之地，扆山带海，形势之雄伟博大，甲于天下。我朝定鼎于兹，巩亿万载丕丕基，美矣，茂矣。"

古都的选址，在早期首先是和满足生存的基本条件紧密结合在一起的。随着社会的不断发展，政治、军事、经济、自然环境、交通条件、辐射能力等，都成为考量、取舍的因素，风水学也成为关键之一。"王者不得不可为王之地"，北京建立都城八百多年，神秘的天运色彩在这里被彰明较著。作为政治权力中心所在地，自然地理环境与都城选址和规划的关系，以及政治、经济、交通、军事防御等各个方面的影响被诠释得淋漓尽致。

## 二、北京之摇篮

择水而建，是城市发展的基本规律，水的状态影响着城市发展的格局。世界如此，中国如此，北京亦如此。

《北京水史》载："史前，永定河分支出一支水流，沿今八宝山南侧向东南流，这就是古治水、古㶟水河道。魏晋南北朝称为清泉河、桑干河，后逐渐成为永定河一个时期的主河道。其下游，就是今日的凉水河。其上游逐渐淤为平地，却是古㶟水（永定河）冲积扇的潜水溢出带，形成地表溢出泉（平地泉）、淀泊塘（西湖）、'断头河'，地表水和地下水都十分丰富。"

永定河在山区有各个支流汇入主流，而在冲积扇上则正好倒置过来，由主河流入补给那些自由分汊的支流。莲花池就是在永定河的冲击和改道中形成的。古时的莲花池称西湖，北魏郦道元所写《水经注》云："㶟水又东，与洗马沟合。水上承蓟城西之大湖，湖有二源，水俱出县西北平地导泉，流结西湖。湖东西二里，南北三里，盖燕之旧池也。绿水澄澹，川亭望远，亦为游瞩之胜所也。湖水东流为洗马沟，侧城南门东注。"金迁都燕京后在西湖广种莲花，后易名"莲花池"。这里所说的洗马沟即丰台北的莲花河，是莲花池的下游。

莲花池的古老历史与北京城的发展史相辅相成。从北京城之始的蓟城一直到辽金的都城，都是依托于莲花池，与莲花池、莲花河组成的莲花池水系有着密切的关系。可以说，这个水系是北京城最早开发的地面水源，因地处永定河冲积洪积扇的潜水溢出带，有丰富的地下涌泉补给。也可以说，作为母亲河的永定河是北京原始聚落蓟城形成的主要条件之一，充沛的地下水资源是历史上北京城及近郊居民日常饮用或灌溉农田的主要水源。1956年，在北京永定河引水工程中，考古工作者在今北京城区西南的宣武门至和平门一带发现了密集的战国和汉代时期的水井150余座，后来又在广内大街、白云观、宣武门、和平门一带发现60余座古陶井，同时发现的还有饕餮纹半瓦当。水井是人类水资源利用历史上的一项重要发明，大大扩展了人类的活动范围，又减少了洪水灾害的影响，而饕餮纹半瓦当是宫殿建筑的特有构件。根据多方面的分析，考古学家认为，古井的分布区，很可能是战国时期燕国蓟城的所在地。

北京市广安门外滨河公园内，有1995年为纪念北京建城3040年而设立的蓟城纪念柱和侯仁之先生所撰写的《北京建城记》碑文。蓟城纪念柱，是北京建城之始的纪念性标志物，纪念柱正面上方镌有侯仁之先生所题的柱铭："北京地区，肇始斯地，其时惟周，其名曰蓟。"《北京建城记》全文如下：

北京建城之始，其名曰蓟。《礼记乐记》载，孔子授徒曰："武王克殷反商，未及下车而封黄帝之后于蓟。"《史记燕召公世家》称："周武王之灭纣，封召公于北燕。"燕在蓟之西南约百里。春秋时期，燕并蓟，移治蓟城。蓟城核心部位在今宣武区，地近华北大平原北端，系中原与塞上来往交通之枢纽。

蓟之得名源于蓟丘。北魏郦道元《水经注》有记曰："今城西北隅有

蓟城纪念柱／魏齐庚 摄

蓟丘，因丘以名邑也，犹鲁之曲阜，齐之营丘矣。"证以同书所记蓟城之河湖水系，其中心位置宜在今宣武区广安门内外。

蓟城四界，初见于《太平寰宇记》所引《郡国志》，其书不晚于唐代，所记蓟城"南北九里，东西七里"，呈长方形。有可资考证者，即其西南两墙外，为今莲花河故道所经；其东墙内有唐代悯忠寺，即今法源寺。

历唐至辽，初设五京，以蓟城为南京，实系陪都。今之天宁寺塔（是北京城现存最古老建筑），即当时城中巨构。金朝继起，扩建其东西南三面，改称中都，是为北京正式建都之始，惜其宫阙苑囿湮废已久，残留至今者惟鱼藻池一处，即今宣武区之青年湖。

金元易代之际，于中都东北郊外更建大都。明初缩减大都北部，改称北平；其后展筑南墙，始称北京；及至中叶，加筑外城，乃将古代蓟城之东部纳入城中。历明及清，相沿至今，遂为我人民首都之规划建设奠定基础。

综上所述，今日北京城起源于蓟，蓟城之中心在宣武区，其地承前启后，源远流长，立石为记，永志不忘。时在纪念北京建城之三千又四十年。

一九九五年十月　侯仁之

北京的历史演变，脉络清楚，线索连贯，大体上是沿着部落、方国、诸侯领地中心，逐步成为统一封建国家北部地区的重镇，进而发展上升到国家都城的位置。

北京城在历史上的多次迁移，在很大程度上是受到水患的影响。西周琉璃河燕都与蓟城都代表了北京建城之始。琉璃河又名刘李河，古称圣水。琉璃河燕都时常受到水患的威胁，因而燕国于西周中晚期迁至临易（今河北雄县），琉璃河西周燕都遂废弃。"燕并蓟，移治蓟城。"

北京城在从蓟城到金中都的发展过程中，历经兴衰变化，一直没有发生城址的迁移。

辽代建陪都南京（燕京），是北京作为都城历史的序曲，而金代建立中都，是北京发展史上的一个重要转折点，北京正式成为皇都，并成为中国的政治中心。

金贞元元年（1153年），金海陵王及金廷文武官员到达燕京，将新都定名为"中都"，取金王朝五京当中之意。金中都皇城是在辽朝皇城的基础上加以扩建形成，规制之宏伟，皇宫之壮丽，在北京地区历史上是空前的，开了北京作为都城的宫城建设的先河。金代定中都以后，利用永定河水系的故道、洼地、潜流涌泉等进行营造，辟为园林宫苑。首都博物馆的专家指出，金中都的水源主要有三处：玉渊潭一带的湖水、城北的高梁河水系，以及城西西湖（今莲花池）。西湖湖水注入城中的鱼藻池（今青年湖）。

金中都水关遗址 / 魏齐庚 摄

金中都水关尚存遗址，位于凉水河北岸，是金中都外郭南城墙下的排水涵洞。水关为石木结构，流水面、入水口均由石料构筑，并有密集的圆形木桩。金中都水关遗址残存的基础部分，南北走向，全长43米有余，是国内迄今发现的规模最大的古代水关遗址，现在遗址上修建了北京辽金城垣博物馆。水关遗址的发现，不仅确定了金中都南城墙的方位，而且对我们研究古河道有着重要意义。

震钧所著《天咫偶闻》中的莲花池，让我们从中可窥一斑："南河泊，俗呼莲花池，在广宁门外石路南。有王姓者，于此植树木，起轩亭。有大池广十亩许，红白莲满之，可以泛舟，长夏游人竞集。厂榭三间，一水回折，八窗洞开。夕照将倾，微风偶拂。扁舟不帆，环流自远。新荷点点，苗水如然。浓绿阴阴，周回成犀。浊酒微酣，清兴不竭，于此间大有江湖之思。故宣南士大夫趋之若鹜，亦粉署中一服清凉散也。"

莲花池因水源不足，水面日渐萎缩，成为一片芦苇丛生的湿地。新中国成立后，这里辟为养鸭的地方，后又考虑到城市建设而整体迁出。

1975年，建设北京西客站的工作提上日程，有方案建议占用莲花池。北京市对规划意见是慎重的，经反复论证，广泛听取各方面的意见和建议，最终带有最早北京

北京莲花池公园/魏齐庚 摄

"生命印记"的莲花池得以保留下来。

今日的莲花池是一座典型的城市水系遗址公园。湖内种植各种莲花，已经干涸多年的莲花池再现昔日"水面清圆，一一风荷举""小楫轻舟，梦入芙蓉浦"的美丽风光。虽然周遭已是高楼林立，也有列车从湖的北岸不时穿过，我们仍然能感受到繁华都市喧嚣中的一片宁静。我们应当庆幸，在这里还能看到养育了北京城童年的母亲身影。

北京原始聚落的形成，与莲花池有关，同时也与永定河上的渡口不无关系。北京最初的城邑建在距离永定河渡口不远的地方不是偶然的。《北京通史》载："北京历史上最早的城市位置一直是在现在的北京城的西南部，即今宣武区一带，直到元代才向东北转移。这与古代蓟城需要接近永定河卢沟渡口和利用这条河的水利有关。同时，也由于古代北部的三海大河流量很大，北部形成许多沼泽、湖泊，蓟城只好在两河的中间夹角成长发育。"

《北京建城记》和《北京通史》中所提到的宣武区是北京市原辖区，位于北京城区西南部，是原来4个中心城区之一。2010年，国务院正式批复了北京市政府关于调整首都功能核心区行政区划的请示，同意撤销原北京市东城区、崇文区，设立新的北京市东城区，以原东城区、崇文区的行政区域为新的东城区的行政区域；撤销原北京市西城区、宣武区，设立新的北京市西城区，以原西城区、宣武区的行政区域为新的西城区的行政区域。

## 三、古都生命之源

忽必烈选定燕京并兴建大都城，是经过多方面的考虑和准备的。忽必烈迁都燕京，废弃金中都故城后，选择城外东北隅以大宁宫为中心的地区兴建大都新城。元大都废弃金中都遗址，而另择新址的原因主要有三个方面。第一，金朝部分旧的宫殿在战火中焚毁，原来的皇宫区域陆续被迁来的居民修建了住宅、寺庙等，历经几十年的沧桑，金中都旧皇城已经面目全非。第二，金中都城位于永定河洪积、冲积扇的西南侧，西北有浑河，因地势低洼，时常发生水患，不利于大规模地扩建新的都城。因此，曾经因河而建的都城，又因受到水患的威胁不得不重新选址。第三，由于人口的增长，城市的功能与结构发生变化，金中都所依托的莲花池水系水量已不能满足城市的实际需求。

这里需要着重说明的是，北京地区水系的分布与水量，对北京城址的选定与变迁具有决定性影响。永定河古河道的变迁直接影响了金代前后北京城的选址。元大都城重新选址的位置，地势相对较高，洪水威胁大减。北京城从琉璃河古城、蓟城，到辽南京、金中都、元大都，城市位置的规划趋势从西南向东北方向移动，地势从低到高，逐渐从比较近水的地方到相对安全与永定河保持一段距离的地方。

《管子·乘马》曰："凡立国都，非于大山之下，必于广川之上。高毋近旱，而水用足；下毋近水，而沟防省。因天材，就地利，故城郭不必中规矩，道路不必中准绳。"管子阐述的大意应该是，建立都城，不建在大山之下，也必须在大河的近旁。高不可近于旱，以便保证水用的充足；低不可近水潦，以节省沟堤的修筑。要依赖天时地利。所以，城郭的构筑，道路的铺设，不必循规蹈矩。北京古都的选址或迁移，正是上述思想的体现。

大都城的规划设计首先从满足城市水源的角度，对河湖地貌等自然条件做了因地制宜的改造和利用。元大都城址以大宁离宫的一片湖泊为中心，依傍高梁河水系。历史上的高梁河，又名高良河，在古永定河河道向南摆动过程中，高梁河与古永定河曾是同一河道，直到古永定河南迁，高梁河方与古永定河分开。北魏·郦道元《水经注·鲍丘水注》载："鲍丘水入潞，通得潞河之称矣。高梁水注之，水首受灅水于戾陵堰，水北有梁山，山有燕刺王旦之陵，故以戾陵名堰。"《再续行水金鉴》载："在两汉时，以高梁河为桑干河正溜。"《北京通史》载：辽时，"高梁水是当时南京的重要河流，其上源有二：一自石景山北由永定河（当时称桑干河）源出，东流；另一支自西山诸泉汇聚。二水合股在南京城北部东行。下游又分两支：一支继续东流，另一支向东南，沿所谓'三海大河'的方向自辽南京城东部流去，由凉水河方向入潞水"。

高梁河向东流经今德胜门、积水潭、什刹海、北海、中南海、龙潭湖等，最终注入今北京东南的凉水河。具体说，元大都依托的高梁河水系包括积水潭、什刹海、北海、中海以及毗邻的上下游的河流。大都城内的河湖水系可以分为两个系统，由金水河、太液池构成的宫苑用水系统，以及由高梁河、积水潭（海子）、通惠河构成的漕运水系统。太液池和海子湖区成为在新址上的都城城市水源。此外，大运河是北京城的一条重要运输线，关系到历代封建王朝的历史地位的稳定，也关系到京城人民的生产、生活。永定河水的注入使京城的漕运发挥了重要作用，有保漕运畅通之功。

元大都的规划经历了从依靠莲花池水系，转移到依靠高梁河水系作为城市供水的变迁过程。高梁河水系对北京发展成为

北京中轴线上的鼓楼和钟楼/魏齐庚 摄

都城有重要影响，并一直影响到今天的城市格局，可以说是大都的生命线。

早在曹魏时期，魏使持节都督、河北诸军事征北将军、建成乡侯沛国刘靖导高梁河，造戾陵遏，开车箱渠，"水溉灌蓟南北，三更种稻，边民利之"（《三国志》）。至景元三年（262年），樊晨改造戾陵堰，更制水门，并且把高梁河延伸，"自蓟西北迳昌平，东尽渔阳潞县，凡所润含四五百里，所灌田万有余顷"。晋元康五年（295年），刘靖之子刘弘"修主遏，治水门，门广四丈，立水五尺，兴复载利，通塞之宜"（《刘靖碑》）。北魏后期孝明帝之时，裴延儁出任平北将军、幽州刺史。当时戾陵堰已经废毁多年，裴延儁决定重修戾陵堰同时又修范阳郡旧督亢渠。两渠修复后，可灌溉田地百万余亩，为利十倍。北齐河清四年（565年），斛律羡动工扩建蓟城高梁河灌渠，导高梁水，北合易荆水，东会潞水，"转漕用省，公私获利焉"（《北齐书·斛律金传》）。

据专家考证，金代在中都的东北隅高梁河水域，建造离宫，并将西山泉水导入高梁河的上源，形成长河，引入大宁宫。元代著名科学家郭守敬为了给大都引水，在高梁河上游开挖长河。这样一来，高梁河在城外的这部分河道，也并入了长河，成为引水工程的一部分。引白浮泉及西山诸泉水入瓮山泊（今昆明湖），流入北京城内，作为北京的生活、灌溉和河漕用水。有史料记载，玉河水由积水潭至桥下合流，南经李广桥，东迤为什刹海。德胜门桥东有公田若干顷，引水以灌禾黍。湖畔还有御用稻田八百亩。西山泉水入城汇流积水潭，开凿通惠河，使积水潭水量大大增加，成为京杭运河的漕运北端的终点码头，运粮或运送货物的船只可直抵大都城下。元时高梁河、

**永定河出山口 / 魏齐庚 摄**

15

积水潭、通惠河这一个重要的漕运水系获得了显著的效益,"一时舳舻蔽水,盛况空前",促进了元大都的经济繁荣,也为皇城增添了丰富的历史、人文景观。古老的永定河故道带来了多功能的效益。

明代城市水系基本承袭元大都的体系,但漕运不入内城,城市排水系统重新进行了调整。由于河道改道与水源废弃导致供水不足,明政府又重新疏浚了西山入瓮山泊的水道,通西山玉泉诸水以济高梁河。

清朝定都北京,利用了明朝的皇宫,加以增益。顺治皇帝命名宫禁为紫禁城。随着人口的增加和不断地填"海"造地,外三海水面缩小,形成一条狭长的水面。

侯仁之先生曾发表文章说:"往大里讲,元、明、清三代南北大运河的上源就是高梁河,凭了高梁河的给水,每年数百万石的漕粮,才有可能从江南一直水运到北京城下,借以巩固北京作为全国统治中心的经济基础;往小里说,旧日北京城内皇家园林的点缀、内外护城河的环流以及主要水道的洗涤,也无不取于高梁河。即使远在北京尚未成为全国政治中心以前,高梁河已是近郊农田水利的凭借。"侯仁之先生认为,北京城市的发展和高梁河有着血肉相连的关系。

2015年9月,有媒体在《寻访北京的"母亲河"》一文中指出,整个明清时期,高梁河不仅扮演着京城供水、灌溉和漕运的重要角色,从西直门一直到昆明湖,还成为帝王龙舟赴西郊各行宫的御用河道,沿河修筑了许多寺庙宫苑。这一重要河流的名称,也渐渐变为"玉河"和今日的"长河"。

有明人朱茂瑞描写高梁河:

长河/魏齐庚 摄

> 高梁河水碧湾还，半入春城半绕山。
> 风柳易斜摇酒幔，岸花不断接禅关。
> 看场压处掉都卢，走马跳丸何事无？
> 那得丹青寻好手，清明别写上河图。

高梁河上有高梁桥，明人袁宏道记录高梁桥，"高梁桥在西直门外，京师最胜地也。两水夹堤，垂杨十余里，流急而清，鱼之沉水底者，鳞鬣皆见。精蓝棋置，丹楼珠塔，窈窕绿树中。而西山之在几席者，朝夕设色以娱游人。当春盛时，城中士女云集，缙绅士大夫非甚不暇，未有不一至其地者也"。

今天的长河，两岸风景秀丽，依然保留了皇家御用河道的风范，树影婆娑，古迹众多，是一条优美的绿色水道，也是一条厚重的文化长廊。而保存至今的高梁桥，依然固守着北京对高梁河的记忆。

## 四、故道留珍

由于受永定河等河流天长日久的冲刷，淤积起大量的泥沙、砾石，从而造就了北京小平原。这一平原并非一马平川，或许是母亲河的眷恋，流经之处的低洼处留下了她的身影，至今北京的经典之处都可以寻觅到永定河留下的印记，那是北京城最美的地方，也是北京城的美丽年轮。

在历史上，北京的主要水源涵养区和供给地都在永定河曾经的故道上，时代最为久远的是古清河故道。古清河位于城区的西北。永定河南迁之后，古清河便逐渐断流，并在湮废了的古河道上，留下了众多的湖沼、低洼地。日后在海淀镇迤西所见的淀泊和巴沟低地便是其中的一部分，元代称为"丹棱沜"，民间俗称海淀。"淀"是对华北平原北部浅湖的一种通称，"其淀大如海"之意。旧日北京京畿曾有东淀、西淀、三角淀、塌河淀、延芳淀等，号称"九十九淀"。

这里曾经有大量的湖泊、湿地、河流，著名的湖泊园林昆明湖、圆明园，"万泉之地"万泉庄，沼泽湿地海淀等，都位于最北边的古清河故道。

据专家考证，七千多年以前，永定河出山自石景山经苹果园、巨山村向东北行，经玉泉山南沿古清河东流汇入温榆河。永定河向南迁徙之后留下众多的湖沼、低洼地和一个湿漉漉的地名——海淀。明人王嘉谟在《丹棱沜记》中写道："帝京西十五里为海淀，凡二。南则骑于白龙庙，又南凑于湖，北斜邻岣嵝河。又西五里为瓮山（今万寿山），又五里为青龙桥。河东南流入于淀之夕阳，延而南者五里旁与巴沟邻，曰丹棱沜。沜之大以百顷，十亩潴为湖，二十亩沉洒种稻厥田上，湖圌而驶，于西可以舟。其地虚敞，面阳有贵人别墅在焉。"于奕正的《帝京景物略》写道："度山前小桥而南，人家傍山，临西湖，水田棋布，人人农，家家具农器，年年农务，一如东南，而衣食朴丰，因利湖也。使畿辅他水次，可田也，皆田之；其他陆壤，可陂塘也，田而水之；其他洼下，可堤苑也，水而田之，一一如东南，本富则尊，土著其重。"清《宸垣识略》曰："丹棱沜，源出（大兴）县西北万泉庄，平地涌泉凡数十处，自南而北，汇为丹棱沜。北为北海淀，南为南海淀。"

由于海淀地区有青山、碧水、清泉密布，所以元、明、清三代帝王、官宦都纷纷到西郊营建别院和寺庙。清代散文家查慎行在《自怡园记》中写道："京师在《禹贡》冀州境内，地近西山，水泉歕涌。出阜成、德胜二门，演迤灏溔，泉之源不知其几也。玉泉最近，泉出山下，自裂帛湖东南，流入丹棱沜。傍水之园，旧以数十，海淀最著。"

清王朝建都北京，热衷于利用天然水源营造京郊行宫，规模之宏大，工事之浩繁，均胜过前代，逐步形成了以"三山五园"为主体的皇家园林风景区。所谓"三山"是指万寿山、香山、玉泉山，而"五园"则是指静宜园、静明园、清漪园（颐和园）、圆明园、畅春园。"三山五园"都是因水成园，"顺藤结瓜"，利用自然山水，把人们的审美天性发挥到了极致，就像一颗颗珍珠镶嵌在永定河的故道上，为世所罕见。

古金钩河是永定河的另一条故道。玉渊潭、莲花池、紫竹院、积水潭、后海、中南海、龙潭湖、高梁河等水域，都镶嵌在古金钩河故道洼地中。《北京水利志》一书称这条故道为古湿水故道。地质学家朱祖希曾发表《北京的母亲河》《北京的园林和永定河故道》等文章，他认为：古金钩河发育永定河洪冲积扇的脊部，自石景山经杨庄、八宝山和田村山间，至半壁店分成南北两支。北支东流经积水潭又分为古坝河和古高粱河；南支在玉渊潭分为古蓟河和古莲花河两支。由于其主干与以后的金钩河相吻合，故称之为古金钩河。北京市社科院尹钧科、吴文涛所著《历史上的永定河与北京》一书，其中写道："在距今二万多年前，永定河仍然在'古金钩河'故道上流注。"他们认为，1996年王府井东方广场施工现场发现的古人类活动遗址，从古地貌与古环境角度考察，当是坐落在"古永定河"（或其某一支）东岸的天然堤上。

这条河道与北京城的关系十分密切，人称"三海大河"。这条故道上的钓鱼台、紫竹院、乐善园（北京动物园）以及北京城内的一连串"海子"，便是永定河河道南迁后，残余的河床或洼地遗留的积水成为湖泊。

北京城的中心地带，由北及南，有一串翡翠般的湖面，积水潭、什刹后海、什刹前海、北海、中海、南海，也称为六海。北海、中海、南海因划入皇城之内称为内三海。

什刹海 / 魏齐庚 摄

郭守敬纪念馆介绍："积水潭曾是东汉以前永定河故道。东汉以后水流迁于蓟城以南，故道存高梁河水，形成湖泊。已知金代称白莲潭；元代称海子、积水潭；至明代开始有什刹海名称；清相沿，清中后期至民国时期又分称什刹西海、什刹后海、什刹前海和西小海。"新中国成立后，又分别称上述三块水面为西海、后海、前海，统称为什刹海。为了和前三海（北海、中海、南海）区别，什刹海又称为后三海。

出土于北京西四北大街旃檀寺西的唐元和十四年（819年）《崔载墓志》云："保大之乡，桑乾之湄。"专家考证，唐代幽州保大乡有樊村、杜村，今北京西四北大街以西，包括今紫竹院、甘家口、八里庄一带，范围较广。"桑乾"是桑干河的简称，今天称为永定河。所谓"桑乾之湄"是指地处桑干河不远的地方。沿北海的前门文津街向东有叫沙滩儿的地方。《北京地名志》称："此地原为永定河的故道，当年河床宽阔，永定河改道别处后在原故道上留下一连串的沙滩，因此地有一沙滩而得名。"

如果时间追溯到50年代，在新中国成立初期的国家建设中，公安部大楼和人民大会堂的施工中曾经出现过永定河故道。历史地理学家侯仁之先生当时曾风趣地说："大会堂下面压着的，是永定河。"

北京社科院研究员吴文涛发表文章指出：北京的主要水源涵养区和供给地都在永定河的几条故道上。玉渊潭、莲花池、紫竹院、积水潭、后海、中南海、龙潭湖、高梁河等水域，都镶嵌在古金钩河故道洼地中；万泉寺、南海子（南苑）、凉水河、凤河等，则是古灞水河道的遗存。这些水体的产生，要么是永定河流过后的积存，要么是永定河冲积扇的地下水溢出，就像永定河分出的枝杈或毛细血管，向北京大地输送着丰沛的水源。

南海子是北京历史上的一座大型皇家苑囿，地处永定门之南十公里，苑内有永定河故道穿过，因此形成大片湖泊沼泽，草木繁茂，禽兽、麋鹿聚集，自辽金始就是皇家的游猎胜地。

元时，南海子是皇家猎场，建有晾鹰台，设有专门掌管打捕之事的人员。据《元史》记载："冬春之交，天子或亲幸近郊，纵鹰隼搏击，以为游豫之度，谓之飞

**南海子麋鹿苑 / 壹图网供图**

放。"史称"下马飞放泊",是形容南海子距皇城很近。

明成祖定都北京,进一步扩充了飞放泊(南海子),并在四周筑墙、辟门。经过明朝历代统治者大规模的修葺,南海子成为明代北京城南一座风光绮丽的著名皇家苑囿。

清朝入主中原,即把南海子作为皇家苑囿重加修葺,称之为南苑。当时的南苑,是地域的概念而不只是水域概念,其范围东西长约17公里,南北长约12公里,总面积200多平方公里。由于地处永定河冲积扇前沿,地势低洼而泉源密布。清顺治、康熙、乾隆、嘉庆、道光等皇帝都曾在南苑狩猎和检阅八旗军演练。

南苑还是清朝皇帝处理政务的场所。顺治年间,五世达赖应顺治皇帝的邀请,赴北京觐见,顺治皇帝亲至南苑迎接,并令亲王、郡王依次设宴隆重款待。康熙生前数十次到过南苑,也曾在南苑宴请来朝的蒙古诸藩王。乾隆四十五年(1780年),乾隆皇帝在南苑迎接六世班禅来京觐见,并将曾经接待五世达赖的德寿寺修饰扩建,定为接待六世班禅的驻锡场所之一。

今天的南海子公园是北京的一处大型湿地公园，是人们休闲的好去处。有人赞美南海子是京城众多海子中的骄子，其迷人之处，是那一派不假雕琢、浑然天成的野趣。

古老的北京城是一座对称的城市，对称的格局体现皇权至高无上，以及威严的营城理念。而母亲河故道提供的水域以及历代在城市规划中对水环境的表现，为这座都城留下了风景优美的湖泊景区和山水俱佳的皇家苑囿。永定河在南迁过程中所遗留下的故道，以及在地貌形态上表现为牛轭湖、低洼地等，是日后修筑苑囿的自然基础，没有这个基础，便不可能成就过去乃至今天的北京园林。

河流改道是世界上一种常见的，也是很难避免的自然现象。2004年北京市政府与国土资源部联合开展的第四纪地质调查成果表明，永定河自上新世形成以来出山口几次改变。主河道受新构造运动影响多次改道，逐渐由北向南迁移。永定河向南迁移的古河道，大多被冲洪积物填埋。古河道形成了众多的湖泊，如什刹海、中南海、紫竹院、龙潭湖、陶然亭等都是沿古河道形成的湖泊。沿古河道还形成了一些洼地，在今天繁华的城市内仍依稀可辨。

对于永定河故道的名称，学术界的观点尚不完全一致，但是对母亲河故道为这座城市提供的水域却是高度认同。

## 五、永定河与北京胜景

永定河成就北京胜景。北京地区的八景，相传最早见于金代的《明昌遗事》中。明昌是金章宗的年号，所谓"燕山八景"有："太液秋风""琼岛春阴""金台夕照""蓟门飞雨""西山积雪""玉泉垂虹""卢沟晓月""居庸叠翠"。

燕京八景的名称和顺序，历代稍有不同，具体的描述也有变化，现在的北京八景，以乾隆钦定燕京八景景名为依据讲述于后，每一景点所在地，竖御碑一通，正面是钦定的名称，背面是乾隆诗一首。

燕京八景各擅其胜，代表古代京城的景致精华，其中的多处景致与永定河有密切关系。

玉泉山是北京西山支脉的一座山峰。东边是颐和园的万寿山，西边是蜿蜒的西山群峰。这里风景秀丽,流泉密布,水清而碧,玉泉山便是以泉而名。金章宗明昌年间在玉泉山山麓建行宫。"玉泉垂虹"是金时燕京八景之一。"泉自下涌,鸣若杂佩,泓澄百顷,合流而入都城,逶迤曲折,宛若流虹。"(《日下旧闻考》)明人邹缉有诗曰:

> 碧嶂云岩喷玉泉,平流宁似瀑流悬。
> 遥看素练明秋壑,却讶晴虹饮碧川。
> 飞沫拂林空翠湿,跳波溅石碎珠圆。
> 传闻绝顶芙蓉殿,犹记明昌避暑年。

明人沈榜《宛署杂记》曰:"玉泉,在县(宛平)西三十里玉泉山东北。泉出石罅间,因凿石为螭头,泉从螭口喷出,鸣若杂佩,色若素练,味极甘美。潴而为池,广三丈许。池东跨小石桥,水经桥下,东流入西湖,为京师八景之一,名曰玉泉垂虹。"

玉泉山泉位于香峪向斜南翼的东北端,出露于奥陶系灰岩中,在西山山前诸岩溶大泉中享有盛名。该泉为低矿化度、低硬度的中性水,水质良好。因此,玉泉山水曾为明、清两代的宫廷用水。清时,皇宫饮水从玉泉取来,用运水车每天清早自西直门入城,故北京西直门有"水门"之称。

玉泉山/魏齐庚 摄

乾隆帝曾令人对各处名泉水样加以品评,不但比较水质的甘洌,还以银斗衡量水之轻重，以轻者为上。通过比较，唯有玉泉水斗重一两，其余各泉皆重于玉泉山水，因此称玉泉为天下第一。古人认为"水以清、轻、甘、洁为美，轻、甘乃水之自然，独为难得"。水轻杂质少，长期饮用祛病益寿。

首都博物馆在《饮水思源——南水北调工程专题展览》中介绍：北京西山山系构成了一个接纳永定河水的渗透、补给埋藏于地下逾千米的含水层，穿越西山，并在向斜谷东侧南侧出露地表，形成泉流。玉泉山玉泉则是其中最大的溢出点。正是以"玉泉"为代表的众多泉群为北京西山离宫别馆的建设和寺庙的修筑，提供了良好的水源环境，同时也成为北京内城河湖的补给水源。

据史籍记载，清乾隆帝曾写《玉泉垂虹》诗，后以垂虹失其实为由予以更定，"玉泉垂虹"遂称"玉泉趵突"。这一文字改动，应当是当年气候或永定河水位变化的反映。近年来随着永定河中下游水流日渐减少，甚至断流，昔日的景致也随之消失。

"蓟门烟树"是燕京八景之一。据《北京通史》的记载，"蓟门飞雨"是金朝时中都城内蓟门一带的景色，和蓟门相距约一里有大悲阁，又名圣恩寺。一次"辽圣宗遇雨，飞驾来临，改寺圣恩，而阁隶焉"。"蓟门飞雨"便来源于此。元人熊梦祥所著《析津志》载："蓟门在古燕都城中，今大悲阁，南行约一里，基枕其街，盖古迹尔，堕废久矣。"

明初著名人物姚广孝曾作《蓟门诗》一首："云树依依接远丘，时看飞雨洒征裘；不知铜马坊何在？惟有桑干水自流。"《元一统志》记有："铜马门在旧城东南隅，昔慕容儁有骏马置之东掖门，后人因名铜马坊。"明一代名臣李东阳也写有《蓟门作》："蓟门城外访遗踪，树色烟光远更重；飞雨过时青未了，落花残处绿还浓；路迷南郭将三里，望断西村有数峰。坐久不知迟日暮，隔溪僧寺午时钟。"上述所叙蓟门景色仍在金中都城中，飞雨、桑干、铜马坊以及烟光、南郭等正是中都旧城的景物，皇城与桑干河相去不远。

明代时"蓟门飞雨"改为"蓟门烟树"，清代袭之。乾隆皇帝立碑于元大都城垣遗址的西北处，令人感慨的是，此蓟门非彼蓟门，时过境迁，已大相径庭。

《畿辅通志》载：卢沟桥在府西南三十里，每早波光、晓月，上下荡漾。为京师八景之一，曰"卢沟晓月"。"卢沟晓月"自金成为中都的一处胜景，至今历久不衰。卢沟河即是今天的永定河。卢沟桥是古渡口，迢迢远行的人们，怀着各种不同

卢沟桥/魏齐庚 摄

的心情，为了各种不同的事情，或进京或出京，"未晚先投宿，鸡鸣早看天"。他们在清晨之时站在桥头，西山如黛，月色朦胧，城郭宫阙还在宁静之中，桥下河水流淌，波光闪动，心情总会是不平静的，每个过往的路人经过这里，都会在内心掀起思绪和涟漪。"以其密迩京师，驿通四海，行人使客，往来络绎，疏星晓月，曙景苍然，亦一奇也。"（《日下旧闻考》）"卢沟晓月"是一种意境。不仅有远山、河水、石桥、晓月之景致，更有过往行人的心绪。

"卢沟晓月"闻名遐迩，吸引无数的文人墨客，留下很多脍炙人口的诗文。在永定河卢沟桥的东桥堍北侧有乾隆皇帝御笔："卢沟晓月"碑，碑阴是乾隆所作的"卢沟晓月"诗。

> 茅店寒鸡咿喔鸣，曙光斜汉欲参横。
> 半钩留照三秋淡，一蝀分波夹镜明。
> 入定衲憎心共印，怀程客子影犹惊。
> 迩来每踏沟西道，触景那忘黯尔情。

1937年7月7日，侵略者的枪炮声打破了卢沟晓月的宁静，战争中的卢沟晓月在老舍先生笔下是中华儿女的正气凛然。他在《七七纪念》一诗中写道：

> 抗战今开第五年，男儿志在复幽燕！
> 儿生能答人问福？一生应为天下先！
> 斜凝双星秋欲晓，西风万马血飞烟；
> 多情最是芦沟月，犹照英雄肝胆鲜！

北海 / 魏齐庚 摄

"太液秋风"是指太液池的景色，太液池位于中南海。根据《北京通史》的记载，"太液秋风"本是金朝御园中的景色。金中都宫城西苑中太液池是园中的湖泊。明时将"太液秋风"附会在明皇城内太液池上，并将这一景致名称改为"太液晴波"。无论是金朝御园的太液池还是中南海中的太液池，都是永定河故道留下的印记。

"琼岛春阴"在金朝时为八景之一，是与"太液秋风"连在一起的美景。在金中都城内太液池上有岛"琼华"，琼华岛上有琼华阁。明人将琼岛附会在明皇城中的"琼华岛"，称为"琼岛春云"。如今，北海的琼华岛有乾隆亲笔题写的"琼岛春阴"御制碑。

北海公园是中国现存最古老、最完整、最具综合性和代表性的皇家园林之一。古老的母亲河为这里留下一片柔软的水域，经过历朝历代的不断修缮，景色十分优美。琼华岛是北海公园的主体，环岛碧水映天，岛上万木苍翠，亭台楼阁依山就势，红墙黄瓦掩映在葱茏之间，巍巍白塔立于琼岛，富丽堂皇、气象万千。

# 第二章
## 她从远古走来

# 永定河史话

河流是生命的摇篮，人类社会文明源起于河流文化，世界古人类的起源与河流的依赖关系，为大河文明的诞生奠定了基础。埃及的尼罗河，印度的恒河，美索不达米亚原野上的幼发拉底河和底格里斯河都是人类古老文明的血脉。

永定河的形成已经有三百多万年的历史，永定河流域在中华文化起源和传承过程中具有重要地位，成为中华文明探源工程关注的重要区域，其流经的地区蕴含的文化及特殊性是其魅力所在。永定河和所有大江大河一样，以母亲之躯哺育着两岸生命，也孕育了东方这片古老土地上最早的文明，就像一部流淌的史书，记录了人类演化的漫长过程。

众所周知，周口店是"北京人"的故乡，"北京人"是目前已知的北京地区最早的旧石器的古人类。"北京人"的出现，给考古学家提出了一个新的研究课题：他们从哪里来，到哪里去了？

贾兰坡，中国科学院古脊椎动物与古人类研究所研究员，中国科学院院士。1931年贾兰坡曾参加周口店北京人遗址发掘，20世纪70年代，贾兰坡与卫奇等考察研究许家窑旧石器时代文化遗址。贾兰坡院士曾出版《周口店发掘记》一书，他在书中写道："只要打开地图，答案就不难得出。原来，在山西、河北两省的北部，分布着一连串一二千万年前形成的山间盆地。有人把它们统称为山间盆地，有人把它们统称为大同盆地或古大同湖，许家窑遗址就分布在这些盆地里面，虽有关山阻隔，但仍能通过永定河——桑干河河谷这条天然走廊而联系起来。在更新世时期，这条走廊既是动物迁徙的通道，也是人类移动的路线。"

## 一、永定河上游有个泥河湾

这里留下了人类进步的印迹，也记载了人类学家探寻的脚步，在这块神奇的土地上，埋藏着许多与中华民族生存发展有关的史前信息和故事。

泥河湾是河北省阳原县一个只有几十户人家的小村庄，位于桑干河上游的阳原盆地，依山傍水，景色宜人。距今约二百万年前的远古人类就曾活动在这片土地上，以泥河湾命名的泥河湾遗址群成为古地质、古生物、古人类研究的圣地，而泥河湾遗址群的发掘也改写了世界关于人类起源和人类文明发展的历史。泥河湾因此而闻名世界。

泥河湾遗址群主要分布在河北省阳原县境内的桑干河两岸区域内，东西长82公里、南北宽27公里，是泥河湾盆地中的大型史前考古文化遗址群。这里具有国际地质考古界公认的第四纪标准地层以及丰富的哺乳动物化石和人类旧石器遗迹。整个泥河湾遗址群不但数量庞大，而且时间跨度大，文化序列最为完整，几乎记录了人类的起源和演变的全过程。这一地区数十处旧石器时代遗址构成的遗址群，涵盖了旧石器时代早、中、晚期，包括距今200万年前左右的马圈沟遗址、170多万年前的黑土沟遗址、136万年前的小长梁遗址、100万年前的东谷坨遗址、10万年前的侯家窑遗址、1万年前的虎头梁遗址等。它们构成的考古文化序列，勾画出泥河湾旧石器文化发展的清晰脉络，表现出明显的继承性、发展性和极强的文化连续性。

泥河湾 / 全景视觉供图

据有关资料证明，全世界已发现100万年以上的早期人类文化遗存53处，泥河湾遗址群占40余处，已出土各类石器和化石5万余件。

1996年，许家窑—侯家窑遗址被公布为第四批全国重点文物保护单位。1998年，泥河湾于家沟遗址被评为"全国十大考古新发现"。2000年，在中国考古学术界评选的"中国20世纪100项考古大发现"中，泥河湾遗址群的考古发掘研究被列为百项之首。2001年，泥河湾遗址群被国务院公布为全国重点文物保护单位。2002年，泥河湾被批准为国家级自然保护区。

目前，泥河湾作为人类活动最早的地区之一，已经成为世界上探索人类起源及其演变的经典地区。

人类从哪里来？有人说与古人类有关的考古学证据最早发现于欧洲，也有人说是东非奥杜威大峡谷。早在17世纪末，在英国伦敦附近发现了第一件旧石器；19世纪末，在印度尼西亚的爪哇岛发现了亚洲第一批古人类化石，被命名为"直立猿人"。在东非，最早制作石器的古人类为生活于距今200万～150万年的能人，最早的石器距今约260万年。1929年第一块中国猿人头盖骨的出土，使世界所有科学家的目光集中到中国。

2012年8月24日《人民日报》头版发表文章，题目是"考古发掘表明，人类大约二百万年前已生活在这里，泥河湾挑战人类起源地"。在阳原县的泥河湾博物馆，高耸的"人"字形结构大门告诉在此驻足的人们："东方人类从这里走来。"这座国内规模最大的旧石器专题博物馆，展现了泥河湾从200万年前到1万年前古人类生产生活的场景。

研究泥河湾已有近百年的历史。1923年，西方科学家巴尔博在张家口考察时，看到一个当地农民收集的哺乳动物化石，便立即进入桑干河盆地考察，率先揭开了泥河湾科学研究的帷幕，泥河湾从此被赋予了科学的含义。1924年1月，巴尔博发表《张家口附近之地质初探》一文，使泥河湾的名字出现在科学层面。1927年巴尔博发表了《桑干河盆地地文时期之比较》以及与法国专家桑志华、德日进共同撰写了《桑干河盆地沉积之地质研究》。此后，一批又一批的专家、学者走进泥河湾。从20世纪70

年代开始，中科院、北京大学、河北省文研所以及来自世界20多个国家和地区的古人类学家、古生物学家、古地质学家、古地理学家、古气候学家、地震学家们长期致力于泥河湾的考古研究。如今，泥河湾已不再只是一个地名，而是成为一种揭示人类起源发展奥秘的文化标记。

北疆博物馆泥河湾化石等 / 魏齐庚 摄

在天津外国语大学的校园内，坐落有著名的北疆博物院，在门前的左侧有一尊巨石，雕有桑志华头像。这是我国北方地区创建最早的，集动物、植物、地质、古生物、古人类等多学科于一体的综合性博物馆，存有泥河湾地区化石达两千余件。

## 1. 小长梁遗址

中华世纪坛青铜甬道，始自圣火广场，终至世纪坛坛体，上面从南向北镌刻了距今300万年前人类出现到公元2000年的时间纪年，用凝练的文字记载了科技、文化、教育等领域共7000多件重大事件。这一甬道穿越时空再现中华民族经历的漫长历史岁月，是中华五千年文明历程的重要载体。甬道的每一阶，铭刻的是中华民族最为辉煌灿烂的文明成就，对中华文明发展起促进作用的重要历史事件和人物，同时也记述了对民族发展有重大影响的事件。在中华世纪坛青铜甬道的第一阶，镌刻着这样的字样："距今200万～150万年：我国云南、四川、陕西、河北已发现这一时期直立人化石或文化遗存，最北一处石器地点是河北阳原小长梁。"

小长梁遗址位于桑干河南岸大田洼乡官厅村北，是由中国科学院古脊椎动物与古人类研究所于1978年发掘的。出土有三趾马、三门马、披毛犀牛、羚羊等大量动物化石和石器，测定的地质年代为136万年前。在马圈沟遗址发现之前，小长梁遗址发现的古人类遗迹，是我国北方最早的，比北京猿人的时代早了很多年。

专家认为，小长梁遗址的发掘研究可以看作泥河湾旧石器考古发展史上的里程碑。小长梁遗址是早更新世时期生活在泥河湾湖滨人类活动的第一批考古证据，对中国早更新世的旧石器考古调查和研究起到了积极的推动作用，对研究我国华北地

小长梁遗址 / 魏齐庚　摄

区旧石器时代文化，探讨小石器系统的起源和发展具有重要意义。

### 2. 马圈沟遗址

马圈沟遗址位于阳原县大田洼乡岑家湾村西南，是泥河湾最早的文化遗存，河北省文物局于1992年发掘。2001年，在发掘探方的南部区域，散落着一组以象的骨骸为主，间有石制品、动物遗骨和天然石块构成的古人类进餐场景，多数骨骸上有砍砸和刮削的痕迹。由于生动地展示了古人类群食大象，刮肉取食的情景，有媒体称这一发掘惊现200万年前古人类"餐桌"。

2004年，考古人员在对泥河湾遗址中的马圈沟遗址发掘中发现了大象足迹，这是中国首次在旧石器时代遗址中发现大象足迹。马圈沟遗址大象足迹的发现、发掘与研究，为人们展示了一幅距今200万年前后大象等古动物群在泥河湾湖岸边活动的场景，说明遗址区不仅是古人类的活动区域，也是大型动物群频繁活动的地区。马圈沟遗址第二文化层大象脚印将在原地进行保护留存，作为马圈沟遗址博物馆实物对游客展出。

马圈沟遗址是泥河湾盆地目前发现的较为重要的一处旧石器时代考古遗址，在泥河湾盆地内的层位最低,而年代则是最早。马圈沟遗址的发掘研究,把亚洲文化的起源推近至距今200万年,成为迄今为止东亚地区发现最早的具有确切地层的人类活动遗址,更重要的是对人类起源于非洲埃塞俄比亚的一元论提出了挑战。

目前,泥河湾马圈沟遗址的考古发掘还在继续,随着国家考古遗址公园考古工作的推进,河北省文物研究所还将对马圈沟遗址第二、第三文化层进行纵向发掘。

### 3. 虎头梁遗址

虎头梁遗址位于泥河湾盆地中部,分布于桑干河北岸及其支沟的第二级阶地上,是一处旧石器时代晚期遗址群,出土大量石制品、动物化石以及年代超过万年的夹砂黄褐陶片。科学家在于家沟遗址找到了华北地区极为难得的更新世末至全新世中期的地层剖面和文化剖面,为这一地区旧石器时代向新石器时代过渡的考古学文化研究提供了科学可靠的地层证据和文化序列证据,填补了华北旧石器时代文化系列中的一个空白,被评为1998年全国十大考古新发现之一。

### 4. 许家窑—侯家窑遗址

许家窑—侯家窑遗址位于泥河湾盆地西北部,桑干河从西南向东北蜿蜒流过。山西阳高县与河北阳原县的交界处,是一处大型旷野遗址,在山西境内的部分被称为许家窑,侯家窑则是河北省阳原县的一个村庄。1974年,著名考古专家贾兰坡和卫奇发现了该遗址。遗址的年代为距今12.5万~10.4万年,属于旧石器中期遗址的典型代表,也是一处考古信息非常丰富的露天古人类遗址。"许家窑人"遗址从发现开始就一直受到国内外科学界的广泛关注。

卫奇在《关于许家窑—侯家窑遗址的调查研究》一文中指出:许家窑—侯家窑旧石器时代遗址发现古人类化石20件,旧石器制品3万多件,还有包括20多个种类的大量动物化石。依据地层古生物学判断,遗址的时代为晚更新世较早时期。遗址的考古遗物被确定为"许家窑文化",被置于旧石器时代中期;发现的化石人类称为"许家窑人",属于早期智人。在泥河湾盆地发现的旧石器遗址中,许家窑—侯家窑遗址的古人类学、旧石器考古学和古哺乳动物学信息含量无与伦比。

"许家窑人"的发现，弥补了旧石器时代早期"北京人"与旧石器时代晚期"峙峪人"之间的空白，因此是一处重要的古人类遗址，对于研究中国古人类的迁徙、进化等方面，具有重要的意义。

永定河上游还有"峙峪人"遗址，位于大同盆地西南朔州黑驼山东麓的峙峪村，桑干河上游的支流峙峪河绕村而过，西、北、南三面由群山环抱，东面是广阔的桑干河平原。峙峪遗址是华北地区发现的一处重要的旧石器时代晚期遗址，对研究旧石器晚期文化及细石器文化的起源，起着不可替代的作用。

专家认为，继"许家窑人"后，人类在桑干河流域日益发展和昌盛，标志着中国史前社会的繁荣和进步。

## 二、永定河中下游流域的古人类遗址

永定河的古代文化遗迹几乎遍及整个流域。永定河上游泥河湾，中游的前桑峪、东胡林等，下游相邻的周口店以及"王府井人"等，一个个考古遗迹，把远古拉到你的面前，就像是一条人类进化的链条，将这些遗迹连接在一起的是永定河。侯仁之先生在其《现在的北京城最初是谁建造的》一文中指出：远在旧石器时代，从早期的"北京猿人"或简称"北京人"，中期的"新洞人"，一直到晚期的"山顶洞人"，也就是从七十万年前至一万数千年前，都有古代人类在北京小平原西侧的沿山洞穴里繁衍生息。到了大约一万年前，人类才从山中下到平原，开始建立原始的农村聚落。现在发现的这些农村聚落，最重要的都分布在小平原的山前台地或沿河二级台地上。

### 1. "东胡林人"遗址

"东胡林人"遗址位于北京市门头沟区东胡林村西侧的台地上，在永定河系清水河的北岸。清水河发源于东灵山的南麓，经清水、斋堂、东胡林、军响等地，至青白口注入永定河。清水河全长约28公里，流域面积500多平方公里。

1966年，北京大学地质、地理系学生在门头沟东胡林村参加劳动时，在遗址发现

东胡林人遗址实地考察 / 北京永定河研究会提供

了古代人骨。经中国科学院古脊椎动物与古人类研究所鉴定，该墓葬为新石器时代早期墓葬遗址。

据《北京市门头沟区志》载，东胡林人墓葬遗址地处更新世马兰黄土台地间。墓内发现有"东胡林人"的骨骼，为两男一女，他们被命名为"东胡林人"，距今约一万年。1985年东胡林人遗址被公布为门头沟区重点文物保护单位。

在这次挖掘中，墓葬出土的文化遗物主要是装饰品。在女性骨骼项部周围，发现有50多枚穿孔小螺壳，在腕部有7枚用牛肋骨磨制而成的骨镯等。在人骨附近有灰色石英岩石片8件，其中6件有明显的人工打击痕迹。挖掘出土的管柱形玉琮，形状如手指大小，十分精美。同时，这里还挖掘出一批新石器早期的陶器、石器和烧火遗迹等重要文化遗存。

《北京通史》曰："东胡林人为着生存同大自然进行斗争，在维持生活、延续生命的情况下，他们已经有富余的时间和精力，从事这些装饰品的手工制作，以便丰富自己的生活。从这方面也可以看出，当时的社会经济比原始社会已经有了显著的进步。"

"东胡林人"遗址引发了我国考古界和地质界的极大震动。有专家称弥补了"山顶洞人"以来北京地区人类发展史的一段空白，将旧石器晚期到新石器早期人类链条连接起来。

专家们一致认为："东胡林人"遗址是十分难得的考古研究基地，对研究华北地区环境的变迁，我国早期农业、早期陶器的出现及其人地关系具有重要意义。该遗址的发掘为研究华北地区乃至整个中国新石器时代早期人类及其文化提供了十分重要的资料。

考古学者在东胡林遗址还发现了比较丰富的炭化植物遗存，其中尤为重要的是发现了粟和黍的籽粒。在2019年第三届"东胡林人"论坛上，中国社会科学院考古专家发布研究成果，"东胡林人"遗址出土的炭化粟粒，是由当时"东胡林人"所种植，距今11000年至9000年，东胡林村就出现了小米，这里是中国小米的故乡，也是世界上最早种植小米的地方。

### 2. 前桑峪村古人类遗址

前桑峪村古人类遗址位于门头沟斋堂镇前桑峪村马兰黄土台地。马兰黄土是一个地质名词，源于斋堂镇马栏村，后演变为马兰。这一遗址在清水河北岸，距离永定河也只有几公里。

20世纪90年代的初期，北京地质调查所在此处发现晚更新世古人类股骨化石。化石完整，属于右侧股骨上端，已经硅化。经北京自然博物馆、中国科学院地质研究所及古脊椎动物与古人类研究所的专家们鉴定，确认该化石属于晚更新世古人类化石。专家学者将以此骨为标志的北京地区古人类定名为"前桑峪人"，化石年代在11万年以前。这一发现表明，这一地区自旧石器时代起，是古人类活动的区域。

### 3. 卧龙岗古人类遗迹

卧龙岗古人类遗迹，是北京市人民政府1999年公布的第三批地下埋藏区，属于新石器时代晚期至战国时代的人类居住遗址。出土有石斧、石磨棒、刮削器、砍砸器、陶器残片等。

该处遗迹地处门头沟区永定镇卧龙岗村，靠山临水，属于山前台地，也是永定河出山口。遗物主要集中分布在台地的南端，遗址埋藏区的范围占地2万平方米左右。《北京市门头沟区志》载，20世纪60年代，在濒河的丘陵上曾发现过石斧，另外还出土过商朝、春秋、战国、汉朝遗物。

## 4. 王府井古人类文化遗址

1996年12月，北京大学学者岳升阳在王府井东方广场施工现场发现黑色炭迹、动物碎骨及人工打造石片。同月，由中科院古脊椎动物与古人类研究所对遗址进行了抢救性的发掘。这一消息也成为当时京城百姓街谈巷议的热门话题。在发掘过程中，发现周口店猿人头盖骨的中科院贾兰坡院士和侯仁之、刘东生院士以及中国著名考古学家等都给予指导。

这是第一次在国际大都市的中心发现如此久远的古人类文化遗存。然而，如果还原历史，当时的情景和当前的环境肯定是大相径庭。根据发掘考证，该遗址为旧石器时代晚期遗址，距今2.5万～2.4万年，这说明北京地区的古人类曾在此生息、繁衍。这次重大考古发现首次证实：人类在大约1万年以前即已从洞穴来到了平原。

有研究者提出，从发现的河漫滩的沉积物分析，2万年前这里是永定河的古河道。永定河在史前时期的漫流中，也有水流经过今北京城区，汛期时可能性更大。北京社科院研究员尹钧科主编的"北京历史丛书"中指出："从古地貌与古环境角度考察，该遗址当是坐落在古永定河（或其某一支）东岸的天然堤上。"北京大学环境学院教授于希贤发表文章《东方广场遗址与北京城最早居址

**王府井古人类文化遗址博物馆 / 魏齐庚 摄**

的萌芽》认为，东方广场古人类遗址的发现，把象征着东方文明的北京城区人类居住和活动的时间向前推进了2.2万年左右。三海大河（后来称㶟水、浑河、无定河、永定河）不仅导致了北京城的起源和发展，也是导致人类在北京城区最早活动的重要地理因素。史前人类进化是轮回循环的，并和地理环境的演进、气候变迁密切相关。人类在北京平原上居住地的选择和三海大河及其支流息息相关并由此奠定北京城市产生的基础。

这次在距地表约12米处发现和出土的文化遗物有石核、石片、石器、木炭、烧骨、化石骨片等共2000余件。在遗址土层中还发现了远古人类点篝火后的遗留物——炭灰坑、炭屑层等。

除以上几处古人类遗址外，永定河山峡段还有不少远古先民留下的足迹，如：永定河左岸的军庄镇灰峪村北山坡仙人洞遗址，1937年被定为周口店古人类及古脊椎动物遗址第18地点，地质年代属于早更新世，考古年代为旧石器时代早期。北京市文物研究所和中国科学院古脊椎动物与古人类研究所的科研人员，对北京市城郊各区的考古调查表明，永定河流域的王平村、西胡林村、齐家庄村、松树峪村以及斋堂镇石羊沟大东宫村、雁翅镇青白口村等都发现了可能属于旧石器时代的旷野地点或遗址。

以上不仅在时间上，而且在空间上，将永定河流域古人类活动串联起来。这些不同年代的遗物说明，自旧石器时代到新石器时代至今，这里一直没有间断过人类活动。由此可见，水是人类文明的最重要载体，与文明的缔造和发展息息相关。

## 三、桑干河畔的轩辕古城

专家认为：史前人类掌握了某些植物的生长规律后，开始有意识地撒播植物种子进行人工培育和管理。人们沿河而居，河流冲积平原为农业提供了肥沃的土壤，促进了农业的起源、发展。农业起源在人类历史上具有革命性的意义。农业使人类的生存方式从依赖自然赏赐阶段进入生产经济阶段，使人们定居下来并形成众多互相交流的聚落，人类的行为方式和社会组织愈加复杂，为人类由蒙昧走向文明、从原始社会走向国家奠定了基础。

黄帝建都涿鹿，古老的黄帝城即建在桑干河畔，位于现涿鹿县矾山镇西2公里处。《史记·五帝本纪》载"黄帝邑于涿鹿之阿"。《后汉书》注引《帝王世纪》："黄帝所都，有蚩尤城、阪泉地、黄帝祠"。《括地志》云："涿鹿故城在妫州东南五十里，本黄帝所都也。"黄帝城也称轩辕城，这也是我国历史上第一座都城。现在这一地区黄帝泉、黄帝城、蚩尤泉、蚩尤寨、定车台等以及有关黄帝战蚩尤古战场遗迹遗址，已开发为中国"三祖"文化旅游区，成为京西旅游观光胜地。阪泉村、阪山村至今仍存，在今天北京市的延庆境内，涿鹿、延庆两地相去几十公里。

北魏时期的《水经注》在描写㶟水源流时，也曾写到上述遗迹，㶟水"又东过涿鹿县北，涿水出涿鹿山，世谓之张公泉，东北流经涿鹿县故城南，王莽所谓抪陆也。黄帝与蚩尤战于涿鹿之野，留其民于涿鹿之阿，即于是也。其水又东北与阪泉合，水导源县之东泉"。

《水经注》引述《魏土地记》曰："涿鹿城东南六里有蚩尤城。泉水渊而不流，

黄帝泉／魏齐庚 摄

霖雨并则流注，阪泉乱流，东北入涿水。涿水又东经平原郡南，魏徙平原之民置此，故立侨郡，以统流杂。"

在涿鹿县的武家沟镇，有古老的四顷梁村，有史料称：炎帝焚林耕种之处四周冈阜围合，俨如城郭，中为平地，田可四顷，故又名四顷梁。这里的村民以此为耀，老人们都会说上一段故事或传说。

黄帝、炎帝是华夏民族的始祖。"炎黄子孙"之称古而有之。《史记·五帝本纪》："黄帝者，少典之子，姓公孙，名曰轩辕。"

轩辕何以能成为"黄帝"？司马迁的《史记》中记载："轩辕之时，神农氏世衰。诸侯相侵伐，暴虐百姓，而神农氏弗能征。于是轩辕乃习用干戈，以征不享，诸侯咸来宾从。而蚩尤最为暴，莫能伐。炎帝欲侵陵诸侯，诸侯咸归轩辕。轩辕乃修德振兵，治五气，艺五种，抚万民，度四方，教熊罴貔貅䝙虎，以与炎帝战于阪泉之野。三战，然后得其志。蚩尤作乱，不用帝命。于是黄帝乃征师诸侯，与蚩尤战于涿鹿之野，遂禽杀蚩尤。而诸侯咸尊轩辕为天子，代神农氏，是为黄帝。天下有不顺者，黄帝从而征之，平者去之，披山通道，未尝宁居。"

轩辕时代，神农氏的后代已经衰败，各诸侯互相攻战，残害百姓。黄帝修德练兵，在阪泉之野战胜炎帝，又在涿鹿之野与蚩尤作战，擒杀叛乱的蚩尤。黄帝与蚩尤决战于涿鹿之野的传说有诸多神话色彩，双方力量势均力敌，其战争场面十分宏大。经过残酷的较量，黄帝最终战胜蚩尤，从此轩辕取代了神农氏。黄帝被诸侯尊奉为天子，成为部落大联盟的领袖人物，开始了统一中国的千秋大业。

唐代大诗人胡曾曾写咏史诗《涿鹿》，诗中对历史上的这场战争甚为感慨：

> 涿鹿茫茫白草秋，轩辕曾此破蚩尤。
> 丹霞遥映山前水，疑是成川血尚流。

《北京通史》载："黄帝战蚩尤事发生于何时，今已无法论定。但据其所反映的时代背景来看，大约距今四五千年。因此，北京地区人类活动的历史，从文献资料方面考察，可追溯到四五千年的传说时代。"《史记·周本纪》曰："武王追思先圣王，乃褒封神农之后于焦，黄帝之后于祝，帝尧之后于蓟，帝舜之后于陈，大禹之后于杞。"《史记·乐书》中说："武王克殷，反商，未及下车而封黄帝之后于蓟。"从上述史料可以看出永定河流域与华夏文明之间的联系和影响。

轩辕古城背倚太行万山丛列，前有被河流冲积的丘陵和原野，自然条件优越，农牧物产丰饶。数千年前，黄帝在这里定都，不仅是为了丰衣足食，也是建立在一统中国的战略构想之上。太行山麓与永定河谷是天然通道，从这里出发，征战四方，号令天下。《山海经》："有轩辕之台，射者不敢西向射，畏轩辕之台。"文天祥曾作诗《瞻涿鹿》："我瞻涿鹿野，古来战蚩尤。轩辕此立极，玉帛朝诸侯。历历关河雁，随风鸣寒秋。迩来三千年，王气行幽州。"

在河北省涿鹿县矾山镇的一处台地上，有一座古城遗址残垣，城墙有数米高，东、西、北城墙尚存遗迹，东南城角已经坍塌，南城有豁口似是城门入口。古城呈不规则的正方形，城墙长宽约500多米。虽然"中华第一都"的雄伟与辉煌不在，但我们知道，它留给炎黄子孙的不仅是遐想和追忆，还有民族的根与魂。

"合符釜山"，是黄帝与各部落联盟首领之间的一次盛会，是古氏族融合的结果。何为符？符，即兵符。古代兵符，一体分为两半，凡两半相合，兵可调，粮可发，是传达命令或调兵遣将所用的凭证。釜山，多有史料记载。唐《括地志》曰："釜山在妫州怀戎县北三里，山上有舜庙。"合符釜山的隆重庆贺仪式，标志着天下大定，中华民族的空前融合，是氏族制度衰落，王权政治兴起的象征，也是古老中国成立的象征。宋代罗泌《路史·疏仡纪·黄帝》记载："作清角乐，大合而之，鸣鹤翱翔，凤皇蔽日，于是合符于釜山，以观其会。"

"清角"是黄帝创作的一首曲子，旋律十分美妙。每当弹奏此曲，"鸣鹤翱翔，凤凰蔽日"。合符釜山，展现出一番歌舞升平、太平盛世的景象。

涿鹿县隶属河北省张家口市，位于坝下涿怀山间盆地，境内桑干河及其支流壶流河、洋河流经全境。这里土地肥沃，水源充足，是适宜农业、畜牧及狩猎等多种经济方式的地区。良好的自然生态环境对人类文明发祥的影响无疑是非常重要的。

关于黄帝部族发祥地的传说源远流长，古迹并非只此涿鹿一地。"天下有不顺者，黄帝从而征之"，黄帝的足迹遍布华夏大地。华夏民族的第一次大统一、大融合伴随的征战以及一切活动，一定是波澜壮阔且不拘一地。各种史料和遗迹证明，在永定河的流域曾活跃着我们先祖的身影，这一带曾是黄帝的重要活动区域，三大文明始祖会聚于此，黄帝勃兴于此，是开中华文明之先河的地方。

2008年，中央电视台播出主题宏大的电视片《发现黄帝城》，引起很大反响，继而又在央视多个频道重播。毋庸置疑，无论是从物质生活层面看，还是从精神生活层面看，通过了解、研究古人类的演化过程和中华大地先民的史前史，探寻华夏源远流长的历史文明，可以增强我们中华民族的自信心和文化自豪感。

大自然的神奇造化，赐给人类东方的故乡；古老的汤汤河水，养育了华夏的祖先。中华文明的起源与这条河流息息相关，在我们每个人的心里都该为她留一份敬畏和景仰。

蔚县博物馆旧石器时代化石 / 魏齐庚 摄

我们有理由相信，随着考古调查、发掘与研究，还会有更加激动人心的新发现，我们期盼新的研究成果向我们讲述一个个在古老的桑干河畔、有关中华文明起源的故事。

# 第三章 一条多名的河流

永定河源远流长，在历史上有多个曾又名和曾用名，可以说是一条多名的河流。河名是永定河的年轮，收藏的是一段历史，也充满了起伏跌宕。

永定河数量众多的河名，可以分为自然要素类河名和人文要素类河名。其自然要素类河名，从字义上折射出生态文化意义，记载着当时的地理环境或自然生态环境特征；而其具有人文要素的河名，代表的是先人的认识，以及智慧和期望。实际上永定河在历史上每一个称谓的出现，都不是纯粹的自然要素或人文要素，所谓自然要素类名称或人文要素类名称是相对而言。每一个河名都会有历史背景和文化渊源，以及引申的故事和传说。

永定河多名与多种因素有关，主要有以下6个方面。

一是来源于历史的记载。有关永定河称谓的记载很多，由于受到历史条件的制约，在各种史料中音译、音转、通假、同音不同字等现象的出现，以及文字表达上的差异不可避免。

二是由于各种原因，使人们对事物的认识受到局限，人们很难对一条大河，包括源头、主流、支流等有比较全面而一致的认识。人们认识的差异，得到的信息不能对称，加之河流的情况也会发生变化，都会给河流的称谓带来影响。因此，永定河早期的名称不止一个，而名称发生演变的过程，实际上是逐步达成共识的过程。

三是河流流经地区的特定历史时期或自然地理环境，会影响到对河流的称谓。一条河流经不同地区，河名也往往出现差异，上、下游的名称也会出现河同名不同。从永定河名称变迁的历史不难发现，不同河段的人们更习惯于以当地水的特性以及地名、山脉等赋予名称，水随地易名，互为通称。如《畿辅通志》记载，桑干河流经保安州东南，与洋河合为燕尾河。又东南流经缙山北名缙河，又南流与妫水合为合河口，又东南经沿河口入顺天府宛平县界即古桑干水也，亦曰湿水。《保安州乡土志》对这一段河流也有类似描述。

四是河流名称的演化、多名，与河流发生变迁有关，河流的不稳定性带来名称的不稳定或多样性。这种现象多发生在某一个河段，或某一个时期，人们根据河流形态、特点，赋予不同名称。尤其是来自民间的称谓，是对永定河特性或发生变化的最为敏感和直接的反映，名称的变化往往隐含着必然因素。桑干河流出山峡以后，进入北京小平原，水流湍急，泥沙淤积，在历史上频繁改道，遇有水患发生漫溢，因此人们称之为浑河、霸浑河、小黄河、无定河等。

五是由河水的色泽衍生的河名。浑河、小黄河、卢沟河、清泉河都与河水的质地和色泽有直接关系。当然，浑河、小黄河等河名是水性与水色等多种因素的叠加。

六是人为定名，如永定河。河流是自然现象，又不是一个纯粹的自然现象，自从有了人类，它就具有了自然水脉和历史文脉双重身份。在历史的长河中，人类的各项活动会对河名产生影响，同时河名也会在一定程度上反映出人们对自然环境的认识、利用和改造过程。除了永定河以外，浑河、小黄河、无定河、卢沟河等也都蕴含人文要素。

永定河多名，但是有些名称并不代表整条河流，如：卢沟河、永定河等，只是在北京地区河段的称谓，或是在永定河上游洋河与桑干河汇流以后的称谓。无疑，这一河段确是最具特色的一段，历史文化最为厚重的一段。

# 一、永定河的早期称谓

我国古代最早时称河为水。《山海经》中称永定河为"浴水"。《山海经》是一部先秦古籍，其中记载了三百条水道。《山经·北次三经》曰："又北五百里曰谆于毋逢之山……浴水出焉。"据专家考证浴水即今天的永定河，是永定河最早的名称。

《水经》称永定河为湿水，曰："湿水出雁门阴馆县。东北，过代郡桑干县南。又东，过涿鹿县北。又东南，出山，过广阳蓟县北。又东，至渔阳雍奴县西。入笥沟。"

东汉、三国时期，称永定河为灅水或治水。《汉书·地理志》称永定河为"治水"，记有，"累头山，治水所出，东至泉州入海，过郡六，行千一百里"。其中说

管涔山天池 / 北京永定河研究会提供

到的累头山在今天的山西省宁武县东北，而泉州古城在天津市武清区一带。东汉许慎著《说文解字》中说："灅水出雁门阴馆累头山，东入海。或曰治水也。"

永定河在历史上称为治水，在上游的朔州有两种传说，一说源于大禹在此地治水；另一说是其发源地累头山亦名三台山，三台会意而曰"治"，故曰"治水"。有资料表明，桑干河朔州段河道主要支流有两条，即黄水河与浑河，分别于应县西朱庄、怀仁县新桥附近汇入桑干河。黄水河古称即治水，又名湿水，亦名鄯河，发源于朔城区王万庄，经朔城区、山阴县，在应县汇入桑干河。《大清一统志》载："朔州东南六十里有泉三，深不可测。合流而东北为黄水河，入马邑县界。"清《永定河志》载："桑干河又东北流，黄水河（亦名鄯河），自南来注之。河源出朔州东南之三泉。"治水之名也或与黄水河源于三泉有关。

郦道元的《水经注》专门写有灅水篇，对灅水有比较详尽的记载，其中写道："灅水出雁门阴馆县，东北过代郡桑乾县南，灅水出于累头山，一曰治水。泉发于山侧，沿波历涧，东北流出山，迳阴馆县故城西。县，故楼烦乡也。汉景帝后三年置，王莽更名富臧矣。魏皇兴三年，齐平，徙其民于县，立平齐郡。灅水又东北流，左会桑乾水，县西北上平，洪源七轮，谓之桑乾泉，即溹涫水者也。耆老云：其水潜通……"清雍正《朔州志》载："神头山在州东三十五里洪涛山前，上有神婆遗址，下有七泉，即灅水也，与马邑县连界。"古人有诗曰："一岭嵯峨龙虎卧，七泉活波斗星恒。"

北魏成书的《水经注》，是古代中国地理名著。该书"以水为纲"全面而系统地介绍了中国境内一千多条河流，以及与这些河流相关的诸如河流发源的源头，支流的注入，水道所流经的地区，以及流经地区的自然地理、风物人情、历史遗迹等多方面内容。如果没有郦道元的《水经注》，那么我们也许就不会知道北魏时期的㶟水，或许我们会失去了解永定河文化链条上的一个重要环节。郦道元的《水经注》使永定河的曾用名之间得到了延续，其中的内容往往是亲历亲证。

经专家考证，上述文献所说"浴水""湿水""治水""㶟水"，实为一水。

在中国文化的发展进程中，河名经历了不断丰富和演变过程。我国有关古籍中对永定河最早的记载，多以单字加水相称，一直到出现桑干河以后，原来的名称才逐步淡出，渐渐湮没在历史的长河之中。永定河称治水或㶟水，其源出自累头山，今黄水河为正源。称之

桑干河朔州段／魏齐庚　摄

为桑干河其源应是以桑干泉为主。现在永定河以源出管涔山天池的恢河为正源。

元子河也称源子河，是桑干河上游的另一条重要支流，也有桑干河正源之争。这条河发源于左云县南部马道头乡，经右玉、山阴、平鲁，进入朔城区境内，在马邑村南与恢河汇合，是一条典型的季节性河流。

## 二、沿用时间最长的名字——桑干河

桑干河也称为桑干水，名称历史悠久，并且相对稳定，已有两千多年的历史。桑干河上游在历史上曾有桑干县，于西汉置，县以水得名。至今在永定河的上游仍沿用桑干河之名。

《三国志·魏书·曹彰传》记载，建安二十三年（218年）四月，曹操任命曹彰担任北中郎将，行使骁骑将军的职责，讨伐代郡地区的反叛乌丸。曹彰用计击溃敌人后，乘胜追击，直到桑干河北。《资治通鉴》记载：烈宗孝武皇帝上之中太元元年（376年），"刘卫辰耻在库仁之下，怒杀秦五原太守而叛。库仁击卫辰，破之，追至阴山西北千余里，获其妻子。又西击库狄部，徙其部落，置之桑干川"。桑干河，在山西境内约260公里，自西而东横贯大同盆地，历史上一直是农牧交错，战争频发的地区。

《通典》一书成于唐贞元十七年（801年），是中国第一部典章制度的百科全书，书中记载："后魏景穆帝立五岳四渎庙于桑干水之阴，春秋遣有司祭。"

在《水经注》中记有清泉河、桑干河，曰："灅水自南出山，谓之清泉河。"《水经注》引用《魏土地记》之文，曰："清泉河上承桑干河，东流与潞河合。灅水东入渔阳，所在枝分，故俗谚云，高梁无上源，清泉无下尾。"郦道元的《水经注》在多处引用《魏土地记》书中之文，我们由此可知《魏土地记》成书不晚于北魏，在那时的北京地区，永定河已有桑干河之称。

隋朝《诸道图经》也记有桑干河，曰："灅水即桑干河。"隋炀帝于大业七年（611年）二月亲率文武官员及随从由扬州沿运河北上，并在全国征召兵士、民夫，会于涿郡。隋炀帝遣诸将于蓟城南的桑干河上设坛，按祈祷礼仪斋禁于临朔宫怀荒殿。祈祷之日，在桑干河畔举行隆重的行礼仪式。当时军队出征有许多祭拜活动，此次因皇帝亲征，故举行了高规格的礼仪活动。

唐朝时也称桑干河。《旧唐书》中记载："挺至幽州，令燕州司马王安德巡渠通塞。先出幽州库物，市木造船，运米而进。自桑乾河下至卢思台，去幽州八百里。"

唐宋时期诗人辈出，桑干河也屡屡见于诗人笔端。唐朝雍陶的七言绝句《渡桑干河》脍炙人口，诗中写道：南客岂曾谙塞北，年年唯见雁飞回。今朝忽渡桑干水，不似身来似梦来。李白、杜甫、高适、陈子昂、张籍等描写桑干河边塞风情或战争的诗篇流传至今。

关于"桑干"的名称，主要有两种说法。一是源头说，因上有桑干泉而得名。

《水经注》上说"县西北上平，洪源七轮，谓之桑乾泉，即漯涫水者也"。据专家考证，这里所说的县指古时的阴馆县，源头诸泉汇流，而称为"桑干"，"桑干"当为"漯涫"之音转。漯涫为泉水喷涌之状，形容水源充沛。《读史方舆纪要》曰："累头山，灢水出焉，《水经注》谓之湿头山，水亦曰湿水也，即桑干河源矣，或谓之洪涛泉。"

还有一种说法广为流传。传说在每年桑葚成熟之时，河水必干数日，故称此河为"桑干河"。不仅如此，河水干枯的时间长短与河水汛期涨发程度直接有关，甚至桑干河上游有民谚"四月见河底，六月淹屋脊"。乾隆于四十六年（1781年）过卢沟桥写诗一首，或是一种诠释。

> 今时名永定，古曰桑干河。
> 历传有明征，卜涨曾无讹。
> 桑熟必致干，多少期弗差，
> 干少霖必少，干多霖必多。
> 去岁桑干际，乃延一月过。
> 以此秋霖盛，冲堤害田禾。
> 幸虽排沧成，民已昏垫歌。
> 兹来遇石桥，长虹接岸拖。
> 春水颇满川，桑时或有波。
> 五字识民艰，蒿目叹若何。

北京地区属于典型的暖温带半湿润大陆性季风气候，四季分明，夏季炎热多雨，空气湿润，冬春少雨，气候干燥。桑葚成熟时节正是永定河流域干旱少雨的季节。或许人们对一些自然现象缺乏科学的认识而附会于河名，加以人为的演绎，桑干河的名称应与桑葚成熟无关。

桑干河是一条古老的河流，而使其闻名天下的是丁玲的小说《太阳照在桑干河上》。中华世纪坛青铜甬道上镌刻着一段铭文：公元1948年，戊子，中华民国三十七年，作家丁玲的长篇小说《太阳照在桑干河上》出版。《太阳照在桑干河上》是丁玲深入农村斗争生活后写的反映土改运动的优秀长篇小说，这部小说荣获了1951年度斯大林文学奖，被译成20余种外文出版。

## 三、争论未已卢沟河

自唐朝始，永定河又有"卢沟河"的名称出现，这一名称至今已有一千多年。

唐、宋、辽、金时期，永定河即称桑干河，又有"卢沟河"之称。《辽史·地理志》《金史·河渠志》《元史·河渠志》《明史·河渠志》等文献都有阐述卢沟河的专条或文字。

卢沟河的称谓从何而来，是长期以来人们探讨的话题，至今存在多种说法。追根溯源，之所以存在多种诠释，与历史信息中的文字记载有关。历史上的各种信息显示，有泸沟河、鹿孤河、卢驹河、芦菆河、卢孤河、卢沟河、庐沟河、卢沟水、卢沟、芦沟、卢水、卢龙等等。名称如此之多，为后人提供了多元的信息，而前人的文字记载也往往成为后人争论的话题，人们对卢沟河不同的分析判断都能找到相应的文字出处，作为观点的依据。如果梳理有关历史信息，宋人使辽、使金的行程记录中，河名出现近音、同音，而不同字的现象最为突出。这一时期有关卢沟河河名的多种多样，恰恰折射出自然条件、社会发展、民族融合、文化交流等诸多纷繁的历史现象。

一直以来，排除音转或文字差异所致的因素，卢、芦各执一词，而且即使是卢沟河，也有大相径庭的说法。

一说桑干河流入北京经卢师山，而得水名"卢沟"。传说在隋代仁寿年间，有卢氏高僧自江南坐船北上，僧曰："船止则止。"船行至桑干河畔的一处山崖而止，山崖有一块岩石悬空而出，高僧遂下船就此而居。卢师山因神僧而得名，山崖曰秘魔崖。《宋史列传》载："从安祖砦西北有卢师神祠，是桑干出山之口……"《帝京景物略》曰："石子凿凿，故桑乾河道也，曰卢师山。有寺，曰卢师寺。"

卢师山是人们探访的一处名胜，历代留下大量诗文，在不少诗文中同时写到桑干河、卢沟河，或者浑河。

永定河自上更新世形成以来出山口几次改变，主河道受新构造运动影响多次改道，逐渐由北向南迁移。而西山确有卢师山，其传说也是时间久远，但是卢沟河因卢师山而得名的阐述，只是在清代的有关史料中有所明确。

《清史稿·河渠志》上说："永定河亦名无定河，即桑乾下游，源出山西之天池，伏流至朔州，马邑复出，汇众流，经直隶宣化，至西宁、怀来，东南入顺天宛平界，迳卢师台下，始名卢沟河。"

《（光绪）顺天府志》载：永定河"又东南二里余迳陈各庄南，又东南四里迳龙泉务东，又卢师山西，自是水名卢沟。宋史宋琪传所谓卢师禅祠是桑干出山之口即此"。

有关卢沟河名称的第二种说法是，卢沟因水黑得名。最早出现有关卢沟水黑的文字记载是《北辕录》。宋人周辉于淳熙四年（1177年）前往金朝，其中记有："二十七日，过卢沟河，即卢龙也。燕人呼水为'龙'，呼黑为'卢'，亦谓'黑水河'。色黑而浊，又急如箭。"

元人孙国敉写的《燕都游览志》是我国历史上第一部描写北京风光的散文集，其中描写道："桑干下流为卢沟，以其浊故呼浑河，以其黑故呼卢沟。燕人以黑为卢，水本一也。"

明人蒋一葵在其《长安客话》中也写道："浑河去京都城四十里，香山碧云寺之西，戒台之东，浑河即桑干河从保安旧城过沿河口通石港口，直抵卢沟河……盖桑干下流为浑河，浑河下流为卢沟，以其浊故呼浑河，以其黑故呼卢沟（燕人谓黑为卢），本一水也。"

同样是卢沟河，明末清初著名的思想家、史学家顾炎武在《天下郡国利病书》中曰："桑干、浑水合为一河逾山而东，别名清泉河。其称卢沟者，以至宛平县境从葫芦沟东南入潞，故尔。"顾炎武对卢沟河的诠释，很明显认为卢沟是由于流经之地葫芦沟而得名。

据说葫芦沟既是现在葫芦垡村所在地，隶属北京市房山区，位于永定河西岸，因附近有葫芦状台地，土地潮湿板结，耕垦多结垡块，故名垡，这里在历史上曾是蓄洪区。

认为卢沟河乃为芦菰河的观点，主要依据是南宋著名诗人范成大《范石湖集》中的"卢沟"诗注，曰："此河，宋敏求谓之芦菰河，即桑乾河也。今呼卢沟。"依此言推断卢沟乃芦菰之音转，因河畔水草丛生而得名。

河畔多生卢苇是一个普遍现象。清代陈仪致力于治水营田，写有《直隶河渠志》，他在写到海河、清河、永定河等河流时曰："以上诸河经由泊港，菰芦丛生，苇草密布。"历史上文人墨客留下的诗文中也多有此类情景的描写。明人李贤《过卢沟桥》，写有诗句：往年几暇曾一临，碧波渺渺芦花深。明人梁潜《卢沟桥北上》诗曰：迢递桑干河水平，东方欲曙月斜明。芦花钓舫渔初去，茅屋人家鸡正鸣。

芦沟之名使用广泛且具有很强的生命力。即使是到了清朝，乾隆帝御书"卢沟晓月"碑矗立在卢沟桥头，芦沟一词仍然大行其道。卢沟桥至戒坛寺有一段进香御道，旧时称"芦潭古道"。甚至现代的有些典籍和文学作品中仍然是芦沟之称，以至有学者发表文章，提出：卢沟还是芦沟？究竟何正何误？时至今日，卢沟河的名称已经相对固定，认为卢沟河因水黑而得名似乎成为压倒多数的观点。

但是，卢沟河是一个颇费思量的名称，还需要继续解读和探讨。河名是一种具有本源意义的历史资料，如果我们进一步通过研究去连接历史，就会发现任何一种诠释都不是凭空想象，当今的一些异议往往是历史上异议的延伸。当我们通过一些条件力求离历史更近些，或许就能进一步了解永定河的演变过程。卢沟河之名不仅仅是给我们提供字面的信息，而且有着实际意义。

## 1. 北京地区最早出现卢沟河的名称是泸沟河而并非卢沟河

《册府元龟》是宋代存世的一部千卷史学类书，广泛取材于正史、实录，征引繁复，历时8年完成。其中记载：唐永徽年间（650—655年）"裴行方检效幽州都督。引泸沟水，广开稻田数千顷，百姓赖以丰给"。这是在古籍中关于卢沟河最早的记载。

2002年，在北京市房山区的长阳地区出土一合唐代"李神德墓志"，志载："启殡合葬于幽府城西叁拾里福禄乡泸沟河西鹿村西北百步平原，礼也。"墓志的年代是唐开元二十六年（738年）。这是关于卢沟河名称最早的实物依据。

宋朝文献《三朝北盟会编》记载：宋宣和四年（1122年）十月"自卯至酉至良乡县泸沟河。前部报曰：临河与四军萧干大石林牙贼锋相接矣"。

金朝有关文献中大部分延续了泸沟河名，如《金史》记载大定年间发生的水患："泸沟河水势泛决啮民田，乞官为封册神号。""泸沟决于上阳村，湍流成河，遂因之。"还有《金史·章宗纪》中有大定二十九年（1189年）六月"作泸沟石桥"，以及明昌三年（1192年）三月，"泸沟石桥成"的记录等。

北京房山云居寺辽代时石刻经《菩萨本行经·下》的题记中有一段文字，"京西三十里小石经亦有是，卢沟河东垠上"。这是"卢沟河"最早的记载。当然，在《金史·河渠志》中也开始出现卢沟河的字样，此时的文献中既有泸沟河也有卢沟河。

如果考察卢沟河这一称谓的渊源，显然不是卢沟河而是泸沟河。唐代开始出现泸沟河这一名称，明显是表征自然要素的河名。因此，认为卢沟河这一名称的最早出现是源于水黑的观点不能得到充分的支持。泸沟河与卢沟河一字之差，实际上间隔了二三百年的时间，反映的是不同的概念，也为我们提供了重要的历史信息，可以说从河名的变化可以窥视历史的演变。

## 2. 卢沟河这一名称的最早出现，或与桑干河出山后出现汊流有关

北宋大中祥符元年（1008年），史学家路振所写《乘轺录》云："八日，自良乡县北行至幽州六十里，地平无邱陵。十里过百和河，三十里过鹿孤河，五十里过石子桥，六十里过桑根河，河绕幽州城，桑干河讹而曰'根'也。"这其中提到的鹿孤河即卢沟河，桑根河即桑干河。

《辽史·地理志》载："宋王曾上契丹事曰：自雄州白沟驿渡河，四十里至新城县，古督亢亭之地。又七十里至涿州。北渡范水、刘李河，六十里至良乡县。渡卢沟河，六十里至幽州，号燕京。……门外永平馆，旧名碣石馆，请和后易之。南即桑干河。"

在上述两则有关行程的史料中，卢沟河和桑干河显然是并列出现的，卢沟河最早出现应该是出山后分为二派或汊流，靠南一支叫卢沟河，靠北一支仍称为桑干河。

在《元史·河渠志》中，对浑河与卢沟河是作为两条河流分别有专条记述，曰

"卢沟河，其源出于代地，名曰小黄河，以流浊故也。自奉圣州界流入宛平县境，至都城四十里东麻谷（今麻峪村），分为二派"。《元史·河渠志》还记述："大德二年，浑河水发为民害，大都路都水监将金口下闭闸板。五年间，浑河水势浩大，郭太史恐冲没田薛二村、南北二城，又将金口以上河身，用砂石杂土尽行堵闭。至顺元年，因行都水监郭道寿言，金口引水过京城至通州，其利无穷，工部官并河道提举司、大都路及合属官员耆老等相视议拟，水由二城中间窒碍。又卢沟河自桥至合流处，自来未尝有渔舟上下，此乃不可行船之明验也。"从元史中分析，浑河、卢沟河在元代应是同根同源，在北京同时存在的两条河。

原中国水利学会水利史研究会会长姚汉源曾发表文章称：据郦道元《水经注》引《魏土地记》，"清泉河上承桑干河，东流与潞河合。"似早期桑干过城北时，原有此一分支，至南移时遂成正流。自转折处向东南分流应始于唐代，后常称卢沟。

### 3. 卢沟具有地名、地点的意义，狭义上的卢沟应是指卢沟桥一带

元《析津志》中记述卢沟桥，"在京南三十里。水源出金口，即浑河。水至卢沟，波涛涌汹，狂澜叠出，石齿相角。上架石梁，平砥如平，上有狮子阑楯"。

明正统三年（1438年）大学士杨荣撰写的《固安堤记》载："距卢沟不远有曰狼窝口，时复冲决漫流而东，浸没田庐，民弗安业。"

《宛署杂记》载："石山在县西北三十余里玉河乡呼石经山，以山多石，故云，山最高耸，东望神京，南望芦沟，西北望浑河。"

《日下旧闻考》写有："卢沟畿辅咽喉，宜设兵防守，又须筑城以卫兵。"

《明史·地理志》载："西山在西，有桑乾河出山西马邑县，流千里入京师宛平县境。出卢沟桥下，又东南分为二：一至通州，入白河；一至武清小直沽，合卫河，入于海。又有沙河、高粱河、清河，皆在西北。西又有沿河口守御千户所，有卢沟、王平口、石港口、齐家庄四巡检司。"

清乾隆御制《安流广惠永定河神庙碑文》载："永定河，古桑干河也。发源天池，泆流马邑，汇云中、雁门诸水，穿西山而注卢沟，亦曰卢沟河。西山而上，冈峦

夹峙，无冲激之患。卢沟下地平土疏，波激湍悍，或分或合，迁徙弗常。"在这一碑文中还记有"康熙、雍正年间，卢沟、石景均建有龙王之庙"。

《诰授中宪大夫永定河道韫山陈公墓志铭》载："康熙三十七年（1698年），抚臣命于成龙筑堤疏浚，自卢沟挖新河，由固安北十里至永清朱家庄，沿袤二百余里，广五十丈。始赐名永定河。"

从这些历史信息中，我们可以读出其中卢沟所具有的位置特征，例如，"水至卢沟"、"距卢沟不远有曰狼窝口"、"卢沟下地平土疏"、"卢沟、石景均建有龙王之庙"以及建卢沟巡检司等等，都属于地点或地理位置的一个交代。大量历史信息表明，广义上的卢沟河是指在历史上桑干河进入宛平境内一段河流，而卢沟则是承载了地理位置与河流名称的双重意义。

## 4. 卢沟河水黑并非空穴来风

如果说卢沟水之名由泸沟水之名演变而来，那么泸沟河因何演变为卢沟河？甚至直呼黑水河？《北辕录》中描写卢沟河"色黑而浊，又急如箭"，应是宋人周辉使金途中亲眼所见。元人孙国敉的《燕都游览志》与明人蒋一葵所写《长安客话》，也证实了卢沟河水黑绝非空穴来风。

清乾隆皇帝在诗中多次描写过卢沟河。乾隆十六年（1751年）过卢沟桥，写道："丹邱瞻玉箭，黑水渡沙沟。"乾隆十八年（1753年）春阅卢沟河，写《过卢沟桥》，其中有诗句"石梁黑水此鸣鞭，前度回思正隔年"。乾隆于二十九年（1764年）春过卢沟桥，在诗句中写道"水黑为卢冰亦然"，以及"层叠黝玉巨如山，累而置之河两边。"

以上文字信息显示卢沟水黑似乎是不争的事实。通过对历史条件、地质环境、经济发展多方面分析和梳理，历史上卢沟河出现黑水现象，应与北京地区的地质环境、经济发展有直接关系，带有浓重的生产和生活的印记，这主要来自煤炭的开采和运输。金代开始出现卢沟河亦谓"黑水河"，揭示了在这一历史时期，永定河与人们生产生活的紧密联系。

我国是世界上最早利用煤的国家，《山海经》中已有我们的祖先对煤炭最早的记述。到了汉代，人们已经开采煤炭，用于熬盐和烧陶。京西矿区煤炭资源储量丰富，采煤历史悠久，"发轫于辽、金之前，滥觞于元、明之后"，北京煤业至今已有上千年的历史。1975年，北京市文物部门在门头沟龙泉务村发现的一处辽代瓷窑址内部遗存大量残碎瓷片、窑具和烧土、煤渣。《中国煤炭志》载：辽应历八年（958年）析津府玉河县务里村（今门头沟龙泉务村）瓷窑以煤作为燃料烧瓷。房山周口店村有木岩寺遗址，该寺建于北魏天安二年（467年），辽天庆元年（1111年）重修，木岩寺重修立碑以记，上有"采煤于穴，汲水于泉"之语。

金代学者赵秉文写有《夜卧炕暖》，诗中写道："近山富黑瑿，百金不难谋。地炕规玲珑，火穴通深幽。长舒两脚睡，暖律初回邹。门前三尺雪，鼻息方齁齁。田家烧楮柮，湿烟泫泪流。浑家身上衣，炙背晓未休。谁能献此术，助汝当衾裯。"《夜卧炕暖》一诗说明当时京城之地普遍采用火炕取暖。元代文学家欧阳玄写有《渔家傲·南词》："十月都人家旨蓄。霜松雪韭冰芦菔。暖炕煤炉香豆熟。燔獐鹿。高昌家赛羊头福。"词中描述了元朝京城大都的富户，利用煤火暖炕御寒、烹烤食物的生活情景。意大利旅行家马可·波罗曾在中国生活了十几年，并在元朝任职。他在《马可·波罗游记》中，也记有当时人们使用煤炭的情景。

如果我们在研究历史和综合考察中审视永定河，在阅读和理解中徜徉在永定河畔，或许能够进一步认识环境、经济、生活对于永定河的深刻影响。

根据《北京西山地质志》载，"西山煤田，所在皆是"。按地质构造分布于九龙山内斜层、庙安岭内斜层、长沟峪之北内斜层；从地质层序分为杨家屯煤系、门头沟煤系、髽髻山层。"浑河以西，其地位与京师最近而产煤又最盛者，即为九龙山内斜层中之煤系。"根据地质调查，永定河西岸九龙山之北有琉璃渠、刘家岭、抢风坡一带，矿业甚发达；在三家店车站北十二里，永定河东岸有煤田，其中有灰峪、杨家屯、老爷庙、寨口等村。东岸的煤田实际由琉璃渠煤田向东及东南的延长部分组成。昔时此煤田小窑甚多，尤以灰峪、郝房村一带为最盛。其中以杨坨矿的开采最具规模。三家店之北约十二里永定河东岸还有香峪一带，属于侏罗纪煤系；而炭峪煤田，起自永定河东岸,三家店车站东之隆恩寺,东至碧云寺止,模式口、八大处、玉泉山、白家疃等地均有煤窑开采。

地处现在石景山的模式口村,在永定河东岸,曾有七个煤矿,与永定河东岸的北辛安相邻。八大处宝珠洞之西南也有煤层和旧窑窑址。明代正统十二年(1447年),都察院上奏朝廷,揭发太师英国公张辅纵容家奴在卢沟河河东地区擅自开窑挖煤。1922年6月22日《晨报》报道"三家店、石景山各处煤矿与门头沟各矿均属一系,逶迤蔓延约二十里"。

桑干河大峡谷/魏齐庚 摄

《北京西山地质志》载:在永定河西岸,门头沟车站西南二十里,有石炭纪煤系,分布极广。白道子、十字道、赵家台、王家庄、潭柘寺、桑峪、东村、罗睺岭、戒台寺、王家山等诸处均列其内。"煤田内小窑无数。""石板场之煤田在大灰厂之北约四五里,按西山地质层序,当属侏罗纪。……冯村之西及石板场煤田之西北十里,煤系亦属侏罗纪。"

地处永定河西岸的大峪村是历史上最早开发煤炭的地区,据《元一统志》记载,"石炭煤,出宛平县西四十五里大谷山,有黑煤三十余洞,又西南五十里桃花沟,有白煤十余洞。水和炭,出宛平县西北二百里斋堂村,有煤窑一所"。同处永定河西岸的城子矿区被称为奇迹,一片荒芜的山坡曾有240多家民窑,矿工和家属20万人。《北京市志稿·货殖志》:"西郊虽大,而向来种植仅限于南部。其北则西山也,山民惟以煤矿为业,农事殊鲜。"

在永定河西岸的马鞍山一带也盛产煤炭,"芦潭古道"是最为忙碌的一条运输线,运煤的驮队络绎不绝,甚至有诗人称这条道路为"千盘鸟道"。马鞍山麓有历史悠久的戒台寺,采石挖煤甚至威胁到古刹安全。

明成化十五年(1479年),明廷宪宗皇帝明令严禁官员军民诸色人等扰害寺院,盗伐树木,私开煤窑,毁坏寺基,并将敕谕镌刻成碑。

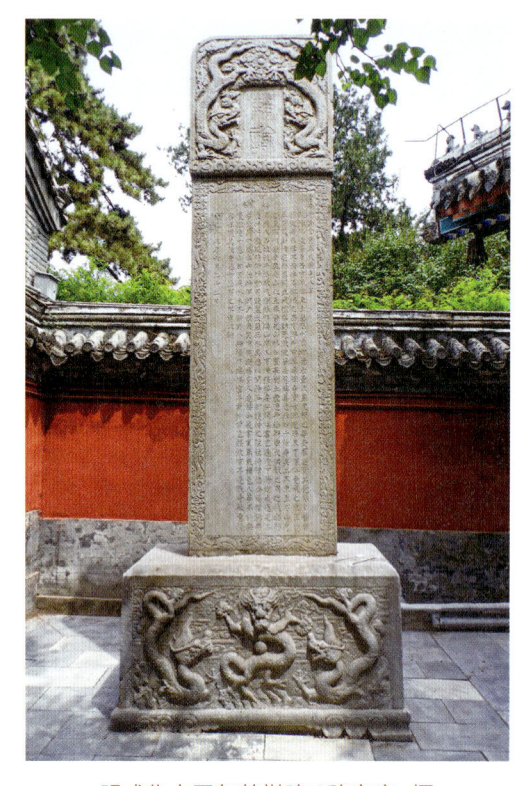

清康熙二十四年(1685年),康熙皇帝巡视西山,为保护戒台寺,亲笔撰写《万寿戒坛碑记》,在戒台寺保存完好的御制碑中,可以清晰地看到禁止采石挖煤,并镌刻成碑的字样,此碑现立于山门殿前。

在戒台寺还有曾任民国大总统的徐世昌撰文的《戒台寺记》碑,碑文中明示"共和以来,据法为戒台寺丈量地界,禁止开挖采煤,保护戒台古刹不被破坏"。

永定河上游的斋堂地区、王平地区皆有丰富的煤炭矿藏和悠久的开采历史。元人欧阳玄在《送熊梦祥寓居斋堂》一诗中描写京西斋堂村:"园蔬

**明成化十五年禁煤碑/魏齐庚 摄**

地美夏不燥,煤炭价贱冬常温。"清人傅增湘曾到过斋堂城,有诗曰:"煤田收获胜山田,牛铎驼铃走朔边。"

房山地区也蕴藏丰富的煤炭。根据调查,"煤之矿区,在大房山南北麓皆有之。山南之区有七,一长沟峪,二西庄与车厂,三葫芦棚与下寺,四长流水,五黄院,六周口店,七羊耳峪。山北之区有七,一南北窖,二三安子,三英水沟,四杏园沟,五车营与万佛堂,六煤岭,七大安山。山后有三,一塘上,二豹儿水,三芦子水"(《北京西山地质志》)。

京西门头沟、房山两区煤炭资源丰富，北京有老话，叫作"烧不尽的西山煤"。据有关资料，清乾隆二十七年（1762年）近京西山及宛平县，有旧有煤窑430座，关闭煤窑70座，停开煤窑360座，在采煤窑133座。房山县旧有煤窑220座，正在开采煤窑140座。1930年门头沟有煤窑562座。1948年底，门头沟区内有大、小煤窑或煤矿400余座。

1998年12月，除北京矿务局煤矿外，门头沟、房山两区有乡村煤矿820座，其中门头沟区259座，房山区561座，当年产煤458.8万吨。从1999年开始整顿和关闭，到2010年5月，北京市除京煤集团4座煤矿外，乡村煤矿全部关闭。2020年9月，随着门头沟区大台煤矿的正式关停，北京市全部退出了煤炭开采。

到过门头沟的人都知道，走进门头沟区的地界，是一座滨河公园，地处永定河畔，绿树成荫，鸟语花香，集自然景观和运动健身于一体。起初，人们习惯叫它"黑河公园"。这里原来是一条黑水河，黑水的源头为门头沟矿区。现在公园里有一处煤矿工人雕塑主题广场，矗立的煤矿工人雕像，一手拿镐，一手拿风钻，头戴装有矿灯的安全帽，表情坚毅，目光深邃。经过改造，河道填了，水变绿了，但门头沟人希望记住那段历史，记住祖祖辈辈为这个城市做出的贡献。

这一河道流经门头沟九龙山与南大梁之间的狭长沟谷，是一条季节性河流，也是煤窑的排放煤矿井下废水的泄水沟。由于煤窑多，排水量大，水色乌黑，因此叫黑水河、黑河、黑河沟，河水直接流入永定河。

这条泄水沟的意义非同小可，门头沟这一地名便是因此而得名。泄水沟西起横岭，向东经天桥浮、圈门、河滩注入永定河，流域面积约22平方公里，沟长8.1公里，是门头沟新城境内流域面积最大的一条河流，煤矿关闭前，沟里淌的全是黑煤水。这条沟谷是九龙山煤炭的主要埋藏区，两侧沟沿是依次十几个村庄，靠近山脚曾有众多煤窑，星罗棋布。明《长安可游记》有如下的一段记载："由门头村登山，数里至潘阑庙，三里上天桥，从石门进，二里至孟家胡同，民皆市石炭为生。"《重修天桥浮村三义庙碑》："帝京之右，逶迤之西，其地名有门头村者，京都第一重地也。……盘踞十余里，而煤山钟秀。宝藏……灵，足以供邦家万年之用。"

这条泄水沟在历史上曾因排泄不畅，严重影响煤炭开采而惊动清廷。为增加开采产量、平抑市场煤价，清朝雍正帝、乾隆帝都曾派人勘察此沟，并拨发银两进行整治，凿沟疏水。

众所周知，排水是煤窑最为重要的一个工作。在煤炭开采过程中，常常会遇到水的威胁，煤层中的地下水，甚至废弃古巷的老窑水会突然涌出发生透水事故，如遇雨季或洪水暴发，地上积水也会流入井中，造成淹井。因此，水灾对煤窑的影响是致命的，旧时的很多煤窑往往不是因为资源枯竭而倒闭，而是由于水淹而无法继续采煤。煤工的劳动十分艰辛，徐继畬字松龛，晚清名臣、学者，著有《松龛先生全集》，其中记录："宛平西山有门头沟，京城所用之煤，皆产于此。煤窑二百余所，……山水涨，尸骨冲入桑干河，泯无迹。"民国时，有报纸报道说："门头沟多山多矿，煤窑采至十丈可出煤，再深一丈即为水，且为极大之山水，水过之后始有煤。"

古代煤窑采取人工排水，煤窑专门设有水工，将窑内积水排出窑外。19世纪末，门头沟通兴煤矿采用机械排水，设水泵抽水，煤业界成立治水公司，利用水泵为小煤窑泄水，各个小煤窑交纳排水费。新中国成立初期，门头沟煤矿大都实现机械排水，井下安设排水泵有数十台。由于地势西高东低，煤窑的废水直接排入永定河。《北京西山地质志》记载，中兴公司在1916年时有350马力的锅炉房用于抽水。抽水机4座，每分钟可抽水80立方尺，每次开机持续8小时方能免于水患。

说到卢沟河，人们常引用古人所说："水黑曰卢。"如果仔细查阅相关典籍可以得知，卢是一个多义词，就以示黑色来讲，不仅局限于"水黑为卢"。汉末刘熙作《释名》："土黑曰卢，卢然解散也。"因此，对于卢沟河的诠释也不能仅仅理解为水黑。

《康熙宛平县志》记载：桑干河"东流尽带雁门、云中诸水，而行至土水。穿山而南，至宛平西南出山，乃名卢沟。卢之为言黑也，水色混浊似黄河"。

清代诗人周金然在《浑河》诗词注解中曰：浑河，故桑干河也。水浊，名以"浑"。犹沟黑，名以"卢"也。其势迅怒，亦曰"小黄河"。

如果细细品味上述文字，不能简单地把卢沟与黑水等同起来，卢沟应当与河水以及两岸环境有关，尤其是卢沟桥一带。

在北京地区，由于周边森林资源的日渐匮乏，都城燃料需求的日益增加，煤炭逐渐成为北京地区能源中的主力，门头沟、房山等以煤而勃兴。根据煤行商会的销售统计，1928年以前，不算工业用煤，全市销售量约80万吨。1949年，全市每年民用煤和工业用煤消耗需100万吨。清代时，"都人炊爨，惟煤是赖"，而西山之煤尤为受到追捧。市场需求催生煤炭的运输，永定河两岸的运煤队伍成为特殊景致。元代熊梦祥《析津志》记述了当时大都城人们生活的一个镜头："城中内外经纪之人，每至九月间买牛装车，往西山窑头载取煤炭，往来于北辛安及城下货卖。咸以驴马负荆筐入市，盖趁其时。冬月则冰坚水涸，车牛直抵窑前。及春则冰解，浑河水泛则难行矣。往年官设抽税，日发煤数百，往来如织。二三月后，以牛载草货卖。北山又有煤，不佳，都中人不取，故价廉。"

《门头沟区圈门重建西山窑神庙碑》载："神京之西，有山穹然，蜿蜒蟠积，磅礴而无疆。其物产之伙不胜记，而石炭利尤广。居人往往相地凿窑，……一岁之中，走明驼以运者，此无于恒河沙数。上自官厅之供，下至闾阎之所，挖之深深，出之连连。"《（光绪）永定河续志》记载王平村，"或居山半，或临河滨，山根盘道，地亩俱平夷。近山一带煤窑极广，商贩往来络绎不绝"。

煤炭运输的方式受到社会生产力、煤窑的地理情况，以及路况、经济实力等多种制约。早些时候，多以牲畜驮运为主，驴、骡、骆驼，或牛车、马车、骡车等。当时的永定河东岸有不少养骆驼的村庄，专司运输之事。社会流传佚名小诗：凿断山根煤块多，抛砖黑子手摩挲。柳条筐压峰高处，阔步摇铃摆骆驼。

以中兴煤矿1928年一个年份的记录看，运煤以骆驼占半数，大车次之，驴骡驮再次之。即便是铁路修通以后，由于运输量大且多有战事，运输不能得到保障，仍然是火车与大车、牲畜驮运，各有千秋。大车即指牲畜拉的两轮或四轮车。牲畜驮运煤炭，有的用麻袋，有的用笼驮，所谓笼驮是用山里特有的荆条编制篓子，两个笼驮中间用矩棒连接，放到牲畜的鞍子上，实惠且方便，元人称"以驴马负荆筐入市"。荆条筐子的缝隙挡不住煤屑的流出，而永定河两岸卵石当道，坎坷不平，运输过程无法避免溢撒，通往矿场煤窑的道路常见被遗留的碎屑、煤末，民间有歇后语："去煤窑的路——一条道走到黑。"因此，旧时有一些人专门从事打扫的行当。

如按历史文献所曰，"日发煤数百，往来如织"，嗣后又有"走明驼以运者，此无于恒河沙数"，还有"商贩往来络绎不绝"，永定河两岸的壮观景象可想而知。

北京师范大学曾于1936年组织师生到门头沟做社会调查，写了《门头沟印象记》一文，给我们更加直观的感受，摘录如下：

门头沟是煤矿区，在北平正西……永定河横过其东，在这山与河的圈围中，农田极少，百分之八十以上是矿地。这里形成一个黑的世界，泥土、房舍、沟渠里的水，甚至人们的脸和手，几乎全是黑的；道上的土，素日为车辆骆驼等碾踏的结果，都成了轻细的粉状物，所以即便是天晴日和的天气，也有黑土飞扬。

老人们说起昔日的门头沟，会打趣道：过去那门头沟，连家雀儿都是黑的。

朱自清经门头沟到潭柘寺、戒台寺，在《潭柘寺戒台寺》一文中也流露出同感："这一带原是煤窑，拉煤的大车往来不绝，尘土里饱和着煤屑，变成黯淡的深灰色，教人看了透不出气来。"

京西煤炭销售到京城为大宗，约在60%，然后是天津和石家庄等地，也有运出国外。门头沟煤炭以供应京城为主，一为王平口东经十字道、圈门、大峪过河至麻峪，经阜成门入京；一为王平口经琉璃渠、三家店、模式口、西黄村至阜成门；还有一条古道是王平经戒台寺、石佛村、大灰厂、卢沟桥至广安门入京；也有经秋坡、石景山、北辛安至阜成门，阜成门有煤门之称。房山煤炭一部分经卢沟桥运往京城，一部分通过周口店、琉璃河运往外埠。阜成门以西永定河两岸成为煤炭交易市场，多条运煤网络通往窑口。除冰封时节，大车运煤须经卢沟桥运往京城。卢沟桥一地往往汇集京西房山、门头沟两地的煤车和大量牲畜，这种情景一直到三家店公路桥建成。

永定河两岸村庄的煤厂、煤栈、煤铺星罗棋布，西岸的王平村、琉璃渠、城子、大峪，东岸的杨坨、三家店、五里坨、模式口、北辛安、卢沟桥等都是煤炭的集散地。西山虽然多矿、多煤，但如遇多水多雨之年，便无法开窑，对市场造成影响。因此煤商家家囤货，煤炭堆积如山，进入雨季，街上黑水横流。这种情况一直持续到新中国成立初期，有的地方甚至到20世纪60年代初。北京城内的煤炭加工、销售也是关系民生的重要行业，20世纪30年代时煤栈入会者有一百多家，煤铺八百余家。

卢沟桥是交通要津，卢沟桥地区又是煤炭的中转或集散地，因此有关卢沟水黑的记载大都出于此地。清乾隆帝在其三首诗词中描写卢沟黑水，都是过卢沟桥即兴而作。

但是，如果因此认定卢沟河就是一条黑水河，仍然不够全面、不够精准。因为在大量历史文献或文字中，上述情景的表述只是占有很小的比重。

金明昌三年（1192年），完工的卢沟石桥及桥下的河水，构成中都城南的一处胜景——"卢沟晓月"。"一弯澄波星影没，百丈虹桥月色慵"，"卢沟晓月"是一种意境，我们很难想象这一胜景与黑水有关。

历史上宋朝出使辽、金，次数频繁，人数众多，使臣在途中留下大量诗词歌赋和纪行文章，在前人的这些作品中描写卢沟水黑的文字也是鲜见的。元代著名诗人陈高过卢沟桥，写道：卢沟桥西车马多，山头白日照清波。同样是描写冬天时节的卢沟河，明朝大学者胡俨在《重过卢沟》一诗中云：凌空高起玉梁横，万古桑干水自清。明人王达善写在《渡桑干》中也写有：三月清冰洁似银，黄沙两岸不知津。清代宗韶写诗《前开河行》，有诗句：凿冰为璧明且洁，水精宫阙琉璃扉。《康熙宛平县志》中写卢沟有"晚风明月，一碧波光，奇致赏心，能无驻马"的精彩描写。

历史信息为我们呈现的不同景象，也与采煤业的生产规律、运输方式，以及所在环境有极大的关系。

过去的小煤窑为了规避风险，同时也考虑市场的供求关系，一般是"冬天干，雨来散"，夏季封窑，9月开窑。开窑先排水，排水以后方能开始采掘生产。冬春季节是煤炭开采的旺季，也是运输旺季，恰是永定河的枯水季节，煤矿排出废水流入河道，对河水水质产生一定的影响。封窑期间，泄水沟主要下泄雨水和山水，情况就会变好。古人有诗曰："石炭发地宝，济彼柴薪穷；京华冠盖地，络绎输春冬。"因此，我们就可以理解历史信息中永定河既有黑急如箭，也有一碧波光。

燕京大学于1930年在门头沟做过调查，各煤窑最忙的时候是阴历十月到第二年的正月、二月间，而这一段时间河水冰封，也是运输的繁忙季节，车载或牲畜驮运可直接从冰面过河。冰上运输的道路与陆地道路是具有连续性的，因此运输所经之处，层叠黝玉，而远离运输线的河面仍然会冰洁似银。

我们的前人因不同时节、不同河段，产生大相径庭的描述，正是永定河不同的侧面，揭示了北京在发展中的一段历史。可以说，卢沟水黑不是常态，只是在一年当中的一些时间所出现的状况；卢沟水黑不能代表整条河流水黑，只是出现在局部地区，确切地说是北京地段的一段河。卢沟河这一名称是在特定历史阶段北京发展状况的一个佐证，京西煤炭温暖了京城，也在永定河畔留下了浓重的印记。

我国台湾的基隆，有著名的金瓜石景区。这是早年以产金而著称的小城，金矿蕴藏量丰富，同时还是铜矿产地。随着采矿业的没落，保存了矿区原始风貌的金瓜石成了一处游览景区。沿着基隆到金瓜石的公路一直前行，左边是海，右边是山，在景区的一段海域，临近海岸的海水是黄褐颜色，而远处则呈现的是蓝色，两种颜色相接处泾渭分明，形成了闻名的"阴阳海"奇观。在通往金瓜石的途中，有一片黄金瀑布，之所以称为黄金瀑布，是因为这一片景区的土石呈现金黄色，如不细看，恍若是金色的水瀑。瀑布的一侧有一条溪，与瀑布一样，溪水两岸及水中的石头都是金黄色的，

台湾黄金瀑布／魏宇澄　摄

远看似金色的溪水一样。

据介绍，这与金瓜石一带的矿脉以及过去的开采有关。溪水、瀑水含有大量的矿物质，这些水持续流入大海不能迅速扩散，在近海呈现出近黄远蓝的景象，人们称之为"阴阳海"。而经年累月的冲刷和流淌，溪水和瀑水的流经之地呈现出黄金溪水、黄金瀑布的奇特景观。

## 四、亦清亦浊是浑河

元、明两代，前代旧名如桑干河、卢沟河沿用不废，又出现浑河、小黄河之新河名。

《元史·河渠志》卷第十六分别记录了卢沟河和浑河，云"卢沟河，其源出于代地，名曰小黄河，以流浊故也。自奉圣州界流入宛平县境，至都城四十里东麻谷，分为二派"。又云"浑河，本卢沟水，从大兴县流至东安州、武清县，入漷州界"。

明洪武年间编纂的《北平图经志书》曰："桑干河，旧名㶟水，今俗呼浑河，又名卢沟河，一名小黄河，以其浊流故也。其源出大同府马邑县桑干山，经太行诸山间，由旧奉圣州二百余里入宛平县境。出卢沟桥下，东南至看丹口，冲决漫散，遂分而为三：其一分流往东南，从大兴县界至漷州北乡新河店，又东北流，达于通州高丽庄，入白潞河；其一东南经大兴县境清润店，过东安县，今已淤塞；其一南过良乡、固安、东安、永清等县，入霸州，汇于淀泊，出武清县，南入于小直沽，与白潞河合流，入于海。"其中提到一支南过良乡、固安、东安、永清等县，入霸州，汇于淀泊，出武清县，南入于小直沽，与白潞河合流，入于海。即为浑河。在上述有关县志当中都有对浑河的明确记载。

《明史·河渠志》编纂的时间在《北平图经志书》后，记载："桑乾河，卢沟上源也。发源太原之天池，伏流至朔州马邑雷山之阳，有金龙池者浑泉溢出，是为桑乾。东下大同古定桥，抵宣府保安州，雁门、应州、云中诸水皆会。穿西山，入宛平界。东南至看丹口，分为二。其一东由通州高丽庄入白河。其一南流霸州，合易水，南至天津丁字沽入漕河，曰卢沟河，亦曰浑河。河初过怀来，束两山间，不得肆。至都城西四十里石景山之东，地平土疏，冲激震荡，迁徙弗常。"

明万历三年（1575年），《固安县修堤建龙王庙碑记》记载：川渎经入其境内者，一曰浑河，一曰清河。浑河去县北数里，东流至永清界，即古之桑干河是也。

在一些史料中，卢沟河、浑河是作为两条河流分别做以阐释，两河虽为一水，在过去的北京境内多称呼卢沟河，下游地区大兴、固安、永清、武清、通州等地多称呼浑河，不同河段有不同称呼。

浑河之名也有两种说法。一是源于永定河上游的重要支流，《再续行水金鉴》有云："桑干河又东流，迳西安堡南，又东至边耀山西（山在应州北三十里，东隶浑源州，西北隶大同县）、赵霸冈北（冈在应州东二十五里，南北横卧，河出其右胁），有浑源河，自南合诸水来会。桑干河至此，互受通称，遂亦被浑河之目（此下皆从俗称浑河）。挟沙而行。其势渐横。又东经郑家庄南，折而北，入大同县界。"诸如此类等等。

另一说是俗称浑河，源于河水浑浊，河水含沙量高。《河北省志·自然地理志》载：永定河上游经黄土高原，河水含沙量大，下游平原河道又经常摆动，历史上有善淤、善决、善徙特性，与黄河下游河道相似，所以自元朝以来，人们常称它为"小黄河"及"浑河"。由于河身迁徙无常，原名"无定河"。

清《（康熙）顺天府志》："卢沟河，府西南三十里，本桑干水，又名漯水，俗曰浑河。"

《永清县志》载："桑干河即古漯河，又名小黄河，迁徙无常，土人称为浑河。大禹疏九河之一，源出马邑县洪涛山。"

无论是哪种说法，浑河水浑浊却是不争的事实。但人们称之"浑河""小黄河"，具有双重含义，不仅仅是因为水浊，还因为河水湍急猛烈，善淤、善决、善徙。古人谓之"小黄河剧大黄河"。

明万历皇帝观浑河曰："朕每闻黄河冲决，为患不常。故欲一观浑河，今水势汹涌如此，则黄河可知。"随行的官员在诗句中形容，"惊沙环扑乱白日，浊浪鼎沸排苍空"。明《帝京景物略》曰："水雷殷而云涌，亦曰小黄河。河迅岸危，石不得止。"

清代初期，浑河迁徙弗常。《北京通史》载：顺治八年（1651年），"从永清县徙固安县西七十里,与白沟河合流"。而顺治十一年(1654年),"与清水合流,西南入新城,竟至霸州城南溢为巨漫"。康熙二十七年(1688年),窜入玉带河,三十一年(1692年)复归"永清县东北故道"。浑河倏往倏来,甚至与保定府南之河水"汇流一处,势不能容",因此俗谓之"霸浑河"。

浑河水浊有很多文字记载。《帝京景物略》在描述石景山景致时写道:"山最上,金阁寺。寺最远眺望,望苍黄一道,如带南缀者,浑河也。浑河,古桑干水,从保安旧城,过沿河口,过石港口,达卢沟。浑河,如云浊河也。卢沟,如云黑沟也。浊且黑,一水也。水雷殷而云涌,亦曰小黄河。"

明代邹缉的《卢沟晓月》中写有诗句,"河桥残月晓苍苍,照见卢沟野水黄"。明代于奕正在天启年间秋也写下《渡浑河望戒坛诸峰》一诗,曰:

> 凌晨去渡桑干水,浪涌涛惊土亦流。
> 谁信他年换清浊,遥遥映出数峰秋。

据水利专家考证,永定河因其河水挟沙量高,居海河水系各河之首。《北京水利志》阐述:永定河官厅以上流经黄土高原,流域内有丨里河等8个自然集中产沙区和易侵蚀的黄土丘陵区,约占上游流域面积的二分之一。

桑干河为永定河的上游,其重要支流浑河,发源于浑源县,至怀仁县汇入桑干河。浑河流域处于黄土区,面蚀、沟蚀、风蚀的现象严重,植被脆弱,水土流失,一旦遇有暴雨顺流而下进入河道,因河水含沙量高而得名。桑干河上游的另外一条支流黄水河,发源于山西朔州境内,河水浑如黄汤,河床无定,历史上对两岸农田、村庄危害很大。流域多为黄土地带,植被稀疏,洪水含沙量大,故名黄水河。在桑干河流域,诸如此类的支流还有多条。

洋河上游分东洋河、西洋河、南洋河三条支流,东洋河和西洋河均发源于内蒙古大青山麓,南洋河发源于山西省阳高县境内,三条支流于怀安县柴沟堡附近汇合为洋河,洋河流域山峦起伏、沟壑纵横,山地、盆地、沙漠、丘陵相间分布,同时风沙天气多。

洋河上游有诸多的山沟河和季节性河流。张家口1956—1993年的数据显示，永定河上游的河流含沙量以洋河流域最大。明代文人徐渭曾到上谷过洋河，写有著名诗句：

> 塞外河流入塞驰，一般曲曲作山溪。
> 不知何事无鱼鳖，一石惟容五斗泥。

永定河虽然以含沙量大著称，但是河水并非一年四季总是浑浊，浑河水清并非奇观。河流有自己本身的规律和法则，比如洪泛的周期性，输沙量的高峰与低谷的周期性。永定河径流来自降雨、泉水的补给，上游各支流为时令河，季节性很强，含沙量较大。在一年四季中永定河水清和水浊总是有规律地交替出现。枯水季节，中上游地区干旱无雨或少雨，在气候条件稳定、河流水量稳定的情况下，水量和泥沙量都大大减少，因此河水清澈的现象并不鲜见。只有在汛期，或是上、中游地区，或是支流遇大雨、暴雨冲刷，将沙泥带入河道才会出现浑浊。

2019年永定河春季补水
上游 王平地区／魏齐庚 摄

2020年永定河春季补水
下游 大兴段／魏齐庚 摄

清圣祖康熙十七年（1678年）五月曾驻跸石景山，康熙帝写了《石景山东望》《驻跸石景山》《石景山望浑河》等三首诗词，其中的两首诗中都有对河水的描写。在《驻跸石景山》中写道："青山绿水谁能识，怀古登临玩物华。"而在《石景山望浑河》中也写有："沧波日滚滚，浩淼接皇州。"这些诗句中的永定河水是绿水、沧波。

这次巡幸，清代文学家、诗人高士奇，随康熙一同出行，也写有渡浑河一诗：

> 浩淼看无尽，沧波滚滚来。
> 浮桥齐渡马，大地不生埃。
> 势接黄图壮，流从碧汉回。
> 寻源虽有志，终悉汉臣才。

高士奇这首诗与康熙帝所写诗章是同一时空概念，诗中描写河水浩渺，碧波滚滚，远接天际。

乾隆十五年（1750年），正值早春二月，阳光明媚之时，乾隆帝阅视永定河，从卢沟桥前往下游，时而水路，时而陆路，写下多首诗章，其中一诗中写道：冰先桃花解，波含柳色如。在另一首《卢沟晓月》诗中写道：南襟涿鹿北居庸，王车驱驰曾过从。一弯澄波星影没，百丈虹桥月色慵。显然这时候的河水并不是浑浊的。清代著名诗人周之琦四月过卢沟写有《瑞鹤仙·小憩卢沟桥偶述》，诗中曰：春已在，驿桥畔。问柔波一样，仙源流下，为底人间较浅？要重寻京邑尘香，素襟漫浣。诗中柔波、仙源、漫浣，与汛期的永定河判若两河。

有关永定河的历史文字记载是很多的，从字面上看似乎有些分裂，既有说浑浊也有说清澈。其实，人们看到的都是永定河的本来面目，即使是称为浑河，一年中的不同时段也会呈现浑河不浑的情景，人们在不同时间看到河水，会有不一样的观感。凡是在永定河畔居住过的人们都曾感受过，水大的时候它放荡不羁，可以暴走挟石，水色浑黄；枯水季节它其实就像窈窕淑女轻轻走过，缓缓流淌，这时候的永定河水浅，水色清澈见底，微波不兴。永定河的浑浊往往与汛情和降水联系在一起，汛情来临时的情景惊心动魄，让人惊怵难忘。遗憾的是后人往往望字生义，以为浑河总是浑的。

众所周知黄河水浑，"一碗水，半碗泥"的说法是黄河含沙量大的形象反映。

但是，在历史上黄河浑水变清的历史记载也是屡见不鲜，黄河水清并非千年一遇。西汉《易纬乾凿度》中曰："天之将降嘉瑞应，河水清三日。"明朝张居正

《承天大志纪赞·龙飞纪》中说:"河清云庆,祥光烛天。"据《清世宗实录》记载,清雍正四年(1726年)十二月,黄河在陕西、山西、河南、山东等地冰开水清,湛然澄澈,持续了一个多月的时间。对此,雍正皇帝称它为"上瑞",亲笔写下《河清颂》二千余言,命河道总督建立"御制黄河澄清碑",并专遣大臣致祭河神。雍正帝认为,河水澄清两千里,期逾一旬,实从未有之上瑞,"数年之中,荷蒙上天、皇考默佑,叠赐嘉祥,兹又有河清之上瑞,朕细推天人感福及诸臣"。遂于正月十三,赐主事、参领、知县、参将以上内外文武官员着加一级,以示加恩。乾隆五十二年(1787年),黄河水清自宁夏以下千余里,亦涉及数省,颇为壮观。古人将河水变清的现象看成是升平祥瑞之兆。

其实,在进入黄土高原之前,黄河并不那么"黄",当进入黄土高原沿途汇入几十条大的支流后河水开始变黄,泥沙也开始增多。而在中下游出现黄河变清,往往是由于

2012年5月黄河壶口瀑布 / 魏齐庚 摄

干旱所致，特别是春夏之交是黄河的枯水期，黄河上游地区干旱少雨，很多支流干涸，干流来水量减少，没有泥沙注入黄河，故河水在短时间内会一洗往日浑黄的容颜。对此，专家称为"黄河早清"现象。距离我们比较近的2012年5月上旬，著名的黄河壶口瀑布一改以往的模样，水色清澈、碧波汹涌，呈现"清流飞瀑"的别样美景。

《永定河治本计划》所提供的详细数据更清楚地说明了这一点。"将永定河泥沙量与世界各河做比较，虽较世界各河高，然其沙泥总量，每年平均二十七兆立方公尺，较之其他著名含沙河流，实无足惊异。盖其平均流量甚小，每年沙泥之排泄，全在汛期。七、八两月平均排泄沙量为二三点四四兆立方公尺。占全年沙量百分之九十一。"由此可以看出，汛期河水的含沙量最高，水流浑浊是毋庸置疑的，而一年当中的其他10个月份含沙量仅占到全年的9%。如果细分，枯水季节的含沙量少之又少。清《（光绪）永定河续志》："永定河伏汛之水，其浑浊较它汛为尤甚。"

如今，永定河上游的环境不断得到改善，加之永定河水流量大大减少，现在的下游即便到了汛期也很少能看到浑水浊浪的情景。如果溯流而上，在上游地区的桑干河大峡谷，遇大雨或暴雨，仍然能够领略到浊流滚滚、一泻千里的震撼场面。而汛期的官厅山峡，虽然河水也会出现浑浊，但是有了官厅水库的拦截、沉淀，与上游相比浑浊程度明显逊色许多。

浑河的名称出现于元代，并不等于永定河在元代开始出现河水浑浊。在元代之前，有北宋文人郑獬使辽写下诗文《入涿州》：饮马桑乾流水浑，燕山未晚已黄昏。衣襟犹带长安酒，不分江湖浣旧痕。永定河有其自然属性，如果没有永定河水挟带大量的砾石、泥沙，最终填平了北京古湖，巨大的北京冲积扇群就难以形成。但是在社会发展的过程中，人类的盲目开发和对植被的过度砍伐，破坏了河道的平衡并加剧了河水的浑浊。

## 五、康熙帝赐名永定河

永定河自清康熙帝赐名至今已经有300多年的历史。我国河流众多，而由皇帝定名的河流实为鲜见，在一定程度上反映出人们对资源环境的利用与改造历程，也寄托着人们美好的愿望。

康熙帝御制《永定河神庙碑文》记载："念兹永定河，其初也无定，盖缘河所从来，远发太原之天池，经朔州马邑，会雁、云诸水，过怀来夹山而下。至都城南，土疏冲激，数徙善溃，颇坏田庐，为吾民患苦，朕甚悯之。蠲赈虽频，告灾如故，永图捍御之策，咨度疏浚之方。特命抚臣于成龙董司厥事，庀役量材，发帑诹日，具告祷于神。乃率作方兴，庶民子来，畚锸云集。汤汤之水湍波有归，横流遂偃。嘉此新河，既潴既平。计地，自宛平之卢沟桥，至永清之朱家庄，汇郎城河，注西沽以入于海。计里，延袤二百有余，广十有五丈。计工，始于康熙三十七年三月辛丑，讫工于五月己亥。自今蓄泄交资，高卑并序，民居安集，亦克有秋。夫岂惟人力是为，抑亦神庥是赖，宜永有秩于兹土，以福吾民，用是赐河名曰永定，封为河神。新庙奕奕，

永定河山峡/魏齐庚 摄

丹艧崇饰，更颁翰墨，大书匾额，以答灵贶。岂特于祈报之礼有加，尚俾知水利有必可兴。水患有必当去，而勤于民事，神必相之，以劝我长吏，凡一渠一堰，咸所当尽心。爰揭诸碑，纪兹实事，监于后人，视永定河所自始。"

《（乾隆）永定河志》载："永定河，原名桑干河，一名卢沟河。其水挟沙拥泥，因名浑河。以其迁徙靡常，俗又谓之无定河。辽、宋以前，河在京北，元、明以后河在京南，金、元及明，建有土石堤工，为京城障卫。国朝因之。以下则向无修防，水势散漫，屡为蓟南田庐患。康熙三十七年（1698年），我圣祖仁皇帝轸念民艰，亲临指授，疏筑兼施，设官分理，赐名永定河。"

上述文献从不同角度还原了300多年以前，清康熙帝治理永定河，并赐永定河新名的一段历史。自辽代以北京为陪都，金代定北京为中都以后，永定河防洪问题成为突出问题，为了确保京城安全，历朝历代重视永定河的治理。其中，康熙帝时期对永定河的全面治理具有划时代的意义并载入史册。

在北京中华世纪坛的青铜甬道上，有两处记述了康熙帝治理永定河："公元1698年戊寅，清圣祖康熙三十七年玄烨巡视河工，改浑河名为永定河；公元1700年庚辰，清圣祖康熙三十九年，玄烨以治河为要务，多次巡视永定河工程。"

《清圣祖实录》记载：康熙帝于三十七年（1698年）三月，召直隶巡抚丁成龙汇报治理永定河计划，康熙帝说"朕经行水灾地方，见百姓以水藻为食，朕曾尝之。百姓艰苦，朕时在念。是以命尔于雨水之前，速行浚河筑堤，使田亩得耕，百姓生机得遂"。永定河施工期间，康熙帝多次亲临现场视察。

有关史籍记载，康熙三十八年（1699年）十月，他带领皇长子、皇四子和皇十三子，巡视卢沟桥以南河工。康熙帝巡视两岸，对紧要的地方逐一仔细核查，要求河道总督王新命等人逐一落实。这次出行，康熙帝还巡视了北蔡村、夏庄村、南蔡村等处。在郭家务村南大堤，康熙帝以侍卫所持的豹尾枪于冰面立表，亲自丈量测验。康熙帝经过测验，看到河内淤垫较堤外略高的情况感到担忧，要求必须在今冬下埽加帮增高，而且不可取近堤之土，若取土成沟，水流沟内就会有伤堤根。

康熙帝治理永定河深得民心，当他巡视到霸州河堤，百姓跪迎道边，叩头谢恩，欢声动地。

康熙三十九年（1700年）正月，康熙帝带领皇四子、皇七子和皇十三子，巡视永定河，全程18天。康熙帝自通州上船，巡视的重点是永定河入淀处的郎城、柳岔口等地。四月十六日，康熙帝再次巡查永定河，视察十天有余。当年秋天，康熙帝又一次巡视永定河，命皇四子多罗贝勒胤禛、皇十三子胤祥随驾。康熙在沿途所到之处，对存在的问题一一严厉指出，要求分轻重缓急进行纠正。

在康熙四十年（1701年）三月，康熙帝巡视永定河，皇太子允礽、皇长子多罗直郡王允禔、皇四子多罗贝勒胤禛、皇十三子胤祥等随驾。是日，康熙帝驻跸永清县蔡家营。四月二十日，康熙帝再次到永定河。提出引入清水、以冲刷浊水的方案。

康熙帝治水，欲行其事，必事先了解实情，亲力亲为，并提出具体的治理要求和方略。他曾对大臣说"朕屡次南巡，曾细阅河道，留心于此，是以河道情形，知之甚悉，此处不让他人。"康熙帝治水不是停留在一时一事，而是坚持不懈，在取得阶段性成果之后，他依然多次到永定河查勘，提出进一步的治河策略，对有关工程、管理、材料以及人员褒奖等亲自过问。

康熙帝治理永定河是治理永定河历史中熠熠生辉的一页。他以治河为要务，多次亲自勘察和巡视永定河，掌握大量一手情况，提出确有实效的治河策略，都是过去任何一代帝王所不曾有过的。康熙帝改河体现了没有沿循前朝治水的被动，而是主动治理，防患于未然，在治理中统揽全局。康熙帝治理永定河取得了重大成就，在以后的几十年中，永定河相对平稳，没有发生大的水患。

《清史稿》载："三十七年，以保定以南诸水与浑水汇流，势不能容，时有泛滥，圣祖临视。巡抚于成龙疏筑兼施，自良乡老君堂旧河口起，迳固安北十里铺、永清东南朱家庄，会东安狼城河，出霸州柳岔口三角淀，达西沽入海，浚河百四十五里，筑南北堤百八十余里，赐名永定。自是浑流改注东北，无迁徙者垂四十年。"

康熙帝于五十五年（1716年），再次巡视永定河。看到经过多年的治理，永定河两岸已是一派新的景象，有感而发写下《阅河长歌》。诗曰：

春风春社艳阳天，雪尽尘消遍路阡。
曾记当时泊舟处，今成沃土及膏田。
十年之前泛黄水，民生困苦少人烟。
历历实情亲目睹，老转少徙益难抚。
挟男抱女至马前，皆云此河不可堵。
桑干马邑虽发源，山中诸流数难数。
吾想畿内不能防，何况远虑治淮黄？
数巡高下南北岸，方知浑流为民伤。
春末无水沙自涨，雨多散漫遍汪洋。
若非动众劳人力，黎庶无田渐乏食。
庙谟不惜费帑金，救民每岁受饥溺。
开河端在辨高低，堤岸远近有准则。
未终二年永定成，泥沙黄溜直南倾。
万姓方苏愁心解，从此乡村祝太平。
昔日宵旰尝萦虑，将来善后勿纷更。

说到康熙帝赐名永定河，不能不提到于成龙，至今民间传颂于成龙是永定河畔一条龙。于成龙，字振甲，奉天盖平（现辽宁营口南盖州）人，生于清崇德三年（1638年），卒于康熙三十九年（1700年）三月，曾任直隶巡抚、都察院左都御史、镶红旗汉军都统、河道总督等职。康熙帝对于成龙十分赞赏，赞扬于成龙秉性淳朴，廉介夙闻，激浊扬清，始终如一，是国家栋梁之材，并曾赐诗于于成龙。

据史料记载，永定河自金、元、明几朝，都注重永定河石景山麓至卢沟桥南一带的治水工程，相继建置土石堤工，这主要是为了捍卫京城。而至于下游，往往缺乏必要的河工，任其散漫。因此，宛平、良乡、涿州、固安、永清、霸州等下游地区，深受水患之苦。《文安县志》载："桑干河发源马邑，东下抵宣化、保安，云中雁门之水胥会穿西山而达宛平。其在西山以上岗峦夹束势不得肆，宛平而下地平土疏，冲激震荡，迁徙弗常，而固安、霸州之间或合流或分岔溃溢尤甚自我。"

于成龙受命治理浑河，亲自查勘河道，在治河实践中，大筑堤堰，疏浚兼施，同力并举，治理有方。通过清淤疏浚，使河道宣泄得以畅通；筑堤束水，加固石景山、卢沟桥段旧堤，同时卢沟桥以下新筑南北大堤，连接旧堤石卢段，有效地遏制了永定河下游经常性的摆动；挑浚新河百四十余里，达西沽入海。从此，京城免受河水泛滥之苦，下游庐田颇多受益，百姓交口称赞。康熙三十七年（1698年）七月，霸州等处挑浚新河竣工，于成龙乞赐河名，康熙帝谕令"照该抚所请赐名永定河，建庙立碑"。

在古代，人们改造自然和征服自然的能力有限，自然灾害的发生往往会使百姓陷入水深火热之中。于成龙因治水卓有成效而受到人们的爱戴，得以留芳。

固安县当地至今流传于成龙为民诓驾的故事，2008年被列入国家级非物质文化遗产代表性项目名录的"永定河传说"也记载了这一故事。传说康熙帝当政时经常到各地巡视，直隶巡抚于成龙便奏请康熙帝到固安一游。于成龙对固安美景津津乐道：有西湖二景，还有太子三公，更有玉带两条，还有牛头马面。康熙帝来到固安，于成龙前往接驾，他们徜徉在浑河的堤岸，映入眼帘的是汹涌的河水，河堤年久失修，泥土疏松，高低不平，河床竟然高出两岸的田地，河畔村庄是一片荒凉的景象。康熙帝所见与想象可谓大相径庭。

固安县确有两湖，固安十景中即有双湖印月；而太子三公指的是太子务村、北公由村、中公由村、南公由村；两条玉带是浑河、大清河；牛头马面则是牛驼村、马庄村。于成龙隐约其辞为的是使浑河得到治理。康熙帝看出于成龙用心良苦，不但没有怪罪，反而授命于成龙负责治理浑河。

于成龙接旨后专心治河，功效显著，从此减轻了水患。于成龙任河道总督期间，身患疾病，奉命在任调治，康熙帝亲自派遣人前往诊视。康熙三十九年（1700年），于成龙卒于任上，康熙帝赐祭葬，谥襄勤。谥号是朝廷根据被封者的生平行为给予的一种称号，通过赐封谥号给予褒奖，以表其功。古人云：甲胄有劳曰襄，亟征伐；辟地有德曰襄，取之以义；而勤者，劳也。襄勤这个谥号是对于成龙一生的真实写照。

永定河定名之前有"无定河"之称，因此康熙帝赐名永定河是针对"无定河"反其意而为之。"无定河"属于游荡型河流，明时的永定河自三家店出山之后，进入平原，流水减缓，泥沙沉积，河水经常泛滥，甚至造成河水改道，因而称"无定河"。

永定河下游河道 / 魏齐庚　摄

《（乾隆）永定河志》载："永定河自石景山至大宁村东北约三十里，河底多砂砬。水大，一望汪洋，奔涛汹涌。水小，则水穿沙碛，或分或合，流无定形。此下则并为一河，即间有分岔、小支，旋即淤淀。"《永定河治本计划》在绪言中阐述："华北诸水，永定为大，而为祸亦最烈。盖永定上游，桑干及洋河，驰突于富有黄壤之山谷中，水流激湍，挟沙之多，世罕其匹。及至下游，坡势骤缓，水力无所消纳，则惟有迂回曲折，用以冲啮土地。复因迂回曲折之故，所挟之沙，有随溜之缓急，以沉以浮。此永定河所以变迁多故，号称无定也。"

实际上，"无定河"之称并不仅仅出现在下游，在上游地区也有出现。涿鹿县西窑沟村有千年古刹弥陀寺，因地处桑干河南岸又名河南寺，至今寺庙大门两侧的柱子留有一副楹联，上联无定河边三宝地，下联莲花山上大乘门。

永定河之名彰显康熙时期治理永定河取得的卓有成效的功绩，也反映了康熙帝治理永定河的决心和自信。同时，永定河也寄托了广大百姓的殷殷期盼。康熙帝治理永定河开创了永定河治理的崭新篇章，但是也受到历史的局限，因此注定了治河的成果只是维持了几十年的时间。在以后的时间里，一个又一个严峻的问题仍然不断显现。

人们希望的"永定"在中华人民共和国成立后才真正得以实现，永定河之名从此实至名归。

永定河畔永定塔 / 魏齐庚 摄

# 第四章 水利回眸

水善利万物而不争。千百年来永定河哺育了一代又一代两岸儿女，也滋润着两岸古老而伟大的华夏文明。永定河是流域经济、社会发展的生命线，永定河的水利历史是母亲河与两岸人民智慧的携手奉献。

## 一、淤地肥田之利

我国淤地的历史悠久，唐代后期已经大规模引汴渠浑水淤灌及放淤肥田。淤地，是人们巧借天力，将河水从河床通过沟渠引入一定区域的古老实践。浑浊的河水或洪水中挟带大量的泥土、粪肥、腐殖质和有机质，对土地的改良十分有利。淤地的过程能增加土壤养分，增加耕作层的厚度，改良土壤的成分，使河滩沙地、瘠薄地、荒滩以及下游的盐碱地得到改善，扩大耕地面积。

《明熹宗实录》载，"巡按直隶御史何廷枢言，屯田实政为目前所急修者无如办水利为第一义。人知引水为利而不知泄水亦为利，今浑河一带大陆之间一望膏腴，往往为河泊蒿莱之所拥，谓宜相视乡鄙某处可垦成田，某处可垦成园，某处原陷可以潴汇，某处平衍可以排决高下，咸为吾用早晚无旷其土。其次，则宽赋以广劝课，盖荒淤多年非极力兴作便难种艺开垦，三年后始照地之肥瘠分别起科。"上述文字所记

永定河畔葡萄园/魏齐庚 摄

载的是明朝天启六年（1626年），巡按直隶御史何廷枢向朝廷进言，浑河泄水也可成田，可根据土地的薄厚、肥瘠分别征税。

清康熙帝于康熙五十五年（1716年）所写《阅河长歌》一诗中抒发了通过治理水患，人们安居乐业的感慨，也有反映淤地变成良田的情景，他在诗前加注曰："朕阅河出郊，自南苑，过卢沟。顺永定河之南岸，见十五年前泥村水乡，捕鱼虾而度生者，今起为高屋新宇，种谷黍而有食矣。水淀改成沃野，溜沙变为美田。因思古人云：有治人无治法，斯言信哉。"

《（乾隆）永定河志》记载："浑水肥田，古有成效。如泾盖关中，漳溉邺下，皆载在史册。既现在永定河漫溢处所，土性淤肥，麦收加倍，亦可明征。应行令河臣，留心审度，凡系近堤荒咸洼薄之地，皆可照依此法，开坝泄浑放淤粪脊。其留泥之法，或设陂以限之，或挖塘以潴之，因地制宜，转害为利，尤直隶之要务。"

《畿辅通志》中说：永定河浊泥善肥禾稼，所淤处变瘠为沃其收数倍。河所经由两岸洼碱之地甚多，若相其高下开浚长渠，引灌之法分道浇灌，自近而远，一河之润可及十余州县，则斥卤变为肥饶，亦转害为利。

永定河下游两岸拥有大量低洼地区，化水患为水利，淤地成田的效果更为明显。《（乾隆）东安县志》曰："永定河不通舟楫，不资灌溉，不产鱼虾，然其所长独能淤地。自康熙三十七年（1698年）后，冰窖、堂二铺、信安、胜芳等处，宽长约数十里，尽成沃壤。雍正四年（1726年）后，东沽港、王庆坨、安光、六道口等村，宽几十里，悉为乐土。兹数十村者，昔皆滨水荒乡也，今则富庶甲于诸邑也矣。"

《（乾隆）永定河志》记录了在乾隆年间，部分县州上报的淤地征租情况，宛平、良乡、涿州、霸州、固安、永清、东安、武清等地淤地按每亩三分、六分不等征收租银，上等河淤地每亩征租银六分；次等河淤地每亩征租银三分。遇有新淤地亩须续报，随时查办。除上述外，还有苇场淤地数十顷，征银上千两。

永清县、东安县、武清县等下游地区的淤地很是可观：永清县，境内上等河淤地七十三顷三十二亩，次等河淤地一百七十顷十一亩五分，共征银五百一十两三钱四分五厘；东安县，实征六十七顷十七亩二分，共征租银三百三十一两一钱七分六厘；武清县，原续报淤地八十八顷十九亩一分二厘，又续报三角淀十一顷九十四亩八分八厘，共征租银三十七两四钱五分一厘。

乾隆二十三年（1758年），各县经过奏准，将淤地拨发给就近村庄的贫民。"永清、东安两县每户六亩五分；宛平、涿州、固安、霸州等县每户五亩。各汛险夫或三四百户，或五六百户，按户给地六亩五分，共给地二百三十七顷，通工汛夫，一千六百五十名半，每名十四亩。同时又接到淤地五百九十余顷，拨发给险夫或用于寺庙香火地，还剩余三百三十余顷。"（《（乾隆）永定河志》）

门头沟东辛称村是永定河西岸的一个村庄，在历史上村中也有一百多亩土地为浑河淤积而成。村民在河边的沙滩上淤地，用河里的沙石垒成土埂，再从上游修建水沟，引永定河的浑水浇灌，灌一次就淤一层泥，土层达到一尺多厚就可以种庄稼。种上庄稼仍然可以继续灌溉河水，土层也会越来越高，历经数年土层可达几尺厚。东辛称村淤地往往是几户或是十几户人家一起商量开工，然后按出工分配所淤土地，古老

京西稻／魏齐庚 摄

的方法凝结着人们生存的智慧。

现门头沟区侯庄子村是永定河城子以下两个河汊之间的一个村庄，这里的村民很早就懂得淤地。至今，侯庄子还流传有村民侯朝选为淤地惊动朝廷打赢官司的故事。清朝光绪年间，侯朝选一家兄弟五人，人口多土地少便开始淤地，几年下来居然通过辛勤劳动增加田地几十亩。河东岸的村民担心对岸淤地会引起河道东移，便向宛平县衙门告状，最后两村和解。

门头沟的丁家滩村、下苇甸地区，也有淤地的记载。清代左宗棠部将王德榜在永定河下苇甸、丁家滩等村砌坝造渠，"化沙碛为膏腴"，有大臣提出，"若推广行之，沿河十余村可得沃土二十余万亩，美利无穷"。（《永定河上游兴办水利全卷》）

《（光绪）顺天府志》记载："宛平县治西南，卢沟桥西北，修家庄，三家店等处，引永定河水泄之村南沙沟，不粪而沃，六年凡营成稻田一十六顷。"

农业活动是人类从自然界中获取物质资源的活动，受到自然环境和条件的制约或影响十分明显。永定河两岸的人民群众，在长期的生产、生活中积累了丰富的经验，掌握了发生水患的自然规律，通过淤地扩大耕种面积，通过淤地肥田增加农田收益，以及为规避风险，采取一水一麦的耕作种植，体现了人与自然的相互作用，也体现了沿岸人民化不利为有利的智慧和创造力。

在新时期，为保持水土，永定河上游仍然推行拦泥淤地的做法，充分利用水沙资源，改变农业生产基本条件，改善当地生态环境，促进区域经济发展。

## 二、水力加工之利

带有远古色彩的水磨、水碾、水碓历史悠久，是中国古人智慧的结晶，一些地区至今留有实物场景和地名。

水磨、水碾、水碓都是对水能源的开发和利用，通过水流落差所形成的冲力作为驱动力。在农耕时代，水磨、水碾、水碓无疑是一种先进的、成本更加低廉的生活、生产工具。

从史料中我们可以得知，古老的水磨，主要由上下扇磨盘、转轴、水轮盘、支架构成。上磨盘悬吊于支架上，下磨盘安装在转轴上，转轴另一端装有水轮盘，以水的势能冲转水轮盘，从而带动下磨盘的转动加工粮食、油料。而水碾的主要构件则是碾槽、碾盘、碾磙子，利用水力带动旋转的碾子而碾轧谷物。

永定河流域利用河水的水力，建造水磨、水碾、水碓加工粮食或其他物品的历史文献记载颇多。《元一统志》中记载："京城西南，昔为水门，金河攸注，宛然故存。引水作磨，下转巨轮。既助道门，亦利京人。"这是北京城内使用水磨的较早记录。"昔为水门"当指金时。元代碑刻《皇太子赐大庆寿寺田碑》载："园有树栗，陇有秾牟，环布近郊，石煤以薪，水轮以磨。"大庆寿寺原在北京西单东侧，始建于金代，元代曾重修。《析津志辑佚》载："厚载门乃禁中之苑囿也。内有水碾，引水自玄武池灌溉花木，自有熟地八顷，内有小殿五所，……日可十五石碾之。"元代时的京城使用水碾比较普遍，景山公园至今还完整地保留着元代水碾遗物以及水井等，有关史料对京城的长春宫使用水碾也有所记录。

永定河的上下游都有使用水磨的记载。元代时，朝廷欲开金口河，有些官员提出，开挑金口，必然将百姓的房舍、水碾等损毁，应当酌情给予补偿，赈济百姓。《析津志辑佚》记载："碾、碾房以牛、马、驴、骡拽之。每碾必二三疋马旋磨，日可二十余石。旧有扇厨，甚不劳力。西山斋堂村有水磨，日夜可碾三十余石。"从上述文字可以看出，水磨成本低且效率更高。斋堂地区的《灵岳寺碑》也记载："斋堂南马栏口有水碾一所，碾坊大小七间。"斋堂村地处永定河中游的主要支流清水河岸边，距其几公里下游的军响村也装有水磨，加工粮食和油料，称"水磨香坊"。当地乡邻有顺口溜："清水的腿儿，灵水的嘴儿，军响的水磨碾金子儿。"说的是清水村的村民跑外的多，灵水村读书人多，善于表达帮助人断事、打官司，而军响村的水磨生意兴隆。无独有偶，在永定河上游的另一条支流妫河岸边，也有使用水磨的历史记载，《延庆州志》云："妫川自双营南即湮塞流竭，旧道犹存。干流东南流数里，入于地，伏流十余里复出，至永宁县界，有水磨、水碓四座。"水碓也是水磨的一种。

清光绪七年（1881年），左宗棠部将王德榜在永定河的右岸下苇甸、丁家滩、车子崖（陈家庄）、水峪嘴、琉璃渠等地筑坝开渠，工程就地取石需要大量火药，便在永定河安装有水碓，通过河水动力加工火药。醇亲王奕譞曾前往查看河工，观看水碓和水磨运行后有感而发，写下《查看水碓造药》《观水磨》两首诗词。他在《查看水碓造药》中描写"万杵奔雷喧广厦，双轮飞雪激洪涛"，场景甚是壮观，应当是数架水碓同时在运行之中。《观水磨》一诗中写道："真个东西任决流，渠分轮激几曾休。故山已出江湖远，合替人间作马牛。"

在门头沟区丁家滩村，永定河右岸山体一巨石上，至今留有石刻，上写光绪七年（1881年）醇亲王到此的字样，印证了当时的史料记载。

水碓发明当在东汉时期，利用水力、杠杆和凸轮的原理形成联动，完成粮食或其他物品的加工。凡在溪流江河的岸边都可以设置水碓，还可根据水势设置多个水碓，设置两个以上的叫作连机碓。

有关文献证明，在永定河上游地区的山西朔县，桑干河的源头神头泉附近村庄，如神头、马邑、水磨头、小泊等村，自明朝万历年间开始利用水磨，发展成具有规模的加工产业，兴盛不衰达300多年，加工的面粉和产品油不只满足当地的需求，还源源不断销往内蒙古、北京、河北等地。当地有民谚："桑干河源泉水清，水磨油坊似春笋。"在阳原、涿鹿、蔚县等地区，都有使用水碾的历史信息，涿鹿县溪源村至今保留有"水打磨"遗迹，而矾山仍有村庄叫水磨村。

## 三、航运和漕运之利

古人云：利涉大川，乘木有功。水为人类提供了便利的运输条件，人类在长期的生产和生活的实践中，逐渐认识了水能载浮的作用，舟船的发明和使用大大促进了人类的文化交流与联系。在历史上，永定河河水丰盈，也曾有过行船或利用水路运输的历史。

戾陵堰、车箱渠是记入北京发展史册的一项最早的大型水利工程，是曹魏嘉平二年（250年），镇北将军刘靖在幽州开拓边守时兴建。这项工程对防止洪水危害，并将河水用于农业灌溉，促进北京地区经济发展的作用是巨大的，从有限的史料中我们也可以看到该项工程用于漕运的蛛丝马迹。《刘靖碑》碑文中记有："至景元三年辛酉，诏书以民食转广，陆费不瞻，遣谒者樊晨更制水门。"碑文中还记有，晋元康五年（295年），刘靖之子刘弘"亲临山川，指授规略，命司马、关内侯逢恽，内外将士二千人，起长岸，立石渠，修主遏，治水门，门广四丈，立水五尺，兴复载利，通塞之宜，准遵旧制，凡用工四万有余焉"。

从上述文字中，我们可以得到这样的信息，随着幽州地区人口的增加，和不断增长的社会需求，陆路运输费用日益增加，曹魏景元三年（262年）"樊晨更制水门"；晋元康五年（295年），刘弘亲临现场指授，修复因洪水冲毁的渠、堰、水门，以恢复原有功能，"兴复载利，通塞之宜"。

在北京八大处镇海寺有碑刻记述："都城一舍许曰尸林秘魔崖，唐天宝间有僧名卢，不知何许人，自江南自造一舟，不施篙橹，任所之曰：'汝止吾止也，至卢沟桥桑干河达尸陀林。'"《钦定日下旧闻考》中对这一故事也有记载，相传隋仁寿年间，有高僧棹一船从江南而来，曰："船止则止。"当船至崖下止，师遂崖居，居数岁，二童子来，曰大青小青，侍师不去。文中所谓的"崖"指的是八大处秘魔崖。

上述故事并非空穴来风，隋、唐时期，隋炀帝征辽，唐太宗征辽，在北京地区的桑干河上都曾上演波澜壮阔的漕运历史大剧。

隋大业八年（612年）春，隋炀帝征辽，四方兵马会聚涿郡。在此之前，大业四年（608年），隋炀帝征调河北诸郡男女百余万开永济渠，南到黄河，北通涿郡，利用当时的桑干河，抵达蓟城。运河开通后，隋炀帝乘龙舟北巡涿郡。为了征辽，隋炀帝兵马未动，粮草先行，调集了大批粮食和军用物资，"发江淮男民夫及船运黎阳及洛口诸仓米至涿郡，舳舻相次千余里。载兵甲及攻取之具，往还在道常数十万人"（《资治通鉴》）。临行前，隋炀帝在桑干河畔筑社、稷两坛，又在蓟城北设坛祭马祖，举行盛大而隆重的祈祷仪式。出发时，征伐的队伍分左右共二十四军，循二十四路分别进发，"总一百一十三万三千八百，号二百万，其馈运者倍之"。"癸未，第一军发，终四十日，引师乃尽。旌旗亘千里，近古出师之盛，未之有也"。（《隋书·炀帝本纪》）当时行进的队伍首尾相接，鼓号相闻，队伍壮观宏大，绵亘千里。

《旧唐书》也记载一个故事，韦挺运粮，"自桑乾河下至卢思台，去幽州八百里"。故事讲的是唐太宗贞观十九年（645年）用兵辽东之事。唐太宗非常重视这次战事，于出发前一年委派韦挺为馈运使，并为韦挺配备了副使，让韦挺自己挑选文武官员十人为子使，又配给二百名勇士和二百匹马随同前行，并诏令河北的各州官员一律听从韦挺的调度。唐太宗还将自己穿着的貂裘，以及二匹御马亲自赐给韦挺。唐太宗十分看重征辽的后勤保障工作，对韦挺说："幽州以北，辽水二千余里，无州县，军行资粮无所取给。卿宜为此使，但得军用不乏，功不细矣。"韦挺受命来到幽州，命令燕州司马王安德前去巡渠通塞。但是在前方航运状况尚不明确的情况下，便开始"先出幽州库物，市木造船"。韦挺所带船只自桑干河出发，行至卢思台，见到巡视水路的王安德方知"自此之外，漕渠壅塞"。而且当时已进入冬季，冰封水路，继续跟进已不可能。韦挺只好将军粮卸下，储存在卢思台侧，待来年春天开河以后运输。韦挺的渎职，使唐太宗大怒，令将韦挺押解洛阳治罪。

　　在这个历史故事中，韦挺从桑干河出发，说明当时桑干河段应该具备航运的基本条件，唐太宗派韦挺前往幽州调度军粮以运往征辽前线，正是在这一基本条件下的决策。600艘运米船只，可谓浩浩荡荡的船队，如果桑干河没有通航条件将寸步难行，也就不可能抵达卢思台。从史料中，我们还可以判断，这次从桑干河出发应当正是丰水季节，因此《旧唐书》中有"欲进不得，还复水涸"之语。

　　永定河的漕运，在史料中有丰富的信息。世界著名旅行家马可·波罗曾在13世纪来到中国，以纪实的手法记述了他在中国各地的所见所闻，对元初的政事、战争、宫廷秘闻、节日、游猎，以及元大都（今北京）的经济、文化、民俗风情等有精彩描述。他在《马可·波罗游记》中写道："自从汗八里城发足以后，骑行十里，抵一极大河流，名普里桑干，此河流入海洋，商人利用运输商货者甚伙。"其中的汗八里为元代大都城（今北京）的别称，元代蒙古人称北京为汗八里。马可·波罗笔下桑干河上"运输商货者甚伙"，是当时的真实场景。

　　元代兴建大都工程巨大，需要大量木材，同时大都居住者在日常生活中也需要大量木柴薪炭，永定河的中上游流域是历史上北京城市建设和生活所需木材、薪炭的主要供应地之一，因此也是当时十分繁忙的一条河流。"车运曰转，水运曰漕"，著名的元代《卢沟运筏图》，真实描绘了当时的卢沟河，木排源源不断地漂流而至，岸边也堆积着大量木材，有人正在搬运，有的已经装车，繁忙景象一览无余。

对于永定河历史上的漕运，《元史·河渠志》中也有记载，至元三十年（1293年）九月，漕司言："通州运粮河全仰白、榆、浑三河之水，合流名曰潞河，舟楫之行有年矣。"

元朝定鼎大都，在建设都城方面展示出大规模的壮举。大都治水是郭守敬治水业绩中最为辉煌的篇章，他成功实施永定河引水工程、白浮引水工程和开凿通惠河运河工程，对元大都的发展和繁荣起到了重要作用。大都治水还对元以后北京城市发展产生了深远影响。

首都博物馆在2015年"饮水思源——南水北调中线工程之文化篇"专题展览中，专门介绍了金口河。金口河在金代淤塞后，一直未能疏通，为解决营建大都材料运输问题，元世祖至元三年（1266年），在郭守敬提议下重开金口工程，"导卢沟水，以漕西山木石"，供营造大都城所用。郭守敬在"金口西预开减水口，西南还大河，令其深广，以防涨水突入之患"。"上可以致西山之利，下可以广京畿之漕"。历经多次洪汛，成功地使用了近30年。这一成就，在永定河引水史上是空前的。

《元史·郭守敬传》记载，至元二年（1265年），郭守敬授都水少监，守敬进言："金时，自燕京之西麻峪村，分引卢沟一支东流，穿西山而出，是谓金口。其水自金口以东，燕京以北，灌田若干顷，其利不可胜计。兵兴以来，典守者惧有所失，因以大石塞之。今若按视故迹，使

《卢沟运筏图》（局部）/国家博物馆馆藏

水得通流，上可以致西山之利，下可以广京畿之漕。"又言："当于金口西预开减水口，西南还大河，令其深广，以防涨水突入之患。"

郭守敬之所以成功开凿金口以引永定河水，是因为他不是简单重复前朝的工程，而是亲临故迹，了解一手资料，同时采取有效措施，改造闸门，在金口之上开减水口。一旦遇有洪水，可利用减水河将水流引回浑河，即所谓"西南还大河，令其深广，以防涨水突入之患"。

金口河开通后也曾接受严峻考验。至元九年（1272年），"五月二十五日至二十六日，大都大雨，流潦弥漫，通元门外金口黄浪如屋，新建桥庑及旧桥五六座，一时摧毁，如拉朽漂枯"（《青崖集·奏议》）。大都这场连日大雨，引发河水上涨，巨浪滔天，而且已经冲至城角，给都城带来巨大威胁。因此朝臣奏议，开金口河通过水运西山木料、石料虽然可以节省费用，同时对灌溉农田也有益处，但相比发生水患带来的损失是得不偿失的。

大德二年（1298年），浑河发水，大都路都水监关闭闸板，没有造成洪水危害。大德五年（1301年），北京地区出现连续两个月的阴雨，浑河水势浩大，郭守敬担心河水冲没村庄，以及南、北二城，遂将金口堵闭。

然而，开挖金口河的故事没有停止，仍然继续。元朝末年，又有人建议开金口河，这时距离郭守敬关闭金口的时间已是40多年，而郭守敬也已经离世20多年。至正二年（1342年）正月，中书参议和都水监建言创开新河一道，放西山金口水东流至高丽庄，合御河，接引海运至大都城内输纳。建议开金口河的预想十分理想，"京师人烟百万，薪刍负担不便。今西山有煤炭，若都城开池河上，受金口灌注，通舟楫往来，西山之煤可坐致于城中矣"（《元史·河渠志》）。

当时，朝廷对开金口之事的意见颇为不相一致，廷臣多言其不可。最终，金口工程于"元至正二年（1342年）重兴工役，自三家店分水入金口，下至李二寺，通长一百三十里，合入白、潞河"。但是，此次工程的结果损失惨重，以意想不到的悲情结束。两名积极建议者也因此遭到最严厉的制裁，成为妄言水利者之戒。元《庚申外史》对这一事情有所记载，"其河上接金口水河，金口高，水泻而下，其水湍焊，才流行二时久，冲坏地数里。都人大骇，遽报脱脱丞相。丞相亟命塞之"。从这段文字，我们可以判断，对工程的设计和施工缺乏科学性，而把失败归于建言者显然有失公允。

明清时，永定河的主河道依然有漕运，永定河畔的杨木厂（今养马厂）、小屯等地都是打捞、存放、晾晒上游漂下的杨木长柴和马口柴的地方。

明正统元年（1436年）的《重修卢沟河堤记》记载："卢沟河在京西郭外，乃桑干河所经。原自云中桑干山，流至京师横迆而南，又折而东。跨河有桥，并陕、河、蜀、赵、魏、番、羌悉出于是，乃京西要途也。其河通塞外云中，巨木、财货，公私所资，乃京西要津也。"

郭守敬塑像／魏齐庚 摄

《帝京景物略》记载："万历戊子九月十六日，驾还自寿宫，驻跸功德寺。明日，幸石景山，观浑河。上先登板桥，诸臣翼而趋。中流顾谓辅臣：水从何来？申时行对曰：从大漠，经居庸，下天津，则朝宗于海矣！上曰，观此水，则黄河可知。因敕河臣，亟修堤岸，毋妨漕计。"万历是明神宗朱翊钧的年号，神宗于万历戊子年（1588年）行幸石景山，观浑河，谕旨："亟修堤岸，毋妨漕计。"可见当时永定河仍然担负漕运的任务。

清代，供郊坛、宗庙焚帛之用的杨木长柴仍然主要来自永定河上游永宁、新保安、怀来、涿鹿、宣化、蔚县及宛平斋堂等地。

永定河的航运价值随着河道的变化逐步萎缩，水流湍急，善淤善徙，人们望河兴叹，难有舟楫之利。清时，永定河的丰水季节，在下游仍能行船或小舟。《潞水客谈》中也说："原卢沟而下舟楫时有之。"清康熙帝治理永定河，曾多次乘舟前往巡视，并在永定河沿岸的村庄下榻。康熙帝于五十五年（1716年），视察永定河写下《舟中观耕种》一诗，是乘船查看永定河的情景，有诗句曰：四野春耕阡陌安，徐牵密缆望河干。

乾隆帝于十五年（1750年）春也曾乘舟视察永定河，并写下《乘舟观永定河下口之作》。这次视察距离他上一次到永定河有三年多的时间，其在诗中写道：今来阅尾闾，三岁惊荏苒。舍陆命进舟，恬波春渗渗。

永定河的上游桑干河山西段也有过通航历史。《中国水运史丛书·山西航运史》一书载：桑干河位于山西北部，长期为从事游牧的少数民族占据，天然植被良好，水文相当旺盛。随着社会的发展，东汉初期，滔滔东流的桑干河上开始出现了运粮的船只。东汉光武帝建武十三年（37年），上谷太守王霸奉诏北伐匈奴和乌桓，"与杜茂治飞狐道，堆石布土，筑起亭障，自代（县）至平城（今大同）三百余里。凡与匈奴乌桓大小数十百战，颇识边事。……陈委输可从温水漕，以省陆转输之劳，事皆施行"（《后汉书卷二十霸王传》）。据专家考证温水即今永定河上游桑干河。

历史上元代和明代对打通永定河上下游的航道都曾做过努力。元世祖至元二十八年（1291年），有人提出：滦河自永平挽舟逾山而上，可至开平。也有人提出：卢沟自麻峪可至寻麻林（河北万全县）。郭守敬进行了实地勘察，最后得出结论："滦河既不可行，卢沟舟亦不通。"《明史·河渠志》记载：嘉靖三十三年（1554年），御史宋仪望"尝请疏凿，以漕宣、大粮"。三十九年（1560年），都御史李文进以大同缺边储，亦请"开桑乾河以通运道。自古定桥至卢沟桥务里村水运五节，七百余里，陆运二节，八十八里。春秋二运，可得米二万五千余石。且造浅船由卢沟达天津，而建仓务里村、青白口八处，以备拨运"。这是一个根据地势、地形、水文等条件，疏凿桑干河，水、陆分段转输漕粮的计划，但最终并未实施。当时抚臣侯钺曾驾小舟自怀来至下村龙湾坦途无险阻。又自怀来载米30石逆流而上，直抵古定桥。都御史赵锦也曾遣人于桑干河下游驾舟西行，直达大同城下。这说明当时桑干河的上游河段是完全可以进行航运的。因此，当宋仪望上疏后，兵部认为既可通漕，又有利于戍边；而工部的意见是"惮于兴役，谓道远费烦，请再加勘明举行"（《万历野获编》）。此事最后便不了了之。

## 四、农田灌溉之利

在历史上，永定河对北京城市和农业发展的贡献是巨大的。北京地处永定河洪积冲积扇平原，自门头沟三家店出山以后，两岸地势逐渐平坦。早在战国时期，先民们就开始凿井用来饮水和灌溉，1700多年以前开始造堰开渠引水，形成了大面积的农业灌溉区，尽享永定河水的灌溉之利。

### 1. 北京最早的水利工程——戾陵堰与车箱渠

永定河畔的莲石湖公园里，有一组纪念刘靖父子雕像，体现了对治河先贤的缅怀。

曹魏嘉平二年（250年），镇北将军刘靖在幽州开拓边守，屯据险要。当时的幽州地区的社会经济，正在从东汉末年的残破局面中恢复。刘靖组织军士千人，在永定河出山口一带造"戾陵遏"开"车箱渠"，引灢水（今永定河）灌溉田地，历史上称为"水溉灌蓟南北，三更种稻，边民利之"。所谓"遏"同"堨"指堰、坝，而"三更种稻"，指的是当地所种的黍、稷、稻三种农作物。戾陵堰与车箱渠的修建，有利于当时北京地区的农业经济发展，遏制洪水，同时对边防屯军，保障供给有重要意义。

戾陵堰是一个综合性的水利工程，充分考虑到灢水的水性，体现因势利导的设计思想。《刘靖碑》碑文记载："魏使持节、都督河北道诸军事征北将军、建成乡侯沛国刘靖，字文恭，登梁山以观源流，相灢水以度形势，嘉武安之通渠，羡秦民之殷富，乃使帐下丁鸿督军士千人，以嘉平二年，立遏于水，导高梁河，造戾陵遏，开车箱渠。其遏表云：高梁河水者，出自并州，黄河之别源也。长岸峻固，直截中流，积石笼以为主遏，高一丈，东西长三十丈，南北广七十余步，依北岸立水门，门广四丈，立水遏，长十丈。山水暴发，则乘遏东下；平流守常，则自门北入，灌田岁二千

顷，凡所封地百余万亩。至景元三年辛酉，诏书以民食转广，陆费不瞻，遣谒者樊晨更制水门，限田千顷，刻地四千三百一十六顷，出给郡县，改定田五千九百三十顷。水流乘车箱渠，自蓟西北迳昌平，东尽渔阳潞县，凡所润含四五百里，所灌田万有余顷。高下孔齐，原隰底平，疏之斯溉，决之斯散，导渠口以为涛门，漉漉池以为甘泽，施加于当时，敷被于后世。晋元康四年，君少子骁骑将军、平乡侯弘，受命使持节监幽州诸军事、领护乌丸校尉、宁朔将军。遏立积三十六载，至五年夏六月，洪水暴出，毁损四分之三，剩北岸七十余丈，上渠车箱，所在漫溢。追惟前立遏之勋，亲临山川，指授规略，命司马、关内侯逄恽内外将士二千人，起长岸，立石渠，修主遏，治水门，门广四丈，立水五尺，兴复载利，通塞之宜，准遵旧制，凡用工四万有余焉。诸部王侯，不召而自至，繦负而事者盖数千人。《诗》载经始勿亟，《易》称民忘其劳，斯之谓乎。于是二府文武之士，感秦国思郑渠之绩，魏人置豹祀之义，乃遐慕仁政，追述成功。元康五年十月十一日，刊石立表，以纪勋烈，并记遏制度，永为后式焉。"

通过有关史料，我们可以得知，魏元帝景元三年（262年），樊晨赴幽州改造戾陵堰，更制水门，改造后扩大了灌溉面积，"水流乘车箱渠，自蓟西北迳昌平，东尽渔阳潞县，凡所润含四五百里，所灌田万有余顷"。渔阳潞县是现在的通州地区，当时的潞县属渔阳郡，可见受益之广。樊晨在幽州地区整修水利之外，还同时实行限田，将荒废的屯地收为国家编地，出租给农民，废除屯田制。在这一时期，幽州的社会经济得到一定程度的恢复和发展。

刘弘是刘靖之子，为修复戾陵堰做出贡献，为后人所敬仰。元康四年（294年），幽州的上谷地区先后发生两次地震，这两次地震使戾陵堰遭到严重破坏。元康五年（295年）六月，暴发洪水，戾陵堰被冲毁四分之三，水门也被冲垮四分之三，造成车箱渠漫溢。

当时的骁骑将军刘弘，受命使持节监幽州诸军事、领护乌丸校尉、宁朔将军。刘弘子承父业，亲临山川，指授规划，用工四万有余。当时各部落的王侯不召自至，繦负者超过数千人。据史料记载，这项工程进展顺利，仅用几个月的时间，便恢复了戾陵堰和车箱渠。

刘弘之所以深受社会的拥戴，是由于戾陵堰和车箱渠的兴废与当地的军民生活关系甚大。除此，刘弘其人，一直在兵、民中享有盛誉和良好的口碑。《晋书·刘弘传》曰："刘弘，沛国相人也。起家太子门大夫，累迁宁朔将军、监幽州诸军事，甚有威惠，寇盗屏迹，为幽朔所称。"刘弘去世时，百姓悲痛，如同失去自己的亲人一样。在北京古代的农田水利发展史上，刘靖父子做出了不朽的贡献。

北魏后期孝明帝之时，裴延儁出任平北将军、幽州刺史。当时戾陵堰已经废毁多年，裴延儁决定重修戾陵堰，同时又修范阳郡旧督亢渠。燕郡与范阳相邻，裴延儁亲自主持两地的水利修复工作，实地勘察，分头施工。两渠修复后，可灌溉田地百万余亩，"范阳郡有旧督亢渠，径五十里；渔阳燕郡有故戾陵诸堰，广袤三十里。皆废毁多时，莫能修复。时水旱不调，民多饥馁，延儁谓疏通旧迹，势必可成，乃表求营造。遂躬自履行，相度水形，随力分督，未几而就。溉田百万余亩，为利十倍"（《魏书·裴延儁传》）。

北魏时，幽州地区实行均田制和户调制，减轻了农民的负担，提高了农民的积极性，农业生产得到恢复。督亢渠和戾陵堰的修复成功，对当时幽州农业的发展起到积极作用。从刘靖建戾陵堰的曹魏嘉平二年（250年），到裴延儁重修戾陵堰，已经过去了200多年的时间，经过不长时间的修复便恢复了原有功能，因此可以证实，戾陵堰与车箱渠这一水利工程无论是设计的合理性，还是基础建设的牢固程度在当时都堪称一流。

唐贞观二十三年（649年），高宗任命裴行方为幽州都督。裴行方既重视军事，又重视当地的生产，"引泸沟水，广开稻田数千顷，百姓赖以丰给"（《册府元龟》）。另据《北京通史》所载，裴行方引卢沟水大概是东入高梁河，所以引水渠在高梁河以上部分称卢沟（桑干）水。北京地区的水稻种植基本都是傍着河流走的，今北京西郊紫竹院公园东西一带在唐代是稻作区，有史料称为桑干之湄。

戾陵堰与车箱渠是北京史上有记载的最早的一项大规模水利工程，至今已经有1700多年的历史。戾陵堰与车箱渠以及为这一伟大工程奉献智慧，功勋卓著的人们青史流芳。

## 2. 毁誉参半的金代金口河

公元1115年，金太祖完颜阿骨打建立金朝。金贞元元年（1153年），金海陵王改燕京为中都。金中都城是在辽陪都南京（今北京）基础上扩建的，并由此开始了北京成为封建王朝正式都城的历史。金世宗初期，金廷面临连年征战后经济的恢复，与历代封建王朝的都城一样，解决漕运便立即成为巩固政权的一项重要工作。漕运，往往为历朝历代之"要政"，漕运将各地的粮食及物资运至京城，以满足朝廷的需求和城市发展的消费需求。在火车、汽车、轮船等近代化运输工具出现以前，利用水道运输相比其他运输工具有明显优越性，尤其有利于远程运输。当时中都故有的运粮河道水源不足且淤塞严重，增加了陆路驮运的压力。为此，金朝自卢沟河左岸的麻峪村附近开金口，借道古车箱渠，引永定河水入都城，称金口河。

《金史·河渠志》载："大定十年（1170年），议决卢沟以通京师漕运，上忻然曰：如此，则诸路之物可径达京师，利孰大焉。命计之当役千里内民夫，上命免被灾之地以百官从人助役。"显然，这个意见得到金世宗的认可。第二年朝臣上奏八十天即可完成，第三年又有朝臣上奏，只需五十天就可完成。

金口河开成之后，因西部地势高，水流湍急，并不适用于漕运，所开金口河没有实现漕运的预期。《金史·河渠志》："及渠成，以地势高峻，水性浑浊。峻则奔流漩洄，啮岸善崩，浊则泥淖淤塞，积滓成浅，不能胜舟。"从有关史料中，我们可以了解到当时的情景。大定二十七年（1187年）三月，宰臣上奏："孟家山金口闸下视都城，高一百四十尺，止以射粮军守之，恐不足恃。倘遇暴涨，人或为奸，其害非细。若固塞之，则所灌稻田俱为陆地，种植禾麦亦非旷土。不然则更立重闸，仍于岸上置埽官廨署，及埽兵之室，庶几可以无虞也。"金世宗准奏，关闭金口河，"遣使塞之"。从上述文字中可以判断，金口河的开通对种植稻田十分有益，一旦关闭金口河，原来所种植的稻田便受到影响，但可以改种禾麦，使土地不会荒芜。据有关史料印证，金朝中都城区以及近郊区广泛种植水稻。

对于金朝所开金口河的社会评价，可谓毁誉参半，甚至多认为是一项失败的工程，应该说这是有所偏颇的。其理由有三点。一是开金口没有实现漕运的预期，但有利于农田灌溉，元朝郭守敬对此有高度评价："其水自金口以东，燕京以北，灌田若干顷，其利不可胜计。"二是开金口并没有给都城带来损失和水患，只是当时出于担心地势西高东低，或守护不力，或遇有河水暴涨以及人为因素造成危害，所以以大石塞之。三是开凿金口存在问题，并不是使用价值全无，关闭金口也并非唯一选择。朝臣们提出解决的意见有两条，或塞之，或更立重闸，加强管理。如果关闭金口，稻田会俱为陆地，可改种禾麦；如果继续利用金口，通过改造和管理也可解决后顾之忧。金朝对金口河采取了关闭的措施，但金口河的历史作用，还应历史客观地评价。

### 3. 数村受益的城龙灌渠

在门头沟区妙峰山镇野溪漫水桥附近，右岸山体有一块巨石，上面刻有小字、大字若干。小字有"光绪八年（1882年）……王德榜题"等字样，大字有"统师徒，杀水势，燕民从此乐熙熙"，寥寥数字，有力苍劲，入石三分，记录了一段令人难忘的历史。

据《再续行水金鉴》《（光绪）顺天府志》等文献记载，左宗棠的部将王德榜曾于清光绪七年（1881年）至光绪八年（1882年），在门头沟境内永定河右岸，修建下苇甸、丁家滩、车子崖（陈家庄）、水峪嘴、琉璃渠一线等五处水利工程，又因绅民呈请添办麻峪等村渠坝，整个工程修建正渠支渠三十余道，其中最大的是城龙灌渠。

水峪嘴之西河滩、车子崖之野溪河滩竣工后，王德榜率所部至城子村，伐石砌坝。通过勘察，王德榜以为该处情形，地面宽大，成熟之地约居六七，荒废之地约居三四，其成熟者均系旱地，中间隔葡萄嘴石山。如若将此山打低，凿石成渠，则桥户营、上岸、冯村、栗园庄、辛称等村一带地方，或淤或灌，均无不可。王德榜亲自督工，在琉璃局山嘴轰石砌坝。修筑杀水坝一道，长五十丈，面宽四丈三尺；根据水之深浅，底宽七八丈至十二三丈不等；高一二丈至三四丈不等。石坝接石渠，又砌迎水桥一座，高二丈，宽一丈六尺，长五丈。桥下开涵洞三孔，每孔方广六尺，下可使水入渠，上可遏凌汛冰块由坝外而出，不致入渠为害。迎水桥之南，又砌束水桥一座，下开涵洞三孔，每孔方广五尺余，与迎水桥同。旁开泄水口门一道，迎水坝二道，其一道长五十丈，面宽二丈，底宽三丈，高一丈二尺。其二道长四十丈，面宽二丈，底宽三丈，高一丈二尺。石渠一道，长二百丈，宽二丈，深一丈。下接土渠则分中、左、右三大渠，右渠由城子村起，过葡萄嘴至卧龙岗止，计二十五六里；中、左二渠，计每长十四五里，砌石磴槽八道，使其上行渠水，下出山水。做拦腰闸二十九道，闸旁渠上均有水口，以利灌溉。分支二十一道，每道长二三里或五六里不等。渠上有经过路径，砌修石桥二十三座，以便往来。王德榜见城子村以下河水散漫，一遇水发到处横流，无所归束，恐伤农田，于河沿岸筑长石堤一道，计石堤长九百二十丈，面宽二丈，底宽三丈，高一丈。又挑水坝四道，每道三丈。

这一灌渠建成后使数村受益。有碑刻记载："王大人德榜剿寇北旋，候旨召见屯兵于斯，率师鸠工全筑坝解河琉璃渠村，而南九村受惠殊非浅鲜秋收倍增，农别大展。"

这条灌渠亦称琉璃渠，在使用了几十年后，曾发生一场大的维权风波。有人成立营利性的兴植水利公司，介入城龙灌渠的管理，收取使用费用，所浇灌数百顷土地，每年两季收费，获得巨额利益。琉璃渠村村民一致反对，于1929年上诉至宛平县。宛平县县长与河北省建设厅厅长亲自调处，其结果是兴植公司占用琉璃渠村公地，每年向琉璃渠村缴纳银洋八十元。风波结束，琉璃渠村将所收款项用于补助学校办学，并将此事树碑立传。

2005年5月，永定河水闸清淤现场，挖出一条古渠道，即为清代著名将领左宗棠的部将王德榜所筑的城龙灌渠的一段，新中国成立初期修建三家店水闸时被掩埋于地下，历经50多年重见天日。

左宗棠，晚清重臣，湘军统帅，洋务运动的代表人物之一，曾收复新疆，大兴屯垦，兴修水利。"王道之始，必致力于农田，而岁功之成，尤资夫水利。"（《左宗棠全集》）他以"水利为屯政要务"，初到京城，便提出兴修水利。从一些史料中，我们可以看出，左宗棠不仅具有远见卓识，同时善于谋划和协调各方面的关系，提出可行性意见。

光绪七年（1881年）二月三十日，左宗棠奏"治水之要，须源流并治。下游宜令深广，以资吐纳。上游宜多开沟洫，以利灌溉"（《左文襄公奏稿》）。当年的四月十六日，左宗棠再奏，"先修水利，暂缓练兵事"（同上）。他提出："察看河道情形，次第施治。臣当随时莅事，与顺天府直隶总督虚衷商榷，以求允当。冀平水土而协舆情。桑干既治，再以事滹沱。由下流而溯上源，无论支干，无分地段，不惜劳费，择要图之，庶几稍收薄效。惟治水之功，有创有因，有修有浚。其施工之处，如河身循旧者，尚可免异议相干。至创开新渠，则事体攸殊。"为了水利工程顺利实施，左宗棠请求慈禧太后颁懿旨，并请醇亲王遥领，以妥善处理在水利工程中涉及与王庄旗产的交涉，以及各种不必要的干扰。

左宗棠在不断的上奏中，解决了不同层面的若干问题，包括认识问题、资金的出处、如何施工、施工中可能遇到的麻烦，以及具体实施与朝廷、地方官员的协调等。

左宗棠的上奏最终得到了朝廷及皇室的重视和支持。为此，慈禧太后下懿旨："畿辅水利自雍正乾隆年间兴修后，历年既久，地势河道今昔异形，旱潦无以蓄泄，关系民生，甚为重大。自应即时筹办。"慈禧太后还委派恭亲王、醇亲王，会同左宗棠及直隶总督李鸿章、兼管顺天府府尹童华等，妥议章程，奏明办理。朝廷多次派人视察工程情况，并反馈至朝廷，认为左宗棠筹划不遗余力，尤其是"逐察所有筑坝分渠等工与左宗棠原奏均属相等"，受到很高评价。当地居民反映"王德榜驭军有法，兵民相安。其火药轰石，皆择荒僻之区。于百姓田庐坟墓，绝无窒碍"。恭亲王奕䜣亲眼见到筑坝工程轰山取石，碎石烧灰，事半功倍，十分满意，提神机营存款一千两，奖励施工的兵士和民夫。

永定河右岸门头沟一带的工程，均由王德榜一手经理，他探源而入，详加履勘，亲临一线，率所部左营，加雇本地石工二百余名，赴工兴作。沿河各村庄农民，目睹此次坝工高厚浑坚，纷纷请留王德榜广修水利。当地绅户部主事梁作舟，守御所干总崔清华，国子监算学生安廷璋等联名递呈称：该村庄自嘉庆六年后被水成灾，半成石田，半成沙阜。历年已久，积困未苏。虽屡荷皇仁频施赈济，而丁口日繁，谋生无术，兹见王德榜丁家滩等处渠坝各工，化沙碛为膏腴。若推广行之，沿河十余村可得沃土二十余万亩，美利无穷。

时任直隶总督张树声报奏："伏查湘军自抵直以来，先则合修涿州永济桥河道堤工，继复分赴永定上下游修建渠坝，挑挖河道，统计工程甚巨。在事各员均能实心实力，踊跃趋公，历时年余之久。虽值严寒酷暑，犹复胼胝经营，不稍休息，洵属异常出力，卓著勤劳。今已一律告竣，成效在人耳目，实未可泯。自应钦遵此次懿旨，及上年十月十四日左宗棠奏奉谕旨，从优请奖。"（《永定河上源兴办水利全卷》）

王德榜是湘军将领，抗法战争中的名将，其军归左宗棠管理。在王德榜的率领下，下苇甸、丁家滩、野溪、车子崖、琉璃渠、城子一带兴修水利，筑坝、开渠，取得明显成效，沿途村民引河水灌田、淤地，化沙碛为膏腴，改旱地为水田，把这一带变成了旱涝保丰收的鱼米之乡。醇亲王奕譞前去视察时，甚为感慨，写诗云：水田澹沱石倾奇，旌旗飞扬耀上仪。

至今，这里的人们记得他们，他们兴修水利的事迹，凝聚着智慧和勇气的魅力，闪耀着永久的光辉。

### 4. 三家店兴隆坝灌渠

兴隆坝是永定河左岸门头沟三家店地区的一个古老灌渠，古称兴隆沟坝。兴隆坝是一个系统工程，沿岸三家店、老店村、麻峪村、广宁坟村、五里坨村、高井村等六村受益，水旱从人。兴隆坝滋润一方土地，也孕育了独具特色的水事文化。至今保存完好的三家店龙王庙中有三通石碑，其中清乾隆五十一年（1786年）的《重修碑记》记载："三家店村距京西四十里许，控山带河，沃野千畴，川涂沟浍。灌溉以时，民之食其利也久矣。"

兴隆坝灌渠建于何时，目前有两种观点，一为源于元代末年之说，一为明末清初之说。根据掌握的历史资料分析，兴隆坝应该始建于明代，而且可以认定兴隆坝灌渠并非一气呵成，是在三家店村早期水利设施的基础上，经过长时间的不断完善，才形成六村共享其利的灌渠。

《再续行水金鉴》记述，在清光绪八年（1882年），麻峪村乡绅刘天祯，恳请正在西岸筑坝修渠的王德榜帮助修渠，其中写道："麻峪村有荒滩一段，禀恳砌坝开渠，以安居止而利淤田。情词恳切，德榜惟有仰体皇仁王德允其办理。遂接三家店之渠水，借为渠灌。村旁砌迎水坝二道，其一道长十九丈五尺，面宽二丈，底宽三丈，高二丈。其二道长十五丈，面底宽高与第一道同。正渠一道，计长四里。支渠一道，计长里许。顺水石墙一道，计长一百二十丈，宽五寸，高一丈。"这段文字中所写王德榜帮助麻峪村"遂接三家店之渠水，借为渠灌"，应该就是指兴隆坝灌渠。

人们说起兴隆坝，都会提到它的设计。有专家到实地考察，认为兴隆坝在取水口的选址上十分独到。两个取水口均建在永定河出山河口之上，引水渠有一定的高程，一般洪水不至于造成威胁；两个取水口又处在河道的河湾处，一个是在永定河军庄村段的弯道，另一个建在距离两公里的下游叫黄崖子的河湾处。

北京永定河文化研究会刘德泉曾实地考察兴隆坝灌渠，他认为：军庄取水口地形很特殊，永定河从上游野溪一带自西向东流，到军庄受山势的阻挡，拐了一个半圆形的弯，转为向南偏西方向流，取水口就设在这个河水最深，洪水冲击力又最小的地段，可以巧妙利用地形以控制取水量并确保取水口的安全。为了保障兴隆坝在枯水季节时的合理使用，人们在这里还建有一道挡水堰坝，将河水拦入兴隆坝的引水口。

黄崖子取水口虽然也在河湾处，但与上述取水口却又有不同。永定河在军庄以下分成了两支，以西支为主流。东支是一条小河，每逢雨季，香峪、杨坨一带的山水、溪流在这里汇入东支。黄崖子渠口设有一条拦水埝，将部分河水和溪水拦截入口，多余的水溢过拦水坝流向下游。

兴隆坝灌渠覆盖面大，涉及六个村落的用水，起着多重作用，包括农田灌溉、排涝；提供生活用水，以及淤地造田。灌渠的排灌系统，通过设置多道闸口进行控制，并开多条支渠分水到各个村落。灌渠通过设置的闸板体现，灌渠的支渠底高，高于干渠渠底，干渠下闭闸板，提高水位，水进入支渠直至送到各个农渠；灌渠的防洪应急能力也是通过闸板完成，引渠设有三道闸口，每当遇有洪水，坝头将渠首三道坝的闸板撤掉，灌渠便成为泄洪通道，河水顺畅地排入河道，不再向下倾泻。这一设计理念与元时郭守敬开金口河，上移取水口，在金口上游预先开减水口，遇到洪水可以退回永定河不再进入引水渠，有异曲同工之妙。

兴隆坝灌渠自建成至新中国成立初期长期发挥效能，其有效的管理是值得称道的。兴隆坝为村民自建自管，六村的用水村民自发成立水利协会，推举有经验之人担任坝头，负责水渠的巡查、维护、使用等工作。水利协会议事机构由各村村长组成，负责制定管理规章，协调各村之间的关系，以及决定有关重大事宜。日常的工作由坝头、司账、杂工等人员负责。

在永定河文化博物馆，收藏了三家店水利会的多年账册，账目十分翔实和清晰，有六个村分设的地亩流水账、新增地亩账、修沟治水用工账、收支总清账等，除此之外的杂费开支，也都将来龙去脉一一记录在册。

水利会的办公地点设在三家店龙王庙，当地有每年给龙王爷、河神过生日的风俗。每到六月，各村村民上香祭拜，同时按各自田亩多少交纳水费。届时，水利会主持盛大的祭祀活动，来交纳水费的村民、乡邻，不论田亩多少，所交水费多少，都在一起聚餐吃面，场面十分热烈和盛大。在相当长的历史时期内，水利会在村民中享有威望。

三家店兴隆坝灌渠水利协会，是北京历史上最早出现的农民水利协会，而且是涉及六村的水利合作组织，体现了当地农民的开放意识、经济意识、管理意识，以及良好的民风。这条灌渠是以串联的形式通往各村，任何问题的出现都可能导致灌渠中断，不能覆盖六村。在这六村中，三家店村的领头作用举足轻重。三家店村地处水路交通要道，商业繁荣，店铺众多，其经济发展对附近村落具有辐射作用；这里的村民无论种田还是经商，崇尚"和为贵""义为先"，热衷于参与各项社会活动，当地的修路、建寺庙等公益事业都有他们的身影；而先进的经营管理意识对兴隆坝灌渠良好运行并长期发挥有效作用，也产生了积极的影响。

### 5. 石卢灌渠

石卢灌渠工程建于1917年，是由当时的华洋义赈会兴办的，华洋义赈会的全称是中国华洋义赈救灾总会，在民国时是最大的民间慈善组织。

石卢灌渠的渠首位于石景山南的左堤，引永定河水穿过大堤，灌溉石景山东南一带的耕地，在卢沟桥附近注入永定河。石卢灌渠干渠长4.6公里，支渠长16.8公里，灌溉面积达500多公顷。工程完工后，由宛平县石卢水利公会负责管理。《北京市志稿·货殖志》载，京西罗道庄等村，"因水流较多，稻田发达，盖附近既有多数之泉眼，益以石芦水渠之水挟泥东来，所过之处，水足土肥，益其畅茂也"。

在永定河河畔的莲石湖公园，有一处水利工程遗迹——"石卢灌渠渠首与沉砂池遗址"。沉砂池，是用于沉淀引进水流中泥沙的水工建筑物，通常设置在渠首，也有在渠系内输水渠道附近，取决于地形条件，其主要作用是沉淀粗颗粒泥沙。石卢灌渠在渠首所设沉砂池，成为这一引水工程的重要组成部分。据水利专家考察，这是一座三室沉砂池，在华北地区十分罕见。

永定河源远流长，上游有清乾隆八年（1743年）开引的册田渠，南岸自山西大同县册田村，东至今阳原县的揣骨疃，北岸自大同县西堰头村至

石卢灌渠渠首／魏齐庚　摄

今阳原县辛其村，两渠总长一百余里；新保安地区有惠民渠、平坡渠、公务渠等，可灌地数百顷；洋河水域还有张公渠等，有的是历史上农业灌溉的成功范例，有的至今使用，"三渠春声"曾是保安州的八景之一。

## 五、新中国成立后水利新篇

如果说永定河是一部巨著，永定河上的水利工程就像是一页又一页尘封的册页，字里行间的斑斑墨迹闪耀着智慧的光芒，延续着永定河不断的历史文脉，弥漫着永定河不朽的精神。而新中国成立后的水利事业是最为灿烂的一章，水利资源得到综合开发，在防洪、灌溉、发电、渔业、城市建设和环境改善等诸多方面发挥了巨大作用，为首都建设做出巨大贡献。

### 1. 农业灌溉

新中国成立后的北京，党和政府重视水利建设，永定河沿岸的古老灌渠获得新生。

门头沟是永定河流经北京地区最长的一个行政区，永定河沿岸的乡镇、村落，在政府的支持下建设或改造灌溉工程，如：门头沟沿河口渠、付家台渠、色树坟村与妙峰山乡的色妙渠、担礼村的斗河滩渠、陈家庄渠、枣园渠、军庄村大渠等。这些灌渠在农村经济建设中发挥了重要作用。门头沟境内的城龙灌渠，经过不断完善和增建支渠，灌溉面积达到6万余亩。其中增建的"葡王支渠"，渠首取水城龙灌渠的葡萄嘴地区，渠尾至石厂村东的王家楼北，全长4公里有余。"潭柘寺引水渠"，是一条"转山渠"，引水于"葡王支渠"，水渠依山就势而建，灌溉潭柘寺地区农田。水渠建成后，农业效益非常明显，粮食亩产大幅度提高。

石景山区成立了石卢灌渠管理站，全面恢复灌渠工程，在恢复的基础上扩建了干渠规模，扩大了灌区面积，石景山、丰台、海淀等邻近地区均能受益，有效灌溉面积增加到2.8万余亩。石卢灌渠一直使用至20世纪80年代，由于河水流量减少，水资源紧缺逐渐停用。

丰台区卢沟桥引水工程于1958年启用，设计灌溉1500亩，渠首在阴山嘴下游的永定河右岸，干渠长6公里，灌溉卢沟桥地区永定河西的生产用地，灌渠使用后粮田和菜田的产量大幅度提高。灌渠使用三十余年，后因永定河断流而废弃。丰台永定河干渠又称大兴干渠，渠首在卢沟桥的永定河左岸，以基本平行于永定河左堤的方向南流，经卢沟桥农场，在北天堂进入大兴县。

官厅水库建成后，永定河下游修建了永定河灌区、南红门灌区、金门灌区等水利灌溉工程，灌溉京津冀地区土地百余万亩。其中，永定河灌区有干渠5条，总长83公里，支渠63条，总长为252公里，灌溉面积约29万亩；南红门灌区，位于大兴县，干渠5条，总长108公里，支渠85条，总长227公里，灌溉面积32万亩；金门灌区，于永定河南岸的金门闸处引水，经涿县、固安、永清等境内，固安、永清两县的100多个村庄受益。受益于永定河水的灌溉还有北京的新河灌区，固安的北村灌渠、永清的眼照屯灌渠等。

永定河上游涿鹿"劈山大渠"修建于20世纪50年代，是涿鹿人民自力更生修建的一条大渠，从桑干河上游引水，劈山为渠。"劈山飞流"成为涿鹿县新八景之一。大渠从1958年开工，到1960年8月开通31.5公里干渠，使2万余亩山坡地得到灌溉。1968年又延长干渠10公里，使下游5000亩旱田变为水浇地。1974年干渠达到42公里，灌溉面积达到5万余亩。劈山大渠使涿鹿成为塞上水乡，有诗道：劈开几万丈，开渠百里长；古来干旱地，从此成粮仓。

永定河上游的桑干河灌区建于20世纪50年代，位于山西省大同盆地西南部，地处朔州市山阴县和应

涿鹿劈山大渠武家沟渡槽／侯第江　摄

县境内，是山西省大型自流灌区之一。整个灌区由干渠、支渠、干斗渠、支斗渠、农渠，以及闸、桥等配套设施组成，农渠达840条，闸、桥等各类建筑物200多座，灌区使山阴、应县的9个县镇近百个村庄因此受益，农业、畜牧业得到长足发展。

## 2. 水力发电

《北京工业志·电力志》载，永定河流域建有官厅、下马岭、下苇甸、模式口4座梯级水电站，装机8台，容量13.1千瓦，均属于石景山发电总厂。

永定河流经地形呈从高往低的状态，且高一级阶梯与低一级阶梯的交界处落差大，方便水的流通，有利于梯级水电站的建设。梯级水电站通过对河流的水能分级开发、分段利用，可以实现在水量利用上多次开发、重复利用，能够合理利用水力资源，提高水能利用率，而官厅水库的建成也为官厅山峡梯级发电创造了条件。继1956年官厅水力发电站建成以后，先后又修建了下马岭、下苇甸两座梯级电站，至2000年，三座电站共发电82亿度，为首都及华北地区提供了大量电能，缓解了高峰用电的紧张局面。

官厅水电站于1954年6月开始兴建，是新中国成立后华北地区兴建的第一座压力水道式水电站，也是中国自行设计、自行施工、自行制造发电设备的第一座水电站。该电站共有3台全部自动化的水力发电站机组，装备着中国自制的第一批大型水轮发电机，依赖于官厅水库的水作为动力来发电，每年可发出相当于用10万多吨煤发出的电力。1955年12月，第一台机组投产发电；1956年4月，又有2台机组相继投产。1958年秋，叶剑英同志曾到水库参观。叶剑英即兴题诗：凶洪制服堤千尺，发电功能水一轮。永定河今真永定，官厅不靠靠人民。

官厅水电站是永定河梯级电站的首级站，对以下各梯级电站的运行发电起调节和控制作用，该电站投产使用以后，使当时的京、津、唐电网的发电装机容量增加14.28%。

下马岭水电站地处北京市门头沟区雁翅镇下马岭村，拦河坝为上游的珠窝水库大坝，位于永定河官厅山峡的中段、官厅水库下游的珠窝村附近，水库总库容1430万立

官厅水电站／魏齐庚　摄

方米。下马岭水电站是永定河的第二梯级水电站，1958年7月开工兴建，1961年2月开始简易发电，1966年底完工，1967年1月正式验收。主要建筑物有：进水口、引水隧洞、调压井、高压引水道、主厂房、变电站等，厂房设计为2台6.5万千瓦水轮发电机组，因水量不足只安装了一台机组。

下苇甸水电站位于门头沟区妙峰山镇下苇甸村，于1971年第一季度动工，1975年底并网发电，1978年全部竣工。拦河坝位于永定河官厅山峡内落坡岭火车站附近，是永定河第三梯级水电站，电站枢纽建筑物有拦河坝、引水系统、发电厂房、开关站等建筑物。下苇甸水电站安装2台1.5千瓦水轮发电机组，经4万千伏·安主变压器以110千伏线路在衙门口变电站与电网相连。另有2回10千伏配电线路供地区负荷。

模式口水电站是一座渠道式水电站，位于永定河下游石景山模式口村，占地7.63公顷。永定河左岸的三家店拦河坝建有进水闸门，以明渠和无压力隧洞引水自三家店进水闸至水电站前，水渠全长7公里。模式口水电站于1956年1月开始施工，1956年9

月完成。1957年初，永定河引水渠放水，水电站开始发电，安装的2台0.3万千瓦水轮发电机组全部投产。

## 3. 发展渔业

水库是拦洪蓄水和调节水流的水利工程建筑物，不仅运用于防洪，而且有利于供水、发电、农业灌溉、开发渔业和改善环境等。官厅水库建成后成为北京渔业生产的主要水面，总库容22.7亿立方米，宜渔面积12万亩，属于北京界4万亩。1955年8月，周恩来总理视察官厅水库，曾在船上向船工询问水库的水质，以及可不可以养鱼。当听到船工回答可以养鱼时，周总理非常高兴。1958年，郭沫若和中国文联参观团来到水库参观，郭沫若欣然题诗：北方产量过长江，南方风物过长城。官厅水库鱼三尺，夹库湖山两岸青。截至1995年，官厅水库捕鱼1758万公斤，鱼种有鲤鱼、鲫鱼、鲇鱼、鲢鱼、草鱼等。20世纪60年代至70年代官厅水库延庆县的沿库各村群众捕鱼船发展到600只，捕鱼人员1000余人。

官厅水库的大鱼确实名不虚传。有一个驻守怀来的通信连队，每年的春节前连里司务长都会到官厅水库去买鱼，红烧鱼块是最受战士欢迎的一道春节菜肴。每逢连队拉鱼回来，战士们都会围着看稀罕，因为水库的大鱼重达几十斤，一个连队只需要两三条，这对山里执勤的战士是个新鲜事。1972年春节，战士们没有如期等到官厅水库的大鱼，等到的是司务长带回的一条消息，上级有通知，官厅水库污染了，鱼不能吃了，人吃了会中毒昏昏欲睡，影响战备执勤。那时候，人们对污染闻所未闻，毫无认知，不少同志为之惊讶之余，甚至联想到是不是阶级敌人的破坏，那是以阶

官厅水库捕鱼船／魏齐庚　摄

级斗争为纲的年代，况且当时没有人说清楚水库为什么会污染。事后得知，1971年冬到1972年初，北京市场出售的淡水鱼有异味，有些人吃了这些鱼后出现中毒症状。同时，官厅水库以及下游发现有大量鱼类死亡。经有关部门调查，主要是由于工业废水污染了官厅水库的水源。

官厅水库污染事件，引起国家和北京市政府的高度重视，周恩来总理亲自作出指示。经过实地综合调查，国务院批准北京市成立官厅水库水源保护领导小组，从此拉开了永定河流域各地大规模治理污染的序幕。

水质污染对于今天的人们来说，是一个敏感的字眼，尽人皆知，人人关注，人人警惕。但在三四十年前，可以说大多数人不知道什么叫污染，对污染二字的意义知之甚少。但是污染却实实在在地走进人们的生活，来到我们身边。一切在悄然之间。

官厅水库水质恢复以后，根据北京市渔业发展规划，门头沟区、丰台区、石景山区积极发展水库养鱼、池塘养鱼、网箱养鱼，以及娱乐性垂钓，对提高经济效益和丰富市民生活起到积极作用。

1985年和1988年北京市水产科学研究所先后从日本及中国辽宁引进池沼公鱼投放官厅，1984年和1990年北京市水产科学研究所先后从太湖引进大银鱼移植获得成功。1990年官厅水库捕捞160万公斤，1991捕捞200万公斤。

## 4. 永定河引水渠

永定河引水渠工程于1956年1月开始施工，1957年4月24日通水。这是新中国成立后修建的第一个大型的引水工程，引水渠的渠首在门头沟区三家店拦河闸处，流经石景山区、海淀区，至西城区的西便门外的护城河，全长25.13公里。

修建永定河引水工程的目的，是为石景山地区提供工业用水，同时提供部分城市生活用水和农业用水，补充市区主要河湖的景观用水，稀释城市河道污水用水，美化首都环境，丰富人们的生活。1954年官厅水库建成，同期施工的三家店拦河闸的建成，为修建永定河引水渠提供了条件。1957年4月24日，首都人民以十分喜悦的心情迎接引水渠通水。当时，正值春天时节，水渠两旁种植的观赏树木花红柳绿，《北京日报》在报纸的头版头条刊登文章，报道永定河引水工程建成通水，标题为"春姑娘来到北京"。

引水渠自三家店水闸向东南经门头沟区老店村，石景山区五里坨村、高井村、模式口村，东行至海淀区双槐树村附近沿南旱河故道向南，再向东入玉渊潭，最后到达西便门与护城河贯通。为了给市区河湖补水，自双槐树至紫竹院建有支渠。永定河引水渠经罗道庄与京密引水渠汇合，向北可达昆明湖。

**永定河引水工程完工放水大会 / 冯文冈　摄**

永定河引水渠建成后曾两次扩建，以适应北京各条战线的用水需求。其中主要工业用水单位有石景山钢铁厂、高井电厂、北京钢厂、北京第二热电厂等。农业用水地区主要有石景山地区的麻峪东渠、西渠，高井西渠，金顶街灌渠，田村灌渠等。除此之外，还为海淀永丰灌渠、西山灌区，以及通过南护城河、通惠河为下游地区提供灌溉水源。

永定河引水渠运行50年，是母亲河为首都建设倾心奉献的50年，总计引水200多亿立方米，利用永定河引水渠沿线工业用水户集中的特点，通过精心调度和重复利用，实际为用户供、配水总量达300余亿立方米。其中为冶金、电力、化工、造纸、印染、酿造等行业供水202亿立方米；为农

**永引渠首 / 魏齐庚　摄**

田灌溉供水91亿立方米，1978年最高时灌溉面积达到100万亩；为自来水厂供水3亿立方米。（《当代北京城市水系史话》）工、农业生产，以及生活用水、园林美化等诸多领域受益。

颐和园是一座保存完整的皇家行宫御苑，风景优美，山水俱佳。20世纪60年代，周恩来总理常在昆明湖画舫接待外宾。为了保证接待任务的完成，市城市河湖管理部门曾利用永定河引水渠连夜调水，补充颐和园昆明湖水量，以提高水位。

颐和园一隅／魏齐庚　摄

2004年的夏季，颐和园严重缺水，以致影响到湖上游船，急需补水。8月8日晚，市水务管理部门从官厅水库紧急调水，为颐和园昆明湖补水。这次为昆明湖补水达到100多万立方米。

2005年3月12日《北京日报》报道官厅水库为市区主要河湖补水，线路为：经过100多公里的官厅山峡到三家店闸，进入永定河引水渠到罗道庄入昆玉河，从昆玉河向北到颐和园昆明湖。同年3月26日，《北京日报》再次报道，官厅水库向颐和园补水量已经接近260万立方米，总量将达到320万立方米。昆明湖水位恢复正常后，游客可泛舟湖上。

永定河引水渠已经断水多年，当年的容颜已经渐行渐远，唯有渠旁写着"永引渠"的路牌一直在坚守，证明着它的身份，讲述着它的过去。

# 第五章 震撼的水患记忆

# 永定河史话

永定河全长759公里，自然条件和社会条件复杂，在一定历史时期，是水患灾害最为频繁的河流之一，给社会和人民生命财产带来危害，甚至对京城的安全造成巨大威胁。

## 一、永定河容易发生洪灾的四个汛期

永定河的水患一般都发生在汛期。汛期是一个水利名词，是指河水在一年中有规律显著上涨的时期。永定河的汛期主要有凌汛、麦汛、伏汛、秋汛，伏汛、秋汛合在一起也称伏、秋大汛。

### 1. 凌汛

凌汛是永定河常见的一种自然现象，看似宁静的冰河下积蓄着势不可当的力量，一旦冰凌壅塞引起涨水，往往十分凶险。由于永定河所处北方，由北向南的纬度跨度较大，地形地貌复杂且变化多端，凌汛一直是永定河防汛的重点。

历史上永定河河水丰沛，进入冬季便会结成厚厚的冰层，河水在冰层下面依然可以流动。进入春季融冰开河之时，永定河自下游至上游依次解冻，会出现河面流冰的现象，大大小小的冰块，争相从上游涌向下游在水中漂浮、流动，如排山倒海之势蔚为壮观。

每年农历的二三月份是永定河的凌汛期。在凌汛期间不是一定会形成洪水，但一旦遇到河道较窄、转弯，或河道不畅，便会形成冰塞、冰坝，严重时造成水位大幅度上涨形成凌汛洪水，出现漫溢或决堤。流量不大但水位很高，是冰凌洪水的特征，对沿岸人民的生命财产构成严重威胁。

永定河开河时有"武开河"和"文开河"之说。"武开河"也称"恶开河"，解冻来得很快，特别是气温猛升或水位暴涨，大块冰凌汹涌而下，容易阻塞河道，致使水位陡涨、冰凌漫堤，形成凌灾，危害程度极大。而有的年份，上下河段气温变幅相差不大，河道封冻分段解冻，开河比较平稳，就不致形成大的凌汛洪水，这种情况通常称为"文开河"。

门头沟区侯庄子村紧临永定河，凌汛期间，村民会到河边观看开河时的奇特景观。遇有恶开河，冰块在河中相互撞击的力量巨大，甚至飞出河道冲到岸上。1940年和1942年开河时，冲出的冰块竟然落到村民院子里。每逢夜深人静之时，河里冰块的撞击发出巨大声响，让人感到惊悚。

地处永定河上游的珠窝村村民对凌汛期间的震撼景象记忆犹新。这里山高谷深，河道曲折，每到冬季大雪冰封，冻实的河面可以走人。早春开河之时，湍急的河水裹挟着冰块不断从上游涌来，河水冲出河道，冰块在两岸堆积如山。让村民们津津乐道的是，常常有河里的鱼被冰块撞击上岸，大鱼甚至有十几斤重。

麻峪村地处永定河东岸，历史上设有木板桥。每到凌汛期或洪水来临，村民便将木桥板拆掉，以免被冰凌撞坏或被洪水冲毁。每到凌汛时节，善桥会派人到河边监视汛情。《石景山区志》描述永定河开河，一般的冰块有八仙桌大小，大的冰块有十几立方米，厚度可达四五十厘米。

北京由于凌汛而形成的洪水灾害也多有发生。翻阅史料，北京自辽代开始就有由于凌汛而发生水患赈灾的记录，金代、元代、明代也多次发生凌汛水灾。

清朝对永定河发生凌汛的记载更为详尽，如：顺治八年

永定河开河时节 / 魏齐庚 摄

（1651年）因永定河发生凌汛，造成水灾，免宛平县赋税。

乾隆六年（1741年）二月凌汛，汛情前所未有，异涨之水甚至超过秋汛。据《（乾隆）永定河志》载："固安、良乡、新城、涿州、雄县、霸州各境内，村庄、地亩多有被淹之处，难以耕种。且居民迁移，不无困乏。"乾隆帝谕旨详细查明被水处所应免钱粮，速行奏请豁免。乾隆帝曰："朕与孙嘉淦不能辞其责也。用是寤寐难安，深为廑念。著大学士额尔泰、尚书讷亲会同总督孙嘉淦，先将此旨谕百姓知之。钦此。"

道光二年（1822年）二月，永定河北三工凌汛漫溢，宛平、固安等四县村庄被浸淹。史料记载：这次水灾，永清县属三十八村庄，东安县属六十村庄被淹较重。由于防守凌汛，四处水涨，纷纷报险，河北岸同知周起涛带弁兵前往勘办，中途渡船翻溺，周起涛漂流数里，经救得生，而同行人员均漂没无踪。

光绪二十一年（1895年）二月，"冰凌逐渐融化，河水迭次增长。自七八尺至一丈二三尺，势甚汹涌"（《谕折汇存》）。自卢沟桥南北两岸多处堤坝，或河流坐湾，顶冲坍坎；或溜势侧注，埽段平蛰；或陡陷入水，甚有随厢随蛰、埽靠后溃，及冲刷坝挡堤脚、坍及坝身堾顶之处，情形危险。经过不分昼夜的抢护，始得化险为平。此次凌汛持续到三月上旬，全河冰凌化尽，方水势渐落。

光绪三十二年（1906年）二月也发生过一次较大的凌汛。袁世凯上奏此次凌汛事宜：二月十四日以后冰凌逐渐融化河水陡涨，致将冰块抬起，奔腾而下，卢沟桥虹为之壅塞，以致水势抬高，减坝泄水一尺余寸。桥东第四、五虹壅塞之冰块泮解，冰随水下，横流西趋，势甚汹涌。溜深之处自七八尺至一丈五六尺不等。桥之上下两岸滩上壅积冰块，厚至八九尺，为近来所罕见。凌汛造成永定河数十处堤坝受损，或河流生湾，顶冲坍坝；或溜势侧注，埽段垂蛰，均极吃重。石景山东岸十四号石堤冰撞水刷，益加伤残。十七号戗堤碰损五六处。鸡嘴坝料石离槽多块。卢沟司南岸石堤头二四五等号，被冰块撞击，约长二三百丈。五六号酥裂二段，估加石埝段内，坍塌到顶者二段。经道督率员弁、兵夫，不分风雨昼夜，竭力抢镶，始得化险为平。

宣统三年（1911年）三月，永定河北上汛漫凌串沟，河堤坍塌十数丈。

新中国成立后，北京地区也发生过凌汛。据《大兴县志》记载，1956年的凌汛期，河水不大，但淘刷、坍塌险情不断发生。4月20日至26日，立垡第一段埽下坍溃堤脚300米，经挂柳连续抢护7次方脱险，南章客堤段先后11段边埽沉蛰入水，经抢护厢埽后脱险。整个汛期抢险21次。

1959年1月初，在永定河三家店拦河闸一带发生冰凌险象，丰沙铁路桥上游形成冰坝阻塞河道，冰凌冲上公路造成交通一时中断。在冰凌的巨大推动下，造成闸上游的护墙和闸前设施受到不同程度破坏。

现在由于地球气温的升高和永定河水位降低，甚至断流，在永定河的下游已经很少看到凌汛这一现象，对北京造成灾难的程度大大减少，在中上游仍然可以在春寒料峭时节看到永定河的凌汛景象。

在古人的诗词中，有不少描写永定河凌汛的诗句，选录两首如下，我们不妨在其中寻找逝去的凌汛景象。清乾隆帝于二十九年（1764年）写下《过卢沟桥咏冰解》：

> 水黑为卢冰亦然，隆冬冻合泽腹坚。
> 东风一夜入长川，解之只在须臾间。
> 青气鼓动橐龠宣，元英不得施其权。
> 层叠黝玉巨如山，累而置之河两边。
> 其高峨峨长连延，黄流在中泻激湍。
> 方当初解奇可传，礌硠砰磕声喧阗。
> 快马斫阵鸷击鸢，似神而非三似焉。
> 亦不冲荡石桥堰，信非人力斯由天。
> 襟带皇州亿万年。

乾隆皇帝诗中所写情景便是凌汛时节，在卢沟桥地段的永定河冰凌堆积，河流开始融化的壮观场面，冰凌碰击而发出的声音如雷贯耳，下泻的冰水迅猛锋利十分震撼。

清人宗韶在描写河水开河情景时写有："鱼龙奋力作前导，大冰如屋森分排""春来气暖冻应解,冰花森列如戈矛"等诗句。

清代金石大家王昶路过卢沟桥,耳闻目睹凌汛时节的情景,也作诗一首:

> 卢沟河畔夜如雷,两岸层冰一道开。
> 鼓橐缘知春气早,石桥堤外玉山堆。

凌汛期间是北京地区防止水灾发生的重要节点,历史上防汛的人员须于惊蛰前五天进驻重要堤段,预备大小木榔、长竿、铁钩,待到冰凌解冻时节,汛兵要将大块冰凌击碎撑入中心河道,以避免两岸的堤坝被冰凌撞击而造成水害。

## 2. 麦汛

《(嘉庆)永定河志》曰:"凡疏浚中泓、挑挖引河等工程,都要在枯河时赶办,在麦汛前完成验收,夏至前五日或后五日,麦黄水必至。"作为防汛要求,水头一到必须快报汛情,负责水事的官员要率领防汛人员实地查看,采取各项防护措施。辽、金、元、明、清等各朝都出现过永定河在麦汛期发生洪水的记录。

元世祖至元九年(1272年)五月,"大都大雨流潦弥漫,居民室屋倾圮,溺压人口,流没财物、粮粟甚众。通玄门外金口黄浪如屋,新建桥庑及各门旧桥五六座一时摧败,如拉朽漂枯,长楣巨栋不知所之。里闾老艾莫不惊异,以谓自居燕以来未省有此水也。伏惟两都宗庙、宫室省、台、府库,一切军国所须具在于此,今雨才两日,已漂没如此,脱有自三日以往之霖,切恐为害未必止此。参详两都承金口下流,势若建瓴。其水溃恶,平时犹不能遏止,西北已冲渲至城"(魏初《青崖集·奏议》)。金代北京称中都,东、西、南、北各设三座城门,北有会城门、通玄门、崇智门。这次在麦汛期间浑河洪水如摧枯拉朽、势若建瓴,沿金口冲至都城通玄门外。元大德六年(1302年)五月,东安州浑河溢,坏民田一千零八十余顷。

明宣德九年(1434年)在麦汛期间发生水患,水决浑河东岸;明正统四年(1439年),五月中旬,顺天府大雨连日,浑河决小屯厂。

清乾隆三十五年（1770年）五月十六日至十七日，顺天府大雨倾盆，昼夜不止，致使永定河水陡涨，北岸二工七处堤岸冲坍，堤外各村庄低洼处被水淹浸。清光绪十六年（1890年），永定河发生特大洪水，自麦汛开始。清朝《京报》报道：自五月二十一日起，阴雨淋漓，昼夜不息，河水逐渐增涨。五月二十八日以后，连日大雨如注。直、晋山水建瓴而下，河水陡涨二丈三尺八寸，浩瀚奔腾，以致南北两岸各工，或沉陷埽段，或坍溃堤身，险工迭出。

丰台大王庙／魏齐庚 摄

永定河在麦汛期间发生涨水，缘于入汛以后降水的影响，连续降水是永定河在麦汛发生洪水灾害的直接原因。

### 3. 伏、秋大汛

伏、秋大汛多有骤雨。农历的六七月份，华北地区进入雨季，永定河流域常降大雨、暴雨，也有年份淫雨连旬、苦雨不止。河水的流量因此大大增加，以致出现洪水或大洪水，称为"伏汛"；这种状况常常会延续到立秋以后，以致八九月份也会出现较大洪水和大洪水。由于伏、秋二汛相距很近，洪水历时一般较长，所以习惯上也称之为"伏、秋大汛"。伏、秋大汛，是永定河的主汛期，在这一时期发生的洪水往往来势凶猛，"奔腾四溢""劈堤走溜""拍岸盈堤""破浪层叠""叠次盛涨""迁徙靡常""人力难施"等字眼往往是"伏、秋大汛"期间的常用词。"伏、秋大汛"造成灾害的损失往往是巨大的，因此是从古至今永定河防汛的重点。

如果对历史上永定河发生的多次特大水患进行分析，可以得出结论，多是大雨惹的祸，或是连朝淫雨，或是伴有暴雨。土壤充分饱和产生径流，在时间分布上以七八月份频度最高，相应大的洪水也发生在七八月份。正是由于长时间降雨或暴雨产生的洪水超过了河道行洪能力，引起堤防溃决，大面积的农田、村庄因此被淹，不仅使农田减产甚至颗粒无收，还会危及人们的生命财产。

综上所述，永定河决口和城市大水与大雨、暴雨有关。这些年份往往降雨量或瞬间的降水超出一般年份，历史上的特大水灾都与降水量异常有直接或间接的关系。

永定河伏、秋大汛之际 / 魏齐庚 摄

**北京地区历史水灾等级划分标准一览表**

| 等级 | 受灾面积 | 致灾原因 | 受灾程度 | 赈灾措施 |
| --- | --- | --- | --- | --- |
| 特大水灾 | 全境被灾或面积较大 | 连续数月暴雨，淫雨连月，多处决口 | 田禾尽淹无收，大批房屋坍塌，大量人畜淹毙 | 朝廷采取多种赈灾措施 |
| 严重水灾 | 半数以上州县被灾 | 连续两三天暴雨，淫雨经旬，河流决口 | 田禾淹没减产，部分房屋坍塌，少量人畜淹毙 | 朝廷采取一二种赈灾措施 |
| 一般水灾 | 少数州或局部地区受灾 | 降雨强度小，或持续时间短，河流无决口 | 灾情较轻、损失较小 | 朝廷未采取赈灾措施，仅一般赈济 |

1997年中国环境科学出版社出版的《北京历史自然灾害研究》一书，将洪涝灾害等级划分为特大、严重、一般三个等级。我们从中可以看出降雨对洪涝灾害的影响。

刘英在《卢沟桥以下堤防历年决口记录和分析》一文中，对清代历年决口时间做出分析：清代时期发生决口的年份有四十三个（有五个年份记录不详），只有一年发生在六月三十日，一年发生在九月九日，永定河历年决口多在七八月份，而在七八月中，又以七月下旬到八月上旬为主，占到50%，如果按七月中旬到八月中旬的时间计算，这一时期决口的年份有二十九年，占到决口年的76.3%。

## 二、北京地区永定河水灾举要

历史上有关永定河洪涝灾害的记载主要见于宫廷档案、河渠志、地方志、碑记、各类报纸、杂记等。有关永定河发生洪水的最早记录应是《刘靖碑》。晋元康五年（295年），永定河发生洪水，戾陵堨、车箱渠遭到不同程度的破坏，"洪水暴出，毁损四分之三，剩北岸七十余丈，上渠车箱，所在漫溢"。

辽代时北京称为南京，多次发生水涝灾害，漂溺村庄、庐舍。《辽史·圣宗纪》记载辽圣宗统和十一年（993年），"七月己丑，桑干、羊河溢居庸关西，害稼殆尽，奉圣、南京居民庐舍多垫溺者"。永定河古称桑干河，羊河即洋河，是桑干河的重要支流。这一年，上下游地区均受到水患的侵袭。辽圣宗太平十一年（1031年），"夏五月，大雨水，诸河横流，皆失故道"。这是一次北京地区多条河流暴发山洪的水患，当朝于七月开仓放赈，救济灾民。

辽代以前，各类历史文献对永定河在北京地区的灾害记录较少。辽代以后，北京政治地位发生变化，有关灾害的记载明显逐渐增多且越来越详尽。当然，水患不仅仅是记录的增多，实际上水患也确实呈增长趋势。这种状况一直到新中国成立，永定河愈演愈烈的水患才告结束。

北京永定河管理处《永定河水旱灾害》："金代（1115年）到中华人民共和国成立（1949年）的834年间，永定河决口、漫溢146次，改道10次，平均约5年就有1次洪灾发生，其中清乾隆元年（1736年）至宣统三年（1911年）的176年中，就发生决口、漫溢49次，平均每3.6年就发生1次洪灾。民国的38年中，发生决口、漫溢18次，改道1次，平均每2年就发生1次洪灾。"

金代，自海陵王贞元元年（1153年）迁都北京，定名为"中都"至宣宗贞祐二年（1214年）的61年间，永定河多次发生洪水或决口。金大定十九年（1179），金世宗册封卢沟河神为"安平侯"，嗣后建庙、春秋致祭。金大定二十六年（1186年）五月，卢沟河复决上阳村，在水患面前，朝廷恐枉费人力、物力，竟下令放弃抢险治理，任凭河水泛滥。明昌二年到明昌四年（1191—1193年）连续三年出现水灾。

元代从至元八年（1271年）建国号大元，次一年改中都为大都，在元朝的98年间，大都发生水灾的次数明显增多，而永定河（元时称浑河）泛滥的现象也明显增加。据《元史》记载，浑河决溢致灾达22次。皇庆元年（1312年）二月，浑河水溢，决黄垡堤一十七所，发军五百修；六月，决堤口二百余步，漂民庐，没禾稼。发民丁刘杂草兴筑。至治元年（1321年）六月，浑河溢，被灾者二万三千三百户；七月，浑河防决，卢沟决金口。泰定四年（1327年）三月，浑河决，发军民万人塞之。元世祖至元十六年（1279年），晋封桑干河（永定河）为"洪济公"。至元二十二年（1285年）又加封为"显应洪济公"。

明代的270余年间，北京地区的水患愈加严重，并有一定的周期性特点，前期水患多，而后期相对少。这种周期性特点与气候的影响有关，明朝永定河发生水患的频率也与之相符。永定河在这一时期迁徙改道愈加频繁，漫溢决口的状况频仍。

永定河在明时称浑河，漫溢决口在明朝的史料中记载颇多，虽然通常出现在下游地区，但有两处河段尤为突出。一是石景山至卢沟桥段，一是卢沟桥以下大兴至固安、永清一线。石景山至卢沟桥河段的险情多次震动明廷，屡屡诏发工匠、丁夫修筑卢沟河桥、狼窝口、小屯厂、杨木厂等处河堤。明代最严重的浑河水灾发生在天启六年（1626年）。

明时的浑河有多次迁徙，因泥沙淤塞和发生水患，浑河下游主河道发生摆动和改道。因此，明时的永定河亦称"无定河"。

清代的268年，北京地区的水患愈演愈烈，有129个年份发生不同程度的水灾。永定河迁徙无常，因此有"无定河""霸浑河"之名。康熙三十七年（1698年）清廷大规模治理之后，方赐名"永定河"。清朝永定河多次发生特大水灾，对京城和两岸人民的生产、生活影响极大，造成的损失惨重。清《（光绪）永定河续志》载：自前顺治八年（1651年）至民国十三年（1924年），三百七十三年之间决口六十六次，平均四年一次。其决口时期相距最长的为十四年，仅一次。相距十三年决一次，十二年一次，十一年一次，九年二次，八年二次，七年四次，余则二、三、四、五、六年不等。唯同治六年至十二年连年决口。清朝发生较大灾情的年份有：清康熙七年（1668

年），乾隆二年（1737年），嘉庆六年（1801年），光绪十六年（1890年），光绪十九年（1893年）。

中华民国时期，社会动荡，军阀混战，外敌入侵，已有的水利设施失修或遭到破坏，永定河发生水患的损失触目惊心。在30多年的时间里，永定河发生多次洪水，其中1917年、1924年、1929年均发生严重水灾，1939年水灾为50年一遇的特大水灾，甚至冲进天津市。在这一时期，抵御洪水的能力极为低下。

清代永定河志 / 魏齐庚 摄

## 三、明清以来永定河水灾重点年份简介

《永定河水旱灾害》记载："明清以来，永定河决溢对北京城区严重侵袭的主要年份有明天启六年（1626年），清康熙七年（1668年），乾隆二年（1737年），嘉庆六年（1801年），光绪十六年（1890年），光绪十九年（1893年）。此外，1819年、1834年、1888年、1939年等4年的洪水灾情也比较严重。"

新中国成立之初，北京地区的永定河段也曾多次出现险情，1956年大兴县西麻各庄决口。

### 1. 明天启六年（1626年）水灾

明天启六年（1626年）是多灾多难之年。五月至六月间，北京及河北、山西等地区发生的大地震，北京地震引发火药爆炸，京师大水等，都造成了巨大损失。

《明熹宗实录》："六月，今春入夏异灾频仍，亢旱弥甚，兹者复遭霪雨昼夜，连绵震动若倾滂沱。""六月朔，京师地震，轰然有声，河间、天津三卫亦震，宣大同时震，京师大雨。西山洪水暴发，城中水深六尺，新旧屋宇倒塌不计其数。"明

《东安县志》载:"天启六年夏,浑河溢入城,架巢而居。"东安县现为廊坊市安次区,属于永定河下游。

《北京志·自然灾害志》记录这一年水灾,京师阴雨连绵,京城房屋塌毁七千三百余间,死二十余人。卢沟河水发,从京西入御河穿城,经通惠河五闸至通州,民多溺死。闰六月辛亥,大雨连绵,西山洪水暴发,城中水深六尺,新旧屋宇倒塌不计其数。卢沟桥人家被水冲击。良乡城俱倾。永定河洪水势若江河,尸横遍野,直至涿州而止。这次水灾造成百姓溺死的情况严重。

## 2. 清康熙七年(1668年)水灾

这一年,先是春夏之际京师大旱,天气亢旸,禾苗枯槁,清廷吏部等衙门安排祈雨。六月十七日又发生地震。进入七月,连日大雨。《清圣祖实录》载:"浑河水发,冲决卢沟桥及狮岸。"另有《客舍偶闻》载,康熙七年(1668年)京师大旱,俄尔大澍。"初秋雨甚,崩垣圮屋,昼夜声相闻。浑河水决,直入正阳、崇文、宣武、齐化诸门。午门浸崩一角。五城以水灾,压死人数。北隅已民亡一百四十余人。宣武门水深五尺,冒出桥上,雷鸣峡泻!有卖蔬人,乱流过门下,人、担俱漂没。有乘驼行门下,驼足不胜湍激,遂流入御河。人浮水抱树得免,驼死水中。父老言,万历戊申(1608年),都门亦大水,未若今之尤甚!"

清人笔记《三冈识略》曰:"七月初二日暴雨至,初八日止。西山水复发,冲断卢沟桥两洞,长新店(今长辛店)、良乡、涿州、董家林、单家桥、雄县、献县、任丘以上俱被淹没,二十余日水始退。"

《武清县志》记述这次水灾:浑河水溢,从凤河至武清城下。平地水深丈许,三门皆塞。

水灾后第二年,修复卢沟桥,立康熙帝御制碑,碑曰:"朕御极之七年(1668年),岁在戊申,秋霖泛滥,桥之东北啮而圮者十有二丈。所司奏闻,乃命工部侍郎罗多等鸠工督造。挑浚以疏水势,复架木以通行人,然后庀石为梁,整顿如旧。"这段文字证实前一年大水将卢沟石桥冲垮。

这次水灾，北京地区大雨，多条河流泛滥。《北京灾害史》一书指出，康熙七年水灾属于百年一遇的规模，损失尤大。永定河上游的延庆、怀来地区连续大雨，怀来大雨七昼夜不停，洋河、妫河分别泛滥，漂没民居、庄稼。上游的山洪大量倾入山谷河道，山间水位暴涨，形成巨大洪峰，自三家店涌至卢沟桥，冲断两座桥孔，溃决两堤。

## 3. 清乾隆二年（1737年）水灾

这次水灾之前，清廷一直忙于祭祀上苍求降甘霖。《清高宗实录》中有一段文字，可见当时清廷求雨的虔诚与纠结。四五月间，乾隆帝躬行减膳，虔诚祈祷上苍赐予喜雨，并责成大臣，致祭天神、地祇、太岁等坛及四海之神。六月十三、十四、十六、十七等日，时雨普降，礼部请奏是否可以停止祈雨，行谢雨之礼。乾隆帝认为求雨还不能停，谢雨也还不是时候，等到雨水再充分一些谢雨不迟。六月下旬出现连阴雨天，乾隆帝又有淫潦之虑，担心淫雨成灾，甚至自责"此皆朕之不德。所以雨旸不能时若。吾民其何以堪"。乾隆帝在七月初一日特颁谕旨，"加谨提防，兆端炳烛于几先，桑土绸缪于未雨"（《永定河志》）。六月二十九等日，上游大雨，昼夜不息，山水暴涨，势不可当。水高出堤坝数尺，多处漫溢。

《北京志·自然灾害志》记述乾隆二年（1737年）水灾：六月二十九日，三家店大雨昼夜不息，山水骤发，永定河骤涨二丈余，急流直抵卢沟桥，水势腾涌，以致漫溢堤岸，石景山兴龙庙至迤天将庙，漫过石堤堤顶三百余丈，将背后土堤削去，仅存石堤孤立。北岸之一、二、三、四、五等工，共漫溢二十二处。南岸共漫溢十八处，其全河正溜由北岸至北章客漫口，四散分流；南岸之金门闸漫口，仅滞留三分，水势所至约宽五六十里，附近田禾庐舍悉被冲塌、淹涝，贮工物料亦多漂失无存。良乡县被淹村三十余处，顺义、延庆大水。京城内外，因雨水坍塌房屋共三百四十九家，六百四十四间。

有史料记载：房山、良乡、卢沟桥一带滨河地亩多被水淹，沿途烟墩有冲塌者，民间房屋多有倾颓。浑河水涨时，城外居民并桥之东、西的客商俱进宛平城躲避。城门被冲开，城内水深三、四、五尺不等，城内营房、衙署被冲倒，桥西的民房屋舍及商货、牲畜多漂没无存。沿河西北修家庄、沙窝等地居民房屋有的被水浸坍，有的全被浸没，还有人被淹没。

水灾过后，清廷立刻差遣侍卫官员，赍带帑金，分六路前往受灾之地，会同地方官进行抚恤安顿。同时，清廷立即进行追责，永定河道、北岸同知、石景山同知、漫堤各工所属县丞等予以降级、罚俸，直隶总督李卫罚俸六个月。

这次水灾后，也开始了一场比较大规模的永定河整治，对石景山、卢沟桥一带的堤工进行加固、加高，将金门闸移地改建为减水石坝，分减永定河洪水。

## 4. 清嘉庆六年（1801年）水灾

这是永定河历史上最严重的水灾之一。自六月初大雨连朝，西北诸山水同时并涨，永定河两岸决口四处，卢沟桥一带几成泽国。

步兵统领等到永定门并广宁门外观察水情，奏报：雨水骤急，河水涨发，海子、大红门外石桥栏杆冲倒，南顶庙被淹，并冲倒庙外大石碑一座，海子外围墙冲坍二百余丈。广宁门外水势甚涌，深至三四尺至五六尺不等。大井牌楼以外，系顺天府所属，看水势尤大，车马难走，竟至阻断行人。

兵部尚书兼管顺天府府尹汪承霈奏报：黄村地方街道直冲大溜，两旁房屋倒塌。青云店、采育、礼贤等处附近各村庄俱被水淹，涸出地亩沙压一二尺及四五寸不等。

六月初八，那彦宝等奏：自阜成门由八里庄、田村、衙门口村绕道至石景山南十四号堤岸，现在石堤冲开者七八丈，外土堤冲开者三十余丈。其水冲流大井村、草桥、南苑一带。卢沟桥南岸、南东岸二十三号冲开碎石堤七八十丈，其水顺流京南至庞各庄一带。桥西北岸税局后冲开碎石堤四五十丈，其水直至长新店大道以南。桥南西岸二号大石堤冲开十余丈，其水也直至长新店大道以南。

六月初十，仪亲王永璇奏：卢沟桥南、北之堤冲刷四处，南顶、海子等处亦多被淹没，小民嗷嗷待哺。请交顺天府传令各州县，于下流等处亟为打捞民尸，官为殓葬。

六月十九日，汪承霈奏：宛平县续报，岗洼村并永定河南北两岸猝被水灾，共计被淹一百二十余村庄，田禾房屋俱经被淹。

七月，户部奏报：六月大雨连旬，永定河水漫溢，河堤被冲决者，石工三百六十余丈，护石堤之灰土工一千一百二十余丈，埽土工三千二百九十余丈，其高仰淤垫处所，皆须挑挖。

《中国水利》1993年第一期《永定河历史洪水与北京城》一文披露，永定河这次水灾，石景山左堤漫决5处，计长90余丈，卢沟桥下南北两岸决口18处，总长达3200余丈，卢沟桥孔宣泄不及，洪水将桥栏石狮冲毁。北京城右安门外大桥被冲断，永定门、右安门外灾民多至两万余人。

永定河决口造成直隶众多州县受灾。洪水自西向东贯穿南苑，出东红门东泻，永定河沿岸及洪水流经的石景山、宛平、大兴、长辛店、良乡以及通州等地是这次水灾的重灾区。大兴、宛平地面多被水患。宛平县受灾人口达8700多人，被冲去房屋2300余间，冲去35人。《大兴县志》载，大兴黄村、庞各庄一带，青云店、采育、礼贤等镇均被水淹，立垡、狼垡、诸葛营等29村被灾人口达6520人，冲毁房屋1350间。

永定河上游山区的村落也不能幸免，珠窝村受冲被迫迁居；丁家滩有半个村子被淹；永定河的主要支流清水河将斋堂城南城墙冲垮，前街被淹。

据《清宫晴雨录》记述，当年七月份只有四个晴天，一个月内降雨600多毫米，"宫内水深数尺，屋宇倾圮者不可数计"。据《清仁宗实录》载："夏六月，京师大雨数日夜，西山诸山水同时并涨，浩瀚奔腾，汪洋汇注，漫过两岸石堤、土堤，开决数百丈，下游被淹者九十余州县。数千万黎民。荡析离居。漂流昏垫。诚从来未有之大灾患。"

这次水灾震动朝野，嘉庆帝减膳撤乐，亲自步行至社稷坛祈晴。嘉庆帝郁闷作《河决叹》，诗中曰："季夏月之初，霖雨昼夜溃。波澜涨百川，放溜如奔骥。西北汇大河，桑干堤溃四。白浪掀石栏，荡漾洪涛恣。哀哉我黔黎，昏垫沟壑坠。愧予咎日深，罹此非常异。"嘉庆帝在这首诗的最后写道"竭力挽灾屯，静俟昊恩赐"，其中颇有些无奈的情绪流露。当有大臣上报奏折《北上头工合龙全河复归故道》，嘉庆帝竟在奏折上三次朱批，"敬叩天恩不尽""河神默佑深恩""欣慰览之，即有恩旨"等，如释重负。

鉴于此次灾情极为严重，嘉庆帝多次颁旨，抗洪赈灾，修筑河堤，挑挖淤塞；对渎职失职的官员进行查办和处罚，以示惩儆。嘉庆帝甚至怒斥治理总督姜晟，"辜恩尸位""全无人心"。

清廷在多处设立粥厂进行赈济，粥赈的时间也较以往延长。《啸亭杂录·卷一》记载："霖雨数旬，永定河漫口，水淹南苑，漂没田庐数百里，秋禾尽伤。命步军统领明安广为赒赈，粥厂有所不及，明亲乘木筏，施散饼饵，日以数百万计。特建席棚以处灾黎，凡活者数百万人。又特简大臣四出查赈，截南漕数十万石以备缓急。"

这一年清朝三年一次的科举考试，亦因水灾延期进行。当年，嘉庆帝还取消了每年秋季的围场狩猎和巡幸活动。

## 5. 清光绪十六年（1890年）水灾

光绪十六年（1890年）的水灾被称为"百年之奇灾"。《中国大洪水》记述这一年海河流域"大雨滂沛，连绵不息"，发生流域性洪水，永定河多处决口，滦河、潮白河、蓟运河、大清河、子牙河也都发生洪水，流域的110个州县受灾，其中通州等55州县受灾严重。

史料记载，当年五月二十一日以后，阴雨淋漓，北京地区各州县淫雨连绵四十多天。水势逐渐增长，洼区被淹，各河均出险工。光绪亲诣大高殿拈香祈晴。

李鸿章奏报：自二十九日起至六月初六日，大雨狂风通宵达旦，山水奔腾而下，势若建瓴，各河盛涨，惊涛骇浪，高过堤巅。永定河两岸并南北运河、大清河，先后漫溢多口，上下数百里间一片汪洋，有平地水深二丈余者，庐舍民田尽成泽国，人口牲畜淹毙颇多，满目秋禾悉遭漂没，实为数十年来所未见。

御史徐树钧奏报：本月初一至初三日大雨，房山县山水涨发，冲入浑河。卢沟桥上水深尺许，永定河南三工决口数十丈，奔涛骇浪，滚滚南趋，计冲坏看丹村、草桥村、六卷村、樊家村、纪家庙、黄村、马驹桥、采育村、礼贤村、九州镇、张家湾等十八村庄，淹毙人口牲畜不计其数。

南路厅禀报：北上二汛漫口，正溜一般由草桥直抵南苑西北墙角马家铺，冲入苑墙，经过苑内三闸等处同正国寺之水合流，东趋通州之马驹桥一带。

《天咫偶闻》中描述这次水灾，五月二十日以后连旬大雨，六月初旬永定河横决，满溢成口数百丈，畿南一带遍成灾。都中"普善"各局绅，每日在永定门外街东茶舍"四合号"屯粮，携带磨饼，乘船赴被灾各村散放。右安门外大桥，时因此次永定河冲决之水，又加雨水，竟将桥梁冲为两段淹没。自大桥东、西、南连成汪洋，自南至北避生者，或用木筏，或亦由善船渡京。草桥地方向通衢大路，因永定河漫溢之水势将桥梁冲断，四面俱成一片汪洋，仅赖每日义赈救援。每日领粥难民计一万之上下不等。

水灾发生后，光绪帝六次发谕旨，增设粥厂、暖厂，广为赈抚。慈禧皇太后懿旨，发去宫中节省内帑银五万两，作为赈抚之需。

粥厂、暖厂，都是清代救济灾民的主要赈恤机构。所谓粥厂，是向灾民施舍粥饭的地方，一般早晚施粥。粥厂有官办，官绅合办，也有私家所开。暖厂，是救济流离失所之人的地方，有简易大炕可以留宿。大灾之后对灾民的救济情形使我们从另一个侧面了解水灾的触目惊心。

由于大雨成灾，粮价昂贵，清廷要求直隶总督、顺天府府尹"严饬各属停止烧锅，以平粮价而济贫民"（《清德宗实录》）。

这次抗洪由直隶爵阁部堂李鸿章统筹，按察使周馥、候补道吴廷斌、永定河道万培因督办，下分四路人马想办法购备物料，参加抢修的官员和民夫数以万计。永定河畔大王庙及庙中"北上二号漫口合龙将军显著灵异记碑"，是这次特大洪水的实证。

光绪十六年（1890年）的水灾是海河流域性洪水，诸水共涨。直隶总督李鸿章于次年上奏曰："淫雨成灾，各河漫决，被灾极重之区共计四十余州县，庐舍民田尽成泽国，灾深民困，为数十年来所未有。永定河水将卢沟桥淹没达一尺许，不少农民只能坐以待毙。水灾波及北京城区，前三门外墙倒屋塌，永定、左安、右安等三城门不能启闭，道路因此阻滞，小民无所栖止。"

《大兴县志》记载，这一年水灾，大兴受灾村庄247个，其中受灾八分者有61村，受灾七分者有57村，受灾六分者有60村，受灾五分者有69村。南海子围墙被冲毁数十丈，大水穿苑东流。

在这次水灾的前一年，巡察河道的官员曾建议疏浚河道，但因经费过巨，没有得到朝廷的批准，隐患未除，以致造成大患。水患发生后，光绪帝谕旨："不惜巨帑""以应要需"。光绪帝认为该管各员，疏于防范，咎无可辞，永定河道万培因、石景山同知窦延馨，均著革职留任；武清县县丞张映辰革职留工效力；李鸿章著交部议处。

## 6. 清光绪十九年（1893年）水灾

1893年的水灾，是永定河上的又一次特大水灾。这次水灾之前雨势连绵，六月十二日又是大雨滂沱，通宵达旦。

史料记载，这次水灾，苦雨不止，山水陡发，各河同时并涨。光绪帝曾多次下旨祈晴行礼、拈香。直隶总督李鸿章上奏："入伏以后，淫霖不休。六月初八、九至十二、十三、十四等日，昼夜大雨，势若倾盆。加以东北、西北边外山水暴发，奔腾汇注，各河同时狂涨，惊涛骇浪，处处高过堤颠，情形万分凶险。"

根据《洪涝档案史料》所载，五月二十八日起至六月初二日，永定河水陆续增长，拍岸盈堤，两岸险工迭出。初八日以后，通宵达旦，大雨如注，堤外沥水数尺。至十二日，河水长至二丈三尺，已有全河莫容之势。十三日，雨势益疾，风力益狂，山水暴发如排山倒海，浪高卢沟桥顶者丈余。桥东、桥西石栏冲走数十块，西岸石堤冲倒四十余丈。卢沟桥雁翅漫水灌入拱极城，桥下石垜间断过水，正河大溜，建瓴而下，充盈两岸，水高堤顶数尺。石景山处河水超过水志数尺。由于永定河水势盛涨，险工迭出，南上汛之三四号、十四五号、北上汛之五七号，北中汛之九十号，北下汛之头号至五号，并接连迤上之北中汛末号，同时漫溢。

这次大水，永定河多处决口。光绪帝谕旨："该管各员疏于防范。实属咎无可辞。南上汛霸州州同周蓉第。著革职留工效力。署南岸同知正任北岸通判蒋廷皋，著革职留任。署北上汛武清县县丞候补主簿萨多讷、北中汛武清县县丞翟鼎升、署北下汛宛平县县丞王恩圻，均著革职留任。石景山同知张恩霑著摘去顶戴。永定河道万培因，著革职留任。李鸿章著交部议处。该督务当督饬在工员弁。将南北汛各口门迅筹堵筑。不得再有疏虞。所有被淹村庄，即著该督迅速查明，妥筹抚恤，毋令失所，寻议、李鸿章应得降一级留任公罪。得旨，准其抵销。"

水灾发生后，清廷派遣直隶总督、顺天府府尹查明各属被水之处，在京城六门外添设粥厂，并于孙河、定福庄、马驹桥、黄村、庞各庄、卢沟桥六处添设粥厂，遣派官员前往备赈救灾。当年清廷对受灾地区的税收做出调整，对重灾的三十九州县免征粮赋；缓征二十州县被水村庄丁粮租课。

## 7. 1939年水灾

据史料记载，暴雨是这次水灾的主要原因。7、8月间连续多次大暴雨，永定河三次涨水。7月16日，卢沟桥流量增至2955立方米/秒，固安地区河堤出现决口。7月25日，三家店洪峰流量4665立方米/秒，卢沟桥水文站洪峰流量4390立方米/秒，洪水冲倒卢沟桥栏杆，桥面过水。永定河下游多处决口。7月26日，卢沟桥水文站洪峰流量3940立方米/秒。永定河7月25日、26日两次洪峰，京广铁路桥梁被冲弯变形，水面与京汉铁路之桥梁轨顶相等，卢沟桥下游的永定河北岸大堤3处溃决。第三次涨水在7月31日，卢沟桥附近的西岸溃决，洪峰下行后，梁各庄决口，冲毁京津铁路路基，左岸石垡、南章客、北章客决口。

在这次水灾中，大兴县西南部泛滥成灾，良乡43000户受灾，其中2万户倾家荡产，死伤多人。长辛店、赵辛店两村镇冲毁房屋180余间，死亡7人。房山南岗洼、长阳等地水深逾丈。永定河上游的支流妫水河7月发生洪水，倒塌房屋2万多间。宛平县浸水房屋6万多间。

这一年暴雨历时长、次数多、范围广、强度大，范围覆盖永定河、温榆河、北运河、潮白河、拒马河五大河流水域，有三次特大暴雨过程，历时三四十天。第一次降雨时间是7月10—16日，受两次台风影响，降大暴雨，主要雨区在太行山迎风区和燕山西部。第二次是7月24—29日，暴雨范围分布在潮白河、北运河、永定河、拒马河流域，暴雨中心在温榆河水域和永定河官厅山峡地区。第三次是在8月上旬，暴雨分布在北京的西北部。在3次大的降雨过程中，昌平7、8两月降雨总量达1137.2毫米，其次是三家店为1081.4毫米。

1939年，河北全境以及北京西南部、河南北部均遭受水灾，天津市有80%的面积被淹，冲毁津浦铁路。1939年8月20日，洪水冲进天津市区，天津化为水乡，市中心和平区比较低洼地带水深几达2米，

1939年永定河水灾淹没民房/摘自《北京水史》

马路上可行船，溺死者2720人。当时《申报》以醒目标题报道了水灾的严重性："冀鲁豫等地，几成一片泽国，八十年来仅见之灾情，无家可归者数百万人。"《北京水旱灾害》一书披露，总计北京浸水村庄10050个，浸水房屋52.9万间，倒塌房屋50.65万间，死伤15740人。

## 8. 1956年水灾

1956年水灾，是永定河干流在新中国成立以后发生的一次大洪水。据《北京志·自然灾害志》所载：1956年年平均降水量1022.2毫米，比常年多1/3，汛期的降水量884毫米。永定河发生两次洪水：第一次7月3日，卢沟桥水文站最大洪峰流量610立方米/秒，大兴县境内左堤10处险工出险15次；8月3日出现第二次洪峰，卢沟桥洪峰流量2450立方米/秒，各个险工段相继出现险情。8月7日，西麻各庄大堤决口，决口后的洪水冲向麻各庄、辛庄、求贤、西胡林一带，西麻各庄以下的永定河几乎成为干河。

这次洪水灾害惊动了党中央。8月8日下午，水利部副部长李葆华召集河北省水利厅和通县专署的有关领导开会，传达周恩来总理的指示：要抓紧堵口，加强防汛工作，立即组织力量，要把决口迅速堵复。在这次会议上决定：由通县专署组织力量，准备物料，筹组堵口指挥部，同时由水利部通知上游的北京市，成立引水截流指挥

部，将永定河洪水截流，通过卢沟桥分洪口门引入小清河，为下游堵口创造条件。

当时的大兴县隶属河北省管辖，但是永定河历来是河北省与北京市防汛的重点。进入汛期后，河北省、北京市的水利工程人员曾多次到现场检查工作，安排部署防汛措施。洪水发生后的8月9日，卢沟桥引水截流指挥部与西麻各庄堵口指挥部同时成立。河北省与北京市联合办公。

大兴赵村险工警示牌 / 魏齐庚 摄

在这次抢险抗洪中，组织良乡、丰台、房山等地民工4100人，大兴、顺义、通县、三河、香河、大厂等县的民工20000多人，还有部队的战士、军事院校师生、在京机关干部，以及通县专署、大兴县的机关干部近3000人参加了堵口抢险。动用汽车50余辆，大车220辆，小船300只，大船2只，木筏360多个。经过日夜奋战于9月初将决口全部堵复。

据有关专家介绍：1956年8月2日12号台风在浙江省象山港登陆，于8月2日到5日影响北京。永定河官厅山峡区间王平口是暴雨中心，24小时雨量为434.8毫米。当时一些河沟用铁轨设水堰，民兵昼夜值班，观察水情。这次暴雨使三家店拦河闸工地围堰受损，大兴县西麻各庄决堤。永定河西麻各庄决口使大兴42个村庄过水，死伤8人，倒塌房屋42135间。

前事不忘后事之师，梳理历史，让我们多一份思考，自古水火无情，须时刻保持警醒。

桑干河大峡谷 / 魏齐庚 摄

# 第六章 水患是多因之果

《孟子·滕文公上》："当尧之时，天下犹未平，洪水横流，泛滥于天下，草木畅茂，禽兽繁殖，五谷不登，禽兽逼人。兽蹄鸟迹之道，交于中国。"《山海经·海内经》："滔滔洪水，无所止极，伯鲧乃以息石息壤，以堙洪水。"翻开先秦古籍，关于大洪水的描述触目惊心。通过上述文字传达的信息可以得知，人类生活的历史从来不曾高枕无忧，我们的祖先在远古洪荒时代已经开始了与洪水抗争，从一定意义上说，古老的文明从人类与洪水的斗争开始。

北京坐落在以永定河洪积冲积扇为主的北京小平原，可以推断，永定河自古多洪泛。如果把永定河在北京地区发生的水患加以细分，就可以明显觉察到作为自然灾害的水患，其中既有自然因素也有社会因素带来的影响。

## 一、永定河的特性

北京西拥太行，北枕居庸，东环沧海，南襟河济，西北地势高，群山环绕，东南地势低洼是开阔的平原。永定河水系随地势的走向，由西北流向东南，在下游注入渤海。

### 1. 永定河流域地势复杂，变化大

永定河的上游地处内蒙古高原向华北平原过渡带，其中官厅水库以上43402平方公里。流域内山峦叠嶂，沟壑纵横，地势复杂且变化大，有高山、丘陵、盆地，自三家店出山后进入平原。其上游海拔在1500米以上，三家店仅有100米，最后进入北运河接近海平面。上述数字变化的实质，是永定河流域从上游至下游地势的急剧变化。

永定河水系由桑干河、洋河、妫水河等支流组成。桑干河发源于山西省宁武县管涔山，流经大同盆地、册田山峡、阳原盆地、石匣里山峡；洋河上游有三源即东洋河、西洋河、南洋河，分别发源于内蒙古察哈尔右翼前旗、兴和、山西省阳高县，于

永定河山峡 / 魏齐庚 摄

河北省柴沟堡汇流后称为洋河，在怀来县朱官屯与桑干河汇流称永定河，纳妫河后进入官厅山峡。由于山区河流坡度陡、山洪来势凶猛，一旦出现暴雨，往往几个小时就会出现洪峰，势如建瓴。

北京地处官厅山峡与平原的交接地带，河流坡度减缓，河水从上游带来的泥沙很容易在此沉积，以致滞留河床发生壅塞。特别是出山以后河流变宽，水流变缓，泥沙开始沉淀，洪流宣泄不畅易使下游河床逐渐抬高，甚至高于农田、乡村、城市，一有大水容易造成决溢改徙或泛滥成灾。

泥石流是北京山区破坏性较大的自然灾害，是含有大量泥土、沙石等物质的特殊洪源，经专家通过大量调查分析，发现北京地区泥石流的发生与地形条件及物质基础十分密切，如沟谷走向、平均纵坡、海拔、地质构造和地层组合等等。北京泥石流主要集中在西山的清水河和大石河谷地，北山的军都山中段，而西山的清水河是永定河官厅山峡最大支流。

## 2. 河流含沙量大

对河流水患的分析，不能只对某一个河段作孤立的分析。永定河在北京地区的水患往往与上游、支流的气候条件、水文状况有关。永定河上游区域，黄土分布广，土质疏松，加上一些地区植被稀少，并不断受到破坏，自然环境恶劣。由于缺乏对植被的保护，土壤抗蚀力很低，遇到暴雨，便有大量的泥沙进入永定河上游。地面越陡，地表径流的流速越快，对土壤的冲刷侵蚀力就越强。遇有强度较大的暴雨，降雨强度超过土壤入渗强度会产生地表径流，造成水土流失。

《河北省志·三卷》："永定河是海河各支流中含沙量最大的河流，永定河官厅站多年平均含沙量52.2公斤/立方米，上源桑干河石匣里站25.0公斤/立方米，洋河响水堡站为21.0公斤/立方米。永定河上游侵蚀模数为1000～2000吨/平方公里·年。"

北京市社科院王玲著《北京与周围城市关系史》："洋河水含沙量平均22.7公斤/立方米，一般洪水时增加到220公斤/立方米，最大洪水时则达到498公斤/立方米，年平

桑干河大峡谷／魏齐庚　摄

均输沙量1100万吨。桑干河年平均含沙量为25公斤/立方米，年平均输沙量1920万吨/立方米。也就是说，原来的含沙量比洋河还要大。但由于新中国成立后在上游修了册田水库，近10年桑干河的年平均输沙量已减少到199万吨，降低了90%，但洋河的输沙量仍然很大。"

历史上永定河河防主要是筑堤束水，而上游带来的大量泥沙在河槽中不断堆积淤塞，河床逐年抬高，造成屡屡堤埝决口，发生水患又会促使不断加高堤防，如此循环往复。

## 3. 气候条件对永定河影响明显

永定河流域属大陆性季风气候，流域降水量不仅空间变化大，而且年内分布极不均匀。冬春两季气候干燥、多风，雨雪稀少河水流量减少，甚至干涸。进入夏季，降雨集中，这其中包括受到台风登陆的影响，7—9月汛期雨量占全年降水的70%以上，多局部暴雨。河水的流量因季节的变化而明显变化。古人感叹："永定河之水性，平日无所患也，其患特在一时之暴涨耳。"夏秋季的连续降雨势必引起土壤饱和，暴雨是形成洪水、酿成洪涝灾害的最直接原因，可以说多是大雨惹的祸。

当遇有灾害性气候时，河水上涨甚至泛滥给两岸百姓造成财产损失并威胁人身安全。历史上永定河的几次特大洪水与连续降雨和强降雨有十分密切的关系。北京旧时有风俗，大雨时行之际，遇有连阴不止，闺中儿女剪纸为人，悬于门左，谓之"扫晴娘"。

据专家考证，永定河上游有桑干河、洋河、妫水河三条主要支流，每当上游出现大范围降雨或暴雨，三条河流的洪水总是很快在怀来盆地汇集，经官厅山峡下泻。官厅山峡区间也是暴雨中心，百里山峡成为百里隐忧。清水河流域也是暴雨的高值区，历史上曾多次暴发泥石流。1950年8月，门头沟清水河流域连续降水，4天总降水量达到322毫米，高强度的持续暴雨导致清水河谷各沟发生泥石流124处，波及107个村庄。

清嘉庆六年（1801年），永定河发生了近五百年来的最大一次洪水。北京地区自五月十七日至七月二十七日的71天中有51天降雨，五月二十五日至六月二十四日间，

30天的时间有29天降雨，几乎天天有雨。

永定河水以含沙量大著称，是一个笼统的说法，实际上输沙量主要集中在汛期。《永定河治本计划》指出，永定河"每年沙泥之排泄，全在汛期。七八两月平均排泄沙量为23.44兆立方公尺。占全年沙量百分之九十一"。降雨是造成土壤侵蚀和搬运的主要动力，一旦沙泥没有去路，必将危害下游。

根据永定河上游河北省张家口地区的水文特性分析资料，张家口地区6—9月径流量占年径流量的50%～70%，季节性河流占70%以上，径流量年内分配也有一定规律，全年的1—2月占比最小；3月有凌汛发生，比例有所上升；凌汛之后的4、5月比例开始下降；进入夏季后的6—8月比例明显上升，尤其是8月往往是一年中的巅峰时期；随着秋季的到来，比例逐月下降。从降水看，年降水量悬殊，6—9月的降水量占年降水量的75%～80%。

永定河上游的山西省，在时间分布上，每年的5月至10月上旬是暴雨发生期，严重的洪水灾害多发生在7、8两月，占暴雨发生次数的80%。

### 4. 善淤、善决、善徙是永定河的又一特性

由于含沙量大，河床淤浅，易决堤坝；尾闾宣泄不畅，下游善淤、善决、迁徙不定，变换无恒。《（光绪）永定河续志》载："永定河汇㳂、桑干、壶流、三洋诸川之水，自西山建瓴而下。一过卢沟桥则地势渐平，水流渐缓，而沙亦渐停。及至下游，则沙无去路，而日渐淤塞。盖永定河不能独流入海，必南会大清河，又南会子牙河，及南、北两运河，而后达津归海。以全省地形而论，则四河皆在前，而永定河独居在后，当大汛之时，清流前亘，众水争趋，浑流不能畅达，则水缓而沙停。是永定河有泄水之区，而无去沙之路，此所以难治也。"

中科院地理所姚鲁烽在《全新世以来永定河洪水的发生规律》一文中指出："永定河洪水泛滥对下游地区环境的影响主要表现在河流迁移、地表沙化、湖沼淤积。从历史记载看，永定河下游河流改道基本上都是由于洪水漫溢、决口造成的，只有少数几次是由于人工挖河筑堤而改道的。"姚鲁烽说，连续的洪水泛滥就能在短时期内形

成大面积沙地，而且由于洪水搬运大量的泥沙下泻，必然造成下游的许多湖泊沼泽地区因洪水泥沙汇入而萎缩、湮灭。

永定河从管涔山一路流淌，沿途汇集了无数条大大小小的支流，加之上述因素的叠加塑造了它的任性，人们因此感叹："小黄河剧大黄河"，甚至叫它"霸浑河"。"三十年河东，三十年河西"，是永定河下游河道变迁的最形象的比喻。在漫长的时间里，这条古老的河流在中下游摆动、迁徙，给两岸带来灾难，也在摆动和迁徙中，寻找着自己流动的方向。

## 二、永定河水灾中的社会因素

永定河水患作为一种严重的自然灾害，有其自然属性，难言功过。人们习惯于把水灾归类于自然灾害，甚至称永定河为"害河"。实际上水患中社会因素的影响十分明显，水患也是母亲河忧伤的泪水。

### 1. 战争频仍

无论是历朝历代争夺燕地，还是扼守京城，永定河流域都是一个战争频仍的地区。

战争频繁给当地人民的生产生活带来严重冲击，大量人口因此伤亡、迁徙、颠沛流离，民不聊生，生产力遭到破坏；由于战争不断，军需浩繁，占用社会大量的人力、物力，役重差繁，加剧了社会矛盾，社会动荡不安，秩序混乱，以往的水利受到影响，例定岁修之费用减少，河道长期失于管理和治理；战争还使原有的农业模式受到影响，正常的生产不能持续，田园荒芜，经济凋敝；因为战争的需要，修筑防御工程，制造战车、战船，建设军屯、兵堡，甚至不惜以水代兵，进行野蛮的燎荒等，树木植被遭到焚烧和严重毁坏。

北京在春秋战国时是周王朝一个诸侯国——燕国，自秦汉以来已逐渐成为国家北部的重镇，是中原政权和少数民族政权必争之地。两汉时期，民族战争和军阀内战总是在这里交叉出现，反复拉锯式的争夺造成时而大面积开荒，时而耕地被废。

隋朝时在此设立涿郡，隋炀帝三次举兵征辽，每次大战都是从此出发。根据《隋书》记载，兵数百万"馈运者倍之"，甚至"丁男不供，始以妇人从役"。《资治通鉴》载："帝谋伐高丽，器械资储，皆积于涿郡；涿郡人物殷阜，屯兵数万。"隋炀帝还大兴劳役，征发北京及周边地区百万余人开凿运河。

北魏初期，经十六国时期百余年战乱，泰常三年（418年）四月，明元帝拓跋嗣"徙冀、定、幽三州徒何于京师（平城，今大同）。如延和元年（432年），太武帝拓跋焘率军伐北燕，北魏五次大规模迁徙燕民入塞，造成燕地空虚，连年战乱，生灵涂炭。"燕土乱久，民户凋散。"（《魏书·尉诺传》）

唐朝建立后，政治舞台在长安及东都洛阳，但作为唐王朝东北边疆的军事重镇，幽州地区屡遭战火，民不聊生。这一时期出现一批流传于世的边塞诗歌，唐朝诗人李白写有《出自蓟北门行》，诗词中刀光剑影，将当时民族之间的对峙表现得淋漓尽致。

盛世唐朝，唯有高丽不肯臣服，唐太宗意欲亲征，地处幽州地区的北京，仍然不能逃脱战争的危害。兵马未动，粮草先行，为了唐太宗征辽，韦挺到幽州买木造船，600艘粮船自桑干河运米而进。贞观十九年（645年）四月，唐太宗誓师于幽州城南，开始征辽之役。

唐朝天宝年间，"安史之乱"肇端于幽州，历时八年，社会经济损失惨重，对北京地区的影响尤大。安史之乱被平定，藩镇割据的局面没有随之消亡，中国陷入几十年的战乱和分裂的年代。被人称为"诗圣"的杜甫写有《有感五首》以叙其事，其中有诗句："幽蓟馀蛇豕，乾坤尚虎狼。诸侯春不贡，使者日相望。"

北京在历代都城中是战争最为频发的一个。自公元10世纪开始，辽、金、元、明、清五个朝代在此建都，一个新王朝的诞生，往往以极端手段破坏原来的城市，不破坏不足以显示征服和胜利，而作为一朝首都，要求政治的稳定和文化的繁荣，很多时候仍然以战争来捍卫。建都以来，古城面临一次次的灾难，一次次被推倒重来。战争使北京经历建设、破坏、再建设的过程，其直接结果不仅是一个朝代替代另一个朝代，还是一轮又一轮的再造辉煌，而再造辉煌的背后是一次又一次对森林植被的大肆砍伐，原有的自然植被万劫不复。

契丹入据北京地区，与五代及宋对峙，发生多次争夺幽州的大战。辽代建立陪都，即连年发兵攻打宋朝，直到订立"澶渊之盟"，持久的战争长达数十年。

宋太平兴国四年（979年），宋、辽高梁河之战为宋、辽南北分立的决定性战役。宋太宗御驾亲征，五月攻取云中，又沿桑干河顺流而下攻打燕京城，双方激战高梁河，兵力都在十万以上，两岸成为战场血流成河。辽圣宗统和四年（986年），宋军攻打涿州欲取燕京，在战争谋划中，有人竟然意图以水代兵。《宋史·列传》载，宋琪提出利用河水淹没敌人或阻滞敌军进攻，曰："其桑干河水属燕城北隅，绕西壁而转。大军如至城下，于燕丹陵东北横堰此水，灌入高梁河，高梁岸狭，桑水必溢。可于驻跸寺东引入郊亭淀，三五日弥漫百余里，即幽州隔在水南。王师可于州北系浮梁以通北路，贼骑来援，已隔水矣。视此孤垒，浃旬必克。幽州管内洎山后八军，闻蓟门不守，必尽归降，盖势使然也。"可见兵燹之厄，不仅不能兴水利，而且还会破坏水利。

根据《辽史》卷三十四记载：契丹建国之初，契丹军队对幽州及其周边地区大肆攻略。如若皇帝亲征，"沿途民居、苑囿、桑柘，必夷伐焚荡，"所到之处，"其打草谷家丁，各衣甲持兵，旋团为队，必先斫伐园林，然后驱掠老幼，运土木填壕堑；攻城之际，必使先登，矢石櫑木并下，止伤老幼。又于本国州县起汉人乡兵万人，随军专伐园林，填道路。御寨及诸营垒，唯用桑柘梨栗。军退，纵火焚之"。

辽朝末年，女真人兴起，金人攻打燕京，幽燕又处兵戈交锋的前沿地带，在长时间的战争氛围之中。直到女真人打败契丹，建立金国，燕京地区的经济在辽朝末年有了一定的发展，成为一个经济繁荣的富庶地区。但是由于金、辽、宋三方的战乱，生产力遭到严重破坏，人民生活陷入困境。

金天辅六年、宋宣和四年（1122年）十二月，金兵攻入燕京与宋朝交涉达成协议，金朝以北宋每年交岁币四十万，年输燕山代税钱一百万缗为条件，将辽南京（燕京）及涿、易、檀、顺、景、蓟六州二十四县之地归还宋朝。金兵撤离燕京时，悉毁全城，宋朝只是得到一座空城。金天会三年（1125年），金军再度攻占燕京，将燕京作为军事策源地之一，并成为南下作战的指挥中心。当年从燕京发兵入侵北宋，长驱直入汴京。

天会五年（1127年），征兵从军，攻打宋朝；天会九年（1131年），"起燕云，河东夫运粮"；天会十一年（1133年），征兵役、民夫进一步扩大到富裕人家。《大金国志》载：金王朝在天会十三年（1135年），为从海上入侵南宋，"兴燕云、两河夫四十万人之蔚州交牙山，采木为筏，由唐河及开创河道，运至雄州之北虎州造战船，欲由海道如侵江南，是役始于是岁之夏，以百姓大困，啸聚蜂起，海道之行遂成中辍"。

汤运泰《金源纪事》诗，可谓以诗存史，诗中写道：参天拔地蔚州山，四十万人同采木。同采木，木不足，人人思啖刘豫肉。这次伐木起因于北宋原济南知府刘豫，"此刘豫遣人持海道图及木作战船小样，献于大金，故有是役"（《大金国志》）。

金正隆四年（1159年）二月，金朝兴建中都城，役使的兵士、民夫有百万之众。金廷一边修建都城，仍然战事不停，又在通州建造战船，决定伐宋，于三月遣派各路使者督造兵器，运往中都。九月，征调各路工匠聚集中都制造兵器，金海陵王于同年十月亲临通州视察造船情况。古代船只完全依赖于木材，需求量极大。有诗云：坐令斩木千山童，民间十室八九空。老者驾车辇输去，壮者腰斧从鸠工。短短数语是当时劳动人民沉重的劳役，以及由于过度砍伐，森林广袤的青山变为荒山秃岭的真实写照。

金末，蒙古人兴起，从金大安三年（1211年）开始，成吉思汗誓众伐金，数年攻打中都，战事不断。饱受战火蹂躏的燕京地区元气大伤，人口大量减少，农业长期中断。在战争中金朝宫殿遭到极大破坏，只剩下残垣断壁，有的被拆毁，有的遭到焚烧，甚至用来修筑战争防御工事，旧南城一片荒颓。元军占金都，蒙古贵族本没有在此地建都的打算，肆意抢劫之后将金都的宫殿付之一炬。据史书记载，攻打中都城的战争空前惨烈，当时大火焚烧断断续续，前后蔓延了一个多月，宫殿被毁，城中的佛寺也在劫难逃。《大金国志》记载："僧侣道观，内外园苑，百司庶府，室屋华盛，焚毁无遗。"

《元史·列传》："金末四方兵起，所在募兵自保。子良率千余人入燕、蓟间，耕稼已绝，遂聚州人，阻水，治舟筏，取蒲鱼自给，从之者众。"金元好问撰《遗山文集》："顺天焚毁之后，为空城者十五年矣。"大都地区的农业生产，经历金末元初的几十年战乱，受到毁灭性的破坏，金朝时九万余户居民，几无存者。

水患是多因之果 第六章

蒙金的战争对北京地区经济的破坏是巨大的。为避兵灾，人口大量流失，急剧减少，永定河下游的重镇永清曾因不降，而遭到野蛮的屠城。《北京通史》载："大都地区的农业生产，在金末元初的几十年战乱中，遭到了近于毁灭性的破坏。广大农民流离失所，千里萧条，饿殍满野。"《国朝文类》中载："是时，河朔为墟，荡然无统。"

在前面章节谈到元朝水利专家郭守敬，为满足元大都建设工程所需，经过考察永定河欲重开金口，其重开的原因即是由于战争因素，前朝将金口堵塞。"兵兴以来，典守者惧有所失，因以大石塞之。"（《郭守敬传》）

永定河流域自古以来是兵家必争之地，兵临城下之事实在太多。一个王朝的政权诞生和退出都是以数年战火相随，每当政权更替，人口规模波动幅度明显加大，人口锐减，离散迁移。

有明一代，蒙古族势力依然十分强大，北京以及周边地区的战事也依然不断。永乐八年（1410年）始，永乐帝亲率大军五度阴山，屡屡讨伐元王朝的残存势力，一直把北京当作战略基地。永乐十九年（1421年）永乐帝迁都北京，史称"皇帝戍边"。永乐二十年（1422年）春天，明成祖亲征，军车十七万七千多辆。

明正统十四年（1449年）七月，瓦剌军四路南犯，兵锋先指大同。英宗亲征，被俘于怀来县土木堡，史称"土木堡之变"。嗣后，北京保卫战不期而至，"土木堡之变"把北京推到战争前沿。北京保卫战虽然获胜，但面对瓦剌军的焚掠，卢沟桥一带未能幸免。《帝京景物略》写卢沟桥"桥北而村，数百家，己巳岁房焚掠略尽。村头墩堡，循河婉婉，望去如堞"。堞即是用来阻击敌人的矮墙。

明朝建立后，北方边塞以外的北元仍不时骚扰，严重威胁着明朝的统治。为了防御蒙古势力南下，明政府设立九边、修筑长城以加强北部边防。明朝自洪武元年（1368年）开始修筑沿边关隘，有关其工程几乎贯穿

土木村一隅 / 魏齐庚 摄

143

长城/魏齐庚 摄

整个明代的历史。

明代的整个长城分为九大段管理。北京地区长城长达629公里，全线城台827座，关口、城堡71座。修筑长城使桑、洋流域遭遇毁灭性林木砍伐。一是大规模地修筑城堡防御工事，屯堡、边墙、关隘、桥梁等，需要采伐大量林木用来烧制城砖，上百座城堡拔地而起，成片的树木毁于一旦。二是设置沿线戍卫管理机构，建造大量署府用房、附属用房，以及生活用房需要大量木材。根据《（道光）万全县志》对当时所辖官署建制的部分记录，有知县署、典史署、儒学署、守备署、巡按察院、卫指挥署、镇抚司署、协镇署、协标中营守备署、协标中营千总署、协标中营把总署、协标左营守备署、协标右营守备署、游击署等各种署府达三十多座。各署用房少则十几间，多则几十间。除办公用房外，还建有仓库、邮驿、营房、学校等。三是沿线建造暖铺、驿站，以及众多庙观。有的一处兵堡建有各种庙观三十余座。上述所载均为永定河上游的桑干河和洋河一线，而用于戍边营城、署府，以及各种用房建设的耗材，都是就地取材，由此可见对永定河上游植被造成的破坏。明政府于长城一线设立军镇，聚集了大批军政人口，战时为军，平时垦荒种地，也是导致资源进一步过度消耗，生态环境进一步恶化的重要原因。

戍边烧荒自古有之。有史料记载，契丹每入寇幽、蓟，刘仁恭岁燎塞下草，其法自七国时已有之。明时，为了御敌入侵，每到秋冬放火烧荒成为常例。明末清初著名学者、思想家顾炎武在《日知录》中写道："烧荒守边将士，每至秋月草枯，出塞纵火，谓之烧荒。"烧荒的目的"一免贼马驻牧，一便官军瞭"。《明英宗实录》载："每年九月，尽敕坐营将官巡边，分为三路：一出宣府抵赤城独石，一出大同抵万全，一出山海抵辽东。备出塞三五百里，烧荒哨瞭。如遇边寇出没，即相机剿杀。此先朝烧荒旧制，诚守边之良法也。"明廷对官军烧荒还要求造册奏缴。

在中国古代战争中，马匹占有重要位置，从早期的车战到中世纪的骑兵作战，马是不可缺少的。因此，行兵之道，立营必视水草。守边军士放火烧荒是一种军事行为且形成制度化，目的是边务的防御，阻止北方民族的驻牧和入侵，而放火烧荒的结果是内外长城一线大面积野草林木被焚，部分地区的生态恶化，几无野草林木，成为不毛之地。

永定河上游的桑干河流域，大同、宣化、万全等地均在守卫官军出境烧荒之列，而烧荒的结果是自然环境和生态环境不断恶化。明代兵部尚书王越，当年视察九边重镇之一的大同，写过一首《雁门纪事》，其中诗句有："雁门关外野人家，不养桑蚕不种麻。百里并无梨枣树，三春哪得桃杏花？"民国《阳原县志》中记载，该县的林业最不发达，"城垣庙宇，遥望了然，是即城堡周围，均不植树故也"。

在以冷兵器为主的时代，边防地区破坏植被是一把双刃剑，烧荒的目的是便于防守、瞭望，使入侵骑兵缺乏水草，无从取得给养，但是树木丛林可以起到隐蔽自己，限制骑兵行动的作用。因此，明代永乐以后大规模地修建宫殿而造成的林木大量损耗，以及北京周边的烧荒、伐薪，也引起朝中一些大臣的强烈反对。

弘治帝即位，礼部右侍郎丘浚曾进呈《大学衍义补》，其中奏曰："今京师切近边塞，所恃以为险固者，内而太行山西来一带重冈连阜，外而浑蔚等州高山峻岭，蹊径狭隘，林木茂密，以限房骑驰突。不知何人，始于何时，乃以薪炭之故，营缮之用，伐木取材，折枝为薪，烧柴为炭，致使木植日稀，蹊径日通，险隘日夷。"从上疏的内容看，北京周边森林植被破坏的程度，已经直接关系到京城安全。"木植日稀，蹊径日通，险隘日夷"，不仅是烧荒还包括各种原因的砍伐，"公私砍伐，斧斤日寻，树木殆尽"。

长城没有阻挡住战事。嘉靖二十九年（1550年）为庚戌年，蒙古俺答部复兵临北京城下，肆意饱掠之后从容而退，史称"庚戌之变"。

明代后期，民族矛盾和多种社会矛盾日益激化，李自成领导农民起义，于明崇祯十七年（1664年）三月攻占北京，推翻明王朝。李自成败走时，仿效楚霸王火烧阿房宫，遣人放火焚毁紫禁城，所幸烧毁的只是部分建筑。

万全右卫城遗址 / 魏齐庚 摄

清政权叩关攻明，多次攻打北京，烽火遍及近郊，饱掠京畿。顺治元年（1644年）四月，清军占领北京，同年，中国封建社会最后一个王朝即清王朝的中央政权在北京建立。

清代初期北京曾有过相对稳定的时期，咸丰十年（1860年）英法联军攻占北京以后，北京又陷入战争的威胁之中。10月18日，侵略军火烧圆明园、畅春园、清漪园、静明园、静宜园等，大火延烧达三天三夜。

清朝后期，国库空虚，水利设施废弛，水患不断。同治十一年（1872年）直隶总督李鸿章上奏"圣哲先几之明，万世臣子同深钦佩。迄今百数年，下口益淤，中洪益壅，专恃夹堤束水，本无善策。又经兵燹凋残之后，部拨岁、抢修额款叠次停减，废弛更甚"。上述"兵燹凋残"，应是指外国列强的侵略战争，以及国内发生的战乱。

抗日战争爆发后，人民生活在水深火热之中。知名学者叶嘉莹在1942年的《故都怀古十咏有序》中写道：幽燕之地，自昔称雄。右拥太行，左环沧海。河济绕其南，居庸障其北。内踞中原，外控朔漠。盖苏秦所谓天府百二之国，杜牧所谓王者不得不可为王之地。是故历代帝王多都于此，为其草木山川，郁葱佳丽，有霸王之资也。虽然，古今递变，时异境迁。嘉莹幼长是邦，十余年间，足踪所及，则徒见风劲沙飞，土硗水恶，黄尘古道，殿宇邱虚而已。

1944年，日伪政权濒临穷途末路，强制推行献铜、献铁、献木，在北京地区大肆砍伐树木，仅5月伐树五千余株。

## 2. 历朝历代大兴土木

研究永定河水灾史可以得知，后代水灾发生的频率和损失往往超过前代，水灾愈演愈烈，水灾所造成的损失亦愈加扩大，这种情况一直到新中国成立才告结束。

永定河的水患与其流域环境的不断恶化有关，环境的恶化与过度砍伐森林树木有关。人类对木材的需求由来已久，而采木于大河流域往往是首选，因此永定河流域首当其冲。森林植被原本在防止水土流失、调节土壤抗蚀方面有着重大作用，而大范围的森林砍伐却极大地削弱了这一作用，当突发性大洪水来临时，乱砍滥伐的不良后果就会显现出来。

永定河及上游流域的环境变化是一个渐变的过程，任何事物都有从量变到质变的过程。

两汉时期盛行厚葬之风，尤其是西汉墓室多用木筑。1974年，北京发掘大葆台汉墓，即西汉燕王（广阳王）的墓葬。这是一座"黄肠题凑"木垒墓穴，耗费木料巨大。大葆台汉墓出土了圈由一万多根90厘米×10厘米×10厘米的柏木枋垒起的木墙。黄肠题凑高约3米，围绕前、后墓室一周，外周南北长15.7米，东西宽10.8米；内周南北长14米，东西宽8.9米。有专家计算，仅"黄肠题凑"所用柏木约合120余立方米，如果按照一棵柏树可以制成40根规格为90厘米×10厘米×10厘米的木枋，就需要用树三百多棵。室内用扁平立木围成椁室，墓中有二椁三棺。墓主的棺木有5重，仅棺椁一项用木材32立方米。大葆台汉墓耗费木材之巨，实在是以一片森林为代价。

由大葆台汉墓可窥一斑，而汉代诸侯王墓并非一座。西汉实行郡、国并行制度，今北京地区在西汉时期分隶于广阳国、涿郡、上谷郡、渔阳郡、右北平郡，其间多有变动，西汉王朝在幽州分封的燕王有十几位。2001年，在北京地区发现另一座大型汉

代木椁墓——老山汉墓。老山汉墓所在地在当时属广阳国，这座大型汉墓同样是耗用了大量木材构建而成。

两汉时期的厚葬之风在永定河上游的朔州也得到印证，朔州境内汉墓有广武汉墓群、马邑汉墓群、威远汉墓群等。从目前发掘出的1000多座汉墓看，大墓椁有四间房屋大，棺椁用木达40多立方米，在西汉时期，因建造墓椁所毁坏的树木非常之多。

北京大葆台汉墓／北京考古遗址博物馆供图

人们对于皇家宫殿最为深刻的印象，来自秦始皇营建的阿房宫。唐代著名诗人杜牧在《阿房宫赋》中写道："蜀山兀，阿房出。覆压三百余里，隔离天日。"宫殿是高大、广阔的代名词，历代皇宫追求大气磅礴、规整庄严、雍容华贵，尽情呈现帝都之气象。

据史料记载，战国时期，燕国诸侯王建有元英、磨室二宫。慕容儁于公元352年称帝，定蓟城为前燕国都，建太庙、修宫室。《水经注》载："城有万载宫、光明殿，东掖门下，旧慕容儁立铜马像处。"

唐时，这里建有紫微殿、元和殿、听政楼、逍遥楼。唐中期，安禄山叛乱，史思明在幽州称帝，建立临时皇城。唐代国力强盛，佛教盛于一时，燕地建寺普遍，戒坛寺、云居寺等都是这一时期所修建。"悯忠寺"规模宏大，是唐贞观十九年太宗为征高丽阵亡将士造，寺内建有悯忠阁，有唐谚云："悯忠高阁，去天一握"，以此描述它的高大。

先秦时期到汉唐时期，全国的政治、文化中心在长安、洛阳。随着北方少数民族的不断强大，从辽开始北京成为陪都，金朝建中都，上升为都城，元建大都，成为全国的政治中心，明、清两代建都北京，新中国成立后为国家的首都。历史上的都城迁徙较多，因此中国的许多城市都曾承担过首都的历史责任，而北京从辽、金开始，历代王朝定鼎北京，很少发生迁徙。

辽南京城位于今广安门附近，邻近永定河渡口，依托莲花河水源。皇城城墙高大坚实，有八个城门。《辽史》载："大内在西南隅。皇城内有景宗、圣宗御容殿二，东曰宣和，南曰大内。内门曰宣教，改元和；外三门曰南端、左掖、右掖。左掖改万春，右掖改千秋。门有楼阁，球场在其南，东为永平馆。皇城西门曰显西，设而不开；北曰子北。西城巅有凉殿，东北隅有燕角楼。坊市、廨舍、寺观，盖不胜书。"

辽朝沿用旧朝的城址，在原来的基础上增建宫室楼阁。除原有宫殿外，又有永兴宫、积庆宫、延昌宫、章敏宫、长宁宫、崇德宫、兴圣宫、永昌宫、延庆宫、太和宫、延和宫；还有清凉殿、嘉宁殿；并有五花楼、五凤楼、迎月楼、乾文阁、天膳堂等。还有元和殿，是以前旧有，也是皇帝莅临南京举行大典的地方。清凉殿可欣赏桑干河水和郊外风光。契丹主常在这些宫殿中举行朝贺、议政和欢宴等活动。

辽南京建有多处苑囿、离宫，并建有不少馆舍，以接待使者，如碣石馆、于越王廨、城南亭、孙侯馆等。

由于辽代统治者佞佛，南京（今北京）城内外建有许多佛教寺院，而且建筑规模巨大。据有关史料记载，大的佛院三十有六，小者不计其数，如悯忠寺、昊天寺、竹林寺、仰山寺、天王寺等，皆为巨刹，名冠北国。寺院占有大量土地，修建佛宇、僧堂、房舍、佛塔，以及仓储、磨坊等。有碑文记载，为建佛殿"或贫或富，皆毕力于当时。厥后栋梁雷动，拱桷星攒，幼年壮年，日日不停于锛锤；大匠小匠，时时无罢于斧斤"。修建寺院耗费大量木材，有诗形容砍伐树木"长木下而翠色移"。

辽朝实行五京制，南京是陪都之一，在五京中规模最大，也最为繁华。《辽史拾遗》记载辽南京："自晋割弃，建为南京，又为燕京析津府，户口三十万，大内壮丽，城北有市，陆海百货聚于其中，僧居佛寺冠于北方，锦绣组绮精绝天下。……既筑城后，数十里间，宛然如带，回环缭绕，形势雄杰，真用武之国也。"

辽定幽州为南京，实际上起到统领整个幽燕地区的作用，古老的幽州在城市地位和性质上都发生了重大变化，从一个北方军事重镇向政治、文化城市转变，在历史上是一个重要发展阶段。同时，升燕京为陪都，建设颇具规模的皇宫需要大量木材，西山森林的乱砍滥伐从此开始升级。

中国古代建筑以木构架结构为主要结构方式，砖瓦、石材等为辅，"墙倒屋不塌"是其形象比喻。古代建筑中梁架、斗拱、立柱、檩条，以及门窗、挂落、天花、藻井、室内家具等，无一离得开木材。

《北京通史》载：这一时期"山虽如故，水依旧流，但山间树木、植被情况却发生了巨大的变化。水系与今大体相当，但水质、流量、走向则有不少更易，湖泊、沼泽及海岸情况变化更大。这些变化是历史造成的，同时又对历史发展中的各个侧面，如居民生活、经济活动，乃至辽宋时期南北两个政权的政治、军事活动都产生了深刻影响"。

女真人打败契丹建立金国。天德三年（1151年）四月，金海陵王完颜亮正式下诏迁都燕京（今北京）立为中都。金国在辽南京的基础上，参照北宋汴梁城扩建中都都城和宫殿，占地庞大，城池雄伟、壮丽，周围王公贵族的府邸不可胜数，同时还营造豪华御苑。金朝皇城、宫城的建设不惜举全国之财力、物力，也开始了永定河上游地区的过度采伐。

《天咫偶闻》引《大金国志》，"宫城四围，凡九里三十步。自天津桥之北，曰宣阳门，内城之南门也。又：应天门，内城之正南门也。楼高八丈，四角皆垛楼，瓦皆琉璃。金钉朱户，五门列焉。东西相去一里许，又各设一门，左曰左掖，右曰右掖。正东曰宣华门，正西曰玉华门。殿九重，凡三十有六，楼门倍之。北曰拱宸。又：西至玉华门，曰同乐园（今钓鱼台），若瑶池、蓬瀛、柳庄、杏村，尽在于是"。

金中都大城三重，金宫城中的宫、殿之多在北京地区是历史空前，形成规制宏伟、富丽堂皇的宫殿群。如昭明宫为皇帝所居，还有皇后、太后、嫔妃等所居的龙徽宫、寿康宫、西宫，每座宫中尚有殿堂、亭台楼阁。宝殿有四十六座之多，如大安殿、仁政殿、泰和殿、崇庆殿、勤政殿、鱼藻殿、安仁殿、广仁殿等。宋人周麟之的《海陵集》称："其宫阙壮丽，延亘阡陌，上切霄汉，虽秦阿房、汉建章不过如是。"南宋使者范成大将所见以文字记载："工巧无遗力，所谓穷奢极侈者。炀王亮始营此都，规模多出于孔彦舟，役民夫八十万，兵夫四十万，作治数年，死者不可胜计。地皆古坟冢，悉掘弃之。金既蹂躏中原之地，制度强效华风，往往不遗余力，而终不近似。"金章宗喜爱作诗，诗曰："五云金碧拱朝霞，楼阁峥嵘帝子家；三十六宫帘尽卷，东风无处不飞花。"透过上述文字，不难想象昔日之金中都，城门重重，玉宇琼楼，气势恢宏；飞檐流阁，池馆水榭，气象万千。遗憾的是那些琼楼玉宇消失在改朝换代的烟火之中。

金朝在皇城内外兴建了大量行宫园林。琼林苑，是中都宫城内的御花园；熙春园又称"广乐园"，在中都城内的南部；中都之北苑，是今北海团城所在地；东苑在金皇城东墙之内；芳苑是东宫庭院内的一处花园；中都城西北有同乐园，每一处都有亭台楼榭，同乐园位于金中都宫城的西苑，园中有众多湖泊，湖中有岛屿，建有许多景观和建筑物，如绛霄殿、翠霄殿、琼华阁等。城外皇家离宫别院遍布郊区，无论是新建还是改建、扩建，奢侈壮丽，穷极豪华，如太宁宫、香山行宫、玉泉山行宫、建春宫、仰山行宫等。太宁宫为一座宫城，在中都城北现在的景山之地，建筑近百处，历时达九年之久。金王朝还在大房山修建山陵，并且建筑行宫，供皇帝驻跸。

寺庙是中国古建中仅次于宫殿的另一重要建筑类型。金朝对宗教持抑制的态度，建立寺院须经过皇帝、官方允许。但是，金中都新建或改建的寺院、庙观都具有一定规模，尤其是官办建筑，穷极奢华。如大圣安寺，规模是金中都之最，不仅是行佛的道场，而且还是皇家赐宴的场所。《析津志辑佚》中写道："新堂成，崇五仞，广十筵，轮奂之美为都城冠。"香山大永安寺，是金代著名大寺，上下两院，是一个宫殿式的建筑群，一切建筑应有尽有。"上院则因山高，前、后建大阁，复道相属，阻以栏槛，俯而不危。其北曰'翠华殿'，以待临达；下瞰众山，田畴绮错。轩之两迭石为峰，交植松竹。有亭临泉上。钟楼、经藏、轩窗、亭户，各随地之宜。"(《永乐大典·顺天府》) 该寺毁于元末兵燹。大永安寺"千楹林立，万瓦鳞次，向之土木，化为金碧丹砂"。再如仰山寺，是在前代基础上修建的行宫式寺院，建有佛殿、结合山地环境建有八亭及浴堂等，"焕然辉耀"。

金朝在大定前期，不顾国力在中都地区打造行宫及园林，肆意挥霍。金世宗一朝，尤其修建频繁，挥霍惊人，大定初，金宫发生火灾，多座大殿被毁，金世宗立即下诏动工修建。《金史·世宗纪》记载：金世宗在晚年时曾说"省朕之过，颇喜兴土木之工，自今不复作矣。"

元代定都北京后，即废弃中都城不用，而于中都城的东北郊外另建新城——元大都城。从此，北京成为国家的政治中心，实现了历史上最为华丽的一次转身。元代大都城的规划与建设在北京城建史上占有重要的地位，它的城址选择与规划布局，为明、清时期的北京城奠定了基础，之后的历代帝王个个大兴土木，增建宫城。

国子监一隅/魏齐庚 摄

大都城城墙系夯土筑成，但为了牢固，需要在筑造时用木板夹在夯土两侧以固定，元世祖曾发令"发六卫汉军万人伐木为修城具"。为减轻雨水冲刷，采取芦苇编织蓑衣的方法。尽管如此，至元三十年（1293年）"雨坏都城，诏发侍卫军三万人完之"。

元代时为营建都城，征调兵士、民夫、工匠超过百万，从至元四年（1267年）正月始，在刘秉忠的主持下，新都宫城的营建工程正式破土动工，到至元十三年（1276年），历时10年。

大都城是三重方城，最外面是一座南北略长的城垣。第二重城垣是皇城，皇城主要包括三组建筑，即太液池（今北海、中海）东岸的宫城；西边的隆福宫和兴圣宫。宫城位于皇城东部，城内分为南北两组建筑，南面以大明殿为主体的建筑是前朝，北面以延春阁为主体的建筑为后寝。

北京西山以及上游流域如蔚县、涿鹿、怀来等地一直是北京的木材供应之地。现收藏于中国国家博物馆的《卢沟运筏图》是一幅写实性画卷，这幅画卷生动展现了元代卢沟桥一带车水马龙的动态生活场景。在《卢沟运筏图》中，卢沟桥处于画面中央，两岸有酒楼、茶肆、旅店，形形色色的过往行人等，画面中的卢沟河木排漂运而至，有的正在靠岸，有的已经上岸，两岸堆积了大量的木材，为此忙碌的达数十人之多。很显然卢沟桥在元时是重要的木材转运渡口。

在永定河上游的张家口蔚县是文物大县，古称蔚州。在蔚县南杨庄乡麦子疃村的西北有一处杨赟家族墓地，为全国重点文物保护单位，纪年从元代至今。杨家墓地仍然保留有元代《蔚州杨氏先茔碑铭》，碑文中记述了墓主杨赟的功德，是元代著名书法家赵孟頫撰文、书丹，有极高的历史文化价值。杨赟出身贫寒，十二岁时到驿站喂马，曾在多地做官，德政甚多，"卖历本，均课程，收皮草，兴碾硙"，杨赟还兴修水利，"兴事利民，甚于渴饥"；他身体力行，率先垂范"不惮胼手胝足，躬事畚锸"。杨赟曾受到忽必烈的召见，被任命为采木同提举，率人三千采木做大都城门。皇太后幸五台，封杨赟为中顺大夫、知宣德府，仍负责采木之事，还赐其钱钞、貂裘。

为建皇城，元朝委任重要官吏负责采伐，并建立专门机构"上都采山提领所""蔚州、安定等地山场采木提领所""矾山采木提举司"等。《元史·世祖纪三》记载，元世祖至元三年（1266年），在郭守敬提议下重开金口，以供建城之需，"十二月丁亥，凿金口，导卢沟水以漕西山木石"。《元典章·户部》记载："至元八年，尚书户部据都提举漕运司申：照得现于通州起盖仓廒二百间，合用木柱数多，以差陆京等前去蔚州等处和买。"

采木对于宫廷建筑是必需的，在各项材料准备中最为艰巨。采木并非只是简单的伐木，需要踏勘、砍伐、铺路、运输等。即使是现在，这些巨大的木材，可以通过现代的运输工具运到故宫，而当时则是一项极其庞杂而艰巨的工作。

元代蒙古帝国实行两京制度，随着燕京升为大都，其地位与作用日益显著和重要。史料记载，至元八年（1271年）大都百姓每年仅打造石材、搬运木料、营建宫室所用人力有一百五六十万工；还调发真定、顺天、河间、平滦等地百姓二万八千多人参加宫城的施工。除此之外，动用驻守大都附近的士卒一同参加工役。

元代大都城的城址设计恪守《周礼·考工记》所提出的原则，"匠人营国，方九里，旁三门。国中九经九纬，经涂九轨。左祖右社，面朝后市"。整个皇城是一座宫殿群，太液池是皇城的中心，东岸建有以大明殿为主的宫城以及御园，西岸建有隆福宫和兴圣宫，以及西苑等。太液池中，还有两组建筑群，一组是万岁山上以广寒殿为主体的宫殿，另一组是建在瀛洲上的仪天殿（今团城的位置）。除上述建筑之外，皇城内建有各种储物的仓库、办事的衙署和负责警卫、炊爨、杂物等事务人员的用房。元大都的建设，导致永定河上游及北京周边地区的树木被大量采伐。

大都城建成后，增建事宜不已，先在西岸兴建皇太子宫室，后增建天祀幄殿、紫檀殿、香殿、鹿顶殿、作吾殿、棕毛鹿顶殿等。一边建设一边又有修缮，工役连年不断。不仅如此，蒙古族统治者一改过去祭祀祖先十分简便的方法，各种祭祀礼仪日趋繁杂，开始兴建庙宇，规模不断扩大。中统四年（1263年）三月，元世祖下诏建太庙，于次年十月竣工。开始太庙建有七室，嗣后又增建为八室。至元十四年（1277年），元世祖又下令在大都城内新建太庙，将原来的太庙拆毁。新建太庙东西七间，南北五间，建有神门、墙垣、角楼。墙垣之外有馔幕殿、齐班厅、省馔殿；初献、亚终献斋室；雅乐库、法物库、仪鸾库、酒库等。这一组建筑群仍设置围墙保护。元代中期，元英宗继续扩大太庙规模，再建新殿十五间作为正殿。在战争中荒废的许多著名寺院，也逐步得到复苏。如至元七年（1270年）建大护国仁王寺，共建殿宇一百七十多间，还建有其他房舍二千多间。《元史》记载：至元二十二年（1285年），"以中卫军四千人伐木五万八千六百，给万安寺修造"。白塔寺建于辽代，元代时重修，调动兵役4000人，砍伐大树58000余棵。

元代对五台山寺庙多次修建和修缮，工程繁浩，时断时续，颇具规模。孛术鲁翀《菊潭集》曰："元贞二年，五台大建佛庐，敕中书择锐事吏董役。工部司程陆信驱民夫数千，冒险伐木，死虎豹蛇虺者百有余人。"明人于慎行《笔麈》："五台山寺，元太后宏吉剌氏所造。创寺之役，民夫伐木，运石死者万人。"

明洪武元年（1368年），明军攻克大都，当时的大都城已沦为废墟，为了"改换门庭"，剪除元帝国的"王气"，朱元璋下令将大都城垣和大部分元时的宫殿拆毁，只有少数宫殿保存下来。明永乐初开始重建北京，在长达270余年的统治中，掀起了我国古代城市建设的最后一个高潮。随着朝代的更替是生态环境又一轮的再破坏。

北京城的主体是在元大都城基础上改造而成，都城营建设计的主导思想突出体现"皇权"，是各朝代营建都城的集大成者，最终形成内城、皇城、宫城、外城四重方城。宫城亦曰紫禁城。

据有关的专家学者研究，这次宫殿建设的备料过程长达近十年。宫城建设从永乐五年（1407年）始，征集能工巧匠、民工、兵夫约三十万人，历时达十几年。《明实录》对这座宫殿建设的正式记载中有这样的一段话，"癸亥，初营建北京，凡庙社、宫殿、门阙，规制悉如南京，而高敞壮丽过之，至是成"。

紫禁城即大内，位于全城的中心偏东，有宫门四座，宫城四角各建一座角楼，宫城以外有护城河环绕。宫殿建筑主要集中在宫城之中，布局依然遵循前朝后寝的原则。前朝部分以三座大殿为主体建筑，是处理朝政和举行重大礼仪活动的场所，自南向北依次为皇极殿、中极殿、建极殿（嘉靖四十一年之前称奉天殿、华盖殿、谨身殿）。皇极殿后称太和殿，也称金銮殿，是当时北京城最高的建筑。从庭院到正脊高36.57米，相当于12层楼房的高度。皇极殿也是紫禁城中最大的建筑，是目前世界

故宫/魏齐庚 摄

上最大的木质结构建筑，有巨大而华丽的藻井，大木柱七十二根，围绕着宝座的六根被贴上黄金，每根柱子上都有一条巨龙，建筑面积2381.44平方米。太和殿的长宽比例是九比五，代表着皇家的九五之尊。太和殿为重檐十三檩庑殿顶，大木构件种类繁多，其中柱、梁、桁、枋等主要大木构件就有四十余种。《太和殿纪事》中有清康熙三十四年建太和殿大木构件翔实记录，例如：檐柱32根，各长二丈三尺，径二尺四寸。金柱40根，各长三丈九尺五寸，径三尺二寸。小额枋、大额枋各32根，长分五种，最长三丈四尺八寸五分；最短一丈七尺三寸。由额垫板32块，其长短与大、小额枋等。挑尖随梁28根，挑尖梁28根。花台枋24根，承椽枋24根，上檐大檐额枋24根，划椽大额枋18根。三架梁6根，各长一丈五尺五；五架梁6根，各长二丈六尺；七架梁6根，各长三丈八尺；七架随梁6根，各长三丈四尺八寸五分；挑尖梁28根，各长一丈八尺。还有天花梁24根，金、脊桁97根。单步梁、双步梁16根。除上述构件以外，斗拱、门、窗等也需要大量木材。后寝部分是皇帝处理日常政务和帝后嫔妃生活场所，主体建筑是乾清宫、交泰殿、坤宁宫，乾清宫是皇帝的寝宫，也是皇帝召见臣僚，处理日常朝政的处所。坤宁宫则是皇后居住之所。

紫禁城被称为"宫殿之海"，一直有九千九百九十九间半之说。在长达500多年的时间里，紫禁城在随时变化之中，根据故宫专家1973年的调查统计，宫殿有八千七百零四间。

紫禁城建成以后，对木材的需求并没有结束，不断的火灾和不断的修缮使建筑工程一直没有停止。明永乐十八年（1420年），工程告竣，次年便发生大火，前三殿被雷火击中焚毁。正统五年（1440年），重建前三殿及乾清宫。嘉靖三十六年（1557年），紫禁城又发生大火，"三殿十五门俱灾"，整个前朝化为灰烬。直至嘉靖四十一年（1562年）三殿又重新建成，改名皇极、中极、建极三殿。万历朝的火灾，同样造成巨大的灾难，三殿工兴，费银九百余万两。

火灾对古建的威胁最大，以明朝万历年间为例，扣除其他地区的火灾，仅北京地区发生的火灾及造成的损失之惨重，令人触目惊心。而火灾过后跟进的是又一轮的重建、修缮，木料总是供不应求。

据史料记载，万历元年（1573年）十一月，慈宁宫后舍火。三年（1575年）四月，工部后厂火。五年（1577年）十月，禁中火；十一月，宗人府灾。十一年（1583年）十二月，慈宁宫灾。十二年（1584年）二月，无逸殿灾；十二月，再次起火。十五年（1587年）五月，司设监火。十九年（1591年）十二月，万法宝殿灾。二十四年（1596年）二月，潞府门火；三月，火发坤宁宫，延及乾清宫，俱烬。二十五年（1597年）六月，三殿灾，火起归极门，延皇极等殿，文昭、武成二阁，周遭廊房，一时俱烬；十二月，吏部文选司署火。二十七年（1599年）十一月，内府火，延烧尚宝司印绶监、工部廊，至银作局山墙而止。二十八年（1600年）八月，大光明东配殿灾。三十年（1602年）二月，魏国公赐第火；十月，孝陵灾。三十一年（1603年）九月，通州漕艘火。三十三年（1605年）二月，御马监火；五月，洗白厂火；九月，昭和殿火、官军于盔甲厂火灾；十一月，刑部提牢厅火。三十五年（1607年）四月，通州西仓火。三十七（1609年）年正月，庆府火，燔寝宫及帑藏；六月，庆府灾；十月，朝日坛火。三十八年（1610年）四月，正阳门箭楼火。三十九年（1611年）四月，怡神殿灾。四十三年（1615年）四月，黄花镇柳沟火，延烧数十里；八月，通州粮艘火。四十四年（1616年）十一月，隆德殿灾；南城延禧宫灾。四十五年（1617年）正月，东朝房火，延毁公生门；十一月，宣禧宫灾。四十六年（1618年）四月，暖阁厂膳房火；九月，茂陵火。四十七年（1619年）四月，盔甲厂火。

嘉靖年间，大兴土木，主要建筑有九庙、大享殿、大高玄殿、四郊坛、雷坛、先蚕坛等。九庙是嘉靖皇帝不顾大臣久谏而为之的建筑，是明代皇室的祖庙。本来永乐年间已建有太庙，仍耗费大量人力、物力，一意孤行。嘉靖帝颇信祥瑞之说，并迷信道教，不仅建坛四郊，天、地、日、月的祭祀一个也不能少，还不顾大臣久谏，传说中的神祇无所不尊。嘉靖时期建造坛庙最多，工程极尽侈宏。《明史·食货志》载：嘉靖十五年以前，经费已六七百万，其后增加达十数倍，斋宫秘殿，并时而兴，工场达二三十处，工匠役人数万。

明代宦官建寺开始于永乐年间，明代中期，宦官崇佛之风日浓，宦官干政擅权，征敛资财日甚，在北京大兴土木，修建寺院不仅数量多，而且富丽堂皇，达到繁盛时期。嘉靖时王廷相的长诗《西山行》写道："西山三百七十寺，正德年中内臣作。华缘海会走都人，碧构珠林照城郭。"这首诗中真实地反映了历史上宦官对建庙的热衷和投入。

明时的民间寺庙与皇家寺庙比起来规模小，但数量众多，遍布京城和乡村。民间不仅崇信佛教、道教，还祭祀各种神灵。

古代帝王把陵墓看作阳间生活的继续。因而不仅在陵墓的选址上选择风景优美的景地，而且建筑规模都宏大，以体现王权至尊的思想。明代自永乐七年（1409年）始着手建造长陵，到明朝最后一帝崇祯葬入思陵，前后230多年间修建了十三座皇帝陵墓，是一座以森林为代价的又一个奢侈的建筑群。

明朝土木工程众多，宫廷耗费巨大，采办各种物料经年不息。明廷派出官员以监督采运木材身份奔赴生产木材的地区，其中有四川、湖广、江西、浙江、福建、山西等地。但是仍有大量木材来自永定河的上游和北京地区。如正统年间修正阳门城楼，发军卒数千，"于蔚州、保安等处山厂采木，编筏自浑河运至贮小屯厂"。万历年间，为建造三殿拽运木石造官车一百辆。明末朱国祯《涌幢小品》载："昔成祖重修三殿，有巨木出于卢沟，称之神木。"明《重修卢沟河堤记》记载："卢沟河在京西郭外，乃桑干河所经。原自云中桑干山，流至京师横迤而南，又折而东。跨河有桥，并陕、河、蜀、赵、魏、番、羌悉出于是，乃京西要途也。其河通塞外云中，巨木、财货，公私所资，乃京西要津也。"《明宣宗实录》记载，宣德三年（1428年）三月谕工部，"自今止发军夫于白河、浑河上流中山采伐，顺流运至通州及芦沟桥，积贮以供用，可少苏民力"。以上史实充分体现了元、明两代西山伐木的盛况，也折射出永定河上游植被遭受破坏的严重程度。

《明史》上说，明代采造历朝奢俭不同，大约"靡于英宗，继以宪、武，至世宗、神宗而极"。《明史·食货志》曰："明初，工役之繁，自营建两京宗庙、宫殿、阙门、王邸，采木、陶瓷，工匠造作，以万万计。所在筑城、浚陂，百役具举。迄于洪、宣，郊坛、仓庾犹未讫工。正统、天顺之际，三殿、两宫、南内、离宫，次第兴建。"

清王朝定鼎中原，建都北京，没有将旧朝的宫殿推倒重来，但是土木营建依然频繁，有称为"钦工"的殿廷工程；称为"陵工"的陵寝工程；称为"官工"的官署城垣工程等。皇城修缮、殿廷装饰、陵寝工程、皇家苑囿，以及仓廒、道桥、河防、房屋等工程不断。清代的皇家苑囿登峰造极，成为北京造园史上的高峰。

由于各项工程繁多，因此采木仍然不止，甚至举全国之力。一些巨木或珍贵木材前往南方采办，而大批所需木材仍然在永定河流域或潮白河、拒马河等。

清代的皇家园林主要修建于康、雍、乾三朝。其中最重要的是在西山一带建造的五座行宫，通称"三山五园"，即畅春园、圆明园、静明园（玉泉山）、静宜园（香山）和清漪园（瓮山），利用水域、山石、花草营造的皇家园林，使自然景致融于建筑当中，如亭、台、楼、阁、廊、榭、轩、舫、馆、桥等，配合自然的水、石、花、木等组成体现各种情趣的园景。《康熙宛平县志》记载西山，"城西三十里，梵宇琳宫何止千百"。

清代皇宫御园建有大量护军营房，据清朝史料记载，雍正二年（1724年）重修八旗营房八千间。乾隆二十七年（1762年），圆明园重修营房二千五百三十八间；二十九年（1764年），重修营房九千八百九十八间；到了四十五年（1780年）重修营房一万二千八百零六间，另外还有门楼三千九百七十七座。

清代帝王十分重视祭祀。有史学家评价雍正帝不兴土木，但却热衷于神祠的兴建，执政期间建造了风、云、雷、雨四座神祠。咸丰三年（1853年）时，所谓九城以内（即内城），庙宇八百六十六座。

清朝也曾发生多次火灾，损毁宫殿。康熙年间，太和殿发生一次火灾，这次火灾源于西侧的御膳房起火，大火一路蔓延，在两个小时后烧着了太和殿。最后，引起这次火灾的六名太监被处以绞刑。康熙三十四年（1695年），太和殿得以重建。

溥仪住在紫禁城的最后几年，正值国运与时局的变化时期。在动荡、混乱之中，一些太监伺机盗窃宫廷之物。1923年6月，仍居留在紫禁城的溥仪决定清查仓库。6月26日夜间，西宫敬胜斋突然发生火灾，烧毁建福宫花园范围内一大片建筑，所陈设和贮存的文物统统烧毁无存。这是一次令人震惊的人为纵火，是有偷盗行为的太监们为了掩饰盗窃罪行而故意为之，这把火使无数珍宝连同宫殿毁于一旦。

历朝大兴土木的示范作用是无形的。明《明经世文编》中记有一位大臣的奏章，"为禁伐边山林木以资保障事疏"，奏请降圣旨，发榜文，立法禁止采木。奏文中痛斥任意割伐的现象，"自成化年来，在京风俗奢侈。官民之家，争起第宅，木植价贵。所以大同、宣府规利之徒、官员之家，专贩伐木，往往雇觅彼处军民，纠众入山，将应禁树木任意割伐。中间镇守、分守等官，或徼福而起盖淫祠，或贿后而修私宅，或修盖不急衙门，或馈送亲戚势要。动辄私役官军，入山砍木，牛拖人拽，艰苦万状。伐木一事，即损地险，又役军人，是边备失其二也。动辄私役官军，入山砍木，然后运贩京城，一年之间，岂止百十余万。且大木一株必数十年方可长成，今以数十年生成之木，供官私砍之用，即今伐之十去其六七，再待数十年，山林必为之一空矣"。

京城之内，皇亲国戚、各级文武官员、宦官，以及士绅、地主、巨商大贾等，不仅占有大量土地、财富，同时兴修宅第。明嘉靖时期，翊国公郭勋挟恩宠，揽朝权，擅作威福，网利虐民，仅北京的店舍就有千余区。严嵩在北京、江西两地的房屋达8400多间。

清朝的京师，旗人住在内城，不仅有拨给的官房，也自己建造或购买私房。康熙时期，"京师内城之地，大臣、庶官、富家，每造房舍辄兼数十贫人之产"（《清圣祖实录》）。

京城的一些权贵还时兴苑囿之风，装修精美、豪华的亭台楼榭充斥其中。清时，北京府宅园林，营作连年，有籍可考的达200多处。

历朝历代大兴土木，耗费木材数额巨大。而在采办中或假公行私，或官商勾结，或不按原有丈尺定式、不问大小，为牟取暴利而滥伐的情况伴随整个过程。

还需要指出的是，大兴土木的并非只是北京地区。永定河沿线是一个城市带，仅以山西大同为例，从北魏道武帝拓跋珪于天兴元年（398年）七月迁都至此，至太和十八年（494年）北魏孝文帝迁都洛阳，前后经历道武帝、明元帝、太武帝、文成帝、献文帝、孝文帝共六位皇帝。北魏建都平城近百年，所用木材之多，波及本地及周边，对永定河上游森林植被的影响很大。北魏依照长安城持续大规模地进行一系列建设，"营宫室，建宗庙，立社稷"，修建成规模宏大的皇家建筑。

北魏统治者热衷佛教，京都内建有寺庙百所，神图妙塔，对峙相望，僧尼三千余，除"冠于一世"的云冈外，尚有"天下第一"的永宁寺，"京华壮观"的天宫寺及五级大寺等。

辽朝实行五京制，自辽重熙十三年（1044年）大同升为西京，作为陪都80余年，金代大同为西京仍作为陪都，两朝都在此大兴土木。历史上的永定河流域实际同时打造北京和大同两座都城。明朝迁都北京，桑洋流域成为边防前哨，大同地区城堡拔地而起，庞大的卫戍工程仅烧制城砖已对周边林木带来毁灭性的破坏。

## 3. 城市建设和生活需求消耗巨大

北京从辽代起，逐渐成为中国的政治中心，京城对木材的需求成为"刚性需求"。"刚性需求"，反映的是市场供求关系，是指供求关系中受价格影响较小的需求部分。在很长的一段历史时期中，作为城市建设和生活的必需品，需要大量木材和薪炭。

京师的衙署、仓廒，店铺、民居、坛庙寺观的修造，砖瓦、琉璃的烧制，日用砂锅、瓷器的烧造，用于军事或民用的冶炼，以及水利工程等，无不耗费大量的木材。此外，皇室、官吏、军卒、百姓的日常生活，也离不开燃料。长期以来，永定河中上游流域是北京城市建设所用木材的主要采伐地之一，也是城市生活耗费的大量木柴和薪炭的主要供应地。

清代京师旗人的官房，除八旗军进驻北京圈占的以外，在康熙、乾隆、道光三朝，都曾大量建造房屋，用于公用、居住，多余的用于出租。

自12世纪以来，四合院成为北京地区的主要住宅形式，据清光绪三十四年（1908年）的人口统计，住户七万六千多户，铺户一万五千多户，人口近百万，内城有大小胡同一千二百二十四条。我们可以间接推算居民所需住宅和各种建筑材料。

据史料记载，清代乾隆九年（1744年）时，京城内外的官民大小当铺有六七百座之多。乾隆二十九年（1764年），为整顿市容，决定增建住房四十五所，九百四十四间，铺面房二百三十二间，门楼六十一座。乾隆五十年（1785年），在宣武门建盖官房五十五所，铺面房六处，总计一千二百间，所用木料皆取于官厂。

科举取士历经一千多年，到了清代仍如火如荼。雍正五年（1727年），清廷在卢沟桥一次建造房屋八十八间，以方便来京赶考的举子或商贾。

由于佛教盛行，民间庙宇众多，明代"西山三百七十寺"，清代"九城以内，庙宇有八百六十六座"，正是修建寺庙成风的真实写照。

宫廷所用木材繁多，日常用柴也十分讲究，根据不同用途分为不同种类，干顺木柴、燔柴、木柴、荆条、本色柴、折色柴、杨木长柴、顺柴、马口柴等。

燔柴在历朝占有相当比重。在秦汉以前，我国就有焚柴祭祀之礼仪。隋大业七年（611年），隋炀帝亲征，在桑干河畔举行隆重的祭祀礼仪，积柴于燎坛，"迎神燔柴"和"送神望燎"是其中的重要环节，又于蓟城北设坛，祭马祖于其上，亦有"燎"。明代供郊坛、宗庙、焚帛之用的是杨木长柴。杨树材质松软、易燃烧、硬度低，因此多用于皇宫炊爨或焚燎。马口柴用于御膳房，也用于祭祀燔燎。万历年间的太监刘若愚记载："凡隆德等殿修建斋醮焚化之际，用杨木长柴；宫中膳房，用马口柴；内官关领，则片柴也。外有北厂、南厂、西厂、东厂、新西厂、新南厂等处，各有掌厂、佥书、监工，贮收柴炭。"收储柴厂之多，可见消耗之大。

天坛燔柴炉 / 魏齐庚 摄

天坛燎炉 / 魏齐庚 摄

有清朝史料记载，康熙帝于四十八年（1709年）十一月，在与大臣议事时问臣僚是否知道马口柴，大学士等曰，"不但不知、亦所未闻"。康熙帝说："其柴约长三四尺、净白无点黑、两端刻两口，故谓之马口柴。"清《畿辅通志》记载："明时宫中用马口柴取给于蔚州、昌平诸州县，其柴长四尺许，整齐白净，两端刻两口以绳缚之，故谓之马口柴。康熙初年炊爨还用此，今惟天坛焚燎用之。"

《清高宗实录》载，乾隆三年（1738年），禁派祭祀燎柴。乾隆帝谕旨："直隶宣化府属怀来、保安二县，采办杨木长柴，供郊坛、宗庙、焚帛之用，向无开销之例，俱系两县捐赀。继因添用柴薪，又分派宣属他县协办，相沿已久。朕思州县公捐，易启借端科派，贻累小民之弊，不可不防其渐。着从乾隆三年为始，将每岁需用杨木长柴，按照办解之数，动用正项，造入地丁册内报销，令出产之怀来县承办，以专责成。"这一段文字，向我们披露了从乾隆三年（1738年），采办杨木长柴制度的变化，不再实行州县公捐；同时其中"继因添用柴薪，又分派宣属他县协办，相沿已久"之语，说明这一时期宫廷祭祀所需柴薪还在增加。

清咸丰三年（1853年），怀来县增至岁额一万一千斤，以供给北京天坛等处的祭祀活动所需。

永定河上游地区是"马口柴""杨木长柴"的主要产地。明清时期皇宫炊爨或焚燎之用的木柴经上游漂流而下，至庞村、卢沟桥上岸后在"杨木厂""小屯厂"堆放。明《宛署杂记》记载："近浑河有板桥，其旁曰庞村，曰杨木厂（沿浑河堆马口柴处）。"今门头沟区斋堂镇火村，地处永定河支流"清水河"的南岸，明时称火钻村，也是一处储放马口柴的地方。

《畿辅通志》引怀来县旧志曰："杨木长柴产宝凤山，柴烟直上为郊坛焚燎之用，每年四月入山斫伐，九月编筏起解务于冬至前交纳。"清《钦定大清会典》记录，"杨木长柴，旧例直隶、永宁卫八百斤，保安卫二千斤，怀来卫八百斤，美峪所四百斤，宣府前卫六千斤，蔚州卫万五千斤，宣府南路广昌城守备五千斤"。实际情况是怀来等处的供应数量嗣后不断增加。

皇宫内廷、内府使用木柴和木炭的数量之巨也是惊人的。元代设有"柴炭局"，负责管理采薪、烧炭及柴炭分配等事务。明成祖永乐十八年（1420年）迁都北京后，明廷曾设有"惜薪司"，专门掌管皇宫的木柴、木炭供应之事，"领运柴炭、设官甚多"。《大明会典》记录了当时每年供应柴炭的定额，使我们可以了解历史一二。惜薪司每年供应各宫及内官内使人员木柴二千四百五十六万二百九十四斤二两。其中，本色柴一千八百一十二万斤；折色柴六百四十四万二百九十四斤二两。正德十二年，加该司柴九百五十万五千八百斤。十四年又加二百一十万二千四百斤。十六年又两次加柴，每次一万斤。这只是记录在册的部分数字，如果包括大量军队、城乡百姓的需求，实在是一个天文数字，以此推断明朝二百多年的时间，这种情景也持续了200多年。

虽然每年供应柴炭有所定额，但实际消耗不断增加，定额也随之增加。正如清康熙帝评价，"明季宫中用马口柴、红螺炭，以数千万斤计"。一斑窥豹，历朝历代柴炭之需无须赘述。

从史料所提供的信息可知，元朝时由于大都人口迅速增加，建筑用房和生活柴薪供应紧张，市场失衡，至元十五年（1278年）元廷"弛山场樵采之禁"；至元十九年（1282年）"弛西山薪炭禁"。（《中国森林史料》）加之经济利益的驱使，都城地区、永定河上游等地区过度砍伐的现象已经很严重。

著名的元代《卢沟运筏图》，呈现的是卢沟渡口一片繁忙的画面，如果留意观察，就会发现在有限的画面中，大量劳作的人与木材、柴薪有关，近景有大量木排由上游漂至卢沟，画面的远景、中景还有为数不少的樵夫，有的肩挑柴担，有的背负柴薪，还有的樵夫从山坳中下山归来，街上有推着柴车的车夫。

明清时期，木柴耗量更是惊人。据《明宪宗实录》载，"京师居民，不下数十百万"。据《明经世文编》所载："京师城内外不下百十万人家。"为了供应京城的燃料，明永乐二十二年（1424年），朝廷"弛西山樵柴之禁"。

门头沟地处北京永定河的上游，境内至今存有大小炭窑遗址100多处。位于妙峰山西北部深山区的炭厂村，直白的村名印证的正是一段真实的历史。历史上村民以烧炭为生，逐渐繁衍成村，村中曾有几十座炭窑，至今还有一处保存完好的清代炭窑。新时期的炭厂村因地制宜，进行产业结构调整，把主要产业定为林果业，建设生态景区，发展休闲旅游，带动村民致富，被评为北京市"生态文明村""首都文明村"。村民们说：过去靠山吃山，越吃越穷；现在靠山吃山，守着青山绿水，就是守着金山银山。

潭柘寺地区的村庄都在大山深处，取材方便，烧炭历史可以追溯到明代，桑峪村、南辛房等村都有烧炭历史，还有赵家炭窑、大崖根炭窑、祁涧沟炭窑、六道沟炭窑、西港炭窑等。

明臣曾佩曾到永定河上游斋堂地区，在诗词中有"种豆人籽午，归樵曳负云"。清人斌良从大灰厂前往潭柘寺，写有途中见闻，"樵担僧包值往来，点缀山容破幽独"。还有时人游览潭柘寺、戒台寺，也写道："处处樵歌红叶底，时时僧焚白云阿。"古人描写樵夫的诗句还有很多，这些诗句从侧面印证了当时人们的生活。樵夫是当今远离我们的一个职业，在古代是指砍伐木材或以打柴卖柴为生的人，在现存的一些古村落，以渔樵耕读为题材的砖雕或石雕屡见不鲜。渔夫、樵夫、农夫与书生，是中国农耕社会具有代表性的职业，表现了中国古代劳动人民的基本生活方式。一些富足人家、官宦之家则用来表示追求超脱的退隐生活。

《北京市志稿·货殖志》记载有20世纪30年代北京城区劈柴消耗的一些情况，"其本市销路，有大劈柴，销于饽饽铺、烧饼铺及饭馆等处。最大之饽饽铺，有年用大劈柴至十五六万斤者；小劈柴则尤为日常需用品，冬季必不可缺，约计大小劈柴年销量在一千万斤以上，此犹专言劈柴厂，若肩挑零售者尚未计焉。本市劈柴厂约六十家，工伙多者十余人，少者一二人，共约三百五十人"。

木植、柴薪一直供不应求。北京地区及周边地区林木的大量无序砍伐，也曾引起朝廷高度重视，主要基于安全和风水的考虑。

门头沟石门营村砖雕樵夫／魏齐庚 摄

辽、金、元、明、清等不同时期，都曾颁布涉及保护森林树木以及植树造林的法令政策，也出现一些先贤大声疾呼，痛陈滥伐森林之弊。但是城市生活和建设对薪炭和木材的大量需求始终存在矛盾，明时甚至发生因难以负担惜薪司下达的30万斤薪炭任务，而遭拘禁致死的事件。

因此，历朝历代虽有樵采之禁，结果是禁而不止，或是先禁而后又弛禁，保护还是弛禁始终在纠结和摇摆之中。明弘治年间，工部甚至上奏：工部所用的竹木材绝大部分都是从卢沟桥客商所贩卖的木筏中抽取，请求放松非军事重地的砍伐禁令，以便商人有货物可以贩卖，而国家也有竹木可以抽取。

竹木抽分是当时的一种税收形式，起初为抽取实物，后逐渐向货币转化。明洪武时，朝廷在进京道路的关津要处，设立竹木抽分局，从商人贩运的竹木等货物抽取若干实物以为官有，供朝廷土木营造或生活之需。永乐六年（1408年），设通州、白河、卢沟、通积、广积等五局；弘治四年（1491年），奏准庞村、北新安（北辛安）、磨石口三厂由卢沟抽分局管理。卢沟桥、庞村、北新安（北辛安）、磨石口等处均为京西各种物资运至京城的要道。

北京地区形成聚落并发展为城市，不仅人们生活需要柴薪木炭，森林资源还广泛应用于造船、冶炼，烧制石灰、琉璃、陶瓷、砖瓦等，惊人之损耗，对林木资源的破坏无疑是毁灭性的。

北京地区从辽代就开始了烧造陶瓷、琉璃的历史。朝廷规定供应烧造琉璃纯木柴；砖瓦窑三分木柴，七分杂柴。明代《天工开物·陶埏》中说，在上万户的都市，每天都有成千人在制作陶器却还是供不应求。"凡埏泥造瓦，凡坯既成，干燥之后，则堆积窑中燃薪举火。或一昼夜或二昼夜，视窑中多少为熄火久暂。浇水转釉，与造砖同法。"皇家宫殿琉璃瓦，先烧制瓦坯，每烧一百片瓦要用五千斤柴，取出染色后再次入窑烧制。烧砖时"凡砖坯装入窑中，所装百钧则火力一昼夜，二百钧则倍时而足。凡烧砖有柴薪窑，有煤炭窑"。陶器包括缸、瓮、碗、盆以及钵盂、瓶罐等，无不靠炭火柴薪烧造。"大抵陶器一百三十斤费薪百斤。火候足时，掩闭其门，然后次发第二火，以次结竟至尾云。"烧制瓷器，"火以十二时辰为足"。

明代是土木营建的高潮，并呈现大规模使用砖瓦、石料、大灰料的趋势，因此也开始了大规模的营建烧造。鼎建两宫，琉璃窑和黑窑厂两窑用柴九千七百余万斤，约银一十四万六千余两。为满足烧造砖瓦、琉璃的用柴需要，嘉庆朝曾遣官兵八千人赴海子砍伐树木。这里说的海子，即是南海子，永定河下游的南苑地区。这种砍伐至次年二月春天时止，然后等到秋天继续。

北京京西是石灰的主产地，在历史上不仅供应本地，还远销外埠，至今有大灰厂、灰峪等地名。与大灰厂相邻的潭柘寺地区北村、平原村、桑峪村，所烧石灰不仅销往京城，还销往天津。有诗云："地经灰厂隐溪坳，居民业此苍崖劂。炼石蒸霞玉屑飞，恍讶层峦雪花扑。"石灰以碳酸钙含量高的石灰石等为原料，经过窑烧而成。明代时，"燔灰火料，煤炭居十九，薪炭居十一。先取煤炭、泥和做成饼，每煤饼一层，垒石一层，铺薪其底，灼火燔之"（《天工开物》）。京郊大规模采石烧灰，对北京地区的环境破坏毋庸置疑。

经历了漫长的薪柴时代之后，煤炭成为中国燃料结构的重要角色，但是柴薪的地位始终不可取代。煤炭代替薪柴和木炭需要一个过程，同时即使是使用煤炭，减少对木材的直接砍伐，可以缓解社会对木炭柴薪的需求，还必须看到，煤炭在开采时，既对地表结构和地下水造成破坏，还需要大量木材做支护材料，因而同样对植被造成不同程度的破坏和影响。从一定意义上说，挖煤是对生态资源的另一种破坏。

舟车，是古代重要的交通运输工具，不仅用于军事，也广泛用于商业和人们生活，古代舟车对木材的消耗也是巨大的。

北京的繁荣离不开水运，自大运河通航以来，繁荣了南北经济的交流，南来北往的粮船、商船，帆樯云集，舳舻蔽天。明清时期，可以制造各种用途的海船和内河船，各种船只的建造与维修，每年需要耗费大量的木材。永定河等河流防汛救灾还需建造大量凌船、堡船，用于汛期破凌和疏浚。

辽代时的南京，当时的契丹人和奚族人保持了自己鞍马车帐的生活习惯，契丹人使用奚车，既是交通运输的需要又能作为临时的住所。《辽史·仪卫志》云："契丹故俗，便于鞍马。随水草迁徙，则有毡车，任载有大车，妇人乘马，亦有小车，贵富者加之华饰。"

金代皇帝改辽契丹四时捺钵为春水秋山，尤其是世宗朝每年往返于中都和坝上金莲川，所需车辆及搭建临时行宫的木材也是有相当数量的。

蒙古人逐水草而居的游牧生活，使其住所经常处于移动状态。因此，每个家庭或多或少都有帐车，而蒙古贵族都拥有数十辆毡车或数百辆毡车、毡帐。元代建大都于北京，同时在开平建上都，蒙古人根据季节往来于草原和大都之间，成为一时特有景致，有诗曰：北方毡车千万两，犍牛服力骆驼壮。清晨排作雁阵行，落日分屯夹毡帐。元人所写《九月一日还自上京途中纪事》云："牛羊群蚁聚，车帐乱星移。刍牧因饶沃，迁留顺岁时。"在两都时期，夏秋时节，大量的牲畜赶往上都，冬天来到之时，再将牲畜迁至大都地区。当时大都地区人们的主要交通工具是马匹，运输则以牛车为主，对车辆的需求很大。

北京还建有众多仓廒，这与京城的地位，以及当时的运输方式、社会需求和预备军储有关。有宋代文献《南迁录》云："忠献王粘罕，有志都燕，因辽人宫阙，于内城外筑四小城，每城各三里，前后各一门，楼橹池堑，一如边城。每城之内，立仓廒甲仗库，各穿复道，与内城通。"宋人笔下的金都城内，设铠甲兵器仓库。金朝建中都城之后，实行移民政策，同时经济不断恢复和发展，人口较之辽代有了大幅度的增长，自金代始，京师内外和通州两地分设仓群。

元朝的大都成为全国统治中心，设置量众多的仓库，用于存粮食、珍宝、布帛、药品以及钱钞等。意大利商人马可·波罗在大都城期间，曾注意到这一现象，他在游记中描述宫城中有皇家军需库，宏伟壮丽，骑兵所需的马缰、马鞍、马镫、弧弓、弓弦、箭袋、矢等物件分别存放在不同的仓库中。他曾在书中写道："皇宫大殿的后面还有一些宏大的建筑物，里面收藏的是皇帝的私产和他的金银珠宝。"

北京在明代的人口增长很快。为了迅速恢复经济，从明初始，先后从外地和周边地区大量移民数十万充实京师；宫室人员、文武官员，以及大量商人、工匠等；由于防御的需要驻扎有大量的军队。明朝在元仓的基础上大规模增建粮仓，以担负京师储粮的重任。

## 第六章 水患是多因之果

清代的仓储规模十分庞大，特别是曾经出现长达100余年的康乾盛世，国力充裕，京师繁荣，新建、增建仓廒最多。据史料记载：清承用明时旧仓共十一座，四百三十三廒，总计清代新建五仓二百七十三廒；旧仓增建六百一十三廒；仓廒除专司贮粮的外，另有许多附属建筑，如：用于各级人员办公的用房；为报警巡更人员所用的打更房；还有为祭祀之用的仓神庙、土地祠、关帝庙等。廒架结构基本采用独棵圆木的中国传统木架结构。一廒需用梁、檩、椽、柱等100多根，清代仅建设仓廒犹如移来数座森林，而且其中不乏大木。

北京地区很早就开始出现冶炼。冶铁、炼铜、铸造等手工业广泛应用于军事、农业、祭祀，以及人们日常生活，需要大量木柴、木炭或煤炭作为燃料。《宋会要辑稿》："每铜矿千觔（斤），用柴炭数百担，经涉火数敷足，方始请官监视上炉匣成铜。"有明人陆容《菽园杂记》记载采铜法："先用大片柴，不计段数，装叠有矿之地，发火烧一夜，令矿脉酥脆。次日火气稍歇，作匠方可入身，重锤尖采打。凡一人一日之力，可得矿二十斤，或二十四五斤。每三十余斤为一小箩。虽矿之出铜多小不等，大率一箩可得铜一斤。每秤铜一料，用矿二百五十箩，炭七百担，柴一千七百

南新仓遗址 / 魏齐庚 摄

段，雇工八百余。用柴炭装叠烧两次，共六日六夜，烈火亘天，夜则山谷如昼。"

在这里，我们需要再一次提到大同，这个居于永定河上游的城市，铸铜技术历史悠久且有较高水平。元初在大同立炉冶炼铜的冶户作坊多达七百六十座，聚集了大批工匠，制作铠甲、兵器等。明清时，由制作兵器逐步转向制作民用产品，生产民间铜器的行业愈发兴盛，云集了各地的能工巧匠，甚至还出现了一条专制民间铜器的"铜匠街"，古有"大同城买铜"的说法。

北京对永定河上游及周边地区资源的依赖从建都开始显现，这是随着北京城市职能的改变与地位的变化发生的，因此森林资源的破坏不仅是永定河上游，而且蔓延至周边地区，北京地区的特大水灾往往是多条河流同时发生洪水。

1917年7月，海河流域发生特大洪水，有英国人撰写《救治直隶水灾计划》一文，阐述了此次洪水发生的缘由，指出："京畿各山童童不毛，一遇盛雨则狂流陡下，推岩石、挟泥沙，防止之法，舍多植林木外无他道焉。"寥寥数语将生态环境的破坏与河流灾害的利害关系揭示得淋漓尽致，当时北京地区各条河流面临的情况同样严峻。由于永定河流域生态失衡，森林饱受破坏，控水能力变差，一经大雨就可导致山洪暴发。不仅如此，旱涝灾害都是与时俱增。

## 4. 永定河工疏弛

永定河流域形成洪涝灾害的社会原因十分复杂，但是不可否认河工疏弛，措施不力是重要原因之一。

金大定二十六年（1186年）五月，卢沟河决显通寨、上阳村，金世宗下诏"发中都三百里民夫塞之"。后又再次决口，金朝统治者放弃采取任何治理措施，任河水漫溢。史料还记载，金章宗明昌三年（1192年）六月，卢沟堤决，右拾遗路铎上奏，"当水势分流而行，不必补修玄同口以下，丁村以上旧堤"。

永定河自金、元至明，在石景山麓至卢沟桥南，相继建置土石堤工，主要是顾虑河水泛滥对京城的威胁，对于下游地区，往往任其散漫。因此，宛平、良乡、涿州、新城、雄县、霸州、固安、永清等地区常常遭受水患之苦。

清朝嘉庆六年（1801年），海河流域发生历史上罕见的特大洪水。据《清仁宗实录》载："永定河南北两岸，及三角淀各处土堤，自乾隆五十五年加培后，迄今十有余年，日形卑薄，且经上年异涨，残缺不可胜计。"对这次水灾，嘉庆帝认为，皆由永定河下游淤塞、冲溃堤工，从前办理河道各员未能认真浚筑所致，对渎职失职的官员直隶总督姜晟、永定河道王念孙、南北岸同知，以及石景山同知，管理河务之员等革职拿问。嘉庆帝降旨查明土石各工用过银数。统照河工销六赔四之例，令历任管河各员分别摊赔，以示惩戒。

清朝中后期，永定河灾害频发，地方官员，有的营私舞弊，侵吞水利公款；有的索取私费，故意刁难，造成人为的灾害。

《畿辅通志》载："水利破坏，河渠失修，造成农田水利破坏。道光、咸丰以来，军需浩繁，'兼顾不遑'，例定岁修之费'层叠折减，河务废弛日甚'。到1871年（同治十年）前后，凡永定、大清、滹沱、北运、南运五大河系及附属五大河系的60多条支流，原有闸、坝、堤、埝无一不被损坏，减河、引河无一不堵塞，每遇积潦，即横冲四溢，淹没农田。"

据有关史料记载，自道光二十三年（1843年）以后，因库款支出不得已，委屈迁就，诸从核减。以致二十三四年及咸丰六七年连岁漫溢。自咸丰四年（1854年）起，因军需浩繁，库款支绌，每年河工抢修费用减半发给，而实际发放不到一半；抢修堤坝的物料、河兵饷银等也进行删减。时任直隶总督的桂良、曾国藩、李鸿章等都曾向朝廷奏报加拨工需费用、物料，以及兵饷等。直隶总督桂良奏："永定河南、北两岸工长四百余里，此项秸料以备险工厢埽之用。近年，岁抢修工程银两均已减半给发，此项秸料如再酌核减删减，办公益形支绌。且河流变迁无定，新生险工较多，转瞬伏汛届期，亟应设法修防。"曾国藩也奏本："永定河岁抢修银，自裁减后每年仅发银四万七两，领银太少，堤埽草率。"

由于河道治理废弛积久，异涨频仍，各汛险工叠出。同治十一年（1872年）李鸿章上疏："下口益淤，中泓益壅，专恃夹堤束水，本无善策。又经兵燹凋残之后，部拨岁抢修额款叠次停减，废弛更甚。"同治十二年（1873年）三月二十五日，李鸿章奏"请复永定河工需原额折"，再次上疏：岁领实银不及原额四分之一，修防徒有虚名，工务愈形废弛。工段甚长，废弛又久，实不敷用。其结果是，择要修浚，逢汛抢护，其余应办各工，率多停缓。伏秋大汛难以为继。当年五月，李鸿章再奏："永定河请照额拨发折"，陈述利害关系，希望能得到重视，曰："将就敷衍，未免顾此失彼，更糜帑项。"他还陈述道："惟查永定河工，从前每年部拨岁修银近十万两。中隔数年，辄复另案发帑，加培土工。自道光二十二年后，而另案之土工停矣。自咸丰三年以后，而岁修十万，仅发四分之一矣。虽近由刘长佑奏请岁发五万，而司库支绌，不能如期到工，以致堤身处处受病，常常溃决。"（《曾文正公全集》）

光绪十六年（1890年），永定河发生特大水灾，多处决口，与河道疏弛有直接关系。在此前一年，永定河道巡察永定河上下游，看到河道壅塞，深感忧虑，便上奏朝廷，建议疏浚河道，但因经费过巨，朝廷没有果断采取措施。《北上二号漫口合龙将军显著灵异记》碑曰："今上御极之十五年余，奉命视道篆巡历上下游，见河身淤垫窃用殷忧，建议疏浚中泓。以经费过巨，事不果行。越岁甫交大汛，淫雨为灾，河水陡发，经数昼夜不息；又兼风狂雨猛，人力难施，以至六月初五日北上二号漫口二百数十丈，水势汹腾径趋南苑，直逼京门。"没有事前消除隐患已经铸成大错，险情发生后又出现抢险物料不济，迄不可支的情况，当时清廷委派李鸿章、按察使周馥、候补道吴廷斌、永定河道万培因等督办堵筑事宜，不得不临时派遣四路人马分别购备物料。

事过三年，光绪十九年（1893年）夏，永定河再次发生特大水灾，悲剧重演。清臣许振祎上疏："今永定河以无定之形，出至险之工。本淤垫之深，穷疏浚之计。几于岁岁有患，防不胜防。……永定河岁定额款九万四千余两，此在道光年间，河务修理，自可足用。今自咸丰年间，军事日棘，部款难筹，或拨四分之一，或拨四分之二。至曾国藩所请拨至四分之三，李鸿章所请始能足复全额，而河工之废弛已深。"

光绪年间，不仅每年抢修银两、物料不能足额发放，河兵的兵饷也不能及时发放，足额领取。李鸿章上奏"为永定河营兵苦累异常，请将兵饷廉钱加一成，按八成核发"。永定河道万培因禀陈："天下之至劳苦者莫如兵，而河兵为尤甚。兵可百年不用，河兵则终岁勤苦，修防殆无虚日。"万培因曰："兵之劳如彼，而饷之薄如此。遇有河兵额出，几至应募乏人，何以整顿工防？"

据各种资料统计，晚清七十一年间，永定河发生漫决33次，平均接近两年一次。造成京郊州县被淹者一二百村庄，或数十村庄。同治十二年（1873年），良乡、房山、通州、宝坻、香河等州县，因洪水而歉收成灾八分的村庄451个，成灾七分的村庄1227个，成灾六分的村庄1072个。光绪年间，顺直水灾，年年如此，竟成应有之常例。河渠失修，造成农田水利破坏，灾难频发。

1917年的特大水灾，也与河道年久失修有关。《申报》刊载时人文章曰："查京畿各河二十余年未经修治，堤防尽行残缺。此次水患，五大河及数十余小河同时并涨，泛滥横流，淹及一百余县，面积之广，所有堤埝无不破坏。人民被灾之后，救死不赡，焉有余力以筹修浚。"

《民国日报》也于水灾暴发后指出：长期以来直隶诸山丘大量的水土流失，造成了境内各处河道淤塞，河床添高，其中以淮河、永定河、北运河等五大河流最为严重。政府年久未予修治，因而"盛汛宣泄不畅，遂成巨险"，故而，北洋军阀政府难辞其咎。

## 5. 其他社会因素

由于辽、金、元几个朝代都是北方少数民族在北京建立政权，原有的传统农业生产不断受到挑战。辽朝前期，契丹主要作战力量是骑兵，为防止南京生变，景宗、道宗都曾下诏不准种水稻田，因为水稻田不利于行军作战。殊不知，水稻田可以大面积蓄水，起到滞洪、除涝的作用。由于少数民族拥有大量军马、牛、羊，进入北京地区后使得大量农田变为牧场，尤其是金元时期，甚至有人主张把农田变为草场。

北京地区在东汉时就有种植水稻的记载，明代中、后期，京城面临"公私具困，南北皆乏""京无赤米，囤簏空虚"的状况，一些京畿官员主张开辟水田，种植水稻，都人竟然不知稻为何物，只好在南兵中挑选进行栽种。除海淀玉泉山等地种稻外，今门头沟区尚有稻地、稻地坑等地名。

元起朔方，俗善骑射，以弓马之利而取天下。对蒙古族来讲，13世纪能够走向世界历史舞台，养马曾对社会发展产生过重大影响。蒙古族入主大都，对大都地区的畜牧业经济十分重视，马匹、羊群、骆驼也是日常生活的需要。大都地区饲养大量马匹，同时售卖骆驼、羊群，由此导致了该地区农业和畜牧业在地域分布和扩展上的对立关系。这种矛盾即体现在围绕禾稼而展开的人口衣食之源与牲畜饲料的直接冲突。《元史》："自上都、大都以至玉你伯牙、折连怯呆儿，周回万里，无非牧地。"有关史书记载，大德年间饲养马匹九万四千匹，周边地区饲养马匹十一万九千余，大量羊群大批的牲畜需要农耕地区提供大量的饲料喂养，种植草料，客观上侵占了粮食作物的种植面积，农业种植和畜牧业此消彼长。《水道提纲》称：永定河自元、明以来，则元以前无大变迁，旧时永定，灌溉稻田，水有所分，淤有所积，"废稻田为陆地，则洪水高涨堤防竟兴，水灾渐多，循以南北，而雄、霸以北，无宁岁矣"。

北京地区由于历代都城不断建设和持续发展，城区不透水地面的面积不断扩大，大量雨水无处渗漏，其结果往往造成遇有大雨、暴雨、连阴雨，城市变得十分脆弱，不堪一击。而人口的不断增加和膨胀，也出现人与水争地，城市水源涵养能力下降。《清高宗实录》："近年以来，但值雨水少骤，街道便至积水，消洩（泄）迟缓，此水道淤垫之故也。向来城内原有泡子河等水柜数处、以资容纳，而城外各护城河道，原以疏达众流，使不致停蓄。今日久未经修浚，皆多淤垫，而街道沟渠、亦多阻塞，以致偶逢霖雨，便不能畅流。"

综合以上，我们可以看出永定河历史上的水患是在一定历史时期多种因素综合作用的结果。

# 第七章 走向永定

永定河防洪历来是一个备受关注而又亘古不变的话题，从无定到永定只是一字之差，却是充满辛酸和艰辛的历程。在历史的长河中，无定曾是永定河的常态，桀骜不驯，迁徙不定，降服它是人们的心愿与梦想。在这条路上是一代又一代人的博弈、探索，"人事有代谢，往来成古今；江山留胜迹，我辈复登临"。只有在新中国，永定才真正成为可能。

## 一、堤防工程

堤防是世界上最早广泛采用的一种防洪工程，在抵抗洪水灾害中，河道堤防是人类为抵制洪水侵袭的一道屏障。其目的是约束水流，将洪水限制在河道之内，限制洪水泛滥。筑堤束水也是我国历史上抗御洪水最主要的手段。

永定河堤防沿河而建，因不同的作用，分为遥堤、重堤、缕堤、月堤等；按筑堤材料不同又分为石堤、土堤、沙堤等；筑堤又有创筑、修筑、补筑之名。永定河上还有钦堤，指历代皇帝谕旨下动用官费修筑的堤防，并由官府组织防守和维护。

### 1. 辽金以前的堤防

永定河上最早的堤防，应该出现在北京地区一处具有重大历史影响的水利工程——戾陵堰和车箱渠。《刘靖碑》中记述的"长岸峻固"和"起长岸"，应是指堤防工程。

纪念永定河管理处成立30周年时，国家防汛抗旱总指挥部秘书长、水利部副部长鄂竟平发表文章，说："永定河干流两岸堤防始于辽金，大兴于明，清康熙、乾隆年间逐步形成。"自辽代在北京建立陪都和金、元、明、清建都北京，都在永定河修建堤防工程。

《安次县志》载："左奕堤在县西十里，辽时谓之西堤。""七里堤在县东八里，辽为东堤。"专家考证，这里所说的东堤、西堤是当时的卢沟河堤。可以说不晚于辽代，永定河干流已有堤防。

金代永定河水患明显增多，金世宗年间屡屡决口。《金史·河渠志》载：大定二十五年（1185年）五月，"卢沟决于上阳村，先是决显通寨，诏发中都三百里内民夫塞之。至是复决。朝廷恐枉费工物，遂令且勿治"。这段文字中描述的"三百里内民夫塞之"，呈现给我们的是一个偌大的施工场景。明昌三年（1192年）六月，"卢沟堤决，诏速遏塞之，无令泛溢为害。右拾遗路铎上疏言，当从水势，分流以行。不必修补玄同口以下、丁村以上旧堤。上命宰臣议之，遂命工部尚书胥持国及路铎同检视其堤道"。

从上述史料中可以看出，当时发生洪水和修筑堤防的主要是卢沟桥以及下游地区，这与永定河所经的地理环境有关。同时，我们注意到，修筑堤防与北京上升为都城有直接关系，自辽代在北京建立陪都始，确保永定河的安澜随之成为京畿防务之要。

## 2. 元代堤防

元代重视堤防的管理。据《元史·河渠志》记载，太宗窝阔台七年（1235年），燕京官吏刘冲禄奏言，率水工二百余人，已依期筑闭卢沟河元破牙梳口，若不修堤固护，恐不时涨水冲坏，或贪利之人盗决溉灌，请令禁之。太宗敕命："刘冲禄可就主领，毋致冲塌盗决，犯者以违制论，徒二年，决杖七十。如遇修筑时，所用丁夫器具，应差处调发之。其旧有水手人夫内，五十人差官存留不妨。已委管领，常切巡视体究，岁一交番，所司有不应副者罪之。"这道敕令明确刘冲禄主领修筑，同时明确了管理和维护的责任事宜，以及对违者的处罚。至元二十八年（1291年），元朝政府设立掌管水利的都水监，掌治河渠并堤防、水利、桥梁、闸堰之事。都水监下设大都河道提举司，专门主持大都地区的水利事务。至正十三年（1353年）五月，东安州、武清、大兴、宛平三县正官添给河防职名，协助都水监巡视浑河堤岸。

元代的大都地区经历了两次水灾高峰，在这两次水灾高峰期间都是连续出现雨雹、大水，危害极大。一是从忽必烈末年至元贞初年；一是从仁宗末年至顺帝即位的初年，连年大水不断，河防修筑不止。据《北京通史》载：忽必烈时的至元六年（1269年）到至元二十五年（1288年），二十年间，就曾先后六次调动大批军民，修筑浑河堤岸。元成宗时（1295—1307），都水监丞卢景主持东安州浑河堤防的修筑。

元代永定河水患明显增多，为了治理水患和加强都城安全，当朝对河防十分重视。元大德六年（1302年）正月，筑河堤长八十里；四月，修卢沟上游石景山河堤。

《元史·河渠志》记载：至大三年（1310年）二月，因浑河泛溢南流，修治浑河大堤，至五月二十日工毕。这次工程持续了三个多月的时间。

皇庆元年（1312年），在京西修筑大规模的水利工程，历时半年有余。筑堤总长三十七里二百二十五步，用工七万三千七百余人。

据史料记载：延祐元年（1314年）六月，浑河决武清县刘家庄堤口，当朝差军七百与东安州民夫协力同修之。三年（1316年）三月，浑河决堤堰，没田禾，军民蒙害。上自石径山（今石景山）金口，下至武清县界旧堤，长计三百四十八里，中间因旧修筑者大小四十七处，涨水所害合修补者一十九处，无堤创修者八处，宜疏通者二处。是月二十日，枢府奏拨军三千，委中卫佥事督修治之。七年（1320年）五月，修广武屯北陷薄堤一处，计二千五百工；永兴屯北堤低薄一处，计四千一百六十六工；落襟村西冲圮一处，计三千七百三十三工；永兴屯北崩圮一处，计六千五百十八工；北王村庄西河东岸至白坟儿，南至韩村西道口，计六千九十三工；刘邢庄西河东岸北至宝僧百户屯，南至白坟儿，计三万七百十二工。总用工五万三千七百二十二。

《元史》还记载：至治二年（1322年）六月，修浑河堤；元泰定元年（1324年）夏四月，发兵民筑浑河堤；泰定四年

永定河石景山段石堤 / 魏齐庚 摄

(1327年)三月，浑河决，发军民万人塞之。

## 3. 明代堤防

明代永定河对北京及其周边地区的威胁并未减弱，河水泛滥、决口频繁，已成为首都地区之患。当朝进一步依赖于堤防对永定河水的约束以抵御洪水袭击，修堤的次数明显增加，规模及档次也较元代有较大提高，明朝多位皇帝对堤防工程表示了关注。

据《明史》载：洪武十六年（1383年），浚桑干河，自固安至高家庄八十里，霸州西支河二十里，南支河三十五里。永乐七年（1409年），决固安贺家口，朝廷命工部遣官修筑；十年（1412年），坏卢沟桥及堤岸，没官田民庐，溺死人畜。洪熙元年（1425年），决东狼窝口。宣德三年（1428年），溃卢沟堤，皆发卒治之；六年（1431年），顺天府尹李庸上言："永乐中浑河决口新城，高从周口，逐致淤塞。霸州桑园里上下，每年水涨无所泄，漫涌倒流，北灌海子凹、千栏佃，请急修筑。"得到批准。九年（1434年），决东狼窝口，命都督郑铭往筑。正统元年（1436年），复命侍郎李庸修筑卢沟桥小屯厂溃岸；七年（1442年），筑浑河口；八年（1443年），筑固安决口。

正统元年（1436年）的堤防工程是一次较大规模的维修工程。当年由于大雨浃旬，水溢浑河狼窝口及卢沟桥小屯厂、西湖东芭口、高梁等闸，堤岸皆决，明英宗朱祁镇命行在工部左侍郎李庸修狼窝口等处堤。英宗对这次工程十分重视，李庸"奏请工匠千五百人役夫二万人"，得到允准，并得旨："此皆要害，汝其尽心理之，必完、必固，毋徒劳民。"这次工程，修筑了石堤，被赐名为"固安堤"。狼窝口是永定河水患和水工中反复被提及的一个名词，不仅是因为屡次决口漫溢，还因为地处关键，明代浑河决口常常发生在狼窝口、卢沟桥一带，对京城安全影响极大。明大学士杨荣撰写的《固安堤记》可以让我们走进当时的那段历史。"天下之难治者，莫逾于水。而治水之先者，尤莫逾京师。故大禹之迹，首在冀州。岂以水之利害，所系者大，而帝畿之内，宜慎其防，以为宏远之图也欤。……距卢沟不远，有曰狼窝口，时复冲决，漫流而东，浸没田庐，民弗安业。圣朝建北京，视河为襟带。永乐间屡尝修筑，辄复颓圮。今圣天子嗣位命工部侍郎李庸、内官监少监姜山义、往任厥事，复命太监阮公安、少保工部尚书吴公中，总其事。且敕其务存坚久，勿为苟且，庶几暂劳永逸群公效命，材谋具济。经始于正统元年冬，毕工于二年夏。凡用工匠二万余，月给粮饷以万计，累石重甃，培植加厚，崇二丈三尺，广如之，延袤百六十五丈、视昔益坚，既告成赐名固安堤。"

"固安堤"是明代最具代表性的堤防工程。金、元以前，石景山以下筑堤以土堤为主，正如古人所说：兵来将挡，水来土掩。明朝将卢沟桥以上左堤部分改为石堤。

天顺元年（1457年），浑河于固安西杨先务村北泛滥成灾。县丞王瑛请借邻境民夫万余，修东岸堤堰，北自良乡县界，南抵霸州，长百余里。

成化七年（1471年），因浑河自永乐间改流，西南经固安、新城、雄县抵州，屡决为害，又于当年决口，霸州知州蒋恺上奏修筑堤岸。明宪宗谕旨顺天府官员相度行之。十九年（1483年）命侍郎杜谦督理卢沟河堤岸。

弘治二年（1489年），浑河决杨木厂堤，明孝宗命新宁伯谭祐、侍郎陈政、内官李兴等督官军二万人筑之。十一年（1498年），霸州修浑河堤，自涿州东堤接固安杨先务、荆垡，至霸州的赵家务、临津，绵延百里，被称为"临津堤"。

嘉靖四十一年（1562年），永定河下游淤塞，水失故道，明世宗命尚书雷礼修卢沟河岸。明世宗批准了雷礼的奏请。这次工程于第二年四月完成。《重修卢沟桥记略》记述："为堤沿袤一千二百丈，高一丈有奇，广倍之。较昔修筑，坚固什伯矣。"这次还有东西两岸石堤九百六十丈。

万历三年（1575年）三月，永定河下游的固安县修筑浑河堤防。万历四十三年（1615年），固安县创修重堤，堤长五百四十丈，高一丈八尺。由于固安地处永定河下游，常有水患之虞。修建重堤，受到当地百姓的欢迎，有歌曰：卷地长河古岸东，双堤迢递势如虹。

永定河的堤防不断创筑、加固、加高，是由于上游不断输送的泥沙在河道中不断淤积，河床持续抬高，堤防决口、溃堤，或河水发生迁徙改道。

## 4. 清代堤防

清康熙三十七年（1698年），清廷设置永定河南岸分司、北岸分司，在固安县设置了衙署，专门管理永定河河务。雍正四年（1726年），清廷设立永定河道，专门管理永定河河务。

清朝还为了便于管理，于永定河南北两岸按照河堤的长度和顺序划分成若干个防汛工段，如南岸头工、二工、北岸头工、二工等一直向下顺延。在大堤沿岸有官员管理，并派河兵防守大堤。清代永定河的不断治理，为北京地区的农业发展提供了条件。

但是，在清朝统治的200多年间，清朝历代帝王的作为与国力兴衰对河防建设的影响颇为明显。清朝末期河患愈演愈烈，如《再续行水金鉴·永定河》所言，"今永定河以无定之形，出至险之工。本淤垫之深，穷疏浚之计。几于岁岁有患，防不胜防"。

清时的永定河，尾闾沙淤的问题非常突出，清代几次大的筑堤工程都与改变疏通尾闾的河道有关，可谓"堤堰疏浚兼施"。《清史稿》载："永定河汇边外诸水，挟泥沙建瓴而下，重峦夹峙，故鲜溃决。至京西四十里石景山而南，径卢沟桥，地势陡而土性疏，纵横荡漾，迁徙弗常，为害颇巨。于是建堤坝，疏引河，宣防之工亟焉。"

据史料所载，清初永定河正处在"迁徙弗常"时期，水患时有发生。清廷还无暇进行大规模的整治，只是采取头疼医头，脚疼医脚的办法，进行局部的修筑河堤。

康熙主政期间，国家渐次平定，处于相对安定的环境之中，治河问题摆到议事日程。"今天下无事，惟治河最要。"据《奉修固安县浑河堤岸碑记》载：康熙于三十一年（1692年），谕旨："浑河堤岸久违修筑，各处冲决，河道渐次北移。永清、霸州、固安、文安等处，时被水灾，为民生之忧，可详加勘察，估计工程，动正项钱粮修筑。"直隶巡抚郭世隆率人沿岸步行踏勘，得出的结论是：浑河在固安、永清之北，向有旧堤七十二里，亟须修筑。永清东北有旧河五十四里，年久未浚，亟宜疏浚。其中固安县属之堤六千八百七十九丈。工程于当年四月十二日开工，五月初五竣工。涿州知州秦毓琦在此碑记中写道："赤子幸生尧舜之世，居于畿甸之间。有不踊跃爱戴欢呼从事者乎？"这一年，另有东自龙王堂、永清县交界处，西至固安县米各庄、宛平县交接处止，修筑三十八里。二月开工，四月告竣。

康、雍、乾时期，清政府在永定河治理上倾注了大量的人力、物力，有六次大规模改道、筑堤。

第一次改河筑堤为康熙三十七年（1698年）三月，玄烨巡视河工，命于成龙兴筑堤堰。直隶巡抚于成龙偕西洋人安多等履勘浑河，进行丈量测验绘图呈报康熙，得旨："于六月内完工。"康熙帝对西方的自然科学抱有浓厚的兴趣，这段记录牵出的便是一段康熙时代重视西方数学运用于水务的历史。据有关史料信息，安多是一位比利时传教士，经康熙帝的科学启蒙老师南怀仁推荐来到清廷服务。这次工程"挑河自良乡老君堂旧河口起，径固安县北，至永清县东南朱家庄，汇郎城河，达西沽入海。计长一百四十五里。南岸筑大堤，自旧河口起，至永清县郭家务止，长八十二里有奇。北岸筑大堤，自良乡县张庙场起，至永清县卢家庄止，长一百二里有奇。并于旧河口建竹络坝，使水并流东注。南岸，复自宛平县高店村土坡下起，至坝止，堆接沙堤三十五里。连大堤通长一百一十七里四分。北岸，复自卢沟桥南石堤下起，至利垡村南止堆筑沙堤二十二里。利垡至张庙场大堤五里"。（《（乾隆）永定河志》）

第二次改道筑堤是康熙三十九年（1700年）二月，因下口安澜城淤塞，改由霸州柳岔口注大城县辛章河入东淀，达津入海，故接筑两岸大堤。工程于当年五月全部告竣。当年，康熙帝以治河为要务，多次巡视永定河。在这次工程之前，康熙帝带领皇长子、皇四子和皇十三子，曾巡视卢沟桥以南河工。《清高宗实录》记录这次工程，"安澜城河口淤塞，水由霸州之柳岔口归淀入海。复于南岸，接筑西堤。自郭家务起，至柳岔口止。北岸，筑东堤。自何麻子营起，至柳岔口迤东止"。

对卢沟桥以下河段进行大规模治理，河水畅流无阻，京畿免受水患数十年。康熙帝筑堤束水，也使永定河自卢沟桥到永清一线不再摇摆不定，同时解决尾闾，使河水入淀归海。

第三次改道是雍正四年（1726年）。《清史稿·河渠志》载："因郭家务以下两岸顿狭，永清受害特重，命怡亲王胤祥、大学士朱轼，引浑河水别由一道入海，毋使入淀。遂于柳岔口少北改为下口，开新河自郭家务至长甸河，凡七十里。经三角淀达津归海。筑三角淀围堤以防北轶。又筑南堤自武家庄至王庆坨；北堤自何麻子营至范瓮口；其冰窖至柳岔口堤工遂废。"

在改道之前一年十二月，和硕怡亲王胤祥、大学士朱轼奉旨查勘永定河以及直隶有关河流。嗣后，提出："由永定河下稍柳岔口出水，恐于子牙、滹沱等河下稍有碍，意欲自柳岔口改至王庆坨另筑一堤，庶河身宽展，兼可出水，不惟于永定河有益，且与子牙等河下稍不致淤塞。"（《（嘉庆）永定河志》）和硕怡亲王和大学士朱轼认为治水必览全局，纲举目张。

这次改河接筑两岸大堤，"南岸自冰窖起，至武清到之王庆坨止，长四十四里，连上共长一百十六里九十五丈五尺；北岸自何麻子营起，至武清县范瓮口止，长七十四里有奇，连上共长二百三里六十二丈"。

雍正四年（1726年）十月工程告竣，自柳岔口以下导之北流，绕王庆坨而东。

第四次改道是乾隆十六年（1751年），因凌汛水大，三角淀一带淤塞成高仰之势，遂由冰窖改河。《清史稿》记述这次改道，"乃从旧有之东老堤开通，俾东南出，因加培康熙三十九年接筑之北堤，并乾隆三年所筑之南坦坡埝为南埝，以乾隆四年所筑之北为北埝，自得胜口至王庆坨南，在挖引河长二十二里，穿淤高之三角淀，面东导入叶淀，达津归海"。这次改河工程由直隶总督方观承、江南总督高斌进行勘察。

早在改道的前一年，乾隆帝视察永定河，从卢沟桥出发至下游二日，认为确须补偏救弊，下口更移。乾隆帝指出"向来河臣治堤，率以加高培厚为请。朕以培厚尚可，加高则堤高，而河亦日与俱高，非长策也。其培堤取土，类取之堤外。朕谓就近取堤外之土，以益堤，堤增而地愈下。宜取河中淤出新土用之。则培堤即寓浚淤之义，似为两得"。乾隆帝看到河中淤地有草舍民房，居民种地，谕旨：河中有居民，究非长久计，禁止以后新添。

乾隆帝于十八年（1753年）二月，沿堤行三十里，观永定河新移下口处，感叹道："旧时北岸今南岸，近旧南堤今北堤。"乾隆帝认为，黄河全流入海，其力较专。至清口会淮，攻沙之力益劲。永定下流不能独行入海，有运河、凤河横亘于中。因散入诸淀，水过沙停，故特易淤。他对永定河的特性有深刻认识，对治理的艰巨性也有预见，因此写诗道："新口疏通颇吸川，安澜自可保当前。"

第五次改道为乾隆二十年（1755年），距上次改道未及三年。《（乾隆）永定河志》载："乾隆十六年（1751年）改移南岸下口之后，水势顺流实属有益，惟是全河之水出口即皆涣散。加以上年汛水盈丈，下口十里以内旧积新淤，顿高八尺，以致阻塞去路，不得不随时筹酌。今议于北岸改为下口，地势宽广，足资容纳。"乾隆帝于二十年（1755年）阅视永定河，并以诗纪之，其中写道："我无禹之能，况禹未治泒。讵云其可再，不过为补偏。下口依汝移，目下庶且延。复古事更张，寻思有所难。"我们从中可以体味到前人治河之艰难。这次工程"乃于上游北岸贺尧营地面开洪字二十号堤，定为下口。改河北出，引而东去。地势宽衍，直入沙家淀，南趋叶淀，仍合于凤河，以达津归海"。（《再续行水金鉴·永定河》）次年，直隶总督方观承奏请北埝外更作遥堤，预为行水地，凤河东堤亦接筑至遥埝尾，使整个工程得到完善。

十年以后，乾隆帝过永定河，对改河之事记忆犹新。他即兴写诗："一道黄河宛在中，金堤夹辅峙犹崇。桃花水送层冰下，下口新河宛转通。"显然这次改河工程效果是好的。他在诗注中特别提到：浑河下口屡易。自乙亥年（1755年）方观承奏，请改由北岸大堤之外下注沙淀、叶淀。十余年来，河水安流，两岸巩固，颇资新河宣泄之力。

乾隆三十七年（1772年）清廷再次大举河工，将两岸河堤进行加固，对下游疏浚加宽，改由调和头为下口。乾隆三十八年（1773年），"调和头"改"条河头"。在朱官屯村东北的永定河南遥堤曾有回龙亭及乾隆御制碑。碑身刻有清乾隆三十八年御制文《阅永定河记》，和御题诗一首。

乾隆帝在《阅永定河记》一文中回顾了自康熙以来六次改河的历史，认为治河关乎运道民生，表示了坚持治理，勉继前功的信念。文中记述："自安澜城而柳岔口，而王庆坨，而冰窖草坝，而贺尧营，而今之条河头，或北或复南，凡六徙，皆审时度势，善为相导，惟务顺小变以归大常，而于成谟罔敢稍致，斯诚皇考世宗宪皇帝以暨朕躬数十年来继志绳武之苦心不容自己者。何者？在河固无一劳永逸之方，在治河实有后乐先忧之责也。"乾隆帝还强调："第更一境即治一境，仍于当年导源之绩等尔。岂竟以不治治之耶？桑干流经近圻，势若建瓴，非挟沙将一泄无余，惟挟沙又四出而莫遏。运道民生，无堤曷赖？"

据《（乾隆）永定河志》载："永定一河，号称难治，水性浑浊，挟沙而行，与黄河相等。但黄河不烦转输，直达于海。此则入淀穿运，然后达于海。是以，较黄河尤为难治。"乾隆帝重视治水，贯穿了整个执政期间。四十四年（1779年），展筑新北堤，加培旧越堤，废去濒河旧堤，使河身展宽；四十五年（1780年），卢沟桥西岸漫溢，北头工冲决，由良乡之前官营散溢求贤村减河归黄花店，爰开引沟八百丈，引溜归河。五十九年（1794年），决北二工堤，溜注求贤村引河，至永定河下游入海。旋即断流，又漫南头工堤，水由老君堂、庄马头入大清河，凡筑南堤百余丈。又于玉皇庙前筑挑水坝。

乾隆之后，"嘉庆、道光、咸丰间，小小迁移，随时补救。至同治二年，始改河出叉光、二光村，不归母猪泊，遂至年年多故"。（《再续行水金鉴·永定河》）

## 5. 石堤

石料砌护的"石堤"，提高了堤身的整体性和抗御洪水冲击淘蚀的能力。但因历史上不易开采、运输困难、费用高，石料在工程建设和防汛抢险中的应用非常有限，通常砌筑在防止永定河发生水患的关键部位。

永定河十八蹬，也称十八堰。在永定河防洪大堤中，这是一段历代防洪重要堤段，也是永定河上现存最古老最坚固的一段堤岸。十八蹬位于庞村村西，是永定河左岸的一处拐弯，河水冲出三家店山口，进入石景山地段，水势汹涌激荡。这处堤防对都城安全构成极大威胁，因此受到历朝历代的重视。

据有关史料记载，十八蹬由十八层花岗岩、青石的条石叠砌而成，条石厚50厘米，长60厘米至250厘米不等，用铁锭扣锁连接，缝隙灌以江米汁，十分耐用和牢固，可谓固若金汤。石堤体高9米，长约350米，从河底向上，每层均向堤外错出5~10厘米，呈现不规则阶梯状，下半部分有泥沙覆盖，露出地表部分有7、8层，仍处于使用状态。砌筑石堤的年代不详，经专家考证，应系不同时代所筑，不晚于金代。《再续行水金鉴·永定河》："大定二十七年，尝以水法贯之。其地高于都城一百四十余尺，据城西北上游，有建瓴之势。故于此间设石堤……"十八蹬作为永定河堤防中的重要一段，也见证了古人治理永定河的历史，被列入石景山区文物保护单位名录。

《大明会典》载："嘉靖三十五年题准，共修东岸狼窝口等决口一十八处。凡筑堤二千三百九十二丈，甃以条石。四十一年水决西岸，复命修筑。东西两岸各分八区，每区约五十丈。凡为石堤九百六十丈。"

《再续行水金鉴·永定河》云："该河自云、代而来，为数百里冈峦所束，受制已久。挟三四十川，不得一泄，蓄怒已深。一旦出山，不得不纵恣。且距都城太近，地处上流，高至一百四十丈。石景山之西，尚多峻岭，重重阻隔。若此河异涨，势必东趋，正值都城之北。金、元两代，均开金口河，均受其害。即今所谓南北金沟，与石景山相接者，故石堤一段，所系甚重，不可不岁修。诚恐累岁安澜，狃为无事，或至惜小费而忘大患，则北治南治皆末策矣。"

永定河衙门口段是一处险工，关系到北京的安全。地处左岸的古石堤，堤顶高出北京地面近40米，可见之关键、之要害。石堤为明清时陆续修筑，结构为大条石，有铁锭水平连接，以糯米白灰浆灌注。人们称这段堤防"固若金汤"。

永定河卢沟桥下游右岸，也有一段保存完整的古石堤。1998年12月，房山区窑上村在河堤护坡施工时，发现了这段石堤，且砌筑工艺精良。古石堤由柏木桩基础、迎水面条石层和背后砖构成。古石堤前根部留有打桩厢埽的痕迹，石堤的顶部有明代烧制的城砖。《北京日报》就此做出了报道。古石堤迎水面共有6层条石，高度34~60厘米不等。每层向后错5厘米，条石为花岗岩，砌筑非常齐整，条石重达几百公斤，最重的可达880公斤，由于泥沙的掩埋，条石没有因时间长久而风化剥蚀。古石堤还有两处间距11.5米长的横联砌条石和铁锭，整个工程严丝合缝。经有关专家初步考证，石堤为清朝所建，是历史上永定河防洪工程的实证。

有史料记载：康熙三十九年（1700年），康熙帝命官于竹络坝旁，改造天然石坝二百九十丈。又接天然石坝至北村，建造石堤二十三里半。

## 二、闸坝工程

坝又称作堰，是截河拦水的水工建筑物。根据用料和用工的不同，又分为灰坝、土坝、石坝、灰草坝、竹络坝、柳囤坝，以及滚水坝、减水坝、挑水坝等。旧时永定河工采用过多种坝型。《（光绪）永定河续志》："查永定河，从前灰、草各坝不下十余处，取其多泄盛涨。"

水闸也是一种水工建筑物，具有挡水和泄水的双重作用，通过闸门可控制泄流量和调节水位，选址适当地点开凿分洪闸口，可以减轻堤坝的压力。

我们反复提到过戾陵遏，戾陵遏也称为戾陵堰，实际也是最早的防洪工程。戾陵遏即修建石笼坝，因势利导拦截水流，枯水季节可以抬高水位，用于农业灌溉；暴发山洪时经过主遏拦截，可以漫溢行洪，得到有效缓冲乘遏东流而下。遏、堰都是阻塞之义，壅水之义，堰本身也可以称拦河坝。修筑戾陵遏的石笼应是用荆条或柳条编成笼，笼内装满石块然后积聚排列成堰体。史料记载：后魏都督河北道诸军事建成侯刘靖及子平乡侯弘，筑戾陵堰以防之，水患以息，后人思其功，谓之"刘师堰"。

金朝在金世宗时期，自卢沟河左岸的麻峪村附近开金口，引永定河水入都城，《金史·河渠志》中有设立孟家山金口闸的明确记录。

元朝至元二年（1265年），郭守敬奏言复开金口，元世祖采纳了郭守敬的建议。《元史·河渠志》载：三年凿金口，导卢沟水，以漕西山木石。大德二年（1298年），浑河水发为民害，大都路都水监将金口下闭闸板。

清代在永定河两岸修建减水坝18座，其中右岸12座，左岸6座。

金门闸是一项不朽的工程，在古代为保卫永定河两岸人民的生命财产曾发挥过不可低估的作用。虽然历史已经远去，但作为治理永定河的遗产，它却依然向我们传递着人文精神，它承载的先人治河的智慧和理念，使人们心中的崇敬油然而生。这里的每一块巨石都曾亲历与洪水的博弈。

金门闸/魏齐庚 摄

金门闸位于永定河右岸堤段，现归河北省涿州市所管辖，在义和庄乡北蔡村北3公里处。这里是河北与北京交界的地带，东隔永定河故道与大兴相望，西、北与北京市房山区接壤为邻。

金门闸是花岗石垒砌的一组庞然大物，气势宏伟，建造精良，占地面积有十余亩。此闸仅存遗迹，静静地矗立在永定河右岸的大堤旁。在金门闸遗址，14座鸡心垛保存完好，垛顶斜置绞关石，闸底皆为海墁石坦坡，金门闸的金刚墙、鸡心垛、雁翅墙、石龙骨、海墁石所用块石之间皆以铸铁"银锭扣"相连。

金门闸创建于清康熙四十年（1701年），原为草闸，后改为石坝。其作用为引莽牛河之水入永定河借清刷浑。后因河底淤滞，高于莽牛河，原闸作用遂废。乾隆三年（1738年）移建减水石坝于今之位置，其名仍沿用旧称。康熙始建草坝，实为进水闸。乾隆三年根据河道的变化，移建后的石闸实为减水石坝，以分减永定河洪水。此后，因河道淤积，金门闸于乾隆三十五年（1770年），道光三年（1823年）、十一年（1831年）、二十三年（1843年），同治十一年（1872年）曾多次大修或小修。宣统元年（1909年），金门闸改坝为闸，名副其实。大清宣统御极之元年（1909年）所立《重建金门闸记》对这次大修实为重建做了详细披露。

光绪三十四年（1908年）五月，直隶永定河道吕佩芬巡河至金门闸，发现其坝龙骨宽五十六丈，外高于引河，不及二尺，而内低于河滩者，仅恃一小埝横障之，一旦埝不足恃，势必悬流直泻，后果不堪设想。于是，吕佩芬提出大修之议。这次大修的建议得到批准，但因财政困难，所需费用压缩为五万二千余金。

重建金门闸于宣统元年（1909年）二月开工，五月底顺利完成。这次工程得以实施，并顺利完工与一个人物有重要的关系，他就是《重建金门闸记》中提到的来自建德的张黼廷。张黼廷，久历河防，多次承修石工，有丰富的治河经验。他在实地勘察后提出："金门闸以坝而称闸，名实既不相符，且坝有定形，不若闸之启闭由人，可因水大小以为宣塞也。傥乘此改而为闸，不亦善乎？"这一改坝为闸的建议与吕佩芬不谋而合。同时，张黼廷根据资金紧张的实际情况，经再次仔细勘察评估，提出闸的主要功能为分泄盛涨之水，龙骨无须过宽，可缩至三十二丈；辟闸洞十五，洞高均为八尺，宽四尺；之上设平板为桥并覆之以土，大汛之时可利行者，方便人们往来；工程所需费用与修坝相当。

吕佩芬采纳了张黼廷的建议，同时还请来熟悉河工的人员，一同参与工程。张黼廷在现场督工，带领他的两个儿子，早出晚归，任劳任怨，亲临现场，指挥有方，不仅重建了金门闸，而且费用没有超出预算。吕佩芬感叹："何能使之劳而不怨？若是乎，工既成，综橡其所费，适如吾所请之数而止，又非有精核之才，忠实之志，何能不加费而成功也乎？呜呼！"

金门闸从初建到重建，从引水闸到减水石坝，反映了清代治理永定河思想的演变。古人云："水之性也，而欲为之防，以杀其怒，遏其冲，不亦甚难矣哉。惟能因其势而导之，可蓄则储水以备旱之灾，可泄则泻水以防水潦之溢，则水之患息，而于是盖有无穷之利焉。"金门闸正是前人根据河道的变化，因势利导，不断完善的产物，其构造设计，在永定河水利工程史上具有重要意义。2006年5月，金门闸作为清代古建筑，被国务院批准列入第六批全国重点文物保护单位名单。

清代求贤灰坝，现保留有遗址，位于北京市大兴区求贤村西南永定河大堤外沿，其功能为分泄永定河洪水、放淤。乾隆年间，此处曾修草坝，以减弱水势，保护大堤，后废草坝改建灰坝。灰坝是三合土坝，一般为石灰、黄土、沙土等分，需要打桩、夯实。求贤灰坝金门宽16丈，坝台宽5丈，高8尺。同治十三年（1874年）扩展重修。坝口宽20丈，龙骨进深5丈，迎水簸箕进深4丈，宽25丈5尺；出水簸箕进深

12丈，内宽24丈5尺，外宽30丈；出水簸箕加散水坡进深1丈2尺，宽14丈。两坝台金墙，上下均宽6丈4尺，顶宽7丈，坝上有汛房各三间。在这次工程中，还挑坝内引河和挑坝下减河，加培老堤等。

光绪二年（1876年），清廷再次重修求贤灰坝，嗣后废弃。经过一百多年来的洪水冲刷，现在的坝墙、水口基本保持完好。根据文物部门的测量，两坝间外口长72米，内口长66米，坝的裸露部分长皆为19米，西侧坝的上顶宽1.7米，东侧上顶宽1.4米，距地面的高是1.1米，西雁翅露出部分长19米，东雁翅露出部分长20米。此处遗址是研究永定河史的重要实物。

卢沟桥减水坝位于永定河西小清河分洪道内，建于清光绪二十年（1894年），是为了保护下游堤防安全，在永定河涨水时分洪而修建的。减水坝为石坝，长约176米，分为8孔，每孔宽15.7～18.3米不等。坝口龙骨宽160米，高2.56米，下筑坦坡宽160米，进深11米；出水簸箕宽160米，进深10.8米。龙骨两面金刚墙高7.2米，进深13.12米。建成后的次年发生凌汛，水势汹涌，在汛期根据水势并随时启放卢沟桥减水石坝，得以化险为夷。

卢沟桥减水坝是由李鸿章提出来的。光绪十九年（1893年），永定河发生特大水灾，洪水过后，李鸿章奏请修治永定河，添减水坝。经光绪帝谕旨，李鸿章会同东河总督查勘永定河上下游情形，选择坝址。经过查勘，议于卢沟桥以上南岸建设减坝，减水坝酌定坝口宽五十丈，龙骨、金刚墙及出水坦坡簸箕，俱用大料石砌做。光绪帝批准建坝，由东河总督会同李鸿章分别筹办。

现在的官厅水库建在官厅山峡入口处，旧有官厅村，水库因此得名。官厅位置十分重要，地处洋河、桑干河、妫水河下游，对永定河全流域的控制意义最大。

有清一代，康熙帝重视永定河的治理，在三家店以下修筑堤防和浚治尾闾。乾隆年间，一些有见识的大臣已经注意到永定河上游对下游的影响，减少水患，需要上、下游兼治。

根据《（光绪）永定河续志》所载，乾隆六年（1741年），直隶总督高斌建议于永定河上游堆砌玲珑水坝以减轻下游水患。这是人们首次将治理的目光移向永定河的上游。高斌的提议最终获得重视，同意在一处首先试行，如果试行有效，再将黑龙湾、沿河口二处增修。乾隆八年（1743年）十一月，高斌在上游的西宁县南、怀来县西南修筑玲珑坝，以杀水势。乾隆十二年（1747年）因被水冲毁遂废。

乾隆三十七年（1772年），大学士高晋坚持认为治理永定河必须将疏中洪、挑下口、筑堤防和浚减河系统地结合起来，奏言："永定河上游为桑干河，自山西大同至直隶西宁，两岸可各开渠灌田。自西宁石闸村入山，经宣化黑龙湾、怀来和合堡、宛平沿河口，两山夹峙，一线中趋。若于山口取巨石错落堆叠，仿竹络坝之意，为玲珑水坝，以杀其汹涌，则下游河患可减。"

清臣邹振岳曾先后在怀安、直隶、饶阳、清苑、易州、宣化、天津等地任职，对永定河的情况多有了解。同治十二年（1873年）六月，邹振岳上书《上游置坝节宣水势禀》，奏文中分析了永定河上游地势和水势，指出："或培固近堤，或改筑遥堤，或疏归故道，使不入淀。独上游之治，则绝无言及者。"他提出："故河之难治，其病源在上游太骤，非下游不能容，实下游不及泄。若于上游段段置坝，层层留洞，以节宣之，使其一日之流分作两三日，两三日之流分作六七日。"同治十二年（1873年）十月初三，邹振岳与同知童恒麟一行前往永定河上游勘察，他们过卢沟桥越丑儿岭、石古崖等，先是骑马后改为步行。经过勘察，他们提出王平附近，"此处两山对峙，筑坝不致太长，从置坝上溯数十里有零星小村，悬居半山不致于漂没为灾，似属于可行，奏请派遣熟悉河务之人重往勘察"。他们希望其意见能够得到重视，言辞恳切，曰："似不可以前此偶尔无功，至辍今日之举也。"这是现代水库防洪思想的萌芽，即下游泛滥，不只注重下游的治理，而是放眼上游，从全局出发进行综合治理。令人感慨的是后来建设的官厅水库、落坡岭水库，竟然与当时的列位前贤所提出的置坝位置大体一致。

清廷显然重视建坝之事，当年的十一月遣同知唐成棣、通判桂木诚前往勘察，他们沿河而行，为了测量数据雇乘笸箩于河中。但是他们认为碍事甚多，如民房、过往商贩、煤窑等，而且河面太宽，难以堵塞。他们在上奏的《勘上游置坝情形禀》中说："沿河一带从未有能置坝者，窃尝考之治河诸书，亦未见有拦河筑坝之法。即如邹令所称，高文定置玲珑坝于西宁、怀来两邑，似非总汇之区，尚易冲决，何况置于总汇之区，水所必争之地，难保无冲决之虞。"最后邹振岳的意见被否决。

光绪二十年（1894年）正月，清政府再议在永定河上游筑坝事宜。东河河道许振祎提出在上游修筑石坝，距卢沟桥以上百余里择地建置最为得力，并请缨前往勘察。光绪帝同意了许振祎的意见，谕旨："该河督拟请再于卢沟以上择地筑坝，以分水势。即著亲往履勘，核实估计工需，再行奏明办理。"（《东华续录》）许振祎先派出两人前往探视。随后率同周馥、张莲芬二人及部分人员前往勘察。经过勘察，许振祎又提出不必筑坝，因此自悔前说。

清代名臣左宗棠也曾提出上下游兼治观点。光绪七年（1881年）左宗棠沿永定河勘察，指出：应即由张家口怀来县见驻之处，顺桑干河流，节节疏筑，至卢沟桥西。察看河道情形，次第施治。他说："治水之要，须源流并治。下游宜令深广，以资吐纳。上游宜多开沟洫，以利灌溉。"清政府采纳了左宗棠的意见，授权他办理京畿水利。左宗棠率部将王德榜办理永定河上游之丁家滩、下尾店（今下苇甸）、水峪嘴之西河滩、车子崖之野溪河滩、琉璃局山嘴之城子村五处水利渠坝工程。这项工程既有利于农业灌溉又有利于防御洪水，"总共计成杀水坝五道，迎水坝十三道，共长七百九十三丈五尺。顺水墙三道，共长二百五十七丈。顺水堤一道，长九百二十丈。石渠二道，共长二百八十丈。正渠八道，支渠二十九道，迎水束水涵洞石桥六道，过路石桥二十六道，过水磴槽八道。经营八阅月，截上游之水，使其灌淤"。（《再续行水金鉴·永定河》）

1917年，我国华北发生大水灾，当时的北洋政府派熊希龄负责水灾善后事宜。1918年，顺直水利委员会在天津成立，会集了一大批中外知名水利专家，以华北各河湖流域及沿海区域为其管辖范围，开展防洪、灌溉、航运、水力及水利工程等各项工作。

1928年9月，当时的中华民国政府建设委员会接收顺直水利委员会并改组为华北水利委员会。该机构前后用了10余年的时间，提出一套《永定河治本计划》，于1932年报送内务部。抗日战争爆发后，华北水利委员会迁至重庆，各项工作被迫停止，计划没有得到有效实施。

1945年，日本投降以后，华北水利工程局成立了官厅水库工程处，开始建设官厅水库的筹建工作，但并未有实质性进展。

水利专家楼望俊于2008年为重印《永定河治本计划》一书作序：该"委"成立后用了10余年时间，调查、测量、勘探、收集整编永定河流域的气象、水文、地形、地质、建筑、经济资料，借鉴中国传统和西方当时的河道整治经验及理念，进行研究、设计、技术经济比较，其间经历了

**永定河治本计划／魏齐庚　摄**

1924年、1929年洪水灾害，提出了这一套《永定河治本计划》。楼望俊说："新中国对永定河的治理，可以说基本上是遵循了《永定河治本计划》的思路，足见编制者的远见卓识。当然，规模、标准的提高和技术水平的进步，远远超过了《计划》。多年以来，永定河确实再没有给京城带来水患灾害，编制者们虽都已作古，如若地下有知，亦当含笑九泉矣。"

《永定河治本计划》资料翔实，内容专业，制图精确，是早期治理永定河的经典文献，但是在旧中国，被束之高阁。多少年来，人们一直在探寻着治理永定河的智慧与力量，而河患苦难的历史，始终没有翻过去沉重的一页。

## 三、新中国成立后的防洪工程体系

1949年，中华人民共和国成立，而后的永定河治理，成就斐然。1953年，水利部提出《永定河流域规划》，1957年，编制了《海河流域规划》草案，对永定河流域综合治理的战略布局做出了安排。1963年，毛主席发出"一定要根治海河"的伟大号召，海河流域的综合治理走上快车道，永定河防洪体系提高到防御百年一遇洪水标准。2003年，《国务院关于永定河防御洪水方案的批复》中指出："目前，永定河已

形成了由官厅水库、大宁水库、永定河滞洪水库，440余公里干流堤防、卢沟桥、屈家店等水闸枢纽，小清河分洪区、永定河泛区、三角淀分洪区等蓄滞洪区组成的防洪工程体系，防洪标准基本达到百年一遇的设计标准。

"官厅水库已达到千年一遇洪水设计、可能最大洪水保坝的防洪标准。直接保护北京市区的卢沟桥以上左堤已达到防御可能最大洪水（流量16000立方米/秒）的标准，三家店至卢沟桥段右堤已达到百年一遇（流量6200立方米/秒）的防洪标准。小清河分洪闸达到设计标准。卢沟桥至屈家店永定河左右堤已基本达到百年一遇洪水（流量2500立方米/秒）的设计标准，左堤设计超高2.5米，右堤设计超高2.0米。"

这些治水工程成效显著，饱含着党和国家的高度重视与殷切关怀，也凝聚着一代又一代建设者的智慧与汗水，不断书写着中华民族治水安邦、兴水利民的新篇章。

## 1. 永定河沿线的重要水库、水闸

何为水库？明徐光启《农政全书》："水库者，水池也。曰库者，固之其下，使无受渫也。幂之其上，使无受损也。"在上游河道适当位置兴建水库，可以拦蓄洪水，削减进入下游河道的洪峰流量，达到减免洪水灾害的目的。

现在永定河上共修建了3座大型水库（官厅、册田、友谊），19座中型水库，528座小型水库，总库容57亿立方米。

### （1）官厅水库

这是1949年以后建设的第一座大型水库，于1951年10月动工，1954年5月建成，建设速度在当时那个年代并不足为奇，但是它承载着一代又一代人的梦想，堪称中国水利史上的第一。在

太平窑水库 / 魏齐庚 摄

大坝西头，巍然矗立着毛泽东主席手书的"官厅水库"四个大字。当年官厅水库建成后，毛主席亲自题字"祝贺官厅水库工程胜利完成"，这几个字便是取自其中。来官厅水库参观游览的人都会在此驻足，寥寥数字，印证了官厅水库的辉煌。

在此之前，我国没有修过真正的大型水库，洪涝灾害依然十分严重，严重威胁人民群众的生命财产安全；中华人民共和国成立之初，百业待兴，亟须全面恢复国民经济，大力发展农业，使兴修水利成为十分紧迫的任务。1949年底，华北水利工程局，拟定出《整治永定河及流域开发计划草案提纲》，新中国成立初始成为人民治理永定河事业的开端。

1950年8月中华全国自然科学工作者代表会议在北京召开，周恩来总理向大会做了题为《建设与团结》的报告。他在报告中指出："在国家建设计划中，站在科学家的岗位上，我们开始做些什么呢？不可能百废俱兴，要先从几件基本工作入手。"周恩来总理讲的第一项基本工作是农业，而农业方面的第一件工作即是兴修水利，要把几条主要河流治好。他说："华北的永定河，实际上是'无定'的，清朝的皇帝封它为'永定'，它还是时常泛滥。不去治它，只是封它，有什么用？"他在讲话中强调说："大禹治水，为中华民族取得了福利，中国科学家的努力，一定会比大禹创造出更大的功绩。"

在1950年，官厅水库工程处正式成立，筹建工作全面开始。1951年5月，《永定河官厅水库工程初步规划》完成，由水利部报送周恩来总理和政务院财经委员会，并于1951年7月20日获得正式批准。1951年10月，官厅水库工程局在工地现场成立，工程建设于10月25日正式开工，新中国成立后治理永定河的第一个战役打响。

应该说，官厅水库的建设没有各方面的通力合作和无私援助，是不可能完成的。1951年底，库区移民工作开始，当时的察哈尔省（后为河北省）成立了省移民办事处，怀来、延庆成立了相应的机构。库区人民响应国家号召，积极支持水库建设，共迁出村庄111个，移民5.3万人。

在建设过程中，当家作主的广大工人、农民焕发了巨大的积极性和创造性，他们在工地上经过了北方两个漫长的冬季。在零下二十摄氏度的严寒中，整个工地到处洋溢着热情澎湃的劳动场景。在大坝回填和填筑坝身的战役中，来自河北、北京，以及

官厅水库 / 魏齐庚 摄

各地的数万名民工、工程技术人员聚集在水库工地，赢得一个个会战的胜利。

1953年7月2日《人民日报》刊登了《改变了永定河的性格》的长篇通讯，其中写到全国人民对水库的支援和帮助，摘录以下段落："水库的建筑充分地说明了我们的国家制度在为人民创造幸福生活上所显示的作用。这里的工作并不是孤单进行的。在一年零八个月的施工过程中，湖南的杉杆，内蒙古的木材，琉璃河和唐山的水泥，天津、上海、太原的钢筋，东北的型钢，约有五万多吨的器材，从四面八方汇集到了官厅。黄河、长江、淮河、钱塘江、新港和珠江各个水利部门的二十六部推土机和二十二部羊角碾，也在这里'会师'，强大的拖拉机大队，是拦河坝碾压的主力军。当施工中动力不足时，一部一百五十匹马力的发电机，立即从武汉大学调来，一位老技工还亲自从汉口护送到工地。正在筑坝运料紧急的时候，需要补充大批斗车零件，宣化市农具厂接受了这批定货任务，可巧该厂动力因下花园发电厂检修而停电，工人们就想法找窍门临时改装汽车的发电机，带动车床，日夜不停地赶制斗车零件。铁路线上的员工们，一听是运往官厅的物资，不论运输任务怎样拥挤，都争取按时甚至提前完成。农民们为支援水库的建设，民工们在这里英勇地劳动，另外一些时候，有成千头的毛驴驮着物料，向工地输送。大批的技术人员也集中到这里来了。胜利完成荆江分洪工程的技术工人和修筑西北区天宝铁路的工人，带着熟练的技术来了；天津的钢筋工，北京的棚工，山西、河北的石工也赶来了。正当拦河坝施工最紧张的时期，华北工业学校二百多名学生利用他们的假期，自愿来到工地协助工作。"

官厅水库工程于1954年5月竣工，于1955年7月正式蓄水运行，从投入使用至今发挥了巨大的防洪作用。

官厅水库位于永定河上游延庆区与河北省怀来县交界处，海拔490米，是永定河流域最重要的控制性工程，控制永定河流域面积4.34万平方公里，总库容41.6亿立方米。水库主要建筑物有拦河大坝、泄洪洞、溢洪道、水电站。官厅水库由我国自行设计，坝顶高程485.27米，坝高45米，坝长290米。总库容22.7亿立方米，其中防洪库容10.7亿立方米，兴利库容6.0亿立方米。相应库水位483.07米，洪峰流量8800立方米/秒，溢洪道最大下泄流量556立方米/秒。经过多次改建、扩建，设计洪水为千年一遇，坝顶高程492米，总库容增至41.6亿立方米，相应库水位484.84米，洪峰流量1.8万立方米/秒，溢洪道最大泄洪量增至6000立方米/秒，最大泄流量560立方米/秒。水库建成后拦蓄大于1000立方米/秒的洪水8次，基本上免除了永定河下游的洪水灾害。

永定河的名字是清康熙帝所赐，也带着人们的期许。然而永定河叫了二百多年依然无定，两岸人民饱受水患之苦。官厅水库的建成，使永定河从此名副其实，最终使水患变水利，成为确保京津及下游地区免遭永定河洪水威胁的重要屏障。

官厅水库注定是中国水利史上浓重的一笔，它是新中国成立后兴建的第一座大型水库，是新中国水利的摇篮，培养和造就了共和国一大批水利专家和人才，水利部多位副部长从这里走出，在中国水利史上官厅水库具有里程碑意义。

党和国家对官厅水库这一大型水利工程的建设十分重视，在官厅水库工程修建过程中和竣工前后，党和国家主要领导人毛泽东、刘少奇、周恩来、朱德、邓小平等，先后视察了这一重大工程建设，彰显了党和国家领导人对官厅水库及永定河下游人民的极大关怀。毛主席欣然题词祝贺。

官厅水库不仅运用于防洪，而且有供水、发电、农业灌溉、开发渔业和改善环境等综合效益。

1954年7月官厅水库管理处成立，由水利部工程局负责管理，1971年划归北京市管理至今。

### （2）珠窝水库

位于永定河官厅山峡珠窝村，1958年7月开工建设，1961年2月竣工。总投资6990万元。修建该工程一为洪蓄水，二为水力发电。

水库大坝坝型为混凝土重力坝，高33.2米，顶长134米，宽5米，库容1430万立方米，控制流域面积329平方公里。坝顶设溢洪道，共5孔，各宽12米。左岸设有压变明渠，底部设有排沙底孔，长8.5米，直径1.8米。

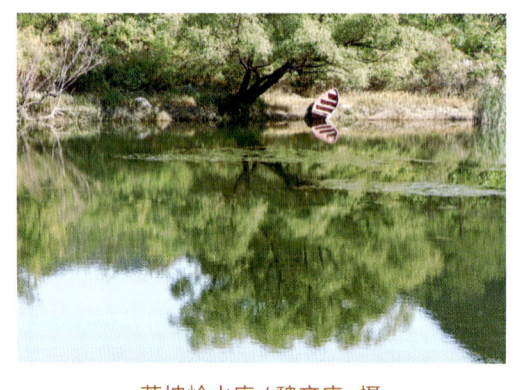

落坡岭水库／魏齐庚　摄

### （3）落坡岭水库

位于永定河官厅山峡的落坡岭段主河道上，大坝为混凝土重力坝，顶长220.75米，高19.5米，顶宽4.75米，库容365万立方米，控制流域面积1009平方公里，坝顶设溢流孔，共30孔，其中3孔各净宽12米，27孔各净宽4米，大坝底部设泄洪冲沙洞，长18.5米，最大泄洪量90.3立方米/秒，该工程于1970年10月动工，1978年6月竣工，该水库修建主要为水力发电。

### （4）苇子水水库

该水库在苇子水村西，是官厅山峡规划中的防洪水库之一。控制流域面积39平方公里，设计库容800万立方米，大坝为混凝土双曲拱坝，长135米，底宽13.4米，顶宽3.4米，高67.6米，设溢洪道一座，位于大坝的左侧，闸室设闸门一扇，为放空库水有利排沙，于右侧312米高程处，设泄洪底孔1个，右坝头314.6米高程处，设灌溉管1

个，右坝头297.58米高程处，设导流管。该库1974年8月开工，1980年6月竣工，总投资476万元。

### （5）三家店水闸

三家店水闸，位于三家店村西永定河官峡出口处，1956年2月开工，12月竣工，1957年5月正式运行，闸体为钢筋混凝土浇筑。这也是永定河上的第一座大型水利枢纽工程，枢纽建筑物有：拦河闸、进水闸和城龙闸，闸的上游为调节池。

拦河闸设计泄洪流量5000立方米/秒，校核流量7700立方米/秒。闸面净宽204米，设闸门17孔，每孔宽12米。进水闸为引渠渠首2孔，设计流量17.5立方米/秒，校核流量30立方米/秒。城龙进水闸1孔，向城龙渠灌区和城子水厂供水；闸前调节池水面面积有效容积按千年一遇洪水计算，上接官厅水库放水经下苇店等梯级电站下放尾水。调节池的两岸高程为111米，两岸护坡均以浆砌卵石护砌。

三家店水闸 / 魏齐庚 摄

官厅水库到三家店拦河闸将近110公里，落差370米。三家店是永定河出山峡入平原的河口，河道较窄，两岸地势高亢，紧接山地，岸坡稳定。东岸地势平坦开阔，有利于开渠引水，永引水渠渠首工程便建于此。

三家店拦河闸建成后，为保证城市安全，解决城市居民用水、工业用水、农业灌溉问题，以及城市河湖用水发挥重要作用。

### （6）斋堂水库

建于1974年的斋堂水库，位于永定河支流清水河上，西斋堂村的西南。该水库控制流域面积345平方公里，库容为5420万立方米，是以防洪为主结合供水的中型水库，对防洪、农业灌溉、工业用电或供居民生活用水等有重要作用。20世纪的80、90

年代水库先后出现过几次塌坡，大坝塌坑、浆石碳化等问题。为此，2004年斋堂水库进行了除险加固工程，工程实施后取得了良好的效果。

### （7）永定河上游的重要水库

山西境内的册田水库位于永定河上游的大同县境内西册田村。坝址以上控制流域面积16700平方公里。册田水库担负着为官厅水库拦蓄泥沙的重要使命，从1960年开始拦蓄应用，对官厅的正常运营发挥了积极作用；册田水库对北京的防洪安全有重要意义，百年一遇洪峰4750立方米/秒，经水库调洪后，下泄量为1500立方米/秒，削减洪峰68%；册田水库同时还担负着大同市部分工业和生活用水及农田灌溉重任。

水库始建于1958年3月，第一期工程坝高34米。1970年，修建第二期工程，大坝加高至41.5米，增设正常溢洪道、临时非常溢洪道及泄洪闸、重力坝等工程，达到百年一遇防洪标准，总库容5.8亿立方米。1989年，修建非常溢洪道。枢纽工程包括：主坝、副坝、正常溢洪道、非常溢洪道、放水闸等。

壶流河水库是永定河支流壶流河中上游的中型水利枢纽工程，位于河北省张家口蔚县境内，建于20世纪70年代。水库总库容8700万立方米，控制流域面积1700余平方公里。水库枢纽由拦河坝、泄洪闸、溢洪道和南、北灌溉洞组成。水库的任务以防洪为主，结合灌溉。设计标准为百年一遇洪水设计，千年一遇洪水校核。

友谊水库位于永定河支流东洋河上游，地处河北省张家口市尚义县和内蒙古自治区兴和县交界处。是一座以灌溉为主，兼顾防洪等综合利用的大型水利枢纽工程，总库容1.16亿立方米，控制流域面积2250平方公里。水库始建于1958年8月，1960年开始拦洪。

山西册田水库、河北壶流河水库和友谊水库对保障下游广大地区的经济建设和人民生命财产安全发挥了巨大作用；同时对北京市官厅水库多次输水，以缓解北京市水资源紧缺的情况。

在建成水库的同时，各地通过种植大量的树木，使水库周围的植被得到恢复，以涵养水源，提高水质。永定河沿岸俨然成为一条绿色的生态走廊。从官厅到三家店曾经是百里山峡，百里隐忧，而今则是百里山峡，百里风光，百里画廊。

## 2. 永定河左岸三家店至卢沟桥河段的堤防工程

永定河左岸三家店至卢沟桥河段的堤防是抵御洪水、捍卫京城安全的重要工程，自古以来历朝历代十分重视。据史料记载，新中国成立后，在对永定河河堤做部分维修加固的基础上，从1967年到1983年开始全面整治左堤，三家店至卢沟桥河段左堤进行过7次加固、延伸和治理。其中大规模施工有1967年、1969年、1973年、1976年和1983年5次。

1967年工程，于3月14日开工，当年6月竣工。主要项目是，卢沟桥至衙门口4410米长的石堤，普遍用水泥砂浆砌块石加高，堤顶加高超过7000立方米/秒的水位0.8米。拆除总长1814米的4段旧石堤重砌。总长490米的3段旧石堤，加做浆深入砌块石基础前戗，前戗底部深入河底下1.0米。所有加高的石堤，均在河底铺设铅丝石笼，石笼长7~10米，宽4米，高1米，按两个垂直堤身，一个平行堤身的排列布置。

1969年工程，继续加固左岸两段石堤基础和新建石景山段堤防。将衙门口险工上游250米石堤做浆砌石前戗，深入河底以下4.5米；在庞村段"老十八蹬"下游，做500米浆砌石前戗，深入河底5~7米；石景山至麻峪段，原无堤防，1969年组织施工，自石景山北麓向上沿河新修护坡堤1222米，堤的终端暂时到丰沙铁路石景山乘降所。堤防标准按7000立方米/秒洪水位，堤顶超高1.0米，堤身利用石景山发电厂的渣石加砂砾料筑成。

1973年治理工程，于10月中旬开工，次年7月竣工。加工加固卢沟桥至首钢左堤堤段，堤高以7000立方米/秒洪水位超过1.0米，4000立方米/秒洪水位超高2.0米为设计标准，在老堤段，石堤后的土堤比石堤低0.8米，在新堤段，与石堤堤顶相平；基础前戗深度，迎溜段深入现有河床以下4~6米，背溜段深入河床以下2~3米为设计标准。工程分四期施工，于1974年完成。新建堤长2991米；加固基础、新建前戗长3801米；加高堤顶长2643米。整个工程总的投资达520万元。

1975年，特大暴雨引发淮河上游洪水，河南发生水库漫顶溃坝。为此，水电部召开全国防汛及水库安全会议，要求对各大江河都要进一步总结经验，研究可能发生的最大洪水和相应对策，指出："特别是永定河，如果出事，将影响首都安全。"据此，北京市编制了《北京市永定河三家店至卢沟桥段抗洪能力复核及措施》，自卢沟桥至石景山左堤，全部按1.6万立方米/秒洪水位超高0.7米的标准加高；并相应将背后土堤堤顶加宽至8米，其中卢沟桥水文站堤顶，因受地物限制按4米宽整修；险工堤段基础浅处，将前戗深入河底以下4～6米；在与公路、铁路交叉大堤缺口处，做防洪闸门或预留抢堵缺口。这次工程1976年5月开工，11月底竣工，总用工37.3万个工作日，投资340万元。

1983年，水电部批复北京市《永定河卢沟桥以上左堤加固工程》的报告，左堤加固及延伸工程开工。麻峪至石景山段，新建堤防2014米；乘降所至麻峪段，新建堤防792米；庞村至养马场险工段，加深、加固基础前戗，总深度达8米以上；衙门口至卢沟桥水文站险工段，加深加固原有前戗，加深加固后的基础前戗总深度达到8～9米，最深的达到9.5米。此外，还完成双峪公路缺口防洪人字钢闸1座，石景山发电厂引水涵洞1座，改建原有涵洞、防洪闸2处。

1992年至1994年，国家对三家店闸到卢沟桥段17公里的河道进行综合开发治理，疏挖了河道，砌筑了新右堤，对部分左堤进行加高加固，进一步改善该段的行洪条件。

2005年，三家店拦河闸实施清淤工程，以排除由于调节池容量的缩减，给下游河道防洪安全造成的影响，确保按原设计标准发挥防洪效益，同时改善供水水质。

### 3. 卢沟桥至梁各庄河段的堤防工程

这段河道与卢沟桥以上河道有很大的不同，由于地处永定河下游，多有险工，《北京水利五十年建设成就》一书指出：新中国成立后，在总结前人治河经验、教训的基础上大规模地整治。具体实施了以下工程。

一是河道治导工程。规划治导线是整治河道和修建控导及堤岸工程的依据。1959年，中国水利科学研究院会同北京市、天津市、河北省共同规划，达成一致意见。治导线由沿河的丁坝、顺坝、裹头、护岸和雁翅林等治导工程组成。在北京段，自1959

年始，修建各种丁坝、顺坝71段，沙柳盘头5段，互堤41段和部分雁翅林。在河滩开展了大规模的植树造林。

永定河最早的治导丁坝建于民国时期，新中国成立后增建了一批丁坝、顺坝等，引导水流保护堤防。

丁字坝因一端与堤岸连接，因此呈丁字形，是一种治导河流、保护堤岸的水工建筑物。

顺坝又称导流坝，可以改善流态，减缓水流对河床、河岸的冲刷。

二是对卢沟桥至梁各庄堤段复堤加高。新中国成立之前，原有的堤防已经年久失修。新中国成立后即着手大规模地治理，在原来的基础上加固加高。1951年5月至7月，大兴县组织2万名民工，与上万名解放军官兵对北天堂到西胡林一线40余公里进行复堤工程，在原来的基础上加高加固，建成曹辛庄至押堤的新北堤。同年，良乡组织数万名民工对右堤进行了加高培厚。

**大兴段护堤／魏齐庚 摄**

根据1973年制订的《卢沟桥至梁各庄河段规划》，左、右两岸于1977—1990年，分两次进行了堤防加固加高以提高行洪能力。

1954年前险工保护以埽工为主，1956年以后以砖、石代替埽工；1964年开始，采用水泥砂浆砌筑石护坡，1989年开始采用混凝土连锁板块护坡，不断提高加固堤防和险工护砌的技术措施。对局部堤段进行裁弯取直工程，通过修正河道的过度弯曲，减少水流对河岸的侵蚀，降低行洪水位，缩短泄洪时间，提高抗洪能力。

三是加强险工的护砌。在材料上逐步以砖、石取代埽工，减少了工程出险概率。1954年大兴的辛庄险工砌筑了84米的砖砌护坡、铅丝石护底，1956年以后砖石取代埽工。1964年始，采用水泥砂浆砌筑，铺设铅丝石笼护底。1989年始，改用混凝土连锁板块护坡。

在治河工程中，埽工在我国已有悠久的历史，在永定河抢险、护岸、堵口、筑坝时大量使用并发挥了重要作用。埽工护岸有其优势，材料随处可寻，价钱便宜，用来抢险，便捷、经济；而且秸料材质柔软，富有弹性能缓和水流的冲击，阻塞水流遏制洪水淘刷；埽系人工制成，埽之大小随工程需要而定。其缺点是容易腐烂，需要兼用碎石增加强度和寿命，经过洪水冲刷容易坍塌，且需要不断更换又造成费用较高。砖石坚固耐用，但由于费用较高，运输不便，非险要堰坝等工，一般不轻易用砖石。

## 4. 永定河卢沟桥分洪枢纽工程

卢沟桥分洪枢纽工程是于1987年6月建成的一组水工建筑物，由永定河卢沟桥拦河闸、小清河分洪闸、大宁滞洪水库和刘庄子分洪口门组成，是永定河防洪体系的重要组成部分。卢沟桥分洪枢纽工程利用现代最新科技建设与管理，工程规模、功能、自动化程度都达到很高的水平。在永定河大堤的抗洪一线，各项新型水利技术的应用，更好地保证了首都的安宁，也将险情化解在未起之时。

永定河卢沟桥分洪枢纽／魏齐庚 摄

永定河拦河闸，小清河分洪闸占有极为重要的地位，均为钢筋混凝土结构，两闸按五十年一遇洪水设计，校核标准按二百年一遇设计。

永定河拦河闸，位于卢沟桥上游982米处，全闸18孔，每孔宽12米，安装12米×6.5米弧形钢闸门，闸底板高程60.5米，闸墩顶高程69米，闸身总宽242.8米，闸身总长117米。百年一遇洪水，拦河闸控泄2500立方米/秒，百年至二百年一遇洪水，拦河闸控泄3000立方米/秒。

小清河分洪闸，建于1972年，位于小清河京广铁路桥上游，与拦河闸处在同一轴线，两闸之间建有分水堤，宽24米。小清河分水闸15孔，每孔宽12米。遇百年一遇洪水可分洪3730立方米/秒，超过二百年一遇洪水分洪闸敞泄。小清河分洪闸扩建后对提高河道的防洪排水能力，减少小清河分洪区的淹没损失，以及促进永定河水岸经济发展有重要意义。

大宁水库，位于分洪闸下游，是为迎汛准备的水库，与稻田水库和马厂水库组成永定河滞洪水库，当洪水来临时，水库将发挥防洪作用，是永定河防洪的又一道保险。大宁水库属于平原型水库，位于北京市长辛店东侧，东濒永定河，工程始建于1985年6月，历时两年的时间。工程按五十年一遇洪水设计，二百年一遇洪水校核。滞洪水库的建成，最大程度减轻了因小清河分洪对下游京、冀有关地区人民生命财产的影响，使小清河分洪区的防洪标准提高到了百年一遇，可以在刘庄子口门不分洪的情况下，减免长辛店及小清河分洪区的淹没损失。

为使南水北调来水得以有效利用，大宁调蓄水库进行了升级改造。改建后的大宁水库作为北京段南水北调调蓄水库，在承担原设计防洪任务的基础上，增加了调蓄功能，集防洪、调蓄功能于一体。

在卢沟桥分洪枢纽处，有一座纪念碑，是永定河得以安澜的象征，也彰显着新中国成立以来，治水安邦、兴水利民的智慧和力量。

## 5. 永定新河

根据《天津通志》所载，为了解决永定河入海尾闾问题，切实解决天津汛期泄洪，以确保首都北京、天津、京山铁路的安全，依据水利电力部海河勘测设计院提出的《京、津地区水利规划意见》及《永定新河开工报告》，自泛区尾端屈家店开挖一条永定新河，穿京津公路、京山铁路东

永定新河泄洪闸 / 魏齐庚 摄

至北塘入海。工程自1970年10月至1971年7月实施。

永定新河长62公里，河道按五十年一遇洪水设计，百年一遇洪水校核。永定新河是永定河、北运河、潮白新河和蓟运河雨洪水的共同入海尾闾河道，对洪水安全下泄入海，确保永定河流域，特别是确保首都、天津的防洪安全有重要意义。

永定新河建成后，国家进行了多次整治工程，提高河道行洪能力，同时水生态环境进一步得到改善，河岸绿化得到加强。永定新河沿岸有各种作用不同、风格各异的水工建筑物：大张庄闸、金钟河闸及泵站、宁车沽闸、蓟运河闸、永定河新河防潮闸等，这些建筑物守护着永定河的安澜。

## 四、防汛责任重于泰山

大禹是中华民族广为传颂的治水英雄，今天的水务人是永定河这幅安澜图中最为绚丽的一笔。

新中国成立以后，以北京市永定河管理处为代表的北京水务人，坚守在水利一线，科学管理，精心谋划，永定河北京段已形成由官厅、斋堂、大宁、永定河滞洪水库和加固加高后的干流堤防、卢沟桥分洪枢纽、小清河分洪区组成的防洪工程体系，以确保北京城市和人民的生产、生命安全。

北京是缺水城市，永定河河道部分干涸，有多少人能意识到我们依然面临水的威胁？然而，确有这样一群人，他们是水务人。在永定河的流经之地，北京市永定河管理处、大兴永定河管理所、丰台永定河管理所、门头沟永定河管理所、石景山永定河管理所等就设在河道边、大堤旁，工作人员就像哨兵日夜守卫着母亲河，也守护着首都人民的安全。

门头沟区雁翅镇水文站，负责流域内4万多平方公里的水文测报工作，肩负着向国家防汛抗旱总指挥部、海河水利委员会、北京市防汛抗旱指挥部办公室的报汛任务，一旦官厅山峡形成洪水，该站会第一时间将准确的水文数据上报。对洪水的密切监视，就是与洪水比速度、抢时间，洪水暴发时从雁翅到三家店及卢沟桥只有大约两个小时的时间。

雁翅站建站四十多年以来，由于上游官厅水库蓄洪的原因，并未出现过较大的洪峰和汛情，但并不意味可以马放南山，高枕无忧。自官厅大坝以下的官厅山峡地形复杂且山高峡深，一旦遭遇大规模降雨形成的山洪，很有可能对下游乃至北京带来重大影响。水文站的同志，时刻以警惕的眼睛去发现平静的河水下掩藏的凶险，一切为了首都的安全，为了人民安全。水文的特点决定了水文工作的艰苦，一年四季与河流为伴，风平浪静须默默坚守，大汛之时便是在风口浪尖，他们上报的一组组水文数据，浸着他们的信念和汗水。

在绵延几百里的永定河两岸，每一处水文站点，就是一座守卫的哨所，时刻把脉河流的动态，守护着一方安宁。在人们眼里的百里山峡是百里画廊，在水务人的眼里，百里山峡也是百里隐忧。

徜徉在永定河大堤，你会看到沿堤防码放整齐的一处处防汛物料，严阵以待，还会看到一个又一个的宣传牌、警示牌、河长制信息公示牌等等。这些牌子或大或小，材质各异，归结其内容主要为：一是提醒接近水域的人们注意安全；二是提醒大家共同保护水源，以保障饮水安全；三是自觉保护河道植被、水库的设施；四是对大堤上防洪抢险的物料，做出标识，予以警示；五是对曾经的险工地段特别说明，并明确责任单位和责任人。这些宣传牌、警示牌的作用是对来往的路人起到宣传、告知、即时提醒的作用，以避免或减少人们可能受到的伤害，避免对水源造成危害；而对防洪抢险工作则是警钟长鸣。近年增加的河长制公示牌通常是对一段河道加以介绍，明确责任人，告知大家预期的治理目标。一块块宣传牌、警示牌，俨然是永定河畔一道独特风景，从字里行间，我们感受到水务人的情感和责任。纵然，永定河在下游曾经长时间断流，但是他们没有忘记作为水务人的责任。对于水务工作来说，洪水猛于兽，防汛大于天。有水有责任，没有水也有责任，责任不会以水的多少而变化；有水要坚守，没水仍在坚守，坚守不会因河道断流而松懈。

固安县地处永定河的下游，永定河右堤在境内全长22公里，有北村、杨村、坨头、西玉、龙王庙、小孙郭、大孙郭等多处险工。固安县水务局刘玉海局长的口头禅是：防汛，不怕一万就怕万一；宁可信其有，不可信其无。他说："固安是首都的

固安县永定河防汛备防石 / 魏齐庚　摄

南大门，做好防汛的各项工作和应急预案，是我们工作的重中之重，任何时候都要绷紧这根弦，必须有防大汛的准备，以应对可能的突然事件。"固安县永定河管理所李伟所长是坚守在永定河管理工作第一线的基层干部，他说：防汛是永定河管理所工作的第一要务。在汛期的6、7、8三个月，永定河管理所24小时有人值班监测，整个汛期全体人员停休，处于一级战备状态。所里的主要工作是查看水情，检查堤防安全，每天上报防汛工作；工程的维修养护是永定河管理所的第二项重要工作，特别是堤防的安全保护工作，包括：堤防、护坡、树木、植被的安全，对水利工程的养护、保护等。除上述工作以外，日常管理工作也是水务的基础性工作，对堤防的巡视，对水法的宣传、普及，以及加强水务执法，一天也不能忽视、放松，如：河道非法采沙、种植、养殖等问题的制止和处理，以保护河道安全。

当今时代，人们都渴望去追寻自己的梦想，他们却在坚守。坚，是坚定、坚强、不动摇；守，是保持不变，是守候。坚守，是默默的奉献和无悔的付出，是一种情怀，是一种大爱。

永定河作为全国四大重点防洪河流之一，对于防汛工作，国家及各地的各级领导都非常重视，每年都会到实地检查防汛工作的落实，开展各种形式的防洪抢险演习。内容涉及预警启动、水文预报、通信预警、洪水调度、群众转移、工程抢险及蓄滞洪区运用等方面多项科目。通过演习，使永定河防控指挥调度能力得到检验，使各单位工作人员进一步熟悉启动汛情预警、机动抢险队集结增援除险、滞洪水库蓄滞洪水及退水过程中的机闸启闭等一系列防汛预案和流程。同时，演练的过程进一步增强了各部门对防汛抢险工作的认识，落实责任，协同作战，以确保永定河安全度汛。

# 第八章
# 崇祀河神的往事

"五行之中，唯水最要。"远古时期，人们傍水而居，择丘陵而处，为了生存，对自然界趋利避害。但是面对水的巨大威力，以及产生的危害。人们对水既依赖又恐惧，从而产生了对水的崇拜、敬畏。人类对于水的崇拜，经历了对水的本体崇拜到水的神灵崇拜的过程，古人相信有河神的存在，想方设法祈求得到河神的保佑，在这一过程中，水被不断神化或人格化。

对永定河神的崇拜和祭祀是永定河文化的组成部分，具有独特的气质，呈现多层面的文化内涵。

## 一、三朝五帝敕封永定河

永定河曾屡受皇帝加封，独享尊荣。

金大定十九年（1179年），金世宗完颜雍封卢沟河（今永定河）为"安平侯"；元世祖至元十六年（1279年），忽必烈封永定河为"洪济公"，至元二十二年（1285年）又加封为"显应洪济公"；清康熙帝于三十七年（1698年）赐河名"永定"，封为"河神"；清乾隆帝于十六年（1751年）加封永定河为"安流广惠永定河神"；清光绪元年（1875年），礼部上奏：直隶总督李鸿章请求加封"永定河神"，内阁撰拟封号字样进呈，光绪帝朱笔圈出"普济"二字。

据《永定河志》记载："卢沟之有河神祠，自金大定十九年（1179）始。册封'安平侯'，春秋庙祭如令。"

金迁都燕京，改燕京名为中都。进入金代后，发生水患明显增多。《金史·五行志》记载：金世宗大定十七年（1177年）"七月，大雨，滹沱、卢沟水溢，河决白沟"。《大金礼集》记载："大定十九年（1179年）十一月十七日，奏秉：言事者以卢沟河水势泛滥，损坏民田，乞官为封册神号，树立祠堂。检讨得典故，止载祭礼岳、镇、海、渎，其山川林泽之神，有功德于民，乃降封爵。未有非在祀典止用损坏民田，赐号建庙之礼，难准所言施行。（世宗）从之。""大定十九年，有司言：泸沟河水势泛决啮民田，乞官为封册神号。礼官以祀典所不载，难之。已而，特封安平侯，建庙。二十七年，奉旨，每岁委本县长官春秋致祭，如令。"（《金史·礼志》）还有史料记载：大定二十七年（1187年）十月二十六日，奉圣旨："黄河圣后庙，卢沟安平侯庙，仰修盖得好者，教本县官以时祭祀。其祭祀所须之物，官为酌量应制，每岁委本县官长，春秋致祭。"

从上述史料可以看出，由于给永定河封侯前所未有，尚无先例，所以在奏报过程中，礼部官员有些不知所措，认为难以实行。但是，金世宗还是破例特封其为安平侯，并批准建庙，嗣后还进一步明确了祭祀永定河河神的等级。

金世宗封永定河河神的事情也颇具戏剧性，在卢沟河封侯之后，泛滥的河水竟重归河道，金世宗闻知颇为得意，以为册封卢沟河为安平侯，卢沟水水归故道，正是河神显灵的结果。《金史·徒单克宁传》记述了这一事情："初，卢沟河决，久不能塞，加封安平侯。久之，水复故道。上曰：'鬼神虽不可窥测，即获感应如此'。"徒单克宁奏曰："神之所佑者，正也。人事乖，则勿享矣。报应之来，皆由人事。"上曰："卿言是也。"自此，永定河第一次封神为"安平侯"，并建"卢沟安平侯庙"，每年春秋由县官以时祭祀，祭祀所需之物，酌量应制。

"国之大事，莫重于祭。"金世宗在位时期，并不推崇宗教，但是对永定河极为重视，亲自封侯、责令建庙，可见永定河地位之特殊。

忽必烈元世祖至元十六年（1279年），封桑干河（永定河）为"洪济公"；至元二十二年（1285年）又加封为"显应洪济公"。元世祖对永定河的加封与金世宗相比较发生了明显变化。首先，永定河神的封位一再得到提高。我国历史上曾实行五等封爵制，即公、侯、伯、子、男，后代相沿，虽然各个朝代不尽相同，但是"公"的爵位始终高于侯爵。元世祖封永定河神为洪济公，并没有就此罢休，而是几年后再次加封为显应洪济公。其次，元世祖加封的同时，举行了隆重的仪式，命宗师张留孙设坛祭祀，祈祷神灵禳除灾祸，活动持续了五天五夜。有史料为证，元世祖至元十六年（1279年），"丙子，命宗师张留孙即行宫作醮事，奏赤章于天，凡五昼夜"。

我们受史料的限制，无从得知元世祖进一步加封的详尽原因。但是，从至元二十年（1283年）开始，北京地区曾出现第一次水灾高峰时段，连续十几年出现水灾，大雨、冰雹、河决，桑干河水患愈演愈烈是不争的事实。

清朝对祭祀活动尤为重视，把祭祀当作国之大节，"谕旨频颁，宸章式焕，丰碑所勒，咸仰睿谟"，祭祀成为清朝政务的一部分，也成为宫廷生活的重要内容。久旱、久雨，宫廷与官署无不致祷，而建庙册封，亦成民致神之要务，每年都要花费时间，举行各种祀礼。清朝的历史文献中记有这样的故事，康熙帝于四十四年（1705年）正月初六，亲至祈谷坛行礼，"是夜，瑞雪清尘，光风拂面"。人们以为是上天感动的结果。康熙帝在晚年时曾对他的诸位皇子讲述故事，说有一年天气异常干旱，他在宫中设坛祈祷，长跪三昼夜，只吃淡食，到第四天的时候，他又亲自步行到天坛虔诚祈祷，忽然浓云大作，大雨如注，当步行回到宫中时，雨水灌满两靴，衣服也湿透了。康熙帝用这样的故事说明神灵显著。康熙帝于三十七年（1698年），命于成龙主持治理永定河之事，要求在有关征集工匠、录用人才、使用库银、商议治理河道等诸多事宜上，均须"告祷于神"。工程告竣，康熙帝赐名"永定"立庙于卢沟桥，敕封"河神"。《皇朝通志》记载：乾隆元年（1736年）八月，乾隆帝特谕致祭河神、海神、永定河神，将对永定河神的祭祀提升到极为重要的地位。

清朝也曾发生对永定河加封的趣事。清同治十三年（1874年）八月，时任直隶总督李鸿章奏请，"加封永定河安流惠济河神封号"，并敕赐"永定河将军"封号。李鸿章曰：根据永定河道李朝仪的禀报，永定河崇祀河神、将军，各建有庙。河神庙原赐名惠济，乾隆十六年又特别加"安流惠济"的封号，只是将军没有加以褒封。近年，每遇艰难危险，紧急抢办大工，有求辄应。这一年的伏、秋大汛，奇险迭出，人力难施，所幸有神灵保佑，安然度过。因此特上奏请旨，恳请加赐封号，同治帝朱批"礼部议奏"。

然而，同治帝于当年驾崩，所奏之事搁置，次年的光绪元年（1875年）四月才有结果。礼部上奏说，永定河崇祀河神由来已久，康熙三十七年（1698年）敕封立庙，乾隆十六年（1751年）特加封"安流广惠"封号，河神建庙历历可考。拟如所请，可以敕赐封号。并由内阁撰拟封号字样进呈。而对于"将军"名号，礼部认为无志可考，须进一步查明后办理。在内阁撰拟的封号字样中，光绪朱笔圈定了"普济"二字。礼部在奏折中还指出：原奏所说的乾隆加封永定河河神"安流惠济"的说法是错误的，经核查志乘记载为"安流广惠"之神，应当更正，不得继续误用。

我国传统的民间祭祀历来兴盛，祭祀的对象有天、地、山、川等自然神。《礼记·祭法》曰："圣王之制祭祀也，法施于民则祀之，以死勤事则祀之，以劳定国则祀之，能御大灾则祀之，能捍大患则祀之。"《礼记·祭法》中还说："天子祭天下名山大川，五岳视三公，四渎视诸侯。"中国历史上所形成的祭祀江、河、淮、济四渎的特殊文化，是历代水祭文化的缩影。

历史上对永定河的敕封，以及不断提高河神的神格，甚至出现复加的现象，亦是永定河神被不断赋予神性与人格化的过程。

## 二、河堤上的祭祀带

历史上，永定河北京地区的河神祠庙沿河分布，最为密集，有数十座之多，形成了河堤上的祭祀带。虽然几百年过去了，我们仍能从史料中触摸到它的印记，感受到其中散发的浓郁气息。

永定河自北京三家店出山开始进入下游地区，河防工程北岸自石景山开始，南岸自卢沟桥开始，形成逶迤东去的永定河大堤，河神庙依堤伴水而建，空间上次第相连，构成意味深长的一道景观。清雍正帝曾发出感叹，"今兹数十里内，庙貌相望，虔修秩祀，尚其妥侑歆飨"。永定河下游的三角淀惠济庙，有乾隆年间的记事碑，碑中对此也有记载："永定河挟云平、上谷崇山峻岭之水，奔腾湍悍，环绕蓟南数县，约束两堤之间。……自石景、卢沟以及南、北两岸，皆建庙致祭，岁时展诚。"

永定河畔寺庙林立，首先是历代朝廷大力推崇的直接结果，各个朝代一边治水，一边建庙。自金代以来，敕封河神，敕建河神庙，在旧朝河神庙的遗址上或修葺或重建不曾间断。尤其是明代以后，庙宇的数量明显增多，进入清代以后，河神崇拜达到了高峰，当朝皇帝不仅提高了永定河河神的封爵，修建河神庙，还亲自拜谒，题写匾额、楹联等。

康熙三十七年（1698年），康熙帝赐名"永定"，敕封河神，重修河神庙于卢沟桥北。重修后的河神庙平野临其前，长河绕其侧，景色十分秀丽。正殿恭悬圣祖仁皇帝钦颁题额："安流润物"。这一庙址也是前朝河神庙的旧址。

雍正十年（1732年），于东岸四号庞村，敕建石景山北惠济庙，庙中有雍正、乾隆两位皇帝的御题匾额和御制碑。

嘉庆九年（1804年）八月，有臣奏报秋汛安澜，全河平稳，坝工稳固，并重建庙宇。嘉庆帝甚感欣慰，下谕旨："此皆仰赖河神默佑，灵贶昭孚，得以顺轨安澜。欣感之余，倍深乾惕。着发去头号藏香五炷、二号藏香五炷，交颜检于新建玉皇庙、龙王庙及沿河各庙敬谨祀谢，以答神庥。"嘉庆帝还亲书匾额、楹联一并发往。嘉庆十六年（1811年），又于永定河南岸头工下汛敕建河神庙。

道光二十三年（1843年），道光帝给南六工惠济庙颁赐御书额联"功卫京圻""蓓屋安恬资润下，桑干巩固颂灵长"；给北六工惠济庙颁赐御书额联"畿甸承庥""德乂百川征轨顺，灵昭三辅庆波恬"。

南岸头工上汛有玉皇庙，康熙三十二年（1693年）敕建，御书"万象同瞻"匾额，敬悬殿庭；乾隆三十二年（1767年），庙宇冲毁，因为是圣迹垂昭之地，按前建制复建庙宇，古庙不废又添建河神庙三间。嘉庆六年（1801年）奉敕移建，嘉庆帝赐匾额："太清锡祉"，楹联："真宰自诚函万有，鸿均默运妙三无"。在庙中的龙王殿，赐匾额："孚愈恬澜"。

南下头工，嘉庆十六年（1811年）敕建河神庙，正殿有嘉庆帝钦颁匾额"镜流环极"。

南岸三工（大兴）惠济庙，嘉庆帝钦颁匾额"灵昭永定"，楹联："节宣三辅恬波顺，保障群生利济多"。

北岸二工七号堤惠济庙，乾隆三十七年（1772年）建。乾隆帝御题正殿匾额"顺轨贻庥"，楹联："灵昭保障资惟固，馨报恬波祝有恒"。坐落房，乾隆帝御题匾"怵哉榭"，楹联："利策河防常惕若，勤求民隐倍殷然"。挂屏恭录御制《怵哉榭》诗三章。乾隆三十八年（1773年）建碑亭一座，御制乾隆《瞻谒永定河神祠》诗一章，《永定河作》诗一章。

北堤坝八工三号堤，碑亭一座，乾隆三十八年（1773年）三月建，碑上刻有乾隆帝御书《阅永定河记》《往阅永定河下口舆中作》《阅永定河下口诗以示裘曰修、周元理、何煟》诗三章。

北惠济庙留有一座碑亭，碑亭坐北朝南，亭身为正方形，卷棚顶四面有拱形门洞，南面门洞的上方有汉白玉门额，门额有乾隆帝御笔"谟肇恬波"。亭内是巨大汉白玉石碑，螭首龟趺，碑刻有雍正帝御制碑文，和乾隆帝五言律诗。

当朝皇帝的敕封、敕建、祈祭河神，直接体现最高统治阶层的意志。每年由官方定期敬奉河神的规制，以及香火地亩，祭祀公费由当朝统一拨发，已将整个北京地区对永定河的祭水、祀神纳入国家祀典。不仅如此，上述活动的示范效应，直接对永定河地区祭神修庙产生重要影响，大河两岸庙宇密集，既有敕建、官建，也有民间集资兴建。有一民间龙王庙立有石碑，碑文中赫然写有：倘非龙神有灵，焉能致御笔旌表。

北惠济庙碑亭／魏齐庚　摄

其次，历朝的官员推波助澜，视倡修祠庙、虔诚祭拜为己任。明万历四十三年（1615年），固安县创修重堤，以防范河水泛滥。大堤建好以后，右副都御史郭光复提出，凭河有神，栖神有庙，祭祀河神消除灾患，需要建造殿宇。他振振有词曰：永定河神自至元年间开始封为洪济公，时到今日，怎么能缺少典则？于是大兴土木，建庙，并塑之以像，庙宇金碧辉煌，穹然高峙，前门象昂其首，有前厦、禅堂、有围墙。寺庙建好以后，为官者率领下属祭拜，百姓为庆其成而刲羊、击豕，载歌载舞。

三角淀地处永定河下游，原没有河神庙，于乾隆二十二年（1757年）创建惠济庙。永定河河道鲁成龙提出，讲求河防，唯下口为急务。自石景山卢沟以及永定河南北两岸均建有河神庙祭祀河神，而三角淀是众水所归之处，却没有建寺庙以使供奉，这怎么可以呢？因此率领属下选择孙家坨建庙一所，正殿三楹，前后围房二十间，两个多月便告竣工。建成以后，直隶总督率领官员瞻拜。

永定河道定柱，于雍正十一年（1733年）走马上任，衙署在固安县城。固安城曾有明朝所建东、西河神庙两座，定柱上任后修葺一新，并上奏要求增加香火地亩，以满足每年的香灯祭祀的需要。

道光二十三年（1843年）九月，直隶总督讷尔经额上奏，请颁河神庙额。他的理由是乾隆时有永定河北七工河神庙一座，南六工双营村河神庙一座，庙貌巍焕，灵应屡昭。本年北七工十一号遥堤，因河道迁徙，漫溢刷塌，但只有十几丈，未出现续坍，被淹村庄轻而且少；另外，改道由北六工十八号迤下择地堵合，自兴工以来，天气久晴，水不扬波。他因此奏曰："合无仰恳皇上颁赐御书匾对，敬谨悬挂，以彰美报而答神庥。"道光帝御批："自应特颁联额以答神庥，发御书匾额二方，对联二副。着讷尔经额祗领，敬谨悬挂。"（《（光绪）永定河续志》）

在永定河的治理过程中，历朝历代的官员之所以热衷于祭祀河神，将大量的河神庙沿堤而建，主要是为了镇水，"捍御灾患"，借助神灵的威力镇守两岸，消灾避难，以保当地安澜。同时，永定河畔的祭祀场所或各种祭祀形式，也具有一种社会政治功能，通过祭祀宣传、教化民众，对于社会力量或资源进行整合。早在春秋时期，古人就提出："国之大事，在祀与戎"，把祭祀和武力当作国家最重要的事情，军事力量弱小国家就受到威胁，祭祀可以凝聚人心。因此，自石景山、卢沟桥开始向下游延伸的两岸，大量寺庙的兴建、敕封、祭祀等活动具有浓厚官方色彩，而沿河各级地方官员以及掌管治河的官员，往往将祭祀河神的功利性渗透于整个治河过程。

永定河两岸形成祭祀带，也不只是统治阶层的一厢情愿，应该说有着广泛的社会基础，在某种意义上也符合民意，符合人们对河神的认同，以及对生命、财产得到佑护的心理要求。可以说，对河神的崇信是历朝政府和沿河民众共同造神运动的结果。尽管朝廷、官员、百姓处在不同的阶层，立场不同，但是在祭祀河神，建造庙宇，酬神感恩等问题上的心理反映，却有着不可避免的趋同性。

这种趋同性，源于长期以来儒家、道家思想对中国文化的影响。古人意识到世界万物间存在错综复杂的关系，人与自然界存在不可捉摸的因果联系，人们希望得到上苍的赐予和恩惠。祭祀河神，用意固在敬神，而亦重在求神，水崇拜文化的产生，是人们对水依赖的表现。因此，在祭祀活动和祭祀场所，往往弥漫着浓重的精神意义，所谓敬神，是对上苍神灵的敬畏和崇拜；求神，是建立在个人意愿上的祈祷，消灾降福，风调雨顺，保一方平安。

正是这种趋同性，使人们借助神灵佑护以实现安澜的良好意愿与必要的祭祀场所、祭祀礼仪结合起来，既有官民同娱，也有民间俗祭，官吏、乡绅、百姓一呼百应，成为永定河沿岸的独特风景和重要的历史文化现象。在永定河两岸的民居中，以水纹作为雕刻装饰题材的门墩、角柱石也随处可见。这些与水有关的纹饰的产生，或许不能排除出于审美的需要，但不能否认人们思想深层次对于水的崇拜以及功利与实用思想的体现。

永定河上、中、下游地区对河神的崇信、祭祀，与地理环境的改变，以及地域转换有着很大关联。就总体而言，永定河北京地区到下游的三角淀地区，祭祀河神的特征性明显强于永定河沿岸的其他地区。永定河形成庙貌相望的祭祀带，也正是处在河患的多发河段。正如乾隆帝祭祀永定河河神所言，"惭乏安澜术，事神敢弗诚？"对河神信仰的功利性是显而易见的。民间信仰始终服务于现实，没有功利要求，崇祀的热情也不会强烈或持久。因此，主持河政的官员，做出政绩的治河功臣等，也因惠政于民而被后人所祭奠。归根结底，河流祭祀文化反映了人类与河流的互相影响、互相作用、互动关系，这种文化使自然河流不再是纯粹的自然现象。

## 三、祭祀河神的礼仪习俗

祭祀河神的习俗由来已久，已经延续了几千年。在我国历史上，有帝尧沉璧于洛水以祭洛神的传说，在甲骨文中有确凿可信的记载，"求年于河，寮三牢，沉三牛，俎牢"，还有流传甚远的"河伯娶妇"。历代封建王朝，都将祭祀作为施政手段之一，通过繁文缛节，表达他们敬天法祖的虔诚心意。祭祀文化关联到诸多元素，关键词是：祭祀的对象、祭祀的场所、祭祀的物品，以及祭祀的礼仪等。

清朝对祭祀永定河神有明确规定，祀神公费由朝廷按季给发，一般神祠于河神诞辰日、元旦上供，而衙署所置河神牌，元旦、上元、中秋、圣诞均上供，秋汛后谢神上供，献戏三天。

清廷对永定河神的祭祀极为重视，在《（光绪）永定河续志》中记有一段文字，乾隆二十四年（1759年），贵州巡抚请定外省龙神祭拜事宜，礼部答复：祭祀龙神的日期按照京城的日期致祭，祭祀的一切礼仪按照永定河神庙之制。

隆重的祭祀礼仪形式是祭祀活动神圣的体现。永定河神是每年祭祀的重神，祭祀活动有严格的要求和程式。在《（光绪）永定河续志》中对祭祀的仪式明确记载：须先期斋戒一日，不处理司法事宜，地方官员负责净庙布置陈设，选择、准备祭祀的牺牲。祭祀所用的物品有：祝板一，布帛一，白瓷爵三，箆二，笾一，豆十，羊一，猪一，镫二，炉一，尊一，香盘一。其中爵、箆、笾、豆、镫、尊等即是盛装酒和食物的祭祀礼器。祭品中玉帛必不可少，"帛"指织物，古代又称"币帛"。在祭祀活动中有一项"奠帛"的程式，即由主祭官向河神敬献帛，这是传统祭祀中一种特有的礼仪，参加者皆须跪拜，可以称之为祭祀仪式的序幕。祭祀时向神牌行礼，古人认为牌位仅仅具有一种象征意义，因此要进行一种礼节将受祭者的魂灵迎来，使其"依附"于牌位之上而接受祭祀。

祭祀当日的五更时分，官员着蟒袍步入庙中，按官职顺序就座，茶过二巡后，仪式正式开始。祭祀活动的核心是"三献礼","献"指"献爵",是向受祭者敬献酒的仪式。在进行初献礼之前,参加人员净巾沐手,上香,迎神,二跪六叩首。祭祀人员按照职位顺序就位,主祭官、陪祭官、知县、都司、侍官等站立。祭祀鼓

**祭祀河神民俗文化节 / 魏齐庚 摄**

声先起,而后宣布开始,首先是"初献礼",即第一次向河神献酒,叩首后复位;而后是"亚献礼""终献礼",即第二次向河神献酒、第三次向河神献酒。三献礼后是饮福酒,跪拜叩谢。

在初献礼行完后,还有一项"读祝"的环节,"祝"即"祝文",也就是祭词。祝文一般是依照一定的腔调旋律吟诵,而且朗读祝文的人要跪读祝文。祝文内容一般有祭祀的年份、日期,说明何人致祭,歌颂神灵的功德,以及希望得到保佑,敬献的物品清单等。吟诵祝文时,祭祀人员均须跪拜。

祭祀的最后仪式叫"望燎",主祭官、陪祭官、司尊者、司帛者,以及唱、赞者皆跪,二跪六叩首,将祝、帛、投入燎炉。祭祀活动的初始和最后程序往往体现"迎神"和"送神"的寓意。

清代的祀典,沿袭古制,将诸祀分为三等:大祀、中祀、小祀。凡遇大祀,皇帝要亲祭;中祀,或亲祭,或遣官代祭;小祀,都由皇帝指定官员代祭。遵照古制,永定河神的祭祀应列为小祀。但永定河所处的地位,以及历代历朝帝王的多次巡幸、敕封建庙、亲自拜谒,以及赐封匾额、树碑立传等,使永定河神的祭祀活动在既定礼仪制之外,得到更多的殊荣。

祝文在祭祀中非常重要,被视为与神明沟通的凭借。因此,虽然祝文的格式是相对

固定的，人们也总是语词诚笃、情真意切地表达对神灵的信仰和情感寄托。清朝康熙帝非常重视祝文，尤其是灾异之年，强调"要制新词"。

祝文表达祈神求福的愿望，往往不仅富于感情色彩，也具有功利色彩。明代《固安县创修重堤暨龙王庙》碑记中记述，明万历四十三年（1615年）河水泛滥，发生旧堤崩溃，几成平地，因此重新筑堤、建庙，并塑之以像，祭祀河神。碑文表达了人们的殷殷期望，其中说道，人神幽明关乎一方百姓的生命、生计，看到民间百姓虔诚的祭祀神灵，神亦当鉴职而福民。希望从今以后能泽润千里，有灌溉农田之利，而不再担忧发生河水泛滥，唯有神灵才可以做到平息河水，免除灾害。碑文中还说："如果河水泛滥如故，冲决如故，啮田畛而漂庐舍，使民荡析与洪涛巨浪之中，无论筑堤建祠之本意。而自顾庙貌，能无惭斯民血食乎？"

可见，按着一定的仪式，向神灵致敬和献礼，以恭敬的动作膜拜它，求其降福免灾，请它帮助人们达成靠人力难以实现的愿望，是祭祀的心理动因。当时代不断地进步发展，人们的需求得到现实的保障，对河神的尊崇便会随之弱化。

秋汛后谢神上供、庆安澜，是一种秋祭活动。史料记载：乾隆年间，每年动支石景山南、北惠济庙、固安县东、西惠济庙、南头工玉皇庙、北二工河神祠安澜演戏，共银三百两。固安地区在白露节后庆安澜，唱安澜戏成为例节，尤为盛行。固安西惠济庙的碑记中有永定河道定柱上任三年，水流顺轨，每年庆安澜的文字。

《固安县水利志》记述，"安澜戏"是庆贺永定河全年无患安澜的一种节庆戏，在固安县流传有二百多年。固安县临近河道的村庄流传"秋后无患唱安澜"的民谚。自清中至清末，这种活动未曾中断，最后一次唱安澜戏是1922年，后因河道失修，河神庙、祠或毁于水患，或毁于战事，安澜戏随之衰落。

伏、秋大汛是永定河的主汛期。汛期过后，河道官员、河兵在河岸神庙焚香报神，叫庆安澜，即"小安澜"。每年秋季的白露节后，高搭棚台唱大戏，此为大安澜，又称唱安澜。唱安澜期间，在署衙、各庙宇，焚香化纸，明烛奉供，官民同庆。唱戏的棚台搭建十分讲究，在台口处搭设神棚，台口两侧高挂普庆安澜等内容的楹联。唱安澜戏的地点并不固定，一般在龙王庙，有时在固安的东、西惠济庙或其他地方。

祭祀典礼一般由地方官员或士绅主持。从祭人员依次参拜，棚台、戏箱安置就绪，由河道委派河兵到临近河堤之处请河神，选捉一条二尺来长的花绿色草蛇，置于一个铺着红色绵纸或红布的茶盘上，蛇自然盘蜷。河兵双手呈盘于道台，再由道台平端神盘，放置供案，这是传说中河神的法身。然后上至九巡十八厅大小官员，下至河兵，以及近河各村百姓，按顺序明烛焚香，化纸进供，戏班演员也穿戴戏装一同叩礼参拜，礼仪十分隆重。拜神之后，演员登台开锣唱戏。将蛇作为河神的化身，不仅是永定河流域的祭祀文化现象，在黄河、运河沿岸的一些地区崇信河神金龙四大王，将金黄色小蛇作为河神的法身加以供奉，视之如神。

"庆安澜"，由地方官场主办，群众广泛参与，人神同娱，祭祀仪式与民间多种文化元素相结合。清代，河工官吏防守河道，须身居河堤，设有河道等官。固安地处适中，建有河道署、南岸同知署、北岸同知署，以及南岸守备署。固安也曾经是总督防汛公署的办公所在地。

永定河沿岸祭祀河神，以及庆安澜等习俗与当地的自然、人文环境密不可分，在相当长的时间里，是人们生活中不可或缺的重要组成部分。

## 四、逝去的河神庙

兴修河神庙是永定河治理的一部分，河神与治理河工之间相互关系的事例莫过于庙宇的兴建。尤其是明清时期，由于北京及下游地区水患频发，河神祠庙充斥永定河两岸，置于两岸河堤的显要位置，专门供奉河神的祠庙盛行。

永定河流域多是祭祀龙王，龙王是放之四海而皆准的神灵，而也有地区则是龙王、河神同祭，北京地区的永定河沿岸，祭祀河神的主旨更为突出，祭祀永定河神的整体布局以及其连续性是显而易见的，祭祀河神唯此为大。永定河两岸有河神祠、惠济庙、将军庙，专祀河神，数量大大超过其他功能的寺庙，相沿成习的民间风俗龙王庙、玉皇庙也设有河神的神牌，兼有祭祀河神的功能。河流沿岸的祈神多以护坝保堤为首要，还有更深层次的含义，以守护京城为祀神之宗旨。在民间祭祀龙王与祭祀河

永定河上游桑干河畔河神宫 / 魏齐庚 摄

神的概念不是对立的，但有时是分离的，有时是重合的。

永定河南岸头工玉皇庙是康熙年间敕建，乾隆年间在庙中添河神庙三间，以获安澜之庆。石景山东岸兴隆庙，是明正统三年（1438年）所建，明正德年间重修，进入清代又捐修河神殿三间。万历三年（1575年），固安浑河堤口敕建龙王庙，在庙中的碑文中也有"若谓茫茫川渎，必有以主之者。祈神之佑，河伯显灵，而水相吾民焉"的文字表述。

永定河畔，无论是惠济庙，还是龙王庙、将军庙，每一种建筑所负载的文化内涵都有其独特的思维模式，每一座寺庙都有着一段水事的记忆，尤其是敕封的河神祠庙，呈现的是皇家血统和古典华丽。

## 1. 北惠济庙

北惠济庙建在石景山东岸庞村，因位于卢沟桥惠济庙北而得名，当地人习惯称之为大庙，现在仅遗存一座碑亭，一株古柏。但是，我们可以从史料中领略当时的建筑风采和文化魅力。

北惠济庙是清雍正帝敕封庙名，其弟胤祥亲自选址、主持修建。胤祥是雍正帝的得力助手，在雍正年间为治理永定河提出许多建设性的建议，做了许多实实在在的事情。在寺中的御碑中有这样的记载："朕弟和硕怡贤亲王躬往营度，得地庞村之西，鼎建斯庙。长河西绕而南萦，峰岭北纡而左鹜。控制形胜，负山临流。殿宇崇严，规制宏敞。护以佛阁，界以缭垣。经始于雍正七年冬，役竣，复以卢沟神庙，皇考圣迹所在，载加崇饰，丹雘维新。"雍正帝对新建的河神庙满意，赐庙名曰"惠济"，以示"称朕敬神惠民之意"。北惠济庙坐北朝南，三进院落，雍正十年（1732年）敕建。门额"敕建北惠济庙"为雍正帝御笔。敕建神阁五间，阁前御碑亭一座，东西禅房各六间，厢房各三间，正殿三间，东西配房各三间，耳房各三间，前殿三间，殿前碑亭一座，钟鼓楼二间，旗杆二竖，山门三间，东西角门二间，东西木牌坊二座，戏楼一座，戏楼的西侧有铁牛一具长六尺高二尺，乾隆三年（1738年）十一月，钦差监造。祠西北极庙正殿一间，山门一间。

寺庙的前殿恭悬雍正皇帝御题匾额："安流泽润"，乾隆御题殿内额曰："畿辅安澜"。

庙内有两座碑亭，雍正十年（1732年）建碑亭一座，亭门御题石额"谟肇恬波"，亭内有雍正帝御制《石景山惠济庙文》，碑阴刻乾隆帝御制律诗二章。这是北惠济庙现仅存的一处遗迹。还有一座碑亭，于乾隆十五年（1750年）三月建，石碑保存于北京石刻博物馆。

北惠济庙"殿宇崇严，规制宏敞"，建造用了多年时间，最后的规模也比初始有所增加。乾隆帝曾多次拜谒石景山惠济庙，留下多篇诗章。选其中《石景山初礼惠济祠》诗一首，如下：

> 崇祠依石堰，像设谒金堂。
> 云壁瞻初度，曦轮届小阳。
> 河防慎有自，神佑赖无疆。
> 疏凿非经禹，唯廑永定方。

北惠济庙的铁牛在民间非常有名，留下很多神奇的传说。铁牛在北惠济庙的位置，正好遥望永定河的险要河段，传说每当永定河水猛涨，铁牛就会发出洪亮的吼声，警示人们纷纷避险。

牛识水性，牛能镇水，在我国历史上早有传说。据说古代大禹治水，每治好一处，便铸制一条铁牛沉入水底，以镇水患。经过长期沿袭，人们后来把铁牛置于岸边，不再投入河中。颐和园有铜牛置于昆明湖东岸，铜牛身上铸有铭文："夏禹治河，铁牛传颂，义重安澜，后人景从。制寓刚戊，象取厚坤。蛟龙远避，讵数鼍鼋。潆此昆明，潴流万顷。金写神牛，用镇悠永。巴邱淮水，共贯同条。人称汉武，我慕唐尧，瑞应之符，逮于西海。敬兹降祥，乾隆乙亥。"这段铭文可以说是一个淋漓尽致的诠释。永定河沿岸曾有多尊铁牛、石牛。1985年卢沟桥地区出土一尊铁犀牛，经文物部门初步鉴定，距今已有千年左右历史，对研究北京水利史有重要价值。

## 2. 南惠济庙

南惠济庙又称永定河神庙，也称龙王庙，位于卢沟桥北，是供奉永定河河神的专用庙宇。寺庙自金代大定年间建，正统元年（1436年），卢沟河决，河神庙颓圮不支，批准重建。清代康熙三十七年（1698年），在前朝河神庙的旧址上敕建，正殿恭悬圣祖仁皇帝钦颁题额："安流润物"。

南惠济庙建成以后，雍正年间和乾隆年间曾多次增建和维修。庙内有神阁五间，耳房二间，东、西禅房六间，佛殿三间，东、西厢房六间，东配殿三间，河神殿三间，碑亭一座，东、西厢房六间，钟鼓楼二座，旗杆二竖，山门三间，东、西角门二间，东、西牌楼二座，戏楼一座，阁后公所上房三间，群房九间。佛殿西首，乾隆三十九年（1774年）恭建坐落房三间。

寺内碑亭，敬刊康熙帝御制《永定河神庙碑文》；乾隆帝《安流广惠永定河神庙文》和御制七言律诗一章；内东、西两壁恭勒御题石额："永佑安澜"。

乾隆四十一年（1776年），御题楹联："巩固籍昭灵，惠同解阜；馨香凭报，济普安恬"。

南惠济庙是具有里程碑意义的建筑，庙中御碑《永定河神庙碑文》记录了康熙三十七年（1698年）治理永定河，并赐名永定河的史实，"视永定河所自始"。

## 3. 永定河北二工河神祠

永定河北二工河神祠，俗称龙王庙，位于赵村南的永定河大堤下。

赵村地处卢沟桥以下河段，地势平缓，泥沙淤积，形成地上河，遇有灾害之年，常常是险象环生，历史上多次发生决口，一直是险工险段。

险工险段，是指河道堤防存在的不利于堤防防洪安全的隐患所在工程和堤段，主要险工大致有：滑坡、裂缝、老化失修、管涌等，一旦抢险不及时，便会造成大面积的决口溃坝。

现在此段仍是永定河的防护重点，在堤坝上建有一座青砖幕墙，上面写道：乾隆三十五年（1770年），乾隆三十六年（1771年），民国二十八年（1939年）决口。新中国成立后的1953年、1956年、1959年曾出现险情。简短的文字记录了历史上发生水灾的年份，同时给人以警示。

永定河北二工河神祠，选址险工北端，正殿三间，东厢房三间，坐落房三间，禅房五间，山门一座，碑亭一座，乾隆三十八年（1773年）阳春三月，圣驾亲检神祠，为神祠题诗词和楹联。乾隆帝为河神祠建成作诗三章，现选录其中一首如下：

> 茭薪非不属，堤堰丰观成。
> 终鲜一劳策，那辞五夜萦？
> 凭看虽日慰，追忆尚含惊。
> 旧塋原循轨，新祠已丽牲。
> 连阡麦苗嫩，围墅柳条轻。
> 惭乏安澜术，事神敢弗诚？

神祠的东厢是地方官员洒扫憩息之地，乾隆帝命名为"怵哉榭"。无论是乾隆帝御赐"怵哉榭"，还是瞻谒永定河神祠的御制诗，字里行间是劫后余生的有感而发，也体现了对神祠的寄托和虔诚。

乾隆五十九年（1794年），永定河进入伏汛后水势增长，多处发生险情，经竭力抢护，化险为夷。乾隆帝两次下旨，敬谨祀谢，并发大藏香二十炷。

该寺庙是永定河沿岸河神庙中占地最大的一座庙宇，朝廷每年拨发香灯银两也是最多的，香火地亩六顷，香灯银三十二两。

遗憾的是原有的殿宇、匾额、碑亭、院落早已不存，而仅存的御制石碑也在近年被盗，偌大石碑竟然不知下落。时至今日，还常有人来此地探访，有游客，也有学者，当地的村民对往事津津乐道。

## 五、纪念河神显灵之大王庙

大王庙位于北天堂村，在村西南永定河左堤的外坡下。此寺庙建于清光绪十七年（1891年），距今已有100多年的历史，2004年复建后列为丰台区文物保护单位。

人们更习惯称这座寺庙为"治水大庙"，这与大王庙的来历和遗存的文物有关。这座庙是在光绪十六年（1890年）永定河大水之后所建，庙里存有三通石碑，镌刻的内容是这里发生的治水故事。其中一通御制碑，镌刻"北上二号漫口合龙将军显著灵异记"，讲述的是光绪十六年（1890年）永定河堤决口的惊心动魄，继而转危为安的奇异事件，大王庙便是由此而建。

光绪十五年（1889年），巡察河道的官员看到河道淤塞，深感忧虑，即上奏朝廷疏浚河道，但因经费过巨，没有果断采取措施。第二年发生特大洪水，势甚凶猛，当时物料供应青黄不接，各路官员想办法购备物料，于七月份在卢沟桥以下开通引河速分水势。碑云："九月十日将合龙时，河水陡高，两坝垂蛰几殆。幸赖将军于金门口特著灵异，得以转危为安。甫启引河全溜顺轨，大坝顷刻合龙。是皆仰托国家洪福，故河伯效灵。"北上二号抢险工程，极其艰巨，耗时两月方堵筑完工。经历了物料不足，人力难施，河水汹涌，疯狂雨猛，人们更相信危机之中是河神显灵，托河伯洪福。为了答谢神灵佑护，纪念大坝合龙，光绪帝赐"金堤永固"匾，慈禧太后赐"永佑安澜"匾。光绪十七年（1891年），朝廷拨发银两加固堤坝，所剩物料修建了大王庙。这次抢险工程，花费银两达三十余万，参加抢险的官员百余名，民夫以万计，官员无旷职，民夫无旷工。

据史料记载，光绪十六年（1890年），北京降雨频繁，发生特大水灾，多条河流河水陡涨，永定河出现多处决口。《重修永定河大王庙碑记》对此也有所记："清二百六十八年溃决七十又八次，光绪十六年七月七日始，天作淫雨，连日如注，河水盛涨，堤左崩决。浸逾二百余丈，横流湍悍，径趋南苑，波撼京门朝廷。急调役夫，派募里民，多方鼓舞，汇集物料、钱粮，设官统之。高厚提防，因势而疏。"

大王庙由一座牌楼和三层院落组成，寺中供奉龙王、河神等各方神灵。寺庙有山门殿、大王殿、龙王殿、文昌殿、关帝殿等。大王殿中悬挂着光绪皇帝题写的匾额"金堤永固"，龙王殿中悬挂一块匾额"永佑安澜"，是慈禧所赐。在大王庙的西北角有一条甬路通往后面的碑林，碑林的尽头是一座山丘，有月亮门将内外连接，月亮门的匾额写有"禹门"二字。《重修永定河大王庙碑记》中记载：为纪念"大禹平成天地，功在万世，在庙后山丘辟为玄圃，立禹门，塑玄龟，筑元龟亭。中置一石，作九州山川文。后有石船，是大禹所乘也，来自会稽。三面石壁皆为大禹治水造像"。

大禹是我国传说中与尧、舜齐名的贤圣帝王，他最卓著的功绩，就是被传颂至今

**大王庙记事碑／魏齐庚 摄**

的治理滔天洪水，又划定中国国土为九州。数千年前，洪水肆虐，大禹带领人民治服洪水，三过家门而不入，成为人们崇奉的水神。在永定河畔尚存的寺庙中，祭祀大禹的庙宇并不多见，因此大王庙更显弥足珍贵。大禹是中华民族精神的象征，缅怀大禹的丰功伟绩体现了民族精神的一种传承。

在大王庙的碑刻中，有《冯检阅使德政碑》，记述了1924年永定河发生大水，冯玉祥将军率兵抢险筑堤的事迹，是京兆永定河河务局局长孔祥榕率全河员弁等恭立。

1922年10月北洋政府任命冯玉祥为陆军检阅使驻兵近畿。冯玉祥抵达北京后，组建陆军检阅使署于南苑。1924年8月，连月苦雨，永定河上游河水骤涨。冯玉祥在8月12日、13日，连续两天到河边视察水情。《冯检阅使德政碑》记载，南上二工、三工先后决口，数百里尽成泽国，人畜漂荡田庐淹没，是百十年来之奇灾。大水威胁京奉铁路的安全，北二工溃决，大堤瞬间刷去一百四十余丈，虽然经政府组织人员抢护仍不能脱险。冯玉祥派京畿警备司令鹿钟麟、师长李鸣钟率同部下二千余人到大堤抢修，军官身先士卒，士兵随溃随抢，昼夜加筑三十多天，筑就新堤。新堤一百余丈形如弯月，坚如屏障，百姓称之为"冯公堤"。抗灾之际正是盛暑之时，大堤外有数亩荷塘，部队纪律严明，士兵汗流浃背没有一人采藕止渴。

孔祥榕在碑文中赞扬冯玉祥将军，不但精于治兵，且善于治水，古之良将良吏，冯公兼而有之。

大王庙中还有一通《镇威军张总司令以工代赈创修永定河汽车路德政碑》，记述了1924年张作霖用以工代赈方式修永定河汽车路的一段往事，也是京兆永定河河务局局长孔祥榕率全河员弁等恭立。

1922年奉军相继开进关内，奉军也称镇威军，张作霖自任镇威军总司令。1924年张作霖打败直系军阀后控制北洋军阀政府，当年发生永定河水灾，两岸受灾严重。张作霖得知永定河因经费不足，旧堤失修，沿河两岸大量村民遭受水灾，冲毁田地房屋，河务部门有计难施，便派闫泽溥为京津地区赈灾事物总办，实行以工代赈办法救助灾民，拨给赈粮，以日计工。这段路程上自京西跑马场起经杨村以达天津，分段施工，二十余天完成。不仅可以通行汽车，弥补了京津交通之不足，而且对永定河工程抢险，运输工料带来很大方便。同时，沿河灾民得此赈粮，得以安抚。孔祥榕赞誉此举乃一举三善。

以工代赈，是灾后救助的一种方式，通过以工代赈，使由于受灾而造成生活困难的人通过参加工作或劳动，得到一定的收入，减少困难的程度，以代替政府的救济。

辛亥革命后，推翻帝制，建立民国，原永定河道台改为永定河务局。虽然国民政府仍按例拨付治河经费，但军阀混战，国无宁日，河道失修，多次发生严重水患，两岸灾难深重。

大王庙中的上述碑记，反映了清末民初时期的永定河水泛滥和治理的一个侧面，如同一页页尘封的册页，字里行间，岁月钩沉，延续永定河的历史文脉。

## 六、不得不说的三家店龙王庙

三家店龙王庙在村落的西口，背山面河，修建铁路之前，站在庙前便可以望见流淌而过的永定河。龙王庙占地2400多平方米，三合院形制，庙内有正殿三间，两厢配

三家店龙王庙／魏齐庚　摄

殿各三间，门楼一间，整个院落青砖青瓦，施有苏式彩绘，规整紧凑，小巧玲珑。龙王庙门的门楣嵌有古刹龙王庙琉璃额，院内有一棵一级古槐，粗犷的枝丫伸出院墙，将一袭树荫倾洒在院外的老街。

龙王庙于明代建造，原名龙兴庵。龙王庙正殿的廊下有三通石碑，记载着几百年来的香火传承。清顺治二年（1645年）《重修龙兴庵碑》载：

辛巳岁，山右侯君讳印挈侣至都，诣其地，乐之硕，谓同异侪：此与东南所开阡陌何异？而委之芜废如地利何？乃就王人购其地，鸠力葘畲，渐垆沃壤。于是，粒米粮庾，八口食余，无遗国课。先是谋垦，初以水旱，有冥宰者斯泽流派衍，溉灌攸资。因浆涓龙兴庵作祈报所，每邀默佑，大有频书。

明时有山西人侯印偕同一行到该地落户，开荒种地，辛勤耕耘，引永定河水灌溉，屡获丰收。侯印感恩神灵护佑，因此建龙兴庵作为祈报之所，收获之年更是如此。显然，龙兴庵即是今日三家店龙王庙之前身。龙王庙在历史上有过多次修葺，乾隆年间龙兴庵改称龙王庙。

龙王殿的神龛供奉五尊神像，神态相异，气场宏大，当地人称之为四海龙王与永定河河神像。迎面右侧第一尊为河神像，神态安详，慈眉善目，气度不凡，也有当地人称为永定河龙王爷。龙王殿中有一副楹联，上联是：保万民之福泽普霈雨露金玉主，下联是：通天下之衣食共沐恩波富贵神。在大殿的两侧山墙，有彩绘壁画《龙王行雨图》，祥云缭绕，场面宏大。图中绘有雷公、电母、雨师、河伯、旌旗、车赞、人物、车马，色彩鲜亮，描绘精致。彩绘在古代建筑中是重要的组成部分，不仅在视觉上令人感到美观，而且对建筑本身有防腐保护作用，在寺庙中的彩绘往往与敬奉的神祇相关，增加了神秘、浓重的佛教氛围。龙王庙遗存的其中一通石碑中写道："兹土之利资于河，而其功必溯诸龙神。"这大概是人们对河神和龙王关系的一种认识或诠释。

三家店龙王庙影响不断扩大，庙产地界在光绪年间已颇具规模，光绪七年（1881年）《重修龙王庙碑》记载：

信士侯化龙于康熙元年施供本庙香灯地拾捌亩半，其地系在本村西头南后，东至侯姓地，南至浑河，西至大桥，北至官沟，各界分明，当时系交住持僧平继手经管。

康熙四十七年，置到艾应住地八分，其地在黑石头村西北，系作松林僧莹地，四界分明，有契纸为证。

道光三十年，心德僧置到梁姓地八亩，此地在本村东头北后，四至分明，有契纸为证。

同治六年，源荣僧置到马成林地一段，坐落地名沙土沟，东至水沟，南至两分水沟，西至小山岭，北至东卧牛台，四至分明，有契纸为证。

信士五里坨陈忠于光绪二年施出军庄村西南水地三十亩正，四至分明，当日系交寿安僧手经管，有契纸为证。

之所以说三家店龙王庙不得不说，是因为在永定河两岸众多的河神祠庙中，它不算庙宇宏大，也没有敕封的光环，但是这里有北京地区仅存的，也是现在永定河畔唯一的一尊河神像。永定河沿岸曾有数十座河神庙，但岁月抹去了历史的记忆，逝去的河神庙也隐去了河神的真容。该庙的建筑和庙内文物是永定河沿岸龙王庙中保存最好的，几百年的时间，风雨颓残，殿宇将倾，垣墉且圮，侯氏族人、当地商户和村民屡次筹集善款重建、修葺，使这座庙宇形成比较完整的格局。

新中国成立后的"文革"期间，时兴大破四旧，三家店龙王庙得以完整保留，源于当地群众的朴素感情。他们认为庙是不能拆的，先人留下的东西不能轻易毁坏，更主要的是他们长期生活在永定河畔，祖祖辈辈对河神的敬畏在无言之中得到传承和延续。他们巧妙地应对社会上的一时狂热，用苇席将神像、壁画隔挡起来，把寺庙当作库房使用，以避开人们的视线。在三家店村还有许多老屋，也是采用了低调、巧妙的处理方法，将门楣、影壁等处的精美砖雕用泥巴覆盖，得以很好的保存。

值得一提的是，门头沟区政府长期以来重视区域内文物古迹的保护工作，多次拨专款对龙王庙进行修缮。1987年，在文物部门组织对龙王庙的修缮时，又发现整理出数百幅彩绘佛牌，有很高的艺术价值和文物价值，对研究佛教文化、民俗文化、永定河文化都极其有益。龙王庙现为门头沟区文物保护单位。

之所以说三家店龙王庙不得不说，还因为庙内存有陈年账册，记有当年为河神庆生的支出数目，购买的物品，再现了当年的盛况，也为我们了解永定河祭祀活动提供了不可多得的实证。仅举其中一次为例：雇请厨师十二位，购买柴火三百五十斤，白面二百三十八斤，烧酒二十斤，猪肉、羊肉以及各种蔬菜、黄花、木耳、黄酱、香油、花椒、大料等多种食材、调料四十多种，总的费用折合小米九百四十五斤。活动以给龙王、河神上供焚香开始，最后村民一起吃寿面，场面宏大，展现给我们的是鲜活场景以及蕴藏其中的民俗文化。

三家店龙王庙内供奉的河神是何方人士，始终是人们关注的问题。有一部关于北京水史的书中提出：清光绪年间，著名爱国将领左宗棠收复新疆后，屯兵京西北。他奏请朝廷兴修水利，得到认可。左宗棠手下将军王德榜，率领官兵在下苇甸、丁家滩、城子、琉璃渠一带兴修水利，造福百姓，当地百姓感念其功德，将他的牌位供奉在龙王庙。

王德榜曾于光绪七年（1881年）在现门头沟地区兴修水利工程，成效显著，深受百姓拥戴，当地百姓赞扬其"驭军有法，兵民相安"。王德榜还帮助临河的麻峪村修坝、建桥，人们称之为"善桥"。据传，当年麻峪村的龙王庙供奉有王德榜的牌位。

自古以来，带领人们战胜水患，变水害为水利的先贤受到崇敬和爱戴，有的被世世代代传颂和祭祀。但是，如果说三家店龙王庙供奉的河神是王德榜还缺乏必要的佐证支撑材料。首先，王德榜是清末将领，供奉一位清朝将领，不会在装束上沿用明代的装束，庙内河神的塑像具有明显的时代特征；其次，在各种历史文献或有关信息资料中，至今没有发现任何的文字记载可以证明此庙供奉的是清朝将领王德榜。

三家店龙王庙的历史渊源，可从庙内的石碑记载中寻找答案。镌刻着文字的石碑作为纪念物或标记的竖石，意在垂之久远，这使我们从中可窥一斑。庙内遗存的三通石碑，即顺治二年（1645年）的"重修龙兴庵碑"、乾隆五十一年（1786年）的"重修龙王庙碑"、光绪七年（1881年）的"重修龙王庙碑"，无论是从内容上还是从时间上都具有连续性；三通石碑的时间跨度长达200余年，向我们提供了大量历史信息，也是当地发展的一个佐证，山西太谷以及侯氏族属与龙王庙的密切关系尤为值得关注和进一步研究。

祭拜龙王的风俗，在我国民间因循传统，相沿成习。古人云：易曰飞龙在天，

## 崇祀河神的往事 第八章

礼曰龙以人畜，神禹治水，有龙相助。龙王佑护众生，掌管人间的风调雨顺。因此，带有地方色彩的龙神崇拜，在我国广泛地区一直是大行其道。永定河沿岸村村有龙王庙，门头沟下苇甸、安家庄等村的龙王庙经修复保留至今。

古人认为，河神掌管河道通畅，经流顺轨，可免于水患。有关河神的

三家店村龙王庙河神像／魏齐庚 摄

神话没有统一体系，因不同河流，而不具有同一性。因此，各地祭祀的河神形象是多元的，对河神的理解和祭祀方式也不尽相同，有着浓厚的地方文化特色，既有来自民间传说的神话人物，也有现实中的治河名人或有功人物形象。我国各地有供奉治水功臣的传统，多在沿河两岸设祠致祭，因此河神被代之以真实且具体可感的人格形象并不鲜见。

传统的河神祭祀也是永定河文化的组成部分，它体现古人对自然的敬畏和对先贤的敬仰，内涵丰富而厚重；它蕴含着深刻的人与自然、人与人、人与社会和谐相处的理念，有着深厚的群众基础；在长期的生活实践中，它所承载的功能也不断延伸，但始终是人们心理和感情不可或缺的依托形式。

门头沟三家店村民俗文化活动／魏齐庚 摄

# 第九章 古渡寻踪

**河**水是古道上的天堑，古渡是古道上的锁钥。富于生存智慧的祖先把大河两岸用"桥"或"船"连接起来，使那些跋涉者能够到达彼岸。

从上游流经北京地区的永定河，或蜿蜒流淌、潺潺吟诵，或惊涛骇浪、万钧雷霆，日夜兼程向大海，义无反顾。在她流经的土地上，曾孕育了众多的大小渡口，或许是北京地区的地理特征使然，或许是京城特殊的历史背景造就，每一个古渡都有过不同寻常的故事。"九五之尊"的天子，南来北往的使节，虔诚礼佛的香客，寄情山水的墨客和文人，以及熙熙攘攘的商贾、载满货品的马帮驼队，甚至金戈铁马的对战厮杀。古渡无意，却记住了一个又一个的传奇。

北京地处内蒙古高原、东北平原和中原地区的交界地带，自古是南北往来的交通要道。北京城即是在古永定河渡口的基础上发展形成的，永定河上的渡口历史和北京的文明史、建设史有密切关系，在北京的发展史上占有重要地位。

北京从周初成为古蓟国的都城，后来又成为古燕国的都城。自秦汉到五代初，蓟城是我国北方的军事重镇。五代以后，随着北方民族的不断崛起，北京的战略位置不断提升。辽代北京上升为陪都，金代建中都，元代建大都，明代迁都北京，清朝定鼎北京，在漫长的古代社会，北京作为我国北方的中心城市，无论是经济、文化、军事都在这里冲撞和融合。

《鹖冠子·备知》曰："山无径迹，泽无桥梁，不相往来。"建桥、设渡，自古是通达交通、征服天堑的重要手段，古道使京城与周边的信息不再闭塞，而古渡是古道的分界，也是两岸古道联系不可或缺的纽带。永定河在北京流经约170千米，其中在门头沟境内流经100多千米，因此渡口也最多。

永定河上古渡口的特点，并不是在一年当中既有渡船又有桥梁，而是在有的季节有渡无梁。这与永定河特性有关，每逢汛期或遇有洪水涨发就要撤掉浮桥或板桥，行人靠渡船过往。

北京是一座重要的商业城市，承担对西北贸易的重任。"燕之涿、蓟，富冠海内，为天下名都。"（《盐铁论》）辽时的南京（今北京）"陆海百货，聚于其中"，

河北张家口明长城著名关隘——大境门／壹图网供图

已是五京中最为繁华的一座城市，皇帝常到南京驻跸，东北、西北各少数民族及宋朝的商人来此交易，还有各国使节途经燕京。尤其是辽圣宗朝，市场扩大，贸易繁荣，有"燕京三市"之说。

  京城作为文化的中心，聚集了众多有才华的文人学士，他们大多在朝廷任职或滞留在都城。他们喜欢一起研讨诗文，饮酒赋诗，畅游郊野，以为乐事。京西美景是他们光顾的胜地，寄情山水是他们生活中的一部分。永定河上的古渡是撩拨人们诗意的地方，大河两岸的古道是盛满吟诵的地方。古往今来，帝王将相以及诸多诗人、大家，如李白、杜甫、高适、张籍、苏辙、范成大、欧阳玄、熊梦祥、李东阳、刘秉忠、姚广孝、徐渭、杨荣、高士奇、纪晓岚等，以及近现代著名人物，如老舍、郁达夫、谭嗣同等，都有作品在漫长的岁月中被人们所传颂。

  古渡与两岸古道相连，人们习惯按其功能将其分为驿道、御道、香道、商道、军事通道等，这些古道并不是严格地分门别类，而是相互交叉重叠。古渡连接着众多的古香道是其特色之一。京西香火鼎盛素有盛誉，求法学者云集，甚至外国僧人不远万里前来学法、弘法，促进了文化的交流；而香客是古香道上最为虔诚的人群，一心向佛，不畏路途遥远和艰辛。

总之，古渡密切了京城与外界千丝万缕的联系，承载的是与时代对接的多元文化。

## 一、三家店古渡

三家店渡口称得上是一个大渡口，在永定河上所有的渡口之中，是最具代表性的一个。其所具有的复合功能，让它在交通中的地位凸显出来。

三家店处于永定河道出山口的左岸，三家店渡口因地利之便，成为京西古道上的锁钥，既是京西通往京城的咽喉要地，又是西山古道的起点，在此挽起京西山区和京城两地。

三家店村西侧的河道上曾设有两座板桥，"西板桥"设在三家店与琉璃渠村和龙泉务村之间，"东板桥"则设在三家店与城子村之间。村里设有称为"桥道老会"的民间组织，专门负责桥梁的搭建和管理维修事宜。清朝末年和民国时期，曾有一些外国的摄影师用镜头记录了当时三家店渡口的木板桥，这些珍贵的照片无疑留下了一段珍贵的历史记忆。

三家店渡口还同时设有木船摆渡，摆渡船一直使用到60年代初期。在三家店村铁锚寺，曾供奉一只重达400斤的大铁锚，是在村旁的河道中挖出的，显然是古渡的遗物，或者说是镇水之物。铁锚镇水不是三家店独有，在安徽安庆市有著名的迎江寺为全国重点文保单位，位于长江江畔，寺内有振风塔耸立，山门左右显著位置就分别置有巨大铁锚，约有3吨之重，所到游人无不驻足。据民间传说，安庆临江如船，故而设之，以锚镇固。

京西大路，自古以来就是京城联系山、陕、内蒙古的主要交通干线之一。历史上的京西大路东起阜成门，分别从三家店进山，经王平，进斋堂川，再至怀来、涿鹿，进而可达山西、陕西、内蒙古等地。以京西大路为主干线，连接着纵横南北的各条支线道路，沟通着四面八方，形成一个庞大、有序、呈放射状的交通道路体系，以满足商贸、宗教、军事、

张家口德国银行旧址／魏齐庚　摄

文化等各方面的社会需要，也为我们留下一份丰富的文化线路遗产。

永定河上游的上谷、张家口地区都曾是历史上最为活跃的商品贸易地区。汉唐时，张家口至库伦（今蒙古乌兰巴托）并向北至俄罗斯恰克图及欧亚大陆的张库商道就已经打通，明清时成为一条重要的中外贸易商道。由燕京去西北各地，首先出居庸关，出关后路经怀来、涿鹿，沿桑干河谷通往西京大同，这是一条秦汉以来的老路，南京和西京之间的军事活动和经济往来的重要官道。从京西过永定河，经王平、斋堂到口外与之汇合的是又一条重要的孔道，即京西大路。

在古道途经的木城涧地区，有当地人称为黑虎桥的一座跨涧石砌拱桥，桥的一侧有摩崖碑，碑文中记载："盖闻积德行善，人之同心也。修补道路无竭□之劳，兹者黑虎桥东西道路坍塌损坏，往来牲畜难以驰驱。经理人不愿坐视废弛，于是动修补路之心，奈工程浩大，独立难成，不得不善者四乡□□□□，共襄盛事。"施者具列芳名于后，众布施开清。

"蔚州至矾山堡一带村庄，寨口外至昌平州一带村庄，门头沟至大峪一带村庄，大寒岭至三坡一带村庄，千军台至清水涧一带村庄，王平门东到峰口庵西一带村庄，罗锅岭东至长辛店西至赵家台一带村庄，延庆州至怀来县一带村庄，安家庄北至□□、雁翅一带村庄，王平村至牛角岭西一带村庄，下苇店至东山、孟窝一带村庄，

牛角岭东至三家店、龙泉务一带村庄。"

从碑文中所列施者明细，可见京西大路牵涉之广，影响之大。

王平口为古道上的交通枢纽，有数条西去的古道在这里交会，因此古称过山总路。王平口是一处军事关隘，历史上设有巡检司。巡检司负责盘诘之事，故一般设于关津要道要地。王平口往东八里有王平村，后衍变为东、西两村，位于永定河右岸，由于地利，店铺林立，买卖兴隆。

洋河、桑干河在永定河上游汇合进入北京地区。这些河流流经之处形成一个个的山间盆地，每个盆地形成一个个中心城镇。北京与永定河流域的怀来、涿鹿、宣化、张家口等地关系十分密切，经济上千丝万缕，地理上唇齿相依，军事防御上连成一体。这些地带是防卫的西北屏障和屯兵布阵的前沿。

这条漫漫古道，也是一条充满艰难险阻之道。牛角岭现有遗存的清同治十一年（1872年）《重修道路碑记》载："因上年天雨连绵，夏秋之际涧水涨发，将稠儿岭西水峪嘴村泊岸大道冲断二十余丈，郝家楼重修上道六十余丈，牛角岭西桥儿涧村大桥冲断，再石古岩西小岩子道冲断，以至吕家坡口子、西大岭各处要路冲塌，沿途栏墙倒坏，客商叹息，难以来往，煤驮阻滞，不能运京，工程浩大不敢擅举。由此首事人等会同众村公议，修补费资万数余吊，幸恃垫办诸公闻风而尚，不足两月厥工告成，往来通达，人人快意。"从碑文内容，我们得知，在清代同治十年（1871年），西山大路多处被洪水冲断；由于是通往京城重要的交通要道，客商往来受阻，给京师炊爨带来影响，"而京师炊爨之用犹不可缺"。碑文的最后是重修西山大路捐资修路的捐资人和捐资厂家、商家，其中不仅有来自三家店村、琉璃渠村的数十家商户、煤厂，还有来自五里坨村、高井村、磨石口村（模式口村）以及大岭等地的商户、煤窑、煤厂共计70余家。碑文内容可以证明，这是一条翻山越岭的京西经济动脉。

石佛岭古道是西山大路中的又一段惊险的山路，九曲回肠悬挂在山腰间。这段路位于东石古岩村到色树坟之间，是一个如同瓶颈的地方，路的里侧贴山而行，外面一侧是峭壁，俯瞰永定河，河水就像缠绕着山边流过。现在古道旁有明代万历六年（1578年）的修路摩崖碑，记有："其山石窟崖东西浑河暴流，南北两山狭隘，水凶山险。河陡沟深，其为樵猎之处，每经雨雪，行人厄于颠沛，滚坡坠崖，殃于斯者多矣。"明安禅师发起"修桥补路"，"务使民间不使登徒之忧"。明安禅师的善举得到众人的支持响应，在修路中"运土积石补下裁高，历风霜而不倦，冒寒暑以克勤"。碑文中有附诗一首：

> 骑山跨水石窟崖，危路悬虚行者哀；
> 往往樵人厄雨难，年年头富岩雪口。
> 若无迁海整山志，谁有填沟塞洞才；
> 凭我安公精尽力，山前山后道路开。

这条古道至今依然保存完好。现在古道下方陡峭的崖壁与永定河之间，是门头沟至板桥的铁路和109国道，古老与现代在这里执手。京西古道中的天津关是柏峪和沿河城之间的山口，由北京经斋堂通往涿鹿矾山等地的古道，和连接居庸关与紫荆关的内长城沿线古道在这里交叉，历史上有驻兵守卫。"正西离城三百里至天津关，抵宣府保安州界。"（《宛署杂记》）天津关古道对北京与怀来、涿鹿、宣化、张家口经济文化的交流有重要意义，也是典型的军事古道。

从三家店沿左岸北行，经军庄村进入山峡，当地人称"小北道"。军庄村也是一个多条古道的集结地，向东翻过东山村山梁即是香山，向东南走香峪村翻过山梁是石景山地区隆恩寺，从军庄向东北方向可到达大觉寺、北安河等地，沿永定河继续上行，可与西山大路交汇，通往斋堂。在陈家庄入山，可达妙峰山。

历史上三家店村到军庄村的路况十分险要，道路狭窄，蜿蜒于山崖和河水之间。有《燕山纪游》曰："出磨石口至三家店村，浑河倒映，崖壁峭绝，皆作丹黄青碧色。河流其下，径纡其上，度十余里入军庄，一峰侧出，而腹藏洞者，为建阳洞。舍河行枣园，越仰山岭，乱山拥塞，几不得路。循山趾行夹壁中，有村临谷口，为桃源村。"

进入军庄村有一段河滩路，这段路程不须进村，而是沿着河边前行，完全是铺满鹅卵石的自然通道，枯水季节可以行人，雨季到来河水便会漫溢淹没它。军庄村北是一处高台，曾有娘娘庙，庙中柏树苍天，可俯瞰永定河水，蔚为壮观。这里是进山的咽喉，曾被日本侵略者所占据。中华人民共和国成立后，这里一直为国防重地。从这里进山原是一条狭窄的石径，石板路面，经过岁月的磨砺显得平整和光滑。这一段河道有一处弯道，右岸山石嶙峋，有一巨大石头矗立岸边，河水撞击掀起的巨浪可达数米，当地人称此地"大墩子"。明人《帝京景物略》曰："三家村，村数百家。村尽，出浑河崖，河水赤浊如血，沸涌声力，动摇两岸，岸草木错愕立。八里，过军庄，道如栈，内倚绝壁，外临绝壑。下窥，水作仄浪，不得流，其声战战，逢潭鼓钟，过石擂炮。"有诗云："天地好奇姿创造，划开浑河军庄道。怪石嵯峨气势雄，涛声撼山山若倒。"抗日战争相持阶段，侵华日军强征民工修筑由卢沟桥经三家店和军庄至沿河城的"卢沿警备路"，21世纪后，国家修筑了109国道，险道变坦途。

三家店渡口又是妙峰山进香南道的起点，《妙峰山琐记》记载："四条进香山道，南道山景幽胜，中道、北道亦佳，中北道次之。以道里计，则中道最近，中北道稍远，北道又远，南道最远。"南道文物古迹众多，风景山水交融，沿途民俗氛围浓厚，每逢开山，汇集无数朝山进香的香客和花会组织，沿途还有各种茶棚、粥棚等，信众之虔诚，场面之壮观，都实属罕见。

1925年，顾颉刚等五位学者组成调查团前往妙峰山，同行者孙伏园写有《朝山记琐》，其中有在三家店渡河的情形，向我们展现了90多年前的三家店渡口。孙伏园写道："河并不宽，造桥是不难的，却用渡船。水上先驾一条铁索，高离水面约五尺许，两岸用木作架支之，索端则用大石块压于地上。河中是一只长方形的渡船，一端向下游，一端向上游。上游一端，有立柱一，与河上铁索相交，成十字形，使船被铁索扣住，不能随河水顺流而下。渡河的人们，就乘着这横走的渡船来往。这是说没有桥的地方。有桥的地方呢，先用桃木编成圆筒，当中满盛鹅卵石，将这种一筒一筒的鹅卵石放在中流，上搁跳板，便成了原始的桥了。总之，这些地方的用具几乎无一不是原始的……"

当时，在三家店古渡口下游不足一公里处的京门公路桥已于1923年投入使用，而紧邻公路桥的京门支线铁路桥早在1908年就已经通车，顾颉刚和孙伏园一行之所以从三家店古渡过永定河，应当是为妙峰山调查所做出的选择。这条古香道，两过永定河，从三家店过河经琉璃渠村万缘同善茶棚，向西北经龙泉务村公立六合茶棚、野溪、过永定河，经陈家庄万诚茶棚，越仰岭经桃源村等至妙峰山。途中有十数座茶棚供人敬神、上香、叩拜，在茶棚还可以得到为香客提供的缝补、粥饭等服务，也可沿途小憩。至今琉璃渠村的万缘同善茶棚保存完好。据史料记载，鼎盛时期，从京城到金顶沿途有茶棚百余座。

三家店与城子村设置东板桥，有其历史的必然性。据《辽史·地理志》载："玉河县，本泉山地。刘仁恭于大安山创宫观，师炼丹羽化之术于方士王若纳，因割蓟县分置，以供给之。在京西四十里，户一千。"专家认为："辽南京城在今北京宣武区（现已并入西城区）一带，西推四十里，应在今永定河西岸。相其地望、里程，加上其他考古资料证明，玉河县治可能在今门头沟区城子村附近，'城子'之名可能由辽玉河县而来。"（《北京通史》）历史上城子村或是县第或是乡镇所在地，是一方的行政中心，城子地区的发展轨迹具有明显的城镇化特点。

城子地区盛产煤炭，在村庄的西坡、北坡曾有数十座煤窑。煤炭经营，以及地理优势，带动了商业的发展，历史上的城子村一度成为门头沟地区最为繁华的商业区，旅店、戏园子、照相馆、诊所、理发店、货栈、商店等应有尽有。经济的繁荣也催生了交通的便利。

城子村地处九龙山麓，濒临永定河，周围环境十分优美。在城子村西的九龙山麓有著名的崇化寺，寺庙选址可谓颇具匠心。该寺最早创建于元代，名为清水禅寺，明英宗赐名崇化禅寺。崇化寺正统八年（1443年），敕赐《大藏经》一部，为珍藏这部镇寺之宝，又新建藏经楼。在寺院围墙南侧之外，还建有宝塔10座，其形制各不相同，有舍利宝塔、吉祥多门塔、大神通塔、菩提塔、尊胜塔、僧伽寂静和合塔、莲花集积塔、降天塔、无忧塔、构受身寿塔等。

中国国家博物馆珍藏有一件保存完好的明宪宗护持崇化寺的敕命，其中明确寺院的四至，住持僧慧灯为僧录司左觉义，并告诫："今后官员军民诸色人等不许侮慢欺

243

凌，一应山田、园果、林木，不许诸人骚扰作践，敢有不遵朕命，故意扰害沮坏其教者，悉如法罪之不宥，故谕。"明宪宗的上述敕命，实际是对崇化寺加以保护的一道圣旨，可见明廷对这座寺院十分重视。近年有人对崇化寺进行重修，残碑断壁得以保存，其精美石刻，仍然让人心动不已，而古老的银杏树仍然枝叶繁茂。

山间的古寺以及九龙山美丽的风景曾吸引大量香客前来进香，也吸引京城的文人墨客尽兴于山间田野。王崇简，明朝末年的进士，后在清朝为官，也是清初一位重要诗人，他多次游览西山，并写下游崇化寺的诗文：

> 河当断岸路如穷，傍麓穿云一径通。
> 门闭高深苍岫下，人来红白乱花中。
> 法堂清磬严僧律，素壁佳句续国风。
> 无用将心持半偈，万缘到此已皆空。

王崇简还写下《城子庄南闲眺》一诗，诗句清新明丽，向我们展现了300多年以前，永定河畔城子村的田园风光。

> 城子庄南古麓东，萦人春色望南穷。
> 平畴麦颖纵横绿，广陌桃花远近红。
> 雁落沙汀奔浪外，鸡鸣茅屋淡烟中。
> 闲随好鸟过僧院，坐听巉岩松上风。

九龙山庙会在门头沟地区颇有影响，山顶有九龙山娘娘庙，供奉的是九天玄女娘娘，她被煤业奉为保护神。由于门头沟盛产煤炭，从业人数众多，每逢会期附近煤窑窑主、窑工以及当地村民百姓纷纷前来赶会，场面十分宏大。

三家店村特殊的地理位置使古渡成为西接进山古道，东至京城的繁华渡口，也成为旧时货运来往、中转的落脚之处。来自山里的大量建筑材料、煤炭、木炭、大灰，以及果品、土特产品等源源不断运到这里转运或出售；而来自京城或平原地区的货物也贩运到此，商业兴旺，人烟辐辏。清醇亲王奕谩写《三家店》一诗曰：

> 三家犹是古名遗，鳞次间阎界短篱。
> 土地不增人倍蓰，井田安得见今时。

三家店古渡成为商业重镇，与当地经济发展十分有关。在辽代，与三家店村隔河相望的龙泉务村已经是华北地区最重要的官窑瓷器产地之一。北京地区的辽墓多有瓷器出土，经过考古鉴定，不仅有宋传入的瓷器，还有本地所产的瓷器，永定河右岸的龙泉务村瓷窑遗址是重要佐证。

《北京工业大事记》载：辽"应历八年（958年）析津府玉河县务里村（龙泉务村）瓷窑，以煤作为燃料烧制瓷器"。文物考古部门对龙泉务瓷窑遗址考古发掘的结果也表明，其中已经发现了用煤的痕迹。这是北京地区发现的最早使用煤炭烧造的记录。从那时起，京西地区的生产生活用品便与京城结下了不解之缘。龙泉务窑是北京地区最为著名的辽金时期的古代窑址。

龙泉务村是门头沟区的一个古村落，在永定河右岸，山环水绕。1958年文物普查时发现的瓷窑遗址，1975年经北京市文物研究所复查确定为辽代瓷窑遗址，现为北京市级文物埋藏保护区。这一遗址东西长230米，南北宽120米，总面积2.76万平方米。发现窑址13座，作坊遗址2处，共发掘1270平方米，出土各类器物共8000余件。品种以白瓷为主兼烧青釉、黑釉，也烧造三彩器。出土器物有盘、瓶、碗、壶、罐、盂、盒等以及辽三彩瓷佛、三彩佛像莲座等。龙泉务白瓷系仿北宋定瓷，但又不是完全与定瓷相同，吸收了中原烧造的工艺，又融进本地区的文化特色，体现了南北文化的交融和永定河文化的通达和开放。

在龙泉务古窑址出土的还有琉璃制品瓦当、筒瓦等，这些建筑构件无疑是宫廷或庙宇的建筑构件，证实了北京琉璃烧造业始于辽代。燕京是辽朝五京中手工业最为发达的地方，工艺技艺高超，不仅供应当地市场需要，还能够供应契丹地区。

龙泉务村的近邻是"中国历史文化名村"——琉璃渠村。这里曾是元、明、清三代皇家指定的专门负责承造皇家宫殿、陵寝、坛庙等各色琉璃的官窑。琉璃厂是元代迁来,与龙泉务辽金时期的古代窑址在时间上有传承关系,当地的水土是两者共同的基因。

凡古代瓷窑的窑址,都不会离河流很远,因为这是烧窑的最基本的条件之一,用水不方便,和泥制坯就是问题;而相适应的交通运输条件也是要考虑的重要条件。龙泉务村的辽时瓷窑、琉璃渠的元代琉璃窑有得天独厚的原料和燃料,也具备良好的运输条件。当地生产的生活用品、建筑构件,源源不断地从彼岸运至京城。很显然,大型的瓷窑和琉璃窑,都不单是为了当地的消费,而是供应市场或皇廷的需要。因此,龙泉务古窑址的面世,向我们昭示了一个时代的繁荣。

三家店因为具有资源优势,又是渡口所在,无疑成为京西最重要的煤炭集散地或中转地。明代万历十九年(1591年),汝安王妃奏请讨要三家店过桥税收,得到批准。对此工部尚书予以抵制,提出:三家店河桥往来只是煤炭柴草之类,原本无抽分之例,应由官府统一征税,奏请取消汝安王妃索取税费。

门头沟盛产煤炭,在生产、交通比较落后的情况下,任何煤窑都很难做到挖掘、运输、销售一揽子完成。"开窑的不落栈,落栈的不开窑。"城里的客商到这里买煤,不用过河,当天可往返。有实力的商家在三家店设立煤栈,自主收购。本地少数有实力的商户凭借优势向生产延伸,或向城市经营延伸,肥水不流外人田。三家店在

龙泉务窑出土的辽三彩菩萨 / 魏齐庚 摄

历史上经营煤炭的煤场有数十家，专门从事煤炭收购、储存、运输、销售等，至今三家店还有旧时煤栈的遗址。煤炭运输的方式也会在此相应转换，山里运输一般是驴、骡、骆驼，而从这里将煤炭运往京城、天津或河北等地一般是大车拉载或骆驼驮运。

京西资源丰富，除煤炭外，还盛产石灰、木炭，以及各种时令果品等，大都由三家店转运，龙泉务村的香白杏、东山的京白梨、妙峰山的樱桃等在北京享有盛名。京西大道上的重镇斋堂出产板栗和药材，"金、银、铜、铁、锡、画眉石，同出斋堂。其石烧锅、铫、盘，虽百年亦不损坏"。（《析津志辑佚》）

京西物品源源不断运往京城，《当代歌谣史话》载有一首地名谣，便是当时从三家店渡口到平则门的歌谣，平则门即后来的阜成门。

> 三家店，打个穿儿，好容易才上石景山儿；
> 石景山，往前走，那边就是磨石口；
> 磨石口，响叮当，前边就是八里庄；
> 八里庄，走大道，头里就是马神庙；
> 马神庙，歇背子，前面就是白堆子；
> 白堆子，穿小道，一溜儿到了倒影庙；
> 倒影庙，在高台儿，往前就是露泽园儿；
> 露泽园儿，往东走，不远儿就是驴市口；
> 驴市口，找个人儿，过桥进了平则门。

## 二、麻峪古渡

麻峪村西濒永定河，历史上有过河的摆渡和季节性的板桥。据《石景山区志》记载，清代末年清廷派王德榜修筑三家店、老店、麻峪、庞村、衙门口、卢沟桥一线左岸河堤，指挥部设在麻峪村。王德榜见行人涉水过河不便，便与村中管事刘天祯商量，在村西建桥。所建"善桥"为木板桥，桥墩是柳条编成的圆囤，囤里填充鹅卵石固定，三个圆囤为一组，桥面铺有木板。木板桥的桥头建有桥房，办理过桥收费和负责桥的日常管理。过桥收费时，通常是收费后发给路人竹牌，返回时收回。板桥建成以后，一些运送煤炭、物资的驮队，可从门头沟经麻峪走广宁村、北辛安、古城、八角村、衙门口村、鲁谷等分别进入阜成门、复兴门、西便门或广安门，无须再绕行三家店渡口，节约了往返时间。

麻峪是玉河古道的起点，因穿过玉河县而得名。自麻峪过永定河，经大峪村、东西辛房、门头口、天桥浮、孟家胡同、啦啦湖、官厅到峰口庵，再经黄石港、北岭到王平口，或经十字道至王平口，是古老的玉河古道。玉河古道是京西古道中文化遗存最多的一条古道。其中有关隘、窑址、古寺、古村，还有多处密集的蹄窝，印证历史留下的艰辛与繁华。如今，这条古道是人们休闲行走的热门选择。

永定河东岸的麻峪村与西岸的大峪村之间，虽然是一河之隔，但历史上却是一个河汊子，中间是个小岛。因此，两村都修了木板桥。大峪村有大桥会负责修建管理西河汊子的木板桥，并负责收取过往商贾的过桥费和进行大桥维护等事宜。木板桥建成后，因为过往商贾很多，大量煤炭源源不断运往京城，大桥会收取的过桥费也很可观，每年除去修桥费用外还有结余。民国初年，大桥会将剩余费用投入村内办学，建起了大峪学校，学校在当地很有些名气。

大峪村在历史上是京西比较大的一个村庄，东临永定河，现在是门头沟区的中心区域。大峪村是京西开发煤炭比较早的地方，《元史》记载："西山煤窑场，提领一员，大使一员，副使二员，俱受徽政院札。至元二十四年置。领马鞍山、大峪寺，石灰、煤窑办课，奉皇太后位下。"《元一统志》记载："石炭煤，出宛平县西四十五里大谷山（大峪），有黑煤三十余洞。"

大峪村人喜欢打太平鼓，这是京西太平鼓最早传入的村落之一。太平鼓开始盛行于北京城里，尤其在上元节，民间流行摸门钉、打太平鼓、跳百索、走百病的习俗。中华人民共和国成立后，大峪村妇女的太平鼓舞蹈，曾参加北京市民间文艺会演。太平鼓在京西地区传承已有200多年的历史，国家于2006年将京西太平鼓列入非物质文玉河古道中的门头口村是一个沟口，是旧时门头沟煤炭的出山口和古道的进山口，是玉河大道的必经之地。从东口往西曾经是煤窑分布最集中的地区，鼎盛时期，在沟壑两侧村村相连，依山就势，有十三里长街之称，沟谷之中有众多的商铺，开挖过的煤窑有数百

门头沟圈门 / 魏齐庚 摄

座。沟口处是门头沟标志性建筑圈门过街楼，"过街楼门洞之上，东侧有关圣帝君庙，向西则有文昌帝君庙，西南则有药王祖师庙，是则门之所系，神灵为重焉"。（《清咸丰元年补修北门洞记》）圈门还遗存有一座大戏楼，北侧有窑神庙。如今，这一组古老的建筑基本保持原貌，成为反映门头沟煤业发展史的活化石。

玉河古道上的峰门庵又叫峰口鞍，是一座关城，遗址还在，雄风不减，斑驳的门洞和布满蹄坑的古道，使每一个到过这里的人都唏嘘不已。在峰口庵原有清道光十四年（1834年）所立《峰口庵碑记》曰："岭西之峰口庵者，苍松叠翠，带麓河山，乃都门之左屏，西口之要道。"

从麻峪渡口到潭柘寺有麻潭古道。自麻峪村过河经侯庄子村、桥户营村、曹各庄村、冯村、万佛堂村等，越过红庙岭，过桑峪、平原等村到潭柘寺。

周肇祥，清末举人，民国时期的名人，曾与友人畅游西山，其中一段行程便是麻潭古道，他写的《琉璃厂杂记》中，描述了所见所闻。"万佛堂在浑河西，距戒台、潭柘皆十数里。为看丁姓屋材，自三家店下车，取道麻峪。田家放水，道多冲坏。驴陷淖中，几及腹。陇麦青苗，间以桃树，春来好图画也。峪西村庙后一古槐已槁，皮尽脱，若死灰僵石，千年外物。浑河水落，土人编柳为笼，满贮鹅卵石迭河中。架木为桥，便行旅。唯门头沟驮煤橐驼过者税铜币一枚。北望妙峰，积雪皑皑，飞鸟皆绝

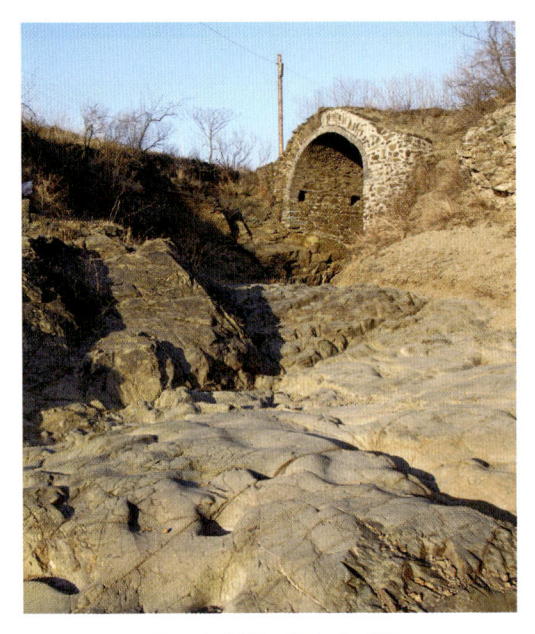

峰口庵古道 / 魏齐庚 摄

万佛堂古道旁遗存的饮马槽 / 魏齐庚 摄

"南行穿山而西抵冯村。道旁见慈济废寺，明万历李太后建，清康熙辅国公吴有同妻赵氏修。有碑一。野兔突起，闻人声窜复顾。与夫逐之，呵而止。村尽，沿涧复西行。仄径一线，或继或续。时行枯涧中，不啻九曲之弧。

"山村有门额，曰'誓永不分爨'，唯李、董二姓，四十余户居之。自去清初从龙入关，给地耕种，岁纳租税于二王府。寺更在村上，拾级登。殿宇圮尽，不唯无僧，且无佛。万佛从何来？复从何去？可悲也。……又一石，大书曰：'十方海会丛林'。旁有字曰'万历壬午重修万佛寺永远常住之碑'。墙西临涧，塔院在涧尽头。民居遮其前，缚棘塞路。犬隔墙吠，欲出搏人。遥瞻而已。山浇瘠无水，不宜五谷，种果亦不蕃，生计淡薄。涧西旧有一僧寺，一尼寺，皆废。尼寺之北，山有塔。砖筑，颇庄严。顶已附。额曰'开山寿塔'。塔腹为人穿。仰视其上，陷一方石，镌交加金刚杵，缭以云气。从山背下，狂风吹衣。人家错落，依山住。多文杏、胡桃、林檎。废寺断塔，参差夕照间。童子牧群羊，寝讹遂其性。童子视羊如命，羊亦唯童子是依。鞭一叱，莫不趋承而恐后。牧民之道，其在斯乎？"周肇祥在文章中叙述的内容，正是从三家店下车，自麻峪过河后路过万佛寺到潭柘寺的所见。

250

根据《北京门头沟村落文化志》记载：万佛堂村有古刹万佛堂，村以寺得名。古刹始建于辽代，金大定年间，改作上岸村石大店，元末遭兵燹。明代宣德七年（1432年）重修，殿内供奉关公、关平、周仓等神像，庙内两侧，有钟鼓二楼，现在古寺仅存遗迹。

中国传统文人有山水情怀，寄情山水之间，忘情于世外桃源，向往一种超脱的境界。"踏雪寻梅"的成语脍炙人口，形容文人雅士归隐自然，苦心于诗情的景致。至今，在永定河畔的古村落中，三家店村、城子村、岳家坡等村的老屋都有"踏雪寻梅"这一典故的精美砖雕。清怡亲王弘晓《过浑河》一诗中也写道："一苇中流渡，微风水不波。秋云连岫远，野木傍崖多。驴背供吟眺，车前足啸歌。人间行自适，夕照满山坡。"

麻潭古道是一条古香道，可到潭柘寺；又是一条古迹众多，风景独好，"游"味十足的文化路线；古道不仅撒满香客的虔诚，也留下大量文人墨客的诗文。他们借山水抒发自己的志向、心境和情怀，用文化赋予山水以灵魂，并在自然中享受清新和寻求精神上的皈依。他们带着自己的一份失意或得意，或有意或无意为我们留下了白的纸，黑的字，将过去永远定格。不论是托景言志，还是情景交融，都可谓是京西美景之大幸，昔日古渡、古道之大幸，作为后人的我们之大幸。

朱自清也曾到过潭柘寺、戒台寺，所写《潭柘寺戒台寺》一文，写的是一种艰辛。他写道："这一段路可够瞧的。像是河床，怎么也挑不出没有石子的地方，脚底下老是绊来绊去的，教人心烦。又没有树木，甚至于没有一根草。这一带原是煤窑，拉煤的大车往来不绝，尘土里饱和着煤屑，变成黯淡的深灰色，教人看了透不出气来。走一点钟光景，自己觉得已经有点办不了，怕没有走到便筋疲力尽；幸而山上下来一条驴，如获至宝似的雇下，骑上去。这一天东风特别大。平常骑驴就不稳，风一大真是祸不单行。山上东西都有路，很窄，下面是斜坡；本来从西边走，驴夫看风势太猛，将驴拉上东路。就这么着，有一回还几乎让风将驴吹倒；若走西边，没有准儿会驴我同归哪。想起从前人画风雪骑驴图，极是雅事；大概那不是上潭柘寺去的。驴背上照例该有些诗意，但是我，下有驴子，上有帽子眼镜，都要照管；又有迎风下泪的毛病，常要掏手巾擦干。当其时真恨不得生出第三只手来才好。"

从麻峪渡口往来的驼队日夜络绎不绝，主要是从河西的煤窑运往京城。老北京的西直、阜城、西便、广安各门外的养驼户集中，石景山地区、丰台地区养骆驼的村落也很多，衙门口、模式口、鲁谷、古城、北辛安等村都是养骆驼的大村，最多的村庄有一千多头。骆驼不仅适合于沙漠，也适合于山地，至今仍被广泛用于探险、科学考察、运输等工作，在当时是最为重要的驮畜，发挥着其他家畜及交通工具难以替代的作用。《北平风俗类征》载：骆驼于暑月出口牧养，以避炎暑，秋凉始归。这正好与京西煤窑封窑、开窑的时间相互吻合。

养骆驼的并不一定自己拉骆驼，饲养骆驼和拉骆驼是两个行当，拉骆驼运货挣的是拉脚钱。

## 三、庞村古渡

庞村位于永定河东岸，现石景山区的西端，早在唐代就已成村，历史悠久。因紧靠永定河，历史上一直是防洪的重点。

庞村古渡，渡口以村为名。明人刘侗在《帝京景物略》中生动地描述了经石景山板桥过河时的情景和心理动态："河迅岸危，石不得趾，而桥之以板。行板者委身空中，无傍籍，踏踏闪闪无详步。而目下见水，水势憪目。桥则蜿蜒，强者欲趋，苦前；悾者欲蹲，苦后。"

庞村古渡过河经上安村（今上岸村）、新城（现名东、西辛秤村）、卧龙岗、小园村、石门营、何哥庄（今何各庄）、石厂村，然后过罗锅岭鲁家滩到新房村（今南房村），然后或经平院

石景山/魏齐庚 摄

村（今平原村），到潭柘寺，或从潭柘寺前向西，至玉河古道；或从南辛房西北经草甸水、赵家台到十字道，再行至王平口。由庞村至潭柘寺的这段古道称庞潭古道。

　　石景山古迹众多，深受历代皇家的青睐，庞村古渡也因此身价不凡。明万历皇帝到此"观浑河""登板桥"，李言恭"从圣驾幸浑河"赋诗：飞空浊浪倾三峡，跨岸长桥亘两虹。长桥高起山之麓，谁遣六丁移地轴。轰轰白日走雷霆，一泻明珠十万斛。龙旌长傍翠云裘，处处离宫结蜃楼。王锡爵赋诗一首《从驾幸浑河召问黄河水势敕河臣预修堤防爰命赋诗以纪》，摘录如下：

> 三秋碧宇澄如练，九扈功成稼初荐。
> 玉辇时巡万寿山，还因省敛过西甸。
> 清跸遥传羽骑驰，钩陈营卫肃威仪。
> 葆盖龙含珠日耀，銮游凤旐彩云移。
> 山灵先后分迎驾，万岁呼声起山下。
> 岂是宸游玩物华，周咨总为绥函夏。
> 既登层巘眺神皋，旋临远壑观洪涛。
> 洪涛直接桑干派，奔腾澎湃流滔滔。
> ……

　　神宗皇帝从万寿山至石景山，正值秋季，秋高气爽。诗词中描写的玉辇、羽骑、营卫、葆盖、銮游以及眺神皋、观洪涛等，极具画面感，将神宗帝的华丽出巡一一展现。从史料中可以得知，神宗这次观浑河，河上有两道桥梁，正如前面诗中所写，"跨岸长桥亘两虹"。当时神宗上桥，其他随行人员欲上另一道桥，神宗加以制止，命同道而行，在桥上神宗站立良久，并与随行官员相互交谈。嘉庆十七年（1812年），明廷在石景山建行宫，行宫内正殿御题匾额："镜澜堂"，行宫内大楼御题匾额："挹爽楼"，行宫内书房御题匾额："春和书室"。

　　清朝康熙、雍正、乾隆、嘉庆等多位皇帝也到过石景山。雍正年间，和硕怡贤亲王在石景山选址，于庞村之西建北惠济庙。乾隆帝也曾亲自前去礼佛。

庞村是货物往来的重要渡口，有诗曰："仆夫乱流竞千喧"。皇廷在这里设有杨木厂，杨木厂由卢沟抽分竹木局管理。明清年间供皇宫炊爨或焚燎之用的木柴经上游漂流而下，在庞村上岸后堆放，杨木厂即是现在石景山区的养马场村。北辛安临近渡口，在元代时成为煤炭的集散地，继而发展为石景山地区的商业中心。

庞村渡口是庞潭古道的起点，从庞村过永定河，经白庄子、辛称、栗园庄、何各庄、石厂村、苛罗坨，上山并入芦潭古道。

庞潭古道是历史上一条热点线路，一些游客为兼顾永定河两岸的石景山和潭柘寺、戒台寺的风景，或从庞村渡口过河到戒台寺、潭柘寺，然后从其他渡口返程，或者从其他渡口到戒台寺、潭柘寺，下山后从此过河经庞村、石景山返程。有史料载：石景山，宛平县西三十七里，其上有金阁寺，河循其麓西南流，抵旱桥口，要隘也，西赴潭柘、戒台，及西山运煤，皆由此路。

清末名人震均秋游西山，几天的行程写下《丁酉秋游一百四十韵》，其所走路途即自卢沟桥过永定河，越卧龙岗至栗元庄，经奉福院、石厂村、上罗睺岭到潭柘寺；返程时由潭柘寺走罗睺岭，经马鞍山到戒台寺，下山到苛萝坨、西峰寺，当天晚上留宿奉福寺，次日过河。震均写道："下山循旧途，仍趋奉福院。路经西峰寺，草深没前殿。昔者吴钱塘，已如今所见。……明晨别寺去，路由石景山。孤塔映朝阳，矫矫殊澄鲜。"庞潭古道上的奉福寺是潭柘寺的下院，远途香客一般会选择在往返途中在该寺落脚。

从庞村渡口过河到新城（现为辛称村），南有古迹卧龙岗，明宣宗曾到西山巡游并写了一首《卧龙冈》，诗曰：

> 四望群山势独雄，蜿蜒回伏似蟠龙。
> 钟灵聚秀从千古，紫气荣光接九重。

明英宗也曾到此游览，《宛署杂记》载："在县西北四十余里。山石俱青，惟此冈石独坚白。山脊蜿蜒二十余丈，状如卧龙。正统间，车驾尝幸此。"

石厂村是庞潭古道的必经之地，盛产石料，因明廷在此设立采石厂而得名。《明水轩日记》云："白玉石产大石窝，青砂石产马鞍山、牛栏山、石经山，紫石产马鞍山，豆渣石产白虎涧。"据石厂村遗存的碑刻所记："大明嘉靖拾叁年柒月拾柒日起建造皇室晟、太宗等庙，启祥等宫，玄极宝殿、奉先等殿，天寿山诸陵寿宫、行宫，清虚观、金海大桥、慈庆宫、慈宁宫、城垣工所，颖王坟、泾王坟。"

古代营造宫殿、陵墓，石材是不可缺少的建筑材料，使用石材的比重相当之大，如：宫殿须弥座、石栏板、石道、石踏步、华表、石狮、日晷、螭首、石刻雕像以及石碑等。

石厂村所产石料以大青石为主，石质坚硬细腻，经久耐用，不易风化，是明时宫廷所需石料的主要开采之地。历史上参与开采石料的兵夫、工匠就近扎营，现石门营村即是因此而来。史料记载当时有营卫官军士二千名，雇工石匠等一千名，雇募夫役等一千五百名。

明紫禁城营建石材大都采办于北京附近地区，部分石材来自外地。这首先是因为北京西北部山区盛产各种石材，还因为运输石材十分艰难，且费用极高。明代著名文人袁中说道："见前门以车继会极门础，高可丈余，用骡驮四千蹄，一础已费十万金矣。"《日下旧闻考》记载："嘉靖时期廷建造九庙，宫殿所用大柱石磉取诸西山。每石用骡二百头拽，二十五日至城。"

明代设置采石厂，用于各种营建工程，根据开采出来的石材大小不同，轻重不一，采取不同的运输方式。《工部厂库

故宫丹陛石／魏齐庚　摄

须知》卷记载石材运输"分别大料、中料、小料之殊，日限一转二转三转之数，或用轮车，或用旱船"。大料需要造旱船拽运，小块石料则用车辆即可。旱船拽运一般在冬季进行，沿途每里挖一口井，经井水浇路结冰，由兵夫、民夫拖运装载巨石的旱船在冰面移动，直至运到工地。为此，石材大料运输往往选择天寒地冻时分。

由此可以推断，石厂村所产石材在冬季封河之时过永定河经庞村抵京更为便利。冬季河水结冰，来往的路人，以及车辆、驼队直接从冰面过往，人们称之为"走凌"。据历史记载，故宫所需石材主要都来自北京房山的大石窝和门头沟的石厂村、青白口。

都城军民所需石材也大都来自京西，《帝京景物略》记载："出阜成门而西二十五里，曰石景山。山故石耳，无景也。土人伐石，岁给都人。"明廷在正统年间、成化年间以及正德年间多次出榜禁约，官员、军民人等，不许在浑河以东开采，因于京师相近，恐伤风水。"取石俱于芦沟桥河西一带取用，还差人巡视，如有故违，仍于河东一带取石者，治以重罪。"

西峰寺也是庞潭古道上的一处古迹。《宛署杂记》载："西峰寺在李家峪，唐名惠聚，元代改称玉泉。正统元年太监陶镕等重建，敕赐今名。"西峰寺是戒台寺的下院，四面青山环抱，环境清幽，寺中有泉，有僧塔，有古树、古藤、古柏，被誉为"银杏王"的树龄据说已有1800多年。这里有清恭亲王奕訢次子载滢的墓地，在西峰寺北沟里遗有其嫡孙溥儒先生的多处石刻墨迹。

明代文学家公鼐曾到西山游览，写下多首诗篇，其中所写景致正是庞潭古道的所见，摘录两首。

### 自戒坛至西峰寺

法界回头万岭重，白云片片起西峰。
傍岩花坞留荆坐，过雨松门偃径踪。
曲水数觞成好会，清阴一塌未从容。
夕阳欲下蓝舆倦，霞外悠悠听暮钟。

> **度罗睺岭望潭柘道**
>
> 一牖穿崖箭笞同，划开绝塞几时功。
> 到来悬度山疑尽，转觉壶天路不穷。
> 小憩凉生飞瀑下，狂歌响动乱云中。
> 经游四胜须史事，蜡屐何当逊御风。

古人云：登山则情满于山，观海则意溢于海。山水是艺术最为原始且取之不尽的题材，美丽的山水与多情文人的结合，便是一篇篇传诵千古的山水美文。

通往潭柘寺的古香道，是善男信女进香礼佛往返之道，也是求法、弘法之道。永定河畔佛教文化浓厚，寺庙众多，有不少僧人富有才学，甚至在中国古代佛教史乃至社会、政治、文化史上都有显著贡献和影响。他们精通佛典，佛心虔诚，门下弟子众多；他们虽然出家修行，但并不是纯粹封闭，而是经常举办法会，进行佛法交流以及各种法事活动，安排时间游历、求法、弘法，或到其他地方的寺院修行。

潭柘寺始建于西晋，是北京地区最早修建的一座佛教寺庙，至今已有约1700年的历史。自华严大师开山立宗，高僧辈出，著书立说，弘化一方，受到佛教界内外的尊崇。《宋高僧传》载："释华严和尚，不知名氏，居在幽州城北，恒持《华严经》以为净业，时号之全取经题呼召耳。其所诵时一城皆闻之，如在庭庑之下。"

后唐时期的著名僧人从实禅师，弘法于幽州城内的大万寿寺以及潭柘寺。据寺内《重修嘉福寺碑记》载："潭柘山者距城西二舍许，当马鞍山之西，有泉汇而为梯潭，土宜柘木因以得名。后唐时有从实禅师与其徒千人讲法于此……"

永定河畔的奉福寺是潭柘寺的下院。辽时，寺内有高僧非浊大师，设坛说法，受忏徒弟不可胜数。非浊大师熟读经典，颇有造诣，曾多次受到皇廷的嘉奖，道宗授其菩萨戒师称号。

金代高僧政言大师，河南人，少年出家，曾四方讲学，弘扬禅法。在龙泉禅寺（潭柘寺）担任住持期间，授徒传戒、弟子盈门，所撰写文章流传甚广。

道源禅师是明英宗正统十二年（1447年）钦命的戒台寺传戒大宗师。讲戒说法，出神入化，深得僧俗大众的拥戴。明天顺元年（1457年）明英宗钦命他为潭柘寺重开山住持，亲传受戒弟子众多。

印度高僧底哇苔思禅师在明洪武年间曾到中国讲学，宣德戊申年（1428年）来到北京，在潭柘寺弘扬禅法，直至九十高龄圆寂。

无初禅师是日本僧人，于永乐年间来到中国，走遍大江南北。经姚广孝向明廷举荐，皇帝明成祖钦命无初担任龙泉寺（今潭柘寺）住持。明宣德四年（1429年）无初大师圆寂，潭柘寺塔院建有七层灰色的古砖灵塔。在塔正面的石铭上写有"无初德始禅师之塔，第三十三代住持"。曾任日本驻华大使阿南惟茂先生的夫人阿南史代，曾多次到过潭柘寺并拜谒过"无初德始禅师之塔"，她写有一篇缅怀文章，高度赞扬无初为中日早期学术交流史做出的贡献，是中日早期学术交流史上的典范。从史料中，我们了解到，无初德始在年轻时随日本商船来到中国，四处求学，研求禅理，云游各地，遍历中国名寺。从滞留中国到圆寂，共计在华56年。

历史上的戒台寺在中国佛教界占有重要的地位，由于寺内的戒坛可以授佛门的最高戒律菩萨戒，成为中国佛教的最高学府之一。

戒台寺第一代传戒宗师法均，自幼出家，虔诚礼佛，认真学习经文戒律。他常背负着经文，游历四方，拜谒高僧，学习佛理，成为一代律宗大师。《法均大师遗行碑铭》载："自春至秋，凡半载，日度数千辈。半天之下，老幼奔走，疑家至户到。"法均应请到各地讲经，所到之处，"士女塞涂。皆罢市辍耕，忘馁与渴，递求瞻礼之弗暇"，"前后受忏称弟子者五百余万"。

戒台寺自明代敕赐"万寿禅寺"，住持、坛主由皇帝敕谕任命。有碑文记载，宣德帝朱瞻基多次召见知幻大师到京城内宫，谈经论道："又尝设施食于内庭，利济天人。开法场于秘殿，为民请福。敷演瑜伽华梵，阐扬三乘真诠。"知幻大师到宫内给宣德帝及朝官讲法，精彩之处，甚至"上为改容，坐听击节欢赏"。知幻大师开坛传戒，弘扬佛法。被尊奉为明代戒台寺钦命住持，第一代开山大坛主。

明代禅宗在朝廷内外蔚然成风，《宛署杂记》云："自四月初八说法起，至十五日止。天下游僧毕会，商贾辐辏……"清代戒台寺香客依然络绎不绝，有关史料记载："六时无间，过者争停车马，抠衣蹑履，上山瞻礼。"

潭柘寺、戒坛寺规模宏大的建筑见证着古寺往日的辉煌，僧家翘楚、香火兴盛，闻名遐迩，四方僧俗弟子、香客慕名而至。

戒台寺、潭柘寺与历代王朝有千丝万缕的联系，数朝皇帝的巡幸、嘉奖、赐封、驻跸等，使古寺闪烁着耀眼的光环。帝王出行也给昔日的古道平添了另外一种气象。皇帝出行蔚为壮观，帝王看风景有着帝王的情怀。金代皇帝多次驾幸潭柘寺，重玉住持所作《从显宗幸潭柘山龙泉禅寺应制诗》有诗句"一林黄叶万山秋，銮仗参陪结胜游"。让我们今天领略当年的情景。清康熙十七年（1678年）五月，康熙驻跸石景山，写有诗句："鸾旗飘动连香草，龙骑骎骎映野花"。出行的队伍鸾旗招展，龙骑骎骎煞是壮观。当时行进途中"民人扶老挈幼，观于道左，上命勿禁"。高士奇即兴而作："老幼村村望荜门，太平鸡犬足饔飧。喜瞻鸾饰威容盛，山果盈篮献至尊。"一同护驾而行的张英也即兴作诗："深山民俗自羲皇，妇子提携辇路旁。岂是房陵朱仲李，也同芹曝献君王。"可谓别样的出游，别样的情怀，一样的风景，不一样的风采。

庞村古渡早些时候是木板桥，桥有两道，后设铁索桥。1937年"七七事变"以后，日本盘踞石景山地区占领渡口，从此切断了庞村与对岸的交通。

## 四、卢沟古渡

卢沟渡口是畿辅咽喉，曾是水路和陆路的交通要道，古渡的形成源于历史和自然。北京从原始聚落的发展，到成为全国政治文化的中心，其意义不言而喻。

在金中都建成之前，永定河古渡口上一直有浮桥或木桥连接华北平原和北京小平原。北宋文学家诗人张舜民《使辽录》曰："过卢沟河，伴使云，'恐乘轿危，莫若车渡极安，且可速济。'南人不晓其法。"北宋使臣许亢宗出使金国，撰写了《许奉使行程录》，其中写道："离城三十里过卢沟河，水极湍激，燕人每候水浅，深置小桥以渡，岁以为常。近年，都水监辄于此两岸造浮梁，建龙祠宫，仿佛如黎阳三山制度，以快耳目观睹，费钱无虑数百万缗。"许亢宗还写道："卢沟渡口两岸多旅舍，以其密迩京师，驿通四海，行人使客往来络绎。"

金明昌三年（1192年），卢沟石桥建成。侯仁之认为，在古代永定河的渡口兴建卢沟石桥，使太行山东麓的南北大道最容易中断的地方通行无阻，深刻影响了北京城后来的发展。

根据《北京市丰台区志》提供的资料表明，商周时代形成了一条沿太行山麓台地北上，经卢沟桥附近渡口过河，东达蓟城的车马古道。秦时，在此基础上开辟了咸阳经蓟城至碣石的驰道。汉代，沿驰道设驿。隋唐时，北来幽州的驿道仍依前朝旧路。辽代，由北京南行三条路线均西渡卢沟桥分别南下。金时，修筑卢沟石桥，稳定了卢沟渡口的位置，畅通了千年古道。元代自大都过卢沟桥后去中原的路线，一条经长辛店、良乡南下；一条沿卢沟桥右堤南下，经固安、霸州至中原。

清代，西陵御道和戒台寺御道皆经过卢沟桥，皇帝南巡也会走此道。康熙称卢沟桥为万国朝宗之津要。为了皇帝出行和交通方便，清代在北京城外修建了多条石道，也称御道，其中一条即广安门至卢沟桥。由于卢沟古渡是清代皇帝前往易县拜谒西陵的所经之地，也有称"京易御道"的。这条御道为西山豆碴石板所铺，每块长可六七尺，宽约四尺，因过往车辆络绎不绝，路面磨损得凹凸不平，远远望去颇为壮观。北京有媒体曾刊登一首老北京民谣："前门楼子修得高，菜市口人多闹吵吵，彰仪门外石头道，大井小井卢沟桥，卢沟桥有十一孔，东头狮子西头象，长辛店街五里长，二十五里到良乡，良乡塔、半山坡，过了窦店琉璃河，琉璃河一道沟，三十五里到涿州。"这首老北京民谣描绘的便是一幅经彰仪门（今广安门）出京南行到涿州的路线图。这条御道是雍正、乾隆年间在前朝古道的基础上修建的，广宁门（广安门之原名）外小井村有雍正御制碑亭，大井村有乾隆御制碑亭。乾隆二十二年（1757年）修石道时在大井村西头路当中建木牌坊一座，乾隆四十年（1775年）又改建成石牌坊，东西两面恭镌御书额，东侧题曰"经环同轨"，西曰"荡平归极"。御道巨石路面和御制牌坊彰显皇家的气派。清政府对此道极为重视，"广宁门在京城西南隅，为外郭七门之一。然天下十八省所来以朝觐、谒选、计偕、工贾来者。莫不遵路于兹。又当国家戎索益恢，悉荒徼别部数万里辐辏内属，其北路则经达安定、德胜诸门，而迤西

接轳联镳,率由缘边腹地会涿郡渡卢沟而来,则是门为中外孔道,尤不与他等"。(《钦定日下旧闻考》)

从卢沟桥至潭柘寺有一条进香古道,称"芦潭古道",起自京易御道上的卢沟桥,经长辛店、大灰厂,穿过石佛村,到达戒台寺,翻过罗睺岭,走鲁家滩、平原村等,到达潭柘寺。这条古道历史久远,清代得到修整,成为可行车马的御道。现在这条古道在石佛村一段保存完好,大块青石铺设的甬道,平整宽敞,石佛村西北的御道旁有一处摩崖造像群,有雕凿于明代的佛像20尊,为北京地区所罕见。从石佛村前往戒台寺的途中有保存完好的石牌坊,在苍天古松的掩映之中显得宁静、从容。石牌坊雕刻精美,有菩萨像、天王像、二龙戏珠、佛八宝等,两侧的枋柱有浮雕楷书对联,上联为:星海空澄广映无边诸佛地,下联是:日轮星鉴大明洪护梵王家;枋心有楷书:永镇皇图。上有大明万历二十七年岁次己亥季春吉日造的字样,重修时间是大清光绪壬辰年秋季。

"芦潭古道"中的大灰厂是一村名。据《房山县志》载:"杨圈头、石甫营、大灰厂,沿山皆产灰,有青白两种,青者处于自然,白者本石质,必加火烧,而且性粘

芦潭进香古道上的摩崖石刻 / 魏齐庚 摄

细。白者固砖，青者染色。"该村以烧石灰为业的历史久远，既为宫廷建筑所用，也为民间所用。"芦潭古道"相对平坦，少弯路，是皇帝到潭柘寺进香礼佛的御道。御道道路由地方官负责修整，在皇帝出行时须泼洒路面。京城西南的一些香客也多走"芦潭古道"到戒台寺、潭柘寺。

北京地区自古是一个善于吸收又善于传播各种文化的地带。辽代早期，战争往往成为文化交流的渠道。而中、后期，聘使往来和边界官员的相互交往明显增多，卢沟渡口成为民族融合的通道，是使者往来最多的旱路枢纽，是连接百年通好的典型见证。宋人北上一般自雄州入境，过白沟河后经新城、涿州、良乡到燕京。辽朝在南京建有馆舍接待各国使节和宋使，"永平馆""城南亭"都在桑干河的北岸，环境十分优美。宋使一般要在燕京稍作停留，然后继续北上。

进香御道上的石牌坊／魏齐庚 摄

北宋时期，宋仁宗多次派太常丞、史馆修撰富弼赴辽贺正旦和解决疆土纠纷事宜。宋朝的政治家王安石，科学家沈括，时任监察御使包拯，大文学家欧阳修、苏辙、苏颂等都曾使辽至燕京，成为永定河古渡和驿道上的过客。大文学家苏东坡也曾接待辽国史臣。自"澶渊之盟"以后的一百多年的时间，双方使者你来我往，宋先后派出1600多位使者出使对方，有不少是历史上的知名人士。

其间双方出使的使臣大多具有较高的文化水平，在历史上对文化交流起到重要作用，也因此留下大量文集和诗歌，记录了当时的真情实景。苏辙在出使过程中，写诗20余首，既有契丹王室行宫生活，也有沿途所见辽地风情。其中《奉使契丹二十八首·渡桑干》是苏辙返程路过燕京，与接待他的契丹人在桑干河畔话别的情景：

> 北渡桑干冰欲结，心畏穹庐三尺雪。
> 南渡桑干风始和，冰开易水应生波。
> 穹庐雪落我未到，到时坚白如磐陀。
> 会同出入凡十日，腥膻酸薄不可食。
> 羊修乳粥差便人，风隧沙场不宜客。
> 相携走马渡桑干，旌旆一返无由还。
> 胡人送客不忍去，久安和好依中原。
> 年年相送桑干上，欲话白沟一惆怅。

宋陈襄，北宋政治家、学者。宋英宗治平四年（1067年）正月神宗即位，遣使告于辽朝。陈襄奉命使辽，其在归国后撰写《使辽语录》将见闻成书。书中对赴辽行走的道路，双方见面礼仪以及交流都有详尽记录，读来感同身受，可谓了解宋辽时期的一手材料。他在《使辽语录》中写到达燕京的情景："北界春夏已来，久愆雨泽。国信使、副至新城及涿州，俱得甘雨。今日到燕京，若更沾足，煞是好也。"又问臣咸融，"南朝曾得雨否？"答以自春及夏，屡得雨泽。过河滩，臣坦问好古："此是桑干河否？"答云："然。"

北宋宣和六年（1124年）七月，北宋使臣许亢宗出使金国，撰写了《宣和乙巳奉使金国行程录》（以下简称《行程录》）。许亢宗这次使金是参加金太宗吴乞买的登基大典，《行程录》中记述了卢沟古渡，"两岸造浮梁，建龙祠宫"。这次出使金国，计八十人，有廷差、亲属，还有负责仪仗、翻译、护卫、医疗、礼物、后勤保障之人，携带贵重礼品，行程达数千里。

北宋宣和四年（1122年），金兵攻占辽燕京析津府（今北京）；宣和五年（1123

年），归宋，宋改为燕山府，领十二县；宋宣和七年、金天会三年（1125年），金大举侵宋，于十二月攻占燕京，复改燕京析津府。北宋宣和六年（1124年）许亢宗一行目的地是"冒离纳钵"，因此到达燕京后还要继续北行。

宋使范成大过卢沟写有著名诗句"草草舆梁枕水低，匆匆小驻濯涟漪"。舆梁即是浮桥。南宋乾道六年（1170年），范成大因"请归河南陵寝地及改变有关礼仪等事宜"晋见金世宗，写下使金诗七十二首和一卷使金日记《揽辔录》。

渡口方便了人们的过往，也使文化得到延伸，幽燕地区成为南北文化的枢纽地带，促进了各族人民的交流融合。古渡讲述的是一段段民族融合的千年佳话，演绎的是一部部多民族相互融合的交流史。

卢沟石桥建成后，原本就是交通要津的渡口更加繁忙，从此经过者络绎不绝。忽必烈于1272年定都北京（当时称大都），此后历经元、明、清前后600多年的发展，北京成为政治、经济、文化中心，文武官员、商贾巨富、士子庶人来往于京城和中原之间。当时的交通条件有限，从卢沟桥或长辛店到北京城里需要多半天以至一天的时间，因此进京的客人头天晚上便在此地找客店住下，第二天一早赶往京城；出京的客人走到这里大都会寻客店住下，第二天再赶路。有诗云："北趋禁阙神京近，南去征车客路长。多少行人此来往，马蹄踏尽五更霜。"古渡还设有驿站，信息由此传向京城西南各地。

卢沟古渡又是为京城服务的重要物资集散中心，商业重镇，元人刘时斋写有诗句："卢水东边好市廛，风光满眼尽平川"。自明时设抽分竹木场局，对芦苇、稻草、茅草，及竹、木材、煤炭、木炭等抽分。抽分是采取一次性抽取实物税的办法。

除此之外，"卢沟晓月"成为燕京八景之一，古渡的两岸风情吸引了大量游人的目光。因为有了古桥和河水，人们的感情变得丰富起来，这里成为人们容易发挥诗兴的地方，尤其是王侯、使节、诗人、士子，一样的景致不一样的意境。远山、河流、石桥、晓月、晨曦被文人墨客争相吟诵，在他们的文章和诗句里有思念、有惆怅、有沧桑、有慷慨激昂，也有憧憬希望，宛若岁月遗留下来的年轮，让我们至今可以知道很久以前的故事。

在长达几千年的历史长河中，卢沟古渡目睹了人世离合，民族的崛起，也曾饱尝战争的苦难，演绎了一个又一个可歌可泣的悲壮故事，其承载的艰辛是世间少有的。1937年"卢沟桥事变"爆发后，卢沟桥成为中国人民的精神图腾，深深嵌进一个民族的记忆深处。

永定河下游还有著名津渡十里铺渡口，连接清朝南巡御道，康熙巡幸五台山，自霸州至固安，便是由十里铺渡口过永定河回京的。永定河在固安县还曾有东杨村、西玉村、辛务村等渡口。1937年9月14日，日本侵略军从三处渡口进犯固安，洗劫了诸多村庄，制造了骇人听闻的惨案。永定河上游有沿河城渡口、王平渡口等十多个渡

**河北固安永定河渡口 / 固安县文博馆供图**

口，有的渡口在抗日战争和解放战争中曾是从未中断过的秘密红色交通线。一位抗战时的老战士，曾描写当时的渡河情景："冬夜黑如墨，坐进大笸箩，双手当船桨，渡过永定河。"那时山里不大的渡口没有船，水浅时通过迈石即可过河，水大时群众便用较大的笸箩作为渡河工具。

往事没有如烟。永定河上数十个大大小小的渡口，无论是大渡口还是小渡口，每个渡口都有着与永定河说不尽的渊源，因为母亲河而沉淀了厚重的历史文化。

京西玉河古道天梯 / 魏齐庚 摄

# 第十章 永定河畔的近代工业

**北**京近代工业，是在外国资本主义入侵后产生的。从19世纪60年代开始，北京陆续出现数十家涉及多个领域的近代企业。这些企业主要有三类，清政府直接管理的官办企业，官商联手创办的民族资本企业，以及外国资本渗透经营的企业。

清光绪五年（1879年），段益三在门头沟创办通兴煤矿，以蒸汽为动力，用机器提升，这是北京第一家近代工业。清光绪九年（1883年），清政府在三家店创办神机营机器局。清光绪二十三年（1897年）"卢保铁路卢沟桥工程机械厂"在卢沟桥畔创建。1919年，石景山地区开始创建北京最大的发电厂和北京第一家炼铁厂。永定河两岸成为最具北京近代经济气象的工业地区。

## 一、神机营机器局——北京最早的军火工厂

鸦片战争以后，我国社会性质和经济状况发生了变化，清政府出现了洋务派，倡导洋务求强，其中的代表人物有左宗棠、曾国藩、张之洞、李鸿章等。中国的近代工业便是在这种背景下开始的，而中国早期的工业化首先发端于军事工业的兴办。当时军事工业的兴起，很大程度基于清政府所面临的内忧外患，既有对内镇压农民起义的目的，也包含着抵御外国列强侵略的内容。清朝的洋务派认为："自强以练兵为要，练兵又以制器为先"，所以大力提倡仿照西方设厂制造新式的枪炮、兵舰，创办近代军事工业。在这种情况下，生产军事机械的工厂陆续开办。

神机营机器局是北京最早的近代军火工业。清光绪九年（1883年），清政府命醇亲王奕譞在北京创办神机营机器局，地点选在京西永定河畔的三家店村。恭亲王奕䜣选派官兵30人赴天津机器局学习制造火药及各种军火机器。北京之所以晚于外埠，是因为"洋务于京，较之外省为尤难"（《筹办夷务始末·同治期》）。天津机器局于清同治六年（1867年）开办，在天津城东的贾家沽设有东局，城南的海光寺设有西

局，是当时清政府的官办军事企业，主要生产军火、军用器具等。这一时期也是天津近代工业的发展初期。

清代神机营，是用西方近代武器装备的特殊军队，主要执掌京师旗营的统一操练，配备火枪、火炮，这与传统的步兵、骑兵有很大的不同，成为清代使用新式武器的重要军事力量。神机营仿西制练兵，当时的皇太后曾亲自阅火器、健锐、神机三营新队操。神机营地位显赫，由皇亲国戚执掌，在晚清军事史、政治史中都扮演了十分重要的角色。

清末震钧所著的《天咫偶闻》一书，对神机营衙门专有描述，其中写道："神机营署，在煤渣胡同。同治初，设选八旗精锐，别立此营。总以亲王大臣，无定员。其下全营翼长二人。其下分为文案、营务、印务、粮饷、核对、稿案六处，各有翼长、委员。此外军火局、枪炮厂、军器库、机器局，各有专司，共兵万五千余名。"神机营固然重要，但据史料记载，自成立后，八旗竞相投效，机构臃肿。

机器局于清光绪十年（1884年）建成投产，其厂房仿照天津建洋式双层厂房，又斥巨资从欧洲购置机器设备，生产的产品主要是枪、炮、弹药、水雷等。光绪十六年（1890年）机器局还制成一批全铜后膛来复快炮。在机器局生产期间，醇亲王奕譞亲赴三家店检查生产情况，并写下多篇诗作。

清光绪十二年（1886年），醇亲王奏请在清漪园（现颐和园）设立海军水操学堂，由天津机器局和神机营机器局提供装备。他在奏折中提到："查神机营自创设枪炮厂、机器局以来，风气渐开，才识渐扩，然只可楙一技艺之能，于制胜御侮之道相去尚远。"从上述文字可以看出，三家店机器营制造的武器已用于军队的实际装备。

清光绪十七年（1891年），机器局因不慎失火，烧毁部分厂房，损失机器、产品，大火以后没有再恢复生产。

至于为何选址在三家店开办机器局，应当主要是考虑到当时的历史因素，地理位置，交通便利，能源优势以及产品实验等。

在天津机器局建设之初，李鸿章曾给朝廷奏报在天津建立机器局的意义：一是为"拱卫京畿""以固根本"；二是当时所需的设备材料还有赖于进口，而天津临近海口,"购料制造不为费手";三是"补南局所未备"。当时在南方已有上海江南制造局和南京制造局,李鸿章认为当时南方两局的生产还不能满足需要。

天津的地理位置对北京十分重要,既是拱卫京师的军事重镇,又是重要的口岸。但是,门户看好了,北京高枕无忧,一旦门户失守,敌寇便可长驱直入。因此,在北京另建机器局十分必要。

山东机器局早于北京开办,山东巡抚丁宝桢率人勘察多个场地,最终选择济南城北,他认为:设厂内地,不为彼族所觊觎,万一别有他事,仍可闭关自造,不致受制于人,利一也;附近章丘、长山等县煤铁矿产索饶,民间久经开采,……利二也;秦晋豫燕湘鄂各省由黄运溯流而上,一水可通,将来制造军火有余可供各省之用,转输易达,利三也。可以说北京选址在三家店开办机器局与山东机器局的选址有异曲同工之妙。

另外,生产安全也应是重要因素。明代的火药厂设在城内,多次发生爆炸事故,明天启六年(1626年),因地震引起爆炸,"宇坍地塌,木石人禽,自天雨而下"。清代的道光、光绪年间也都曾发生火药爆炸事故,损失惨重,震惊朝野。

军事工业采用机器生产,与封建社会传统的旧式官办手工业有着很大不同,实现了生产技术的根本转变,已经初步具备资本主义的性质。三家店机器局开办的时间虽然只有短短几年,但对北京近代工业的产生和发展起到重要作用。

北京的工业起步与比较发达的城市相比,起步时间相对晚,在诸多文化门类中,工业文化也是比较年轻的文化,只有100多年历史。中国的近代工业化以军事工业为开端,很快就发展到民用工业的范围。北京近代工业的产生和发展也如出一辙。

## 二、石景山发电厂的沧桑岁月

爱迪生点燃了世界上第一盏具有实用价值的电灯,这一年是1879年10月21日。清光绪八年六月十二日(1882年7月26日)晚上,上海第一家电厂开始供电。夜幕之下,在6.4公里长的供电线路上,15盏弧光灯一齐发光,在人们惊讶的目光之下,开启了中国电业发展之旅。

## 永定河畔的近代工业　第十章

北京地区使用电能的时间晚于上海，"初用于皇宫禁苑，次及于使馆区，再及于街道市民"。（《北京通史》）清光绪十四年（1888年）宫廷办电，自发自用，北京的第一盏电灯安装在西苑慈禧寝宫仪銮殿。清光绪二十六年（1900年），八国联军侵占北京后，东交民巷建起小型发电厂，

**20世纪40年代石景山发电厂**

专供使馆区使用。光绪三十年（1904年），由华商发起的"京师华商电灯股份有限公司"成立，该公司在正阳门内的西侧建设发电厂，利用井水发电。1906年11月25日，公司正式对外供电营业，城市的主要街道开始实现电灯照明。从宫中的第一盏电灯，到电灯走出宫墙，走上街道，用了几年的时间。这座初期容量仅为300千瓦的发电厂成为北京公用电力事业发展的起点。

随着北京地区民族工业的发展，用电不断增加，急需扩充发电设备，而原来的电厂受到水源和储煤场地的双重限制，已经无法继续扩展，因此公司决定另外择址建设新厂。1919年8月，京师华商电灯股份有限公司在永定河畔的石景山广宁坟村（现广宁村）兴建石景山发电分厂。石景山发电分厂先自英国卜丽司厂购进5吨/时锅炉三台，2000千瓦汽轮发电机1台，于1921年10月竣工发电。发电之初，供门头沟地区的厂、矿使用，随着石景山至前门变电站输电线路的完成，开始向京城送电。

作为新兴的基础工业，石景山发电厂的建设给社会带来的影响是巨大的，不仅代替了传统照明，同时应用于工业，为北京能源动力的突破提供了条件。

1923年以后，石景山发电分厂陆续扩建，以满足北京地区用电量需求的增加。当年增装英国制造的3台手烧低压锅炉；1924年2月，增装英国制造的5000千瓦汽轮发电机1台；1926年4月，增装英国制造的8.1吨/时低压锅炉3台；1929年10月，又增装英国制造的1万千瓦的汽轮发电机1台；11月再增装低压链条锅炉3台。上述工程陆续竣工

发电。

1936年，石景山发电分厂增装德国西门子电气公司制造的1.5万千瓦汽轮发电机1台，竣工发电。同时增装2台高压锅炉建成投产。至此，成为华北地区最大的发电厂。

1937年"七七事变"后，北平沦陷，石景山发电分厂被迫改名"北京发电所"。日本投降后，改称"北平发电所"。

1948年11月初，辽沈战役取得了决定性的胜利。我人民解放军以迅雷不及掩耳之势挥戈入关，当时的北平被迅速包围。为迎接北平解放，当时北平发电所的中共地下党组织按照上级的要求，成立护厂委员会，一方面发动工人群众保护电厂的设备、财产，另一方面配合人民解放军解放电厂的战斗行动。

众所周知，北京是和平解放的，而石景山区却是经过激烈的战斗解放的。为保证北平城的电力供应，迎接北平解放，这里的争夺战进行了三天三夜，最终红旗插上石景山。

据参加中国共产党北平和平解放谈判和北平接管工作的同志回忆，在解放该厂的战斗中，机器设备有所损坏，通往各地的输电线路也需要修复。在接管该厂后，克服重重困难于当日即恢复部分发电，19日向门头沟煤矿送电；21日向清华、燕京两所大学送电；23日向长辛店送电；24日向南苑送电。26日，接管军代表电话通知北平城内冀北电力公司，准备向城内供电。27日，即向城内送电1000千瓦。以后随着和平谈判的进展，逐步增加了供电。在当时解放军围城的战争情况下，不仅及时恢复了发电送电能力，而且我党我军接管的电厂向依然由国民党军队占据的城区送电，得到北平城内市民由衷的赞誉。

1949年8月6日，北平发电所改称石景山发电所，同年11月1日，改称石景山发电厂。

## 三、高炉下的蹉跎与重生

自19世纪70年代开始，民族资本主义的金属工业有所发展。1914年，第一次世界大战爆发后，因进口减少而出口增加，从而为中国金属冶炼事业提供了发展的机会。同时，国内由于制造枪炮、弹药、轮船和铺设铁路，对钢材的需求量大大增加。1890

年海军衙门在奏折中写道："设立炼铁，乃开办铁路、铸造枪炮之第一要义。"洋务派代表人物之一的张之洞说："枪炮、路轨各厂皆以铁厂为根。船板、锅炉及各机器皆需要精钢，炮钢尤精，今日炼钢尤为自强要务，必宜速为讲求。"在这一时期，我国的金属冶炼得以较快发展。

1919年，官商合办的龙烟铁矿股份有限公司在京西永定河畔的石景山建设炼厂，北京近代冶金工业由此起步。

炼铁厂的选址，需要考虑交通、地势、资源、垃圾处理等诸多因素，经过多地选择，最后确定在石景山。其中的主要理由是，这里地势较高而且宽阔，基岩地层坚固，有座青石山恰可以承受建高炉的压力。所需的铁矿石，可以由京绥路从北面运来，而炼铁所不可少的另一种配料石灰石，附近的将军岭就有出产。炼厂靠近永定河，形成供给工厂用水的稳定来源，用水可以从永定河中就近汲取。而炼成之铁走京奉线运至天津外销，也极为便利。除上述有利条件以外，"京师华商电灯股份有限公司"的石景山发电分厂开始在石景山的北麓筹建，未来的电力来源问题可迎刃而解。

当时的《晨报》报道：官商合办龙烟铁矿公司，资金500万，采用宣化的铁矿、临成的焦煤、军庄的石灰石。宣化的铁矿在龙家堡烟筒山，所以定名为龙烟铁矿公司。炼厂设于石景山，距宣化400里，距临城600里，距军庄18里，买地2500亩为厂址。1920年开始建设。将来每日可出铁250吨。

石景山炼厂1920年春破土动工，由美国的一家公司提供工厂设计。炼铁厂是第一次世界大战催生的结果，早在开工前，龙烟铁矿向美国订购了日产250吨的炼铁高炉及配套设备。1921年，虽然设备已从国外运入国内，但是国际市场发生变化，铁价下跌，而国内军阀混战，时局动荡，内忧外患。炼厂的资金链条断裂，导致无法继续如期投入生产，于1923年停工。

石景山炼厂的建设是中国官僚资本与民族资本融合，引进西方技术自主开发资源和发展大工业的早期尝试。从筹办多年，投入巨资，引进设备，到迫不得已停工停建，可见国际形势以及国内社会动荡对早期工业的影响之大，也可见当时石景山炼厂起步之艰难。

273

在石景山东侧的山腰处，有造型别致的"龙烟别墅"，建于1919年，这是当年炼厂留下的唯一遗迹。当时，石景山炼厂建厂事宜由美国公司筹办，并聘请了美国工程技术人员，这栋房子便是为担任技术指导的美国专家技术人员所建造的。如今这座"龙烟别墅"，是首钢历史博物馆。

1937年8月，卢沟桥事变发生以后，日本侵占石景山炼厂，实行军事管制。1938年4月，日军令"南满铁道株式会社"隶属的兴中公司正式接管石景山炼厂，改名石景山制铁所。从此，开始8年的掠夺和对中国工人的奴役。为了镇压、监视工人，看守厂区，日本人在石景山地区曾修筑多处碉堡。

日本侵占炼铁厂最初的目的，并不是在此发展钢铁行业，而是为掠夺铁矿资源运往东北或日本。随着在中国战争形势的变化，不得已就地发展钢铁业，将生产的生铁作为重要战略物资，用于侵华战争。同时，为扩大生产而改组石景山制铁所，于1940年12月，改名为石景山制铁矿业所，强拆民房3000余间，征地2万多亩，驱使破产农民和国民党政府军的被俘人员服苦役，还在河北、山东招募大量华工到石景山制铁矿业所做工，工资待遇极低。

日本侵占期间，工人们通过消极怠工或罢工展开反抗。1940年春节前夕，工人为争取合法权益罢工3天；1941年秋天，工人罢工要求增加工资取得胜利；1942年6月，石景山制铁矿业所炼铁、运输等厂工人，为反抗非人生活发动罢工；1943年2月，日本侵略者停发中国工人过春节的粮食，焦炉、高炉、原料段等工人相继罢工；1944年石景山制铁矿业所的铁道系工人为改善工作条件两次罢工，都取得胜利。如今，70年过去了，日本侵略者早已被赶出中国，但这段历史依然使人刻骨铭心。

日本投降以后，国民党政府接管石景山制铁矿业所，经过改组定名为"石景山钢铁厂"。由于政府腐败，设备落后，工程不配套，加之日本人在投降撤离期间，蓄意破坏部分高炉设备，经过3年多的时间，只部分地恢复了生产，几年的时间里只生产了几吨铁。

从1919年至新中国成立前，石景山钢铁厂历经了北洋军阀战乱、日本侵略者占领、国民党政府的接收，工程建设缓慢，生产几度停顿，30年有铁无钢，累计产铁只

永定河畔的近代工业 第十章

首钢大门 / 魏齐庚 摄

有28.6万吨。

1948年12月17日，在中国人民解放军的强大攻势之下，这座命运多舛、饱经蹉跎与沧桑的钢厂终于回到人民手中。从此写就的历史，是一个又一个的辉煌。

新中国成立后的首钢获得新生，极大调动了工人的主人翁精神和劳动热情。1949年7月1日，石景山钢铁厂举行全面开工仪式，朱德总司令亲自出席了这次活动。当年，工厂超额完成生产的计划目标。

1950年，石景山钢铁厂的生产任务超过历史最高的产铁纪录。日本人撤退时废弃5年的高炉，经工厂党委和工人的筹划、施工，宣告复活，再次投入生产。这一年，抗美援朝战争爆发后，工厂开展广泛的生产竞赛，工人们通过增产节约、增加产量等办法，为抗美援朝前线捐献"石景山钢铁厂号"战斗机1架，极大鼓舞了前方战士的斗志。

1952年，石景山钢铁厂的年产量超过新中国成立前30年的总量。1958年，在国家的大力支持下，石景山钢铁厂进行扩建和现代化改造，彻底结束了这里有铁无钢的历史。当年8月，石景山钢铁厂改为石景山钢铁公司。1964年，石景山钢铁公司建成中国第一座30吨氧气顶吹转炉，揭开了中国炼钢生产新的一页。1967年，石景山钢铁公司改名为首都钢铁公司。

党和国家领导人对首钢的建设和发展，一直给予重视和关怀。刘少奇、周恩来、朱德、邓小平等同志都多次到工厂视察指导。同时，石景山钢铁厂也一直在社会各界的关注和支持下发展壮大。

改革开放以来，首钢获得巨大发展，跨进全国十大钢铁企业的行列。成为以钢铁业为主，兼营采矿、机械、电子、建筑、房地产、服务业、海外贸易等多种行业，跨地区、跨所有制、跨国经营的大型企业集团，列入中国500强企业，为我国经济社会和钢铁工业发展做出了重要贡献。

进入新世纪，首钢人面临新的挑战和前所未有的发展机遇，他们没有犹豫、徘徊，积极推进搬迁调整和产业结构优化升级，开创钢铁企业"一业多地"发展的新格局，向打造世界一流钢铁企业的目标，坚定地迈出了新的步伐。

首钢的历史变迁，见证了北京工业的艰辛历程，也浓缩着十里钢城的发展记忆；它从永定河畔的石景山麓蹒跚起步，在近百年的岁月中历经蹉跎和重生。

## 四、近代新式煤矿的诞生

中国近代新式煤矿诞生于19世纪70年代。"当时清政府已经建立起几十个近代军工民用企业，外国商人也在中国建立了一批航运、铁器、玻璃等民用企业。旧式手工煤窑生产，已无法满足大量的煤炭需求。因此，购买西方采煤机器，聘请外国技师，开办新式煤矿成为清政府洋务派官员的迫切要求。"（《中国通史》）我国安徽、湖北、山东、广西，以及当时的直隶（现河北省）等地，都先后出现将机器设备用于煤矿开采的情况。

北京的近代工业发端于煤矿不是偶然的。实际上19世纪的60年代，英国、法国等国家的公使开始进驻北京，西方经济势力也开始从沿海地区向国内渗透。外国在中国设立的通商口岸增加，来往轮船对煤炭资源的需求急剧增长。

机器采煤首先出现在门头沟也不是偶然。门头沟拥有丰富的煤炭资源，有上千年的开采历史，在生产、运输、销售等各个领域逐渐形成了一个庞大的产、供、销系统，早在明代就已出现资本主义的萌芽。明万历三十一年（1603年），京西窑工的示威曾震惊朝野，"熏面短衣之人"走上京城街头，要求减免矿税，并取得了胜利。

门头沟煤田位于北京京西煤田的北部，门头沟区的南半部，范围东起香峪大梁，西至百花山，总面积达700平方公里，根据当时的地质调查，是最具开采价值的煤田。门头沟煤田主要是由石炭二叠纪杨家坨煤系和侏罗纪门头沟煤系组成，为双纪煤田，所产煤种主要是无烟煤和烟煤。

在相当长的一个时期，门头沟煤矿一直是北京最主要的煤炭供应地。19世纪末叶以前，门头沟圈门一带的小煤窑达300多座，与房山并称"京西煤仓"。煤炭使官僚资本和大量的民间资本在这里汇集。门头沟有一句歇后语叫"门头沟的财主——窑头"。煤窑的开发和一些窑主的迅速壮大，为民族资本在门头沟的发展奠定了基础，也积蓄了向新式生产转化的条件。

以蒸汽为动力的机器采煤是近代煤矿的主要特征。清光绪五年（1879年），官僚段益三于门头沟魏家村创办通兴煤矿。煤矿的矿区最早只有三十六亩半，其开采的窑照是当年的八月二十三日，由当时所隶属的宛平县批准发照。光绪二十二年（1896年），该煤窑开始使用机器提升与排水，成为北京历史上第一个使用机械动力的企业，是北京近代工业的先锋。

清代，采煤工艺落后，生产效率、经济效益及安全性都很差。大小煤窑采用古代土法采煤，手镐刨挖，斜井提升靠人力背驮，竖井靠人力辘轳，井内运输皆为窑工背驮筐篓、口袋运输，油灯照明，自然或人工通风、排水，井外运输主要靠牲畜驮运。清《顺天府志》描述当时的采煤情景："世人恒以采煤为业，常操锤凿穴道，篝火裸身而行，蛇状鼠伏，至数十里始得之，乃负载而出。"

提升设备主要用于煤窑提升煤炭、升降人员、下放材料、工具设备等，在采煤生产中具有重要作用，它是联系井下与地面的主要运输工具。通过引进机器，安装锅炉，以蒸汽为动力用于矿井提升，对扩大开采规模、延长井深、提高劳动效率有重要意义。

开采煤矿，地下水、地表水都会形成对作业面的影响，水患往往是煤窑最棘手的问题，及时排出才能保证矿井的安全和工人的安全，否则后果不堪设想。不仅如此，排水直接制约向煤层纵深发展，因为增加采深，则地下水加大，依赖人力排水变得十分困难。煤窑使用机器排水，是在煤窑设蒸汽锅炉，通过水泵抽水，以改善开采环境，降低开采成本，提高生产效率。

旧时的小煤窑没有抽水机，井下排水均采用人工排水。煤窑设置水工，专事淘水，先淘水后采煤，工作环境十分恶劣，且效率低下，雨季来临时水患横生，一般采取"冬天干，雨来散"的办法，夏季封窑，9月开窑。一些煤窑出现大量积水，往往无力排水，给掘进造成隐患而因此废弃，有的煤窑会因为排水问题停工、停产，甚至倒闭。

近代煤矿是适应清政府洋务派和外国资本主义势力发展需要而产生的，因此它的出现带有明显的半封建、半殖民地性质。虽然开始引进机器和新技术，但在实际的应用中不可避免地受到诸多因素的制约，如：资金来源不足，经营管理相对薄弱不能适应；技术不能实现自主，对外国的依赖性强；虽然引进机器设备以及国外技术用于采煤，但是采煤的其他环节依旧是靠人力和畜力，处于原始落后的状态，因此受到掣肘，总体生产力水平仍然低下。

但是，任何事物的发展都不是一蹴而就。尽管存在一些弊端和问题，在当时的历史条件下，煤窑开采开始引入西法，依然是历史性的跨越和进步，不仅开新式煤窑之先河，也为北京的近代工业起到倡导作用。在随后的时间里，门头沟出现多家机器煤窑，机器的使用从矿井提升、排水扩大到通风、开采、选煤、运输以及销售等各个环节，就像启动的车轮，虽然缓慢，但却没有停止。

《北京西山地质志》载：1919年，北京西山地区时有"机采煤矿3个，通兴公司、裕懋公司、中日公司土法生产的小煤窑630处"。《北平市工商业概况》记载，1932年门头沟机器煤窑3家，中英公司、煤业治水公司、中兴煤矿。土法生产的煤窑300余家。

1947年2月，《交通部平津铁路管理局公报》载，门头沟时有机采煤矿4座：门头沟煤矿公司、川南煤矿、宏顺煤矿、中兴煤窑。有土法煤窑250座。

上述煤窑数字的变化体现出机采煤矿数量增加，土法煤窑数量下降的趋势。而变化的数字背后，是行业内不断地排列组合，机采煤窑不断扩大生产的规模性、专业性和商业性发展，土法煤窑在社会的进程中面临新的选择。同时，在社会历史急剧变化中，旧法与新法转换之间，演绎着一个古老行业的悲壮史诗。

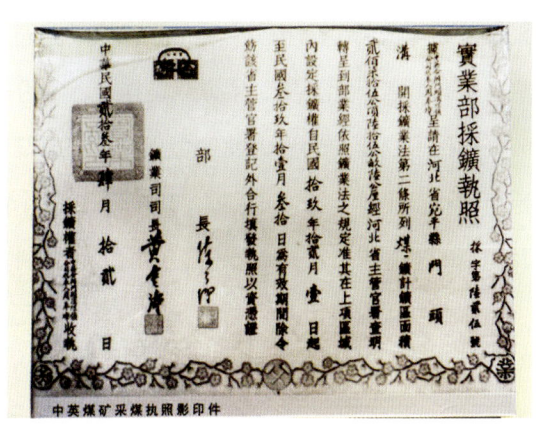

中英煤矿采煤营业执照复印件 / 永定河博物馆

实行资本主义的经营方式，是近代新式煤窑的另外一个特征。在民族企业的资金中，外资占有相当大的比例。"1894年中日甲午战争，清廷败北，此后中国国势日衰，列强乘势来华攫取开矿权，通过独资或合资经营的方式，纷纷在华建矿。与此同时，中国民族资本在外资刺激下，也纷纷筹资建矿，一时间新式煤矿如雨后春笋般出现。"（《中国通史》）

京西丰富的煤炭资源，西方列强觊觎已久，京西煤业成为外国资本主义最先侵入的经济领域。清同治元年（1862年），英国驻华公使翻译柏卓安前往门头沟的斋堂地区勘察煤炭资源，英国政府向清廷提出开采斋堂煤矿的要求。次年，美国矿师庞伯里也到京西矿区调查煤炭的储藏量，为清政府计划成立的海军舰队寻找动力燃料。同治十年（1871年），德国的地质学家也曾到京西门头沟地区进行过地质调查。

光绪二十一年（1895年），外国资本开始先后进入京西的煤炭产业。当年9月，中德合办门头沟月岩寺煤矿；第二年，中美合办通兴煤矿，中德合办天利煤窑；清宣统三年（1911年）4月，中美合办通兴煤矿改为中英合办。1913年华商与比利时商人合办裕懋煤矿公司；1915年，裕懋煤矿被华商周奉璋及英商麦边购得，改为中英合办；1915年中兴煤窑与日本驻天津白井洋行合办；1918年中日合办门头沟杨家坨煤矿，卢沟桥事变后，日寇以武力霸占煤矿。1920年，麦边与华商周奉璋再次联手将通兴煤矿成功购买，成立了中英门头沟煤矿公司。在上述企业中，有些是中外合办，有些则是有其名而无其实，中方只是挂名，实为外方独资。

近代采煤业的勃发，使这个京城西部的偏僻一隅热闹起来，轰鸣作响的机器使永定河畔不再平静，当时的门头沟俨然成为一个国际化的产业区，前来投资的外国人以及聘请的矿师来自美国、德国、英国、意大利、比利时、日本等多个国家。

京西开采煤窑历史可谓悠久，"发轫于辽金之前，滥觞于元明之后"。但是与外国人合作开窑却是破天荒的事情，根据留存的史料可以看出，通兴煤矿是最早与英国人合作的煤窑，双方签订合同的篇幅之长，是前所未有的。其中以下有关条款的内容值得称述：（一）公司一切办法及章程，均照政府现行及将来之矿章商律办理；（二）公司只设华人总理一人，一切事权均归华人总理经管，洋商只有合办矿务之利益；（三）所有从前洋商价租之地三十六亩半赎归华商承管；（四）本公司租税红利，一切均照中国部章呈缴。通兴煤窑有限公司与外国矿师也签订合同，要求矿师除关于开矿应管事宜外，不得越分干涉其他事，以分权限。当然，事实上可能并非如此，国家积贫积弱之时，"主权"往往苍白无力。

煤，无疑是大自然赋予京西地区的巨大财富，西方先进技术的引进是外国资本进入的最好理由，使外国对中国资源的掠夺变得堂而皇之。资本的倾轧则使得传统煤窑的竞争暗流涌动，变得更加激烈。因为，引进西方机器，进来的不只是机器；引进外国资本，带来的也不只是资本。

当然，新式煤矿的产生催生了新的生产方式，西方技术的运用也不断得到提高和完善，同时也促进煤炭需求构成的改变，民间需求开始向企业需求、官方需求等多方面延伸，刺激了生产规模的扩大和产量的提高。

最早引入西法采煤的通兴煤窑，聘请外国矿师，吸纳国外资本，从初建时只有36亩半的矿区，到1913年扩增为957亩半，1914年扩增到4100余亩，1920年达到4770亩，成为当时最大煤矿。

中英门头沟煤矿成功购得通兴煤矿及其他公司后，从石景山引进电力新开四口立井，扩大投资规模；锅炉抽水机、电力选煤机、电力升降机，采取"歇人不歇马"制度；煤矿还投资修建矿区至门头沟铁路，运输以火车为主，骆驼大车次之，直接销往北京。煤炭是一种低价值的商品，传统运输的改变使成本大大降低。在抗日战争爆发以前，中英门头沟煤矿在煤炭行业一直处于垄断地位，京门铁路支线便是向该矿贷款而建造的，将西直门至门头沟的铁路延伸到大台地区的板桥。

从新式煤矿在门头沟诞生至抗日战争爆发，在30余年的时间里，殖民资本、民族资本以及伴随京西煤业逐步发展壮大的产业工人间的利益交错。民族资本面临新的选择，需要寻找新的出路，产业工人走上历史舞台，在新的生产关系中不断觉醒。

1927年，中共门头沟特别支部建立，矿工队伍逐步成长为有组织、有觉悟的战斗集体。

门头沟地区曾发生一场举国关注的矿产风潮，很多人至今记忆犹新。早在"七七事变"以前，日本的经济势力就开始向华北地区渗透。"七七事变"后，日军入侵门头沟地区。中英门头沟煤矿的英国人麦边为了既得利益不受损害，寻求日方的保护，将其中代表自己权益的49%股份全部无偿让渡于日本人白鸟吉乔。中英门头沟煤矿的资本构成表面上是中英合作，周奉璋与白鸟吉乔的股份分别是51%和49%，实际是英国独办公司，周奉璋只是英方对外的摆设。中英门头沟煤矿被日军侵占后，表面上改为中日合作的公司，实际是由日本全面控制煤矿。日本帝国主义侵占煤矿8年时间，对矿区的煤炭资源进行了疯狂掠夺，对煤矿实行军事管制，将煤炭资源作为战略物资管理，对矿工残酷迫害和压榨，罪行罄竹难书。

抗日战争胜利后，1945年10月由国民党政府派人接管煤矿。接管后不久，英国人麦边提出要求恢复其在煤矿的矿权。1947年，当时的国民党政府竟然同意其要求，通知河北省相关部门发还英商的股权。此事在矿工中引起强烈反响，煤矿成立了爱国矿会，举行了声势浩大的示威游行，并组织请愿，召开新闻发布会，披露事实真相，揭露周奉璋的媚日行径，在门头沟的街头张贴"反对发还矿权"等标语。当时的北平多家报纸进行了跟踪报道，《北平新民报》显要版面报道："门头沟三千矿工，坚决誓死保卫矿权"。河北省、北平市等地20多个机构、民众团体也联合组成护矿团体进行声援。

1948年8月，国民党行政院一意孤行，并将9月1日定为发还日。一石激起千层浪，煤矿工人以及北平各界的反对浪潮再次推向高潮。护矿队组织矿工每天站岗值班，保护矿区，请愿团坐火车前往北平上书请愿，坚决要求收回成命，严惩汉奸，反对发还矿权。这场反帝爱国的护矿斗争持续了一年多的时间。

1948年12月14日，门头沟地区得到解放，解放军隆隆的炮声打破了麦边的幻想。解放战争的胜利和新中国成立，从根本上最大限度地保护了国家的利益和矿工的利益。新中国成立后的原中英门头沟煤矿定名为门头沟煤矿。

## 五、长辛店铁路工厂

长辛店铁路工厂建于清光绪二十三年（1897年），从建厂至今已经有120多年的历史。这个工厂是为修建卢保铁路而开办，最初的工厂厂址坐落在永定河畔的卢沟桥地区，因此最初称为"邮传部卢保铁路卢沟桥机厂"。成立当年更名为"卢保铁路卢沟桥工程机械厂"。光绪二十六年（1900年），义和团以拆铁路、禁止洋货作为反洋斗争的主要标志，将长辛店和卢沟桥两个车站及机厂焚毁。光绪二十七年（1901年），比利时与法国联合投资修筑京汉铁路，在长辛店三合庄设修理厂，同时将原卢沟桥机厂的残存设备迁至长辛店，更名为平汉铁路长辛店机厂。到宣统元年（1909年）工人已经达到800人。

1937年7月7日，日军侵占长辛店机厂，厂名改为华北交通株式会社长辛店铁路工厂。日本投降，1945年8月国民党政府接管。长辛店铁路工厂在相当长的一段时间里，是北京最大规模的工业企业，也是北京地区工人阶级人数最多、最集中的地方。

1948年12月，北京解放后厂名为铁道部长辛店铁路工厂，以后曾十易其名，于1994年定名为北京二七车辆厂。

二七车辆厂是一个具有光荣传统的工厂，1923年的工人"二七"大罢工在中国工运史上写下光辉的一页。

"二七"大罢工，又称京汉铁路大罢工，是中国工人运动第一次高潮中规模最大、最有影响的一次。1923年2月1日，京汉铁路工人在郑州举行京汉铁路总工会成立大会，参加大会的代表和各铁路工会代表齐聚郑州。中共中央对这次大会非常重视，

永定河畔的近代工业 第十章

北京二七机车工厂／魏齐庚 摄

派出了张国焘、陈潭秋、罗章龙、包惠僧、林育南等人出席大会。

反动军阀吴佩孚下令禁止召开京汉铁路总工会成立大会。派出大批荷枪实弹的军警强行占据总工会会址。2月4日京汉铁路的两万多工人举行大罢工，北起长辛店，南至汉口，全线铁路陷入瘫痪状态。京汉铁路纵贯河北、河南、湖北三省，是连接华北与华中的交通命脉，京汉铁路工人大罢工引起了帝国主义和反动军阀的恐慌。2月7日，在帝国主义支持下，吴佩孚调动两万多军警，分别在京汉铁路沿线的长辛店、郑州和武汉江岸等处进行血腥镇压，制造了震惊中外的"二七"惨案。大罢工中，有几十名工人牺牲，300多人受伤。这次罢工一直坚持到2月9日，最后为保存革命力量复工。

京汉铁路工人大罢工是中国共产党领导下的第一次工人运动高潮。这次罢工全线工人团结战斗，声势浩大，威震南北，向世人充分显示了工人阶级的力量，那些为了工人阶级利益，为了共产主义的理想不怕牺牲的革命烈士的精神成为鼓舞人们的不朽力量。

1983年由中华全国总工会、铁道部、北京市政府共同投资兴建长辛店"二七"纪念馆，历时4年完成并对外开放。纪念馆既是"二七"大罢工和工人运动的纪念地，又是对青少年进行革命传统教育的场所。

尽管"二七"大罢工已经过去了90多年，但是"二七"的故事还在继续。北京二七车辆厂把发扬"二七"精神作为开展爱国主义教育的重点，每年的"二七"纪念活动，成为工厂缅怀历史，纪念先烈，继往开来的重要形式。"二七"精神已然成为企业的一笔宝贵财富，激励着一代代铁路人为中国铁路运输事业的发展、为祖国的繁荣富强做出新的贡献。

1958年6月，长辛店铁路工厂仅用了25天的时间，就制造出了新中国第一台"建设型"蒸汽机车；同年9月6日，经过88天的大会战，又造出了我国第一台600马力内燃机车。目前，二七车辆厂仍然是中国铁路货运车辆及特种铁路车辆制造基地之一。

永定河畔是北京工业的发祥地，在这里的每一座工厂都有一部厚重的历史。虽然旧日的往事渐离渐远，但是曾经的艰难、屈辱、荣耀将永远留存在历史的记忆里。

在国家档案里，有一份珍藏的电报手稿，是1948年12月17日，毛泽东在西柏坡亲自起草，向平津战役前线发出的"关于保护北平工业及重要文化古迹"的电令。毛泽东在电报中特别提到："丰台、门头沟、石景山、长辛店系重要工业区，我五纵、十一纵正在此区作战，望令他们充分注意保护工业，其办法是一切不动，用原来的工作、职员、厂长、经理办事，我军只派员监督、派兵保护。"这份及时发出的电令，对北京地区的解放、北京恢复经济建设和文物保护有重大的现实意义和深远的历史意义。正是遵循毛泽东电令中对保护平西工业区的指示，中国人民解放军成立了军事管制委员会，先后接管门头沟煤矿、石景山发电所、石景山钢铁厂、长辛店铁路工厂等，宣传党的政策，深入调查研究，发动群众，安顿好职工生活，迅速组织恢复了生产，为北平的解放事业做出贡献。

# 第十一章 永定河畔的古村镇

**如**果你认为永定河两岸只是美丽的自然风光，那么你就忽略了永定河的精华。永定河两岸有着丰厚的文化积淀和历史遗存，包括数量众多的古村、古镇、古街区。这些历史上的古村落，是人类生存聚落的延续，也是文化血脉的延续。

永定河畔的古村落嵌在山水之间，古人吟诵的诗句甚多，"桑干西去即仙源，洽喜归田近郭门。一水绕山难觅渡，乱花夹岸各一村"；"扶筇过峻岭，款步入仙源。寺远唯闻磬，花多不见村"。这是两首描写永定河畔村庄宛若世外桃源的小诗。

这些古村镇不仅风景优美，而且极富文化内涵，置身其中，人们很自然产生与历史拉近距离的感觉，每一座院落，每一棵古树，每一处遗迹所承载和传递出的历史文化和原生气息，都可以令人感受到一种超越和永恒。

受北京历史的发展、多民族的聚居、多元文化的融合、丰富的物产以及不同的地理环境等多因素的影响，永定河畔的古村有着深厚的水文化，同时又各具特色，体现多种文化的叠加，是自然与人类发展史最直接、最客观的真实写照，也是永定河文化瑰丽灿烂的一部分。

目前，永定河流域门头沟区仍是北京地区古村落保护较完整，较为集中的区域。截至2015年，被评上中国历史文化名村的有3个，中国传统村落的有10个；被列为北京市历史文化保护区的有3个。

## 一、永定河流经北京的第一个村落——沿河城

沿河城，村如其名。村庄紧邻永定河，河水清澈，岸边绿树成荫，像一条绿色的丝带轻拂而过。这是一座在历史上因戍边而形成的边关古村，村庄被古代遗留的城垣所包裹，厚重而高大的墙体由大块的条石和鹅卵石垒砌，尽管城墙上已经杂草丛生，跑马道却依稀可见，让人联想到这里曾经是旌旗猎猎，固若金汤。

## 永定河畔的古村镇 第十一章

沿河城村 / 魏齐庚 摄

　　沿河城古称"三岔村""沿河口",由于所处地势险要,是明、清时期的军事要塞。明永乐年间,设守御千户所驻防;明景泰年间设守备官员驻守;明嘉靖三十三年(1554年)正式修建沿河口守备公署,下辖17处险要隘口80里防线;明万历六年(1578年)修建卫戍城池,始称沿河城。《沿河口修城记》云:"国家以宣云为门户,以蓟为屏,而沿河口当两镇之交,东望都邑,西走塞上而通大漠,浑河汤汤,襟带其左,盖腹心要害处也。"这座军事防守城堡,辖有沿河口、龙门口、黄草梁、洪水口一线的长城防线,现尚存万历初年构筑的17座敌台的遗迹。

　　据《沿河口修城记碑》载:历史上这里战事频发,胡虏猖獗,当地的村民苦不堪言,"病在无城"。关城和城堡相继建成后,一旦发生战事,"急入收堡,凭坚而守,据河上流为天堑,而壮士挽弓赴敌,人人自坚无忌"。不仅如此"平民不复忧盗"，山城人烟辐辏，街市也繁盛起来。整个城堡依山傍水，呈东西走向。城堡的东、西设有城门，东门万安，西门永胜，两门有主街相连约400多米；南、北则是水门。站在山上俯瞰整个村庄，城堡的轮廓清晰、气势磅礴，东、西、北三面为直角直线，南面一侧依山势蜿蜒形如弯弓。由于是军事重镇，村里的遗址古迹传说都与此有关，如上衙门、下衙门、大校场、小校场、演武厅等。1984年北京市政府将沿河城列入第三批文物保护单位，后又升级为国家级文物保护单位。

沿河城南坡有一处魏家老坟和一通魏氏先茔碑。石碑刻于明正德八年（1513年），由进士出身的兵部主事莆田郭清撰文。碑阴楷书"续祖联芳"，下刻魏氏先祖200余人之名。碑文记述魏氏原籍淮安府邳州睢宁。这一墓碑给我们提供了当时守城人员的重要信息"南兵北戍"，魏氏家族以及撰文者都来自遥远的南方，这与当时明代的历史背景十分契合。

明代建都和迁都北京于永乐年间完成。建都初期的北京，仍然多有战事，北边的卫戍依然严峻。明成祖即位以后，将军队大多北调。全国军队一半以上驻扎在北京周围，重点聚集在长城一线，以防御西北敌对势力的入侵。同时，为了恢复经济，充实北京及周围地区劳动力，明初多次实行山西移民北京，而且将江南富户迁至北京，"徙直隶苏州等十郡、浙江等九省富民实北京"。（《明史》）另外，朱元璋起兵于江淮地区，军中兵士南征北战，也是历史的因素之一。因此北京地区"参用南北军士"是当时的普遍现象。作为军事重镇的沿河城，它所代表的军事意义在和平年代虽然已经暗淡，但却是最具特色的边关古村。

沿河城村行政区划现属于门头沟区斋堂镇，位于

沿河口敌楼 / 魏齐庚 摄

永定河官厅山峡的中段。由于村落依山临水，城内的院落、民居因地制宜，整体规整且紧凑。街道东、西走向有前街后街，串联起大大小小的巷子，村庄的中间位置是一古戏台，坐南朝北，三开间，建于明代，保存完好。戏台前是一片很大的空场，场边有高大的古槐，这里是村民小憩的地方，闲暇时人们也会聚拢在这里晒着太阳，说说家长里短，念叨着外面的趣事。生活在大山里的人们是朴实的，对外面的世界虽有好奇，但是他们过惯了安宁的日子，更喜欢本真的生活。常有城里人在这里旅游小住，体验生活，也时有摄影爱好者到这里采风，他们依旧是日出而作，日落而息。

这里也是革命老区。1984年10月，时任全国政协副主席的杨成武和肖华、陈再道、程思远、王光美等40多名委员前来视察，这对沿河城的各项工作有着重大影响。时任沿河城乡党委书记的赵永高，每每回忆起当时的情景都难掩兴奋。他说，沿河城地区是革命老区，有着光荣的革命传统，全国政协的领导和委员前来视察工作，不仅体现了党和国家对老区人民的关怀，同时通过调查研究实实在在帮助我们解决问题。工作汇报会就在乡政府，中午的工作餐就在食堂，带队的团长肖华与政协的同志到村民家里走访，副团长王光美同志盘腿坐在老乡的炕头拉家常。当肖华同志看到街上站满了热情的村民，便站在一处高台阶上，发表了激动人心的讲话。肖华说，他们是看望老区人民来了，老区人民在战争年代对革命做出了很大贡献，他在这个地区也打过仗。现在，这里还很穷，生活上有什么困难和问题，他们给带回去，只要大家共同努力，日子一定会好起来。

1985年北京市政府的领导同志会同门头沟区委区政府的同志到沿河城乡现场办公，具体研究解决存在的困难和问题，包括修通沿河城至黄草梁的"沿黄公路"。在各级党和政府的关怀下，沿河城乡全体党员、干部和广大群众下定决心开拓进取，制订发展规划，对重点项目逐个落实，取得了可喜的成绩和长足的发展。为此，1986年2月14日《北京日报》发表专题文章，题为"努力发展生产，立志脱贫致富，沿河城一年办了九件实事"。近年来，沿河城整合优势资源，开发旅游经济，各方面工作不断再上新台阶。我们有理由相信明天的沿河城山更青，水更绿，人们的生活会更好。

河水依旧，城垣依存，暗淡了刀光剑影，远去了鼓角争鸣，崇山峻岭中的小城静谧而祥和。沿河城风格独特的城堡，像穿了盔甲的勇士依然在坚守、在眺望，坚守着昨天的记忆，眺望着明天的希冀。

## 二、为皇宫定制霓裳——琉璃渠村

琉璃渠，中国历史文化名村，曾称琉璃局，以专门烧制琉璃而定名。永定河从琉璃渠的村东流过，相隔的只是一条公路。琉璃瓦尽显土与火的艺术，这里的对子槐山"山产坩子土，堪烧琉璃"，烧出的琉璃制品坯胎色正，呈月白色，釉色艳丽，质地紧密度高，成大型而不开裂。至今，琉璃渠烧造琉璃的历史已逾700年，其琉璃的烧造技艺已被列入国家级非物质文化遗产保护名录。

琉璃渠有琉璃之乡的美誉。村庄的入口有一文化广场，是村民健身、散步的场地。步入其中，便置身于流光溢彩的琉璃世界。装点其中的经典琉璃制品，再现了琉璃渠曾经烧制的北海九龙壁、天安门琉璃正吻、南京阅江楼正吻等，每一处琉璃制品都附有简短介绍，告诉人们曾经的故事。在这里，人们可以零距离接触并感受其中的文化。

琉璃渠村有前、后两条街，前街东口有过街楼，是琉璃渠村标志性的建筑。过街楼为砖石结构，有跨街的券门，人们可以过往通行。券门的上方嵌有琉璃额，东为"带河"，西为"砺山"。券门之上是三官阁，供奉文昌帝君和三官大帝。三官即天官、地官、水官，民间又称三官大帝。三官大帝的信仰渊源于我国古代先民对天、地、水的自然崇拜。在原始社会，天、地、水是人们生产、生活的必要条件，因此人们常怀敬畏之心。道教称：天官赐福，地官赦罪，水官解厄。三官阁有殿堂三间，硬山顶，黄色琉璃瓦，殿脊是黄、绿的琉璃构件，嵌有游龙、瑞兽、宝相花、牡丹花等吉祥纹饰，两端是琉璃鸱吻，正中是狮驮宝瓶，寓意一世平安。琉璃渠过街楼建于清乾隆年间，曾于清末重修，1990年又进行了翻修，是北京市市级文物保护单位。

紧临过街楼，有一道颇具特色的琉璃文化墙，长107米，高3.7米，由基座、额枋、壁心、坡瓦、龙脊、正吻组成，上有传统瑞兽以及龙凤呈祥、平安有象、福禄寿喜财等吉祥纹饰。

《刘敦桢文集》记载:"现存琉璃窑最古老,当数北平赵氏为最,即叫官窑,或西窑,元时由山西搬来,初建窑宣武门外海王村,嗣扩增于西山门头沟琉璃局村。充厂商,承造元、明、清三代宫殿、陵寝、坛庙各色琉璃件。垂七百年于兹。"

刘敦桢先生是我国著名的中国建筑学家、建筑史学家。他所提到的元时在海王村建窑厂,即是现在蜚声海内外的琉璃厂前身。在北京,一提起琉璃厂,人们自然会想到和平门外那条书肆林立、古色古香、有着厚重文化底蕴的文化街。其实,这个琉璃厂确实曾设琉璃窑厂,门头沟琉璃渠村的窑厂和其一脉相承。

早在辽代,北京地区就已经出现了琉璃烧造的端倪。元初定都北京,始建元大都,建大都城的宫殿使用琉璃瓦盖顶,琉璃构件装饰,皇宫呈现出金碧辉煌的景象,从此也开始了北京大量烧造琉璃的历史篇章。《马可·波罗行记》中有一段对元时宫殿的描写:"大殿宽广足容六千人聚食而有余,房屋之多,可谓奇观。此宫壮丽富瞻,世人布置之良,诚无逾于此者。顶上之瓦,皆红黄绿蓝及其他诸色,上涂以釉,光泽灿烂,犹如水晶,致使远处亦见此宫光辉。"

琉璃渠村最早的窑主姓赵,早在元时自山西榆次县南小赵村迁至北京琉璃厂从事琉璃烧造。忽必烈中统四年(1263年),在此设置琉璃窑场,叫"琉璃局"并设"大使""副使"各一员。赵家琉璃窑厂的制品为皇家御用,赵家第十六代传人赵花农被朝廷授封五品顶戴,赵花农的后人赵邦庆,被人称为"琉璃赵",代代为显赫的皇商。

明永乐年间营建北京皇城历时14年。这期间,琉璃业因大量生产

琉璃渠村琉璃构件 / 魏齐庚 摄

琉璃制品而有了快速发展。明代修建宫殿所需的大量琉璃构件由琉璃渠烧造，琉璃窑场一时兴盛发达。

清代，琉璃窑归朝廷的工部所属，厂内设有官署。而城里琉璃厂已逐渐演变为繁华的市区，"长里许，百货毕集，玩器书肆尤多，元旦至十六日，游者极盛"。（《京师坊巷志稿》）随着城市的发展，城内的琉璃厂只留其名，不再烧制琉璃。清代的皇家宫殿、园林、庙宇等所需琉璃均由琉璃渠窑厂烧制，这里成为北京最大的琉璃制品生产基地。朝廷还特别颁发通行执照，"窑商收执如沿途遇有前阻等情即将执照令其验明放行毋得迟误"。

琉璃瓦是皇家的瓦。琉璃制品过去只限于皇宫以及皇家庙宇，不得用于官僚以及平民住所。因此，琉璃渠从一开始便是皇家的官办窑厂，被皇家所垄断。有人说，没有琉璃渠，就没有紫禁城的辉煌。

新中国成立后，琉璃不再是皇家的专有建筑材料。人民大会堂、国家博物馆、军事博物馆、农展馆、民族宫、北京火车站等国家重点工程以及毛主席纪念堂，所使用的琉璃构件均来自琉璃渠。琉璃在新时期又为一座座现代化大型建筑增色添彩，涉及的领域包括办公、服务、旅游、车站等。琉璃成为古都北京一抹浓重的色彩，也是新时期北京建设的一道亮丽风景。

从2002年到2020年，故宫进行百年大修工程，一座座宫殿陆续得到修缮。这是一个世纪以来，这个世界上规模最大、最完整的古代宫殿建筑群的首次整体大修。琉璃渠再为故宫烧造各色琉璃瓦和制件，古老的宫殿将焕新颜，再披霓裳。

改革开放后，古都的琉璃产品也走出了国门，美国、俄罗斯、德国、日本、新加坡等许多国家的大都市都可以见到中国琉璃。

七百余年炉火不灭，薪火相传，古老而独具魅力的中国琉璃，独放异彩，这不能不说是个奇迹。

## 三、繁华染就的老街——三家店

三家店，古时亦名三家村，早在辽代就已形成村落。最早，在此有三户人家，因此得名。历经千年的繁衍发展，三家店已是人口稠密的大村，街道绵延近两公里，两侧沧桑古朴的民宅，众多的文物古迹，见证了老街千年的历史和曾经的兴衰。

靠山吃山，靠水吃水。三家店的村民勤劳而有智慧，很早时期就利用河水之利，避沙壅塞渠之害，灌溉、造田；村民成立水利会建"兴隆沟坝"，旱涝保收，促进了当地农业经济的发展。

三家店村扼守永定河出山口，是永定河上的一个古渡口，也是陆路和水路的交会之地，汇集了数条古道。

由于地理位置优越，历史上三家店成为山区和京城的中转站，货物的集散地和商业重镇。沿街店铺林立，煤场、灰场、饭馆、大车店、油盐店、肉店、杂货店、药店、酒店、布店、首饰楼、豆腐坊、典当行、鞋铺等应有尽有，商业、运输各种服务门类一应俱全。清末时，外国资本开始进入京西煤矿，前往勘探、投资的有英国人、法国人、日本人、美国人、比利时人等，因此街上还出现了咖啡馆。除了有字号的商户，还有走街串巷的货郎，山里人将山货特产在这里卖掉，换回盐和杂货、粮食等。

清末诗人爱新觉罗·宝廷的《西山纪游集》中，就有记述三家店老街的诗作：

> 孤村荒僻说三家，雨后凭高望眼赊。
> 万树拥云吞落日，乱山挟水走平沙。
> 重重岭色连天远，曲曲河流抢店斜。
> 兴到呼童沽薄酒，诗成沉醉乐无涯。

这首诗不仅让我们领略到三家店的自然景色，也给我们展现出河畔的店家、酒肆，以及招呼酒童，买来薄酒，即兴饮酒、吟诗，诗成而人醉的忘我情景。

据村中现存的清代乾隆年间的《二郎庙重修碑》、乾隆年间和光绪年间的《重修龙王庙碑》、道光年间和光绪年间的《三官庙碑》、同治年间的《重修西山大路碑》、清咸丰年间《三家店白衣观音庵碑》等碑刻的记载，鼎盛时期，村中曾有各种商号300多家，买卖兴隆，人烟辐辏。

三家店的兴盛与门头沟盛产煤炭有着直接关系。实际上，三家店是京西最重要的煤炭集散地和中转地。京西斋堂、王平、板桥、九龙山等地区所产煤炭运往北京，从这里的渡口过河是最为便捷的通道。过去煤炭运输一般是大车拉载或骆驼驮运，城里的客商、煤栈到这里买煤，不用过河，节省了时间也免去了很多不便，当天便可来回。京城的一些煤厂也在三家店设立煤栈，自主收购。

三家店在历史上经营煤炭的煤场就有数十家，专门从事煤炭收购、储存、运输、销售的商户占有相当的比重，因此也催生出了多种形式的服务行业，有供应饲料的，售卖马用具的，甚至有钉掌的、修理鞍辔的，一应俱全。门头沟煤业、琉璃烧造，以及商业的繁荣，使这里商贾云集。其中山西商人是最为活跃的一支。他们有敏锐的商业嗅觉，煤业、琉璃烧造等行业都有他们的身影。在门头沟地区，山西客商的头面人物是被称为"琉璃赵"的赵邦庆。赵邦庆热心于当地公益，门头沟标志性建筑圈门窑神庙、大戏楼，琉璃渠村的过街楼等，都有他的参与和支持。

赵邦庆作为琉璃窑厂的主事人，直接为宫廷办事，在三家店东街路南设置有办事机构，以方便办理事宜或转运琉璃构件，人称"山西会馆"。在这组院落的北侧，原有清代民宅数十间，曾设有"山西社公议局"，是山西客商议事、聚会或临时寄宿的地方。商帮是一种兼有行业性，又因地缘关系而建立的商人组织。晋商喜欢扎堆，人们常称之为"山西帮"。他们善于异乡经营和长途贩运，对永定河流域的商业流通发挥了积极作用。山西会馆坐落在三家店，是历史上门头沟地区商业繁荣、经济发达的见证，也是晋商在京城曾经的一抹亮丽风景。

三家店村得水陆之便，得人文之盛，历史文化和经济发展在这条老街留下深深的印记。至今遗存众多经典建筑和民居院落，三家店龙王庙、白衣庵等是商户、煤窑窑主捐赠所建或修缮；而古老民居集中了木雕、石雕、砖雕等装饰艺术，是财富积累的直接体现，挂着文物保护单位标牌的院落追忆着昔日的繁华。

中街路北75号院，人称殷家大院，总占地面积达3500多平方米，东、中、西三个院落共有大门14座，房屋72间。其中，东院曾是赫赫有名的天利煤厂，为办公、储煤、结账之地。

## 永定河畔的古村镇 第十一章

殷家门楼装修并不算高大，显得内敛，但却极其讲究而精致。大门的门墩石迎面雕刻着和合二仙。和合二仙是民间传说中的神仙，象征着和谐合好之意，也是门头沟唯一的一对人物题材刻门墩。人物题材的雕刻在民居建筑装饰中称为上品，即使在北京市胡同里，人物图案的门墩也是鲜见的。大院三组院落，70多间房舍，大量富有吉祥寓意的砖雕，如：富贵平安、封侯挂印、踏雪寻梅、松鹤延年、松鼠葡萄、喜鹊登枝等充斥着这里的影壁、大门的门楣、墀头、屋脊等。值得一提的是，南门的门楣是一幅人们络绎于途的砖雕图案，这幅砖雕的题材没有拘泥传统的福禄寿喜，而是属于主人的原创，在古民居的装饰中独一无二。砖雕中有限的画面，不仅有花鸟树木、桥梁，而且人物众多，有人忙于运送货物，有人正在拱手告别，有人驰马挥鞭。其中，有一长者似是账房先生或管家，手持账本，与人相送；空中日字当头寓意如日之升；整个图案体现兴隆、忙碌的场面。建筑装饰往往是房屋主人思想理念的彰显，殷家也不例外。

**三家店民居 / 魏齐庚 摄**

殷家祖籍山东，在当地富甲一方。村里人说，殷氏家族在三家店开办煤厂，收购煤炭，转运京城，"食此利二百余年"。清末民初，天利煤厂由殷海洋主持期间，在北京的西直门以及天津等地都设有分号。殷海洋还曾任民国早期北京总商会的会长。

千产万业商为首，富比当年万户侯。三家店村还有一批市级、区级的保护院落，如78号、59号等。每一处院落都有精美的砖雕、石雕，工艺之高超，可以和京城胡同的民居相媲美。在这里的很多院落大门宽敞而不设门槛，因为过去开有煤厂、货栈，为的是便于拉货和出入。

295

三家店庙宇众多，坐落在中街的白衣观音庵始建于唐代。村西有龙王庙，站在庙的门口便能看到河水，庙里供奉龙王像及永定河河神像，带着百姓的企盼镇守在永定河畔，掌管年年的风调雨顺。三家店的街里有多棵古槐，树冠遮天蔽日，是人们乘凉、下棋、聊天的好地方。村中还遗存有关帝庙铁锚寺，传说有人从永定河捞出一个罕见的镇水之物大铁锚，被当地人视为神物供奉在此，久而久之此庙便叫作铁锚寺。

随着社会的发展，三家店地区已是数座桥梁连通两岸，天堑变通途，而109国道从三家店村外经过，一直延伸到西藏拉萨。三家店老街不再是进出山里的必经之道，往日的喧嚣归于平静。但是，每逢时令在这里仍然可以买到当地的特产，如东山村的京白梨、龙泉务村的香白杏、山里的核桃等。

## 四、魅力古村——模式口

模式口原名磨石口，因曾经盛产优质磨刀石而得名。1923年，有磨石口村绅士、河北省议员李雅轩向宛平县长提出改村名为"模式口"，得到批准。"模式口"，取各村模式之意。

但是，对于模式口的名字一直存在争议。有的专家曾提出，模式口地区应与古燕国的宫殿磨石宫有关。清《（光绪）顺天府志》载："蓟县西四十里，山底村，亦曰庞村，北辛安，已上村在永定河东，旧有宁台、元英、磨石宫近此。"因此，有人认为磨石口是燕国宫殿磨石宫转音而来。争议，为这个古老村庄平添了一份悠远和朦胧。

这里是镇守京城的咽喉要道，历史上驻有重兵。《（光绪）顺天府志·地理志》云："磨石口镇，千总驻焉。"古村曾筑有高大围墙，并设东、西、中三个门洞，每处有军士把守。虽然围墙随着岁月侵蚀早已坍塌圮毁，但如果留意观察还能找到残留的墙基。

模式口是一条有着悠久历史的古老街道，西山通往京城的古道从村中通过，依山就势、蜿蜒绵长，人称这里是龙形古道三里。历史上，大量过往的驮队络绎不绝，而临街的商铺有大车店、杂货店、铁匠铺、酒馆、粮食店、理发店、茶馆等达到数十家，为过往的商旅驮队服务。说起历史上的繁荣场面人们口口相传，至今仍津津乐道，而街道两旁的老屋留有的买卖字号,至今依稀可见。

现在的模式口保留着传统的风貌,街道两侧有高大的古槐和古老民居,有的院落已有百年的历史。走在街上,可欣赏到古民居精美的石雕、木雕、砖雕等建筑装饰构件。街道西口的路北,有一户民居门口是一对硕大的汉白玉石鼓,上雕麒麟卧松的精美图案。迎门的跨山影壁繁复而精致,壁心和四个壁角的图案竟都是人物故事、传说,空白之处刻满了寿字、福字和卐字。以人物的纹样作为影壁的砖雕装饰,在北京地区的民居中十分罕见,而影壁上的壁心、壁角上的人物有十数人之多,令人称奇,仅此一处。

**模式口民居 / 魏齐庚 摄**

模式口村文物古迹甚多,有国家级文物保护单位2个,市级文物保护单位2个,还有区级文物保护单位2个。2002年,模式口被北京市列入第二批历史文化保护区。

从北京市区出发,沿京门公路前行,路边有显示模式口一连串景点的路牌,法海寺、龙泉寺、承恩寺、田义墓、海藏寺和第四纪冰川擦痕等。其中法海寺建于明正统年间,至今已有570余年的历史,是明代英宗宠宦李童主持修建,明英宗皇帝钦额曰:法海禅寺,为国家级重点文物保护单位。

法海寺坐落在村北的翠微山南麓,站在翠微山上,曾经是"卢沟车马历历可见"。沿着景色宜人的山路逶迤北上,寺院的琉璃瓦在山林中若隐若现,平添一分神秘而又显得气派。全寺四进院落,建在依山的高台之上,寺内有大雄宝殿、天王殿、护法金刚殿、钟鼓楼等。该寺大雄宝殿保存下来的明代大型壁画,精美绝伦,工艺考究,极其珍贵,是其精华所在。其艺术水平、绘制技术及保存完好程度等均为我国明代壁画之最。据史料记载，壁画为宫廷画师集体创作。壁画的内容是宗教题材，以描绘人物为中心，线条流畅，色彩鲜艳，各式各样的人物，栩栩如生。有人写诗赞叹："似闻法音宣天乐，天上人间尽欢颜。"

法海寺西侧是龙泉寺。《敕建法海寺碑记》记载，太监李童梦中有神人示以福地，第二天将梦境情景绘制成图，派人四处查寻，来到翠微山龙泉寺之左，竟看到"俨然梦中之境"的地方，便决定在此建法海寺。龙泉寺始建于明代，因有泉水得名。遗憾的是现在泉水已经枯竭，寺庙仅存遗址。

模式口东街路北的高台上是承恩寺，由明代太监温祥主持建造，建成于明正德八年（1513年）。这座寺院与其他寺院相较颇为不同，寺院的住持由朝廷任命，而且有"三不"之说，不开山门，不受香火，不作道场，在古树的掩映之下颇有几分神秘。现在寺院依旧没有对外开放，有石景山区的文保单位和协会在此办公。2006年承恩寺被列为国家级文物保护单位。

在模式口大街80号有田义墓。田义是万历皇帝身边最受宠的大太监，其墓建于明万历三十三年（1605年）。田义墓是田义及其他十几位明、清太监的墓群，占地约6000平方米。现存的田义墓结构完整，依山势顺次建有门楼、石像生、华表、棂星门、碑亭、享殿、寿域门、石供桌、墓碑、宝顶等。是目前全国范围内唯一保存最完好、规格最高的明代太监墓，现为北京市文物保护单位。

如果说法海寺以壁画而著称，那么田义墓则是石雕艺术的宝库，整个墓园的牌楼、享殿、坟冢、祭器等多用汉白玉石雕刻而成，工艺极其精湛。石刻的内容有传统的暗八仙、佛八宝等吉祥图案，也有具有故事情节的历史故事、民间传说。

以田义墓为依托的宦官博物馆也建在这里，这是我国唯一以宦官历史为题材的专题博物馆。博物馆展出的大量珍贵文物，可以使人们对中国古代王朝历史中的这一特殊群体有所了解。

模式口在历史上寺庙众多，佛教文化浓厚。2013年，北京市《永定河"十二五"规划》中提出："十二五"期间，着力构建6类重点文化聚集区（带）。其中就包括以戒台寺、模式口（法海、承恩）为基础发展宗教文化聚集区。

中国第四纪冰川遗迹陈列馆与法海寺、承恩寺、田义墓等人文景观互为毗邻，永定河引水渠从门前经过。1952年，在修建永定河引水渠的过程中，水利部高级工程师、地质学家李捷带队到京西进行勘测。在模式口附近的翠微山南麓，他发现了一些裸露出地面的岩石，上面布满一道道痕迹，这些痕迹显然是外力造成的擦痕。经过李四光等学者的实地考察，确认这些石头上的痕迹是第四纪冰川擦痕，该冰川擦痕形成于距今300万～200万年前的新生代第四纪。它的发现，为研究远古地质、气候、生物及古人类提供了极为珍贵的资料依据。

模式口是一个独具魅力、遗迹众多的古村，她的魅力来自历史，来自蕴含其中且丰富多彩的文化。

## 五、千年古镇——长辛店

悠久的历史风貌和浓重的红色印记，使长辛店闻名遐迩。长辛店位于北京市丰台区永定河西岸，是一条号称千年古镇的老街。在街道两侧的商铺、民居鳞次栉比，众多的古迹遗址夹杂在其中。历史上长辛店曾经有十几座庙宇，香火鼎盛，周边十里八村善男信女前来进香拜佛，络绎不绝。现在长辛店的五里长街上，娘娘宫、火神庙、清真寺等古老建筑修葺一新，老镇成为当前北京市内唯一一处同时汇集了道教、佛教、天主教、基督教、伊斯兰教的宗教聚集之地。

在明代，这里有长店和新店两个毗邻的村落，南边是长店，北边是新店。由于这里是经过卢沟桥进出北京的交通要道，古代设有驿站，成为京城官府人士出京和外埠之人进京的歇脚之地，而酒肆、店铺也不断增多，街道日渐繁荣，长店和新店逐渐形成了商贸繁盛的相互连接的"五里长街"，被称为"长新店"，或"常新店"，民国时期被衍化为长辛店，一直沿用至今。

清雍正六年（1728年），北起广安门、南至长辛店南关外铺设石道，时人称为进京御道，"天下十八省所以朝觐、谒选、计偕、工贾来者，莫不遵路于兹"。而清代乾隆帝写的一首《过卢沟桥道中即事》诗，即是对长辛店情景的写实："过桥村店号长新，旅馆居停比接邻。试问于中投宿者，阿谁不是利名人。"

2010年曾有一条新闻报道，在潍坊市的城市改造中，一处高家老宅拆迁，发现有曾在京城做官的清末举人高承瀛所写赴粤行书日记。清光绪五年（1879年），高承瀛被派往广东省的一些州府阅卷，将每日见闻记录下来，第一篇日记便是从京城出发的第一天，"出彰仪门，过卢沟桥，四十里到长辛店尖。又三十里良乡县宿"。四十里到长辛店尖，即是第一天的途中在长辛店吃中饭。清时，出门人在途中投店用饭、小憩，谓之打尖。

长辛店是中国铁路工业的发源地之一。清光绪二十三年（1897年），在此设立卢保铁路长辛店火车站。长辛店，这座经历了历史剧变的古老城镇见证了北京铁路建设从艰难起步到蓬勃发展的整个历程。

长辛店也是近代中国工人革命运动的摇篮。毛泽东、李大钊、邓中夏、张太雷等老一辈革命家在这里留下了活动的足迹。

长辛店留法勤工俭学旧址，坐落在长辛店铁路中学内，是一座法式二层红砖小楼。1984年被公布为北京市文物保护单位。1917年俄国的十月革命胜利，给中国先进知识分子以启迪。1918年秋，华法教育会、留法培养俭学会以及留法勤工俭学会在长辛店设立高等法文专修馆，为赴法勤工俭学做准备。预备班设铸造、机械、钳工三个班，学员来自全国各地，共有100多人。在学习中，学员实行半工半读，一边学习法文，一边学习生产技能。我国著名教育家、留法勤工俭学会主要发起人之一吴玉章，也曾在这里学习和实习。预备班举办期间，时任湖南留法勤工俭学运动负责人的毛泽东，在1918年冬和1919年3月，曾两次到此看望湖南籍的学员。

长辛店大街174号，是京汉铁路长辛店工人俱乐部旧址。1922年4月9日，这里召开了京汉铁路总工会第一次筹备会。俱乐部组织了工人纠察队、调查团、讲演团等组织，领导、指挥了1922年的"八月罢工"和1923年的"二七"大罢工。现在这里作为"二七"革命遗址，也是北京市文物保护单位。

工人劳动补习学校的校址，坐落在长辛店大街祠堂口1号。1920年10月，北京共产主义小组成立后，李大钊派邓中夏、张国焘到长辛店开展工人运动，来此筹办成立劳动补习学校。1921年1月开学，同年5月成立了长辛店铁路工会，会址设在补习学校。由于报名人数增多，1922年改工会为俱乐部，并迁到长辛店大街174号刘铁铺开展活动。中国共产主义运动的先驱李大钊同志，在1921年的春天曾到长辛店劳动补习学校，在工人中做革命演讲。同年秋天，史文彬、王俊、杨宝昆等经邓中夏介绍加入中国共产党，他们是北京地区第一批工人党员。1979年8月这里作为"二七"革命遗址被公布为北京市文物保护单位。这是一座砖木结构的小三合院，坐南朝北，东面正房三间，南北厢房各两间。

1921年5月1日，上千名工人在这里纪念自己的节日，一首《五一纪念歌》在工人中间唱响。

中国共产党早期北京革命活动纪念地 / 魏齐庚 摄

"美哉自由，世界明星，拼吾热血，为他牺牲，要把强权制度一切扫除净，记取五月一日之良辰。红旗飞舞，走光明路，各尽所能，各取所需，不分贫富贵贱，责任唯互助，愿大家努力齐进取。"这首歌唱出了工人的心声，表现了中国工人阶级的觉悟。

娘娘宫位于长辛店一小，1984年被公布为区级文物保护单位。这里曾是长辛店铁路工人的活动场所。1919年五四运动爆发后，长辛店铁路工人为了声援爱国学生的斗争，在娘娘宫组织了救国十人团、各界联合会，在街头开展演讲等活动。

1919年11月16日，因不满中国学生抵制日货，倡用国货，驻福州的日本领事馆蓄意制造"福州惨案"，数十名日本人持械滋事，殴打当地巡警、市民及学生，还从日本调来军舰，以武力进行威胁。"福州惨案"发生后，震惊全国。上海、北京等各界群众数十万人，举行集会、游行等，声讨日本帝国主义罪行。12月16日，晨报发表文章《长辛店之国民大会》，报道了长辛店的集会情景，"长辛店为铁路工人麇集之场所，各工人爱国之心素著，自五四以来于提倡救国十人团等事不遗余力。近日以福州日人暴动事件愤激异常，而学商各界亦极愤懑，乃于本月十四号开国民大会，午后一时，齐集娘娘

301

二七烈士墓 / 魏齐庚 摄

宫，有工界、商界、学界、女界救国十人团及市民等千余人"。这次大会提出抗议福州日人暴行六条，有力打击了不法日人的气焰。

1920年初，由工人运动骨干史文彬、陶善琮等人创办的夜班通俗学校由北墙缝胡同迁至该处，邓中夏等人率领的北京大学平民教育演讲团，经常来这里宣传演讲，对启发工人觉悟起了较大作用。后工人夜校改为劳动补习学校，迁出娘娘宫，这里就成为工人们重要聚会的场所。1922年8月的长辛店罢工和1923年的"二七"大罢工，都在娘娘宫召开过大会。娘娘宫为清代建筑，是一座坐西朝东的古庙。新中国成立后，娘娘宫的门楼和大殿因坍塌而拆除，改建为长辛店镇中心第一小学的校园。

长辛店是与中国近代史密不可分的古镇。五里长街，经历了100多年来的历史剧变，见证了北京铁路建设从无到有、蓬勃发展的整个历程；从一个商贸繁盛的商业街嬗变为举世闻名的工商业重镇。

历史已经远去。在新时期，千年古镇如何发展是时代赋予我们新的思考和课题。当村镇快速消失，城市变得千城一面的时候，越来越多的人会意识到，我们正在埋藏文化，越来越多的人上山下乡，希望能缅怀过去。我们也希望老街在社会发展的进程中，留住曾经的英雄本色。

## 六、因河得名的村庄

永定河畔的许多村庄不仅逐水而建，还因河得名，河水和村庄的命运连在一起，充满了传奇的色彩和原始的气息。

在永定河上游，因河得名的村庄不胜枚举，泥河湾便是其中一个。泥河湾位于永定河上游的桑干河畔，经过中外科学家几十年的不懈努力，在第四纪地质学、哺乳动物学、古人类学和旧石器时代考古学上都取得了重大进展，泥河湾享有"东方早期人类的故乡"的美誉，并因此闻名于世。

河北省怀来县夹河村在桑干河南岸，是洋河与桑干河汇流的地方，风尘仆仆的两条河流在此相会、相拥，又义无反顾地流向更远的地方，徜徉芦苇摇曳的河畔，每一个人都会蓦然涌出联翩浮想。

永定河与北京地区最大支流清水河汇流的地方是青白口村。该村地处永定河山峡的中段，三面环水一面山，这里有以青白口命名的青白口系和奇特的地质地貌青白口穹窿。

青白口是一个古老的村庄，也是具有革命光荣历史的村庄。《门头沟区志》记有：1933年，中共宛平县委迁至青白口村，开设"一元春"药店作为掩护。1937年11月，八路军总部、中共北平市委、中共东北特委以及宛平县的同志在这里召开秘密会议，传达朱德总司令"开展敌后斗争，开展游击战，宣传组织群众，建立农村抗日根据地"的指示。会议决定：为加强统一领导，成立中央平西地方工作委员会，同时成立平西游击队，以斋堂为中心，开创平西抗日根据地。

**青白口村／魏齐庚　摄**

1938年，邓华率领独立师三团到达斋堂，宋时轮支队到达宛平，现清水镇杜家庄。1939年1月，萧克、宋时轮、邓华、马辉之、姚依林等同志着手组织挺进军，2月八路军冀热察挺进军成立。根据晋察冀军区的部署，白乙化的抗日联军改编为晋察冀军区步兵十团，白乙化任团长，团部设在马栏村。白乙化的十团曾在青白口伏击向斋堂进犯的日寇，打了胜仗。在抗战最残酷的时候，抗战之歌在永定河畔唱响：

> 挺进！挺进！左面是长城燕山，
>
> 挺进！挺进！右面是渤海平原。
>
> 敌人要把这块土地当作侵略后方，
>
> 毛主席命令我们在这里坚持抗战。
>
> 白河、潮河、滦河、永定河，
>
> 阴山、燕山、黑山与太行山，
>
> 我们的抗日根据地多么辽阔，
>
> 我们的歌声震撼鸭绿江、长白山。
>
> ……

门头沟地区的河北村、河南村、上岸村、稻地、四道桥、河南台、桥户营、丁家滩等村的村名无不与永定河有关。

丁家滩位于河西的一片河滩地上，尽享河水之利，风景优美。丁家滩与陇驾庄是邻村，因此当地有一个流传至今的故事。相传有帝王路经此地，坐骑受惊，向前一路狂奔，直到前面的陇驾庄，因此丁家滩也被称为"惊驾滩"。

北辛安是永定河左岸的一个村庄。《北京市石景山志》记载，北辛安村南旧有金、元时期开挖的金口河古河道。元时，引永定河水入金口河过薛村，薛村村民北迁的形成北新安，南迁的形成南新安，南新安后被水冲毁，北新安村后改名为北辛安村。

北辛安紧靠佛教和风景胜地石景山，邻近庞村渡口，是京城至西山的要道，地理位置得天独厚，有史料记载："尝闻北辛安一区，光射物华，丽景幽丰，脉连群山，予襟滨海，地近京畿。"元代时北辛安即成为煤炭的集散地；清代时是石景山地区的商业中心。清道光八年（1828年），重修东井，在碑记中记有近30家商号，集资捐修。1919年，龙烟铁矿石景山炼厂的兴建，使北辛安更加兴盛。新中国成立后各种店铺有近200家，在石景山地区的店铺总计达到300多家。20世纪50年代至70年代曾是石景山政治、文化、经济、商业的中心。石景山炼铁厂成立后，一年一度的石景山庙会无法如期在山上举办，遂改在北辛安，每逢庙会，来自四面八方的香客、游人云集北辛安。

养马场村位于石景山的西南，西濒永定河。据《石景山志》所载，历史上这里并没有养马的记录，而是存放木柴的地方，养马场源自"杨木厂"。明、清两朝，斋醮、焚化及炊爨所用的杨木长柴和马口柴多产自永定河上游，木柴砍伐后结排置于河中顺流而下，漂至今天石景山河段的渡口，打捞上岸存放、晒干，然后再运往京城。

水屯村位于衙门口村以西，地处永定河河滩，地势较低，村北有水渠与石卢灌渠连接。由于村庄邻近大堤，历史上有村民当河兵，每逢汛期上堤，查看水情，及时报警，专门从事永定河防汛管理。

永定河自丰台区北天堂村之南入大兴区境，于榆垡镇崔指挥营村之东出境，入河北省永定新河入渤海，大兴段长达数十公里，很多村庄与永定河亲密接触。

东、西沙窝村，明代成村，历史上永定河泛滥淤成大片沙滩，故名沙窝村；东、西郏河村地处浑河故道，历史上河汊纵横得村名夹河，后谐音郏河，析为二村后分别称为东郏河和西郏河；贺北村建于辽代，明代时因地处浑河河北，原称河北村，清康熙年间称河北店，后改为贺北；辛立村原名新立村。据史料记载，清宣统三年（1911年），南四头工决口，西玉、官庄、东庄等村的难民迁于堤上安居，故取名新立村，后改名辛立村。

大兴区还有一些村庄，村名如同一部治理永定河的纪实写真。清康熙年间，疏治永定河培修大堤，沿堤设汛铺，也因此形成与此相关的村落，如韩家铺、高家铺（现高家堡）、鲍家铺、刘家铺、孔家铺等村；前管营村为管理汛铺的清朝管带驻地，后衍变成村。

有四五十户人家的小押堤村，地处永定河新北堤以南，老堤以北。据《北京文史资料精选·大兴卷》载，1956年7月下旬至8月初连降大雨，永定河洪水泛滥，大兴县地段大堤多处报险。8月6日夜间，东麻各庄段决口，洪水奔泻而下，京津铁路以南大片被淹，小押堤村因两堤之间雨水无路排泄，以致连降大雨后村里积水成灾。大兴县组织干部连夜进村看望村民，查看灾情。为村民运来食物，带领村民排除积水，组织生产自救。灾情过后，县政府筹集资金近30万元，在小押堤村新北堤上修建起一座电力扬水站，使小押堤村一带的低洼地域永远免除了水涝之灾。

与大兴一河之隔的固安县，地处永定河右岸，许多村庄与永定河也有不解之缘。

东太平庄，地处于永定河南岸，地势较高，居住安全，附近村庄村民因躲避水患陆续迁来，称太平庄。因与另外的太平庄名字相同，后改为东太平庄。河津，位于永定河南堤，因此地设有古渡口，故称为河津。北套里，因历史上永定河决口，此处堰高没有冲到，形成套堤，以后陆续有人迁此定居，繁衍为两个村落，其北为北套里，其南为南套里。沙陀村，因地处永定河岸边，积沙成坨，故取名沙陀。

东、西塘洋村，据史料记载，这是两个历史悠久的小村庄，因地处永定河畔，地势低洼故称塘村。后因有人迁居村东，以及人口不断增加，衍变为东塘洋、西塘洋。

辛务村位于永定河南堤，曾经是一个古渡口。为预防永定河决口，历史上明廷设有汛物场，存放抢险防汛物资，后汛物衍为辛务。这是一个曾经饱受灾难的村庄，据《固安革命史》记载，1937年9月14日，日军向永定河沿线的固安、永清、安次等地发动进攻，并以飞机30余架轰炸固安县城。日军华北方面军第一军第14师团（土肥原师团）一部从固安县东杨村、西玉村、辛务村3个渡口突破国民党53军构筑的永定河防线，占领了固安县城，并制造了血腥的辛务村惨案，100多名无辜群众死于日军屠刀之下。

据《固安县志》及有关史料记载，由于永定河灾患频发，岸边的很多村庄因此衍变为二村或三村。北相、西相、东相三村，是明永乐年间，从山西洪洞县迁居至此。因有风水先生说此地定有名人出世，故名相公地，取村名相公庄。清宣统三年（1911年），永定河决口，将一村冲为三村，按其位置分别取名北相、西相和东相。东庄原名庄子，永定河决口，把该村冲散。大水过后，村民靠水路东侧重建新村，称为东庄。东齐村与西齐村，原村名齐家庄头。明永乐年间，有齐氏从山西迁居至此，后因永定河决口，将此村冲开，按地理方位分为东齐村与西齐村。小孙郭，明初建立。清朝初年的一次汛情，有村中孙氏发现河堤有一洞眼，便急中生智用锅堵住，使其村免受水灾。为纪念孙氏，村名遂为孙郭村。清光绪年间，永定河决口将该村冲为两村，即大孙郭与小孙郭。固安大礼村是因永定河堤建有河神庙，为表敬奉虔诚之意，定名大礼。清光绪年间，永定河决口，将该村冲为两村，故有东礼村、西礼村。西杨村，明万历年间杨姓迁此立村，取名杨村。清咸丰年间永定河决口，将其冲为东、西两村，东为东杨村，西为西杨村。

廊坊地区永清县地处永定河下游，是永定河泛区。据《廊坊地名由来与传说》记载：春秋时期，永清县属燕国封疆之地，唐玄宗天宝元年（742年）取"沙漠永清"之意，定名"永清"。里澜城村于明永乐年间建村，是江苏移民到此定居，村周围有土城墙。因地处永定河泛区，取"安定波澜"之意，得名安澜城，后更名里安澜城，简称里澜城。永清县三圣口乡地处永定河故道，原名圣贤庄，始建于明代。历史上这里处在泄洪口，故有村名"三道口""四道口"，后更名"三圣口""四圣口"。清乾隆十八年（1753年）皇帝巡幸永定河，并住在四圣口村，现留存乾隆帝御碑一座，上有乾隆帝所写诗文。永清县靠近永定河的其他村庄也有以堤、埝冠名。

廊坊市的安次区有刘七堤村和卢七堤村。据史料记载，刘七堤、卢七堤均为永定河上古老的河堤，两村皆是以堤为名。

永定河故道，穿过历史烟尘，宛如一条流动的"历史文化长卷"。永定河畔的人家，历经苦难，旧貌焕新颜。今天的永定河沿岸俨然是一条最美的绿化带，古老的村庄在青翠之中，享受着一份闲适和恬淡。

军庄村过街楼 / 魏齐庚 摄

# 第十二章 一方水土

一方水土养一方人，是中国的一句老话。《晏子春秋》曰："橘生淮南则为橘，生于淮北则为枳。叶徒相似，其实味不同，所以然者何？水土异也。"这对"水土"而言是一个贴切的诠释。"水土"，包括地理位置、气候环境。不同的地域，由于环境不同、地理气候不同、人文历史也会不同。

桑干河与洋河在夹河村附近汇合始称永定河，自此进入官厅水库，流经官厅山峡，进入北京小平原，最后至天津塘沽入海。一路与之相伴的是永定河畔丰饶的物产，信手拈来，不胜枚举。人们感恩大自然的眷顾，分享永定河给两岸带来的恩赐。

地处永定河上游的延怀盆地出产的葡萄，幽州生长的优质金丝小枣，北京地区妙峰山上的玫瑰花，东山村的京白梨，龙泉务村的香白杏在历史上都是皇家贡品，久负盛名。过去永定河水量丰沛，因此北京地区水稻种植广泛，京西稻曾是皇家贡米；海淀的低洼之处则多种荸荠、莲藕；南苑地区湖泊众多，饲养鸭鹅者多；而丰台养花最宜，历史悠久，至今仍是京城鲜花供应地；南部多沙地、滩地，种植杨柳树，人们以柳编为业，现在仍有笸箩庄。固安的柳编传承至今，已经走出国门；地处永定河下游的大兴，沙性土壤，鸭梨、西瓜、萝卜等都非常有名；昔日的永定河畔盛产芦苇，在元朝建城之初，为了防止土城墙被雨水冲刷浸泡而导致倒塌，皇廷收购芦苇、编织苇席，将苇席覆盖城墙墙体，民间俗称"蓑衣披城"。每年朝廷收芦苇以保护皇城达百万担之多。芦苇是没有人种植的，但生命力极强，河畔、湖边都会繁茂生长。无论是京城还是乡村，过去盖房都是以芦苇作棚顶；人们还常常用芦苇编织成各种容器或苇席，芦苇还是用来做饭引火的最好燃料。

## 一、东方波尔多

波尔多是法国西南部的一个港口城市，拥有得天独厚的自然环境，因此成为著名的葡萄酒产区，出产闻名世界的美酒佳酿。

葡萄酒在我国有悠久的酿造历史，是宴请和馈赠的珍贵佳品。南宋大臣、文学家楼钥使金到金中都（今北京）所撰《北行日录》，其中记载：乾道五年（1169年）三十日，完颜宗嗣赐宴。乌库哩璋赐酒果。完颜彦押宴。宴罢，馆伴送葡萄酒。

永定河上游的延怀盆地，地处最适宜葡萄种植和生长的北纬40度"黄金地带"，堪称中国的波尔多。纬度只是种植好葡萄的条件之一，气候、土壤、水源同样重要。这里四周群山环抱，官厅水库位于盆地中部，海拔的落差构成了高低错落的河川平原、丘陵和山地等地貌，延庆县和怀来县两地身处其中。这里具有四季分明、光照充足、雨热同季、昼夜温差大的特点，独特的小气候对葡萄的垂直分布和不同品种葡萄的种植提供了有利条件。土壤结构直接影响葡萄酒的风格，经过地壳的变化与河谷的沉积，以砾石、细沙及石灰岩为主的多样化土壤结构，由于透气性好、热量小、昼夜温差调整快等特性，充分增加了葡萄对营养的吸收和积累，成就了一方种植葡萄的乐土。

湿度高是种植葡萄的大敌，容易出现霉变，而导致产量降低。外国顶级的葡萄园遇有天气潮湿不通风的情况，甚至会借用直升机为葡萄园通风。延怀盆地由于官厅水库和河川平原形成的狭管效应使经过这里的气流速度加快，气候干燥。葡萄喜风但又怕强风，强风也会使葡萄藤受到伤害。延怀盆地的山丘起到阻碍强风的作用，以保持葡萄产量的稳定。这里全年降雨量保持400毫米，气候干爽，与波尔多的年降雨量极为相似，使每一串葡萄丽质天成，保证了葡萄酒恰如其分的口味。

据怀来县政府发布的信息，这里是中国第一瓶干白葡萄酒诞生的地方。2000年，怀来县被国家林

夹河村葡萄园/魏齐庚 摄

业局和中国经济林协会命名为"中国葡萄之乡";2001年被中国特产推荐委员会命名为"中国葡萄酒之乡";2006年获得国家质量监督检验检疫总局"沙城葡萄酒地理标志保护产品认证";2007年被国家标准委命名为"全国葡萄标准化种植示范县",成为全国第一个葡萄种植标准化示范县;2010年荣获"河北省葡萄酒产业名县"称号;"暖泉"牌白牛奶葡萄成为河北省名牌商标。2012年怀来夹河葡萄专业合作社"三道湾"的葡萄种子搭载神舟八号飞船进行太空育种实验成功返回。现在怀来是全国最佳鲜食和酿酒葡萄栽培地区,这一切是葡萄酒之乡的最好诠释。

怀来县夹河村在2008年便成立了葡萄专业合作社,采取股份制形式,农户用农机和土地自愿入股,实行技术、管理、苗木、品牌、包装和销售"六个统一",有效解决了种植技术落后、品种老化、增产不增收的问题。目前,合作社有会员200多户,葡萄种植面积5500多亩。夹河村的村前、村后,漫山遍野的葡萄园,覆盖着望不到边的白色或绿色的防雹网,而村里的主街上是一座连着一座的冷库,收获时节部分葡萄将进入冷库,最大化地延长葡萄保鲜时间。

葡萄酒酒窖/魏齐庚 摄

好水酿好酒。现在以中国长城葡萄酒有限公司为龙头，官厅水库周边有几十家葡萄酒生产企业，拥有长城、容辰、中法等品牌数十个品种的葡萄酒产品，远销国内外。长城桑干酒庄创立于1979年，长城葡萄酒已成为国宴上的用酒，也是北京奥运会、上海世博会、广州亚运会亚残运会、APEC财长会议、达沃斯论坛、亚洲博鳌论坛等重大国际活动中的主角。随着人们生活水平的提高，葡萄酒早已走进寻常百姓家。

延庆区与河北省怀来接壤，位于盆地东部，西邻官厅水库。近年来，在北京农业宏观政策的调控下有机农业、特色农业、循环农业、观光农业为特色的都市型生态观光农业生机勃勃。2007年，当时的延庆县人民政府制订专项规划《北京延庆县葡萄酒产业发展规划》，充分发挥葡萄园基地的田园风光具有观赏性和生态性的特色，努力把延庆葡萄酒产业建设成为具有中国葡萄酒发展特色的酒庄聚集示范点、循环经济产业示范点、葡萄生态示范基地、葡萄酒旅游示范点，具有较高国际知名度的"延庆——中国葡萄酒酒庄之都"。该区在松山南麓建有一条集种植、酿酒、旅游三位一体的葡萄酒产业带。

延庆已举办多届国际葡萄文化节，并于2014年成功举办第十一届世界葡萄大会，全世界30个国家和地区的300多家知名酒庄参加了展会。

2014年，北京延庆和河北怀来两县联合申报的"延怀河谷"葡萄，获得国家农产品地理标志认证，成了延怀河谷区域特色农产品品牌。这也是农业部授予的第一个跨省份农产品地理标志认证产品。两区县以官厅水库为中心，以妫河、桑干河、洋河、永定河流域为重点，以葡萄种植、葡萄酒酿造和酒庄文化旅游为主导产业，形成资源共享，产业融合，一体化发展的区域经济体。打造中国最好的葡萄酒产业区，和有影响力的世界知名品牌。

## 二、幽州金丝小枣

自官厅水库进入官厅山峡，山高谷深，河水跌宕，两岸风光奇绝，仍保持着完好的自然风貌。官厅山峡也称幽州山峡，河谷中的古村幽州依山傍水，错落有致，袅袅的炊烟，偶尔的几声鸡鸣，让人仿佛置身世外桃源。幽州村隶属怀来县，上面是旧庄窝村，下面是北京地区的古村沿河城。这里是从北京斋堂地区沿永定河进入上游河北省的第一个村庄。

古村幽州以盛产金丝小枣闻名遐迩。据当地人介绍，这里的枣是古代皇宫的贡品。成熟后的幽州小枣颗粒饱满，大都为椭圆形，果皮呈典型的枣红色，果肉厚实、皮薄核小，糖分比一般地区的枣高。如果将晾晒了的枣掰开，可以清晰地看到粘连在果肉之间的缕缕"金丝"，这是小枣高品质的象征。

枣的营养价值很高，史书有记载秦国饥荒时用枣栗救民的故事，"一日吃三枣，一辈子不显老"之说在民间广为流传。至今，枣仍被视为重要滋补品。枣的药用价值在《神农本草经》《本草纲目》等药籍均有记载，许多中药方子里都有三种常用的药，可以称为药引子，其中红枣就在其中。幽州的金丝小枣有"维生素丸"之美称，含有多种维生素和钙、铁等人体必需的矿物质元素，有很高的营养价值。

红枣在北京及周边地区种植历史悠久。《战国策》中记有苏秦游说六国时，曾对燕文侯说"南有碣石、雁门之饶，北有枣栗之利，民虽不由田作，枣栗之实，足实于民，此所谓天府也"。这说明，古时的燕国种植枣、栗很多。元人熊梦祥的《析津志》可以说是北京最早的地方志书，其中记有物产"牵丝枣"。晚年的熊梦祥曾隐居于京西深山的斋堂村，并在斋堂完成《析津志》一书。在此期间，他曾多次外出考察当地的物产。

自官厅水库到旧庄窝村、幽州村至门头沟沿河城村信步而行，20多公里河水两岸都是金丝小枣的天下。虽说幽州是河北省与北京市的交界之地，但是这里的金丝小枣没有地界，两岸的滩地和山坡种满了枣树，枣林一片连着一片。春天，整个沟谷弥漫着枣花的香气；秋天，红彤彤的枣子挂满了枝头。这里水源丰富、阳光充足，独特的地理位置为金丝小枣的生长提供了适宜的气候条件。由于这里远离城市，没有任何工业生产，枣子的色泽亮丽，口感极佳。只要说起这里的小枣，当地人都会挺起腰板自夸：我们是"四无产品"，无病虫、无农药、无化肥、无污染。

每到金秋十月，从北京坐火车或自驾车前来采摘或买枣的人络绎不绝。那是枣子的成熟时节，也是村民们最忙碌的时候，抓紧采摘，及时晾晒，在河水边和山坡上的枣园里，处处洋溢着收获的喜悦。熟了的枣最怕下雨，遇雨会发生裂果，不仅影响外观，还容易引起腐烂造成经济损失。因此，即便是收获季节，人们也没有半点的懈怠。

幽州村地处深山峡谷，过去交通十分不便，是制约经济发展的一个瓶颈。好枣卖不出好价钱，村民们形容自己是捧着金饭碗过着穷日子。

幽州金丝小枣 / 魏齐庚　摄

2009年，旧庄窝出山通道建设被确定为当地政府的民心工程，历时两年有余，公路修到了山里，山里的小枣走到了山外。销路打开了，小枣价格随之一路飙升。村民注册了自己的品牌，成立了金丝小枣合作社，收购、储存、包装、销售一条龙，好枣卖出了好价钱。

在官厅水库进入幽州峡谷的入口处，有一个醒目的石碑，上面是当地政府对这条通道的建设情况的介绍以及对社会各界的鸣谢，特别提出的有北京铁路局三家店工务段，怀来县沙城储运包装贸易公司，河北京西建设集团有限公司，怀来县利达建筑工程队。碑文中写道：旧庄窝出山通道北依官厅水库拦河大坝，南接幽州古村，与北京市门头沟区相接，全长十九公里。斗折蜿蜒，穿梭于巉岩峭壁，盘旋于永定河谷。二〇〇九年破土动工，开山拓路，夯实硬化，至二〇一一年竣工，历时两年零六个月。实现了旧庄窝、瓦窑、西横岭、水峪口、安家漩和幽州六村人民走出大山的夙愿。久在深闺的金丝小枣，绽开笑脸，喜迎四海宾朋。逢山开路，遇水搭桥，功在当代，利在千秋。

## 三、千亩红富士造就金河滩

太子墓村地处永定河左岸的一处台地,站在村口放眼望去,村前沿河两岸是望不到边的红富士苹果园,昔日荒河滩变成了今天的金滩、银滩。

传说明代永乐年间,有太子巡幸西山时在此驻跸,吃到当地产的沙果,颇为称赞,遗憾的是个头太小,遂命人将沙果与苹果嫁接。当地人感念太子关心农事,将所嫁接果树称为太子木,太子死后葬于此地,人们遂称太子墓。这段传说是有关村名来历的一段故事,也告诉人们这里有种苹果的历史渊源。但是,传说并没有给这个小山村带来财富。

太子墓村耕地有限,除了山地,就是河滩地,平地很少。在以粮为纲的年代,全村主要精力用于粮食种植,只有少数的果树。改革开放以来,山村因地制宜,向果业生产转变,这个转变是一个艰难的过程。1986年开始种植苹果,村里只有500多亩地,由于很多农户不理解难以接受,全村只种了100亩,其余土地依旧种庄稼。一代又一代人面朝黄土背朝天靠在地里刨食吃,种果树不种粮食,让村民有些怅然若失,心里不踏实。正如俗话所说:手里有粮,心里不慌。

然而,红富士苹果带来的切实收益影响着村民们的生活,也改写了祖祖辈辈种粮为生的历史。在传统农业耕作和现代农业专业化生产之间,人们选择了后者。1990年,全村的所有耕地和新开发的土地成了清一色的苹果园。

这里河谷开阔、河岸平坦,水源丰沛、日照充足,苹果着色好,具备果树生长的基础;而山区昼夜温差大,对增加果实甜度十分有益。引进的红富士与这里的"水土"相结合,竟然得天独厚,成熟的红富士,色泽鲜艳,口感以皮薄、多汁、味甜、鲜脆而享誉市场。现代农业的春风吹绿了永定河两岸,过去的荒滩如同一份天赐的"大礼",成了人们的主要收入来源,也成为支撑村里经济的最大亮点。

引进红富士,太子墓村面临的不仅是传统种植的改变,更是人的意识和观念潜移默化的改变。一个又一个新鲜事物走进了村民的视野,走进了人们的生产、生活。刚开始推广种植苹果的时候,村民白天在果园操作,晚上集中学习种植知识。面对社会"绿色、环保"需求的日益高涨,太子墓村实行品牌经营,实施名牌战略,不断实现果品生产产业化，果品品质标准化，生产无公害、无污染、高质量的绿色果品。太子墓的果树拒绝使用任何化肥。现在管理果树的村民，须具有国家农业技术证书持证上岗，每年为果树浇水、施农家肥、除草、培土、剪枝、疏果、套袋、采摘、装箱等一系列的操作均有严格规定。

太子墓村的苹果于2000年获得北京安全食品认证；2001年荣获第三届北京农业博览会精品奖；2003年在国际农产品展览会上获得精品银奖；太子墓村2004年被北京市认定为农产品安全生产基地。"太子慕"牌红富士苹果还曾先后作为党的十四大特供果品和第十四、十五、十六届远南运动会的指定专用果品，并且走出国门进入国外市场。

从传统农业向现代农业迈进，需要转变观念和经营方式，提升农业组织化程度。2004年太子墓村成立了果树协会，全村170户果农全部成为协会会员。2005年太子墓村红富士苹果注册了"太子慕"牌的商标，并取得"绿色食品证书"；2007年太子墓村成立了苹果种植专业合作社，做到了统一指导培训、统一生产标准、统一包装制作、统一销售网络、分户管理。今天的"太子慕"红富士是太子墓村乃至整个雁翅镇响当当的名片。

2011年8月，门头沟区雁翅镇太子墓村被农业部认定为全国一村一品示范村镇名单，太子墓村的示范带动效应渐次放大。永定河沿岸的河南台村、雁翅村、下马岭村、付家台村、青白口村、珠窝村等都建立了红富士生产基地。雁翅镇党委、政府为进一步提升镇域特色林果产业品级和规模编制发展计划，为了加强苹果种植管理，聘请专家教授现场教学讲授病虫害防治、果树的修剪和管理等知识，在果农中积极推广，有效地提高了产量，增加了效益。现在太子墓村所在的雁翅镇红富士的种植面积已达1800多亩。

"太子慕"红富士不愁卖。每年苹果收获时节，客商们蜂拥至此，坐地销售，树下成交，有的苹果挂在树上就已经被预订一空。这一切得益于太子墓村一直以来因地制宜，走品牌经营的战略思路。

秋天，永定河两岸的千亩红富士果实累累，嫣红似火，买苹果的车辆排成长龙，那时是山村最热闹的时候。

## 四、东山京白梨

京白梨是永定河畔的特有果品,在门头沟妙峰山镇、王平镇、军庄镇等沿河村庄都有种植。但称最者,唯东山村、孟悟村京白梨。

梨是我国种植得最为广泛的果品之一,一直以来深受人们喜爱。但是一般的梨吃起来都会有沙粒感,这种沙粒的专业名称叫石细胞,石细胞是影响梨果实品质的重要物质。东山村京白梨,果皮薄,果核小,果肉细腻且甜度高,尤其是没有任何沙粒感,这是其他梨品所不能相提并论的。

京白梨是让人吃一口就难以忘记的美味。刚刚采摘的果实呈果绿色,果肉洁白,口感脆甜。经过几天存放之后,果皮开始逐渐变黄,呈现出诱人的鹅黄色;果肉也悄然变得软糯,甘甜多汁;在储存的过程中不断散发出其特有的浓郁香味。京白梨在不同时间所呈现的迥然口感,使人们获得舌尖上的超值享受。

京白梨梨花绽放之时 / 魏齐庚 摄

正宗的京白梨是扁扁的椭圆状，形态与荸荠相像，所以果农也称其为"荸荠扁"，可以七八个摞在一起而不倒。京白梨的果柄比其他梨品长，果农在采摘时会把梨柄及时剪掉，以免梨柄将果皮蹭伤，影响品相。

京白梨与其他梨品相较，上市的时间短暂。一是因为京白梨表皮薄，果实会随存放时间变得绵软，不便长期储存。为此，果农在采摘、储存和销售过程中，都是小心翼翼，轻拿轻放，减少倒腾，以尽量延长市场的供应。二是正宗京白梨的产地在永定河畔军庄镇所辖地区的村庄，其中又以东山村和孟悟村为主产区，同在永定河畔的门头沟区妙峰山镇、潭柘寺镇等也有栽培。特殊的地理环境保证了京白梨的口味纯正，质量上乘，但种植面积十分有限。京白梨虽然被大量繁殖并推广各地，但是移出本地后的京白梨口味相差甚远，果皮粗糙增厚，果肉有明显沙粒，果核也变大。

"橘生淮南则为橘，生于淮北则为枳"，意思是淮南的橘树，移植到淮河以北就变为枳树，比喻同一物种因环境条件不同而发生变异。以"南橘北枳"来比喻京白梨最恰当不过了。据专家说：山区京白梨的品质应该好于平原地区，山区的气候条件使得这里出产的京白梨果肉更加致密，水分更加充足。

1954年，在北京市梨品种评比会上，东山村的白梨荣获最优，并于"白梨"之前冠以"京"字，命名为"京白梨"，由此成为北京果品中唯一冠以"京"字的地方特产；1959年，京白梨被选为国庆10周年国宴果品；1999年，京白梨在昆明世博会上荣获水果类银奖；2001年，京白梨荣获北京市第三届博览会精品奖；2005年，京白梨被列为北京首批果品"唯一性农产品"；2013年，京白梨被授予"国家地理标志性产品"。

京白梨种植历史悠久，发源于永定河畔的东山村，该地向阳背风，土壤富含水分，"香峪的香椿尖子，孟悟的枣儿杆子，东山的白梨园子"，在坊间流传甚广。《天咫偶闻》载："京师之果味以爽胜，俗有南花北果之谚。如一梨也，有鸭儿梨、金星波梨、红肖梨、白梨、秋梨、鸭广梨、酸梨、杜梨。"《北京市志稿·货殖志》："东西阳屯之白梨，琉璃屏渠之大洼之桃，董四墓之枣，兼有名于时。"从上述史料我们可以得知，当时的白梨已经在市场上有一定的知名度，而门头沟军庄地区的京白梨已是果品中的名品。其中的"东西阳屯"即是现在军庄镇的东杨坨村、西杨坨村，与东山、孟悟两村是邻村。《北京市志稿·货殖志》记载的是清末至民国时期北京在货殖（工商）方面的史料，是民国时期官修的一部较为全面的北京地方史志。

东山村的梨好吃，各种传说不胫而走。有说当年和珅在香山地区开煤窑，偶然品尝到东山的白梨，肉质细腻，天然美味，便立刻将白梨全部买下，献给皇上。第二年，乾隆帝命人四处寻找白梨，最终在东山村找到，从此白梨被封为贡梨。也有传说，当年村中果农经常挑着梨筐到香山一代贩卖，后因有贪官借机敲诈，不敢再去香山。曾品尝过京白梨的皇帝发现路边没了卖京白梨的摊贩，就特意派人寻访，一直寻到东山村，从此将京白梨作为宫廷贡品。

孟悟村与东山村是村连着村、地连着地。村中有远近闻名的大北院，整个院落仿王府格局，十分气派。据《北京门头沟村落文化志》介绍：大北院的主人是清道光年间的太医陈连芳，陈连芳的弟弟陈进修，曾在京城任九门提督。传说他们把村里的白梨带进皇宫，深得皇上和后宫嫔妃的喜欢，因此成为贡梨。至今，有人形容京白梨是皇族的口味。

如今，农民科学种植的理念增强，品牌意识得到增强，还将品种优势、区域优势与休闲旅游结合起来。一年一度的梨花节、采摘节年年举行，成了这里不谢幕的节目。春天，山坡上、田地里，盛开的梨花连成一片香雪海，人们到这里踏青、赏花；秋天，通往"京白梨之乡"东山、孟悟等村的公路两边，销售京白梨的摊位连成了串，彩旗飘扬，笑脸洋溢，获得丰收的果农和前来买梨、采摘的人们共同分享金秋的喜悦。

## 五、龙泉务香白杏

龙泉务香白杏是永定河畔又一个有着悠久种植历史的传统果品。追溯其种植历史，至今已有近800年的历史。据《门头沟区志》载，龙泉务村的香白杏是杏中上品，曾经作为贡品进贡朝廷。

龙泉务的香白杏色、形、味俱佳。果实为扁圆形，个大匀称，缝合线明显，果顶略有微凹，果皮底色黄白，阳面有红晕，色彩浓淡相宜，赏心悦目。香白杏肉细纤维少，绵软汁多，味道甜美，风味独特。成熟的果实用手轻轻一掰，杏肉与杏核即可分离，当地老乡称之为离核。香白杏的果仁是甜仁，肉仁可兼食。

香白杏有一个突出特点是果香浓郁，采摘后放在果盘或其他容器中，便使满屋生香。著名文学家汪曾祺先生写的散文《老舍先生》中有这样一段描写："有时候，老舍先生正在工作，请客人稍候，你也不会觉得闷得慌。你可以看看花。如果是夏天，就可以闻到一阵一阵香白杏的甜香味儿，一大盘香白杏放在条案上，那是专门为了闻香而摆设的。"

龙泉务香白杏久负盛名，村里至今流传着八仙云游四方，从此经过被香白杏的香气吸引，难以自禁，落下云端，偷吃了作为皇家贡品香白杏的故事。这个故事有些传奇，但是香白杏的芳香和美味确实名副其实，久负盛名。

龙泉务村地处永定河右岸，河水从村边流过，水源充足，土地肥沃，而山区气候凉爽，日照充足也是杏树栽培的重要条件。香白杏耐贫瘠，但良好的水肥条件更有益于香白杏的栽培和生长。栽植在滩地上的杏树，水分条件好，根系的深度和宽度都会大大超过山地的果树，这对增加杏的产量和保证杏的品质十分重要。

由于龙泉务香白杏风味独特，享有良好的市场口碑，在20世纪的七八十年代，开始向周边地区或其他地区外批杏树码进行品种改良和嫁接生产。1983年，辽宁引进龙泉务的骆驼黄，陆续在辽宁省大连市、营口市、辽阳市、锦州市、葫芦岛市、阜新市、抚顺市及吉林省磐石市、通化市、长春市等地区栽种。

龙泉务香白杏果品基地现在不仅有香白杏，还有串铃、银白、遵化白、凯特、红荷包、金太阳、骆驼黄、纯白等优良品种。纯白杏是产自当地的独有品种，也是杏中的珍品。骆驼黄是一个极早成熟的优良品种，栽后第二年即可开花见果，而且适应性强、产量高、果实品质好，因此被一些地区广为引进。

现在龙泉务以特色果品为依托，实施生态观光、特色种植、养殖等一批农业结构调整项目，积极发展餐饮服务、休闲旅游、农产品销售等特色项目。每年的6月正是北方果品上市的淡季，届时门头沟龙泉镇香白杏采摘节将如期举行，人们可以前去采摘、品尝曾经是皇室贡品的香白杏。

## 六、鲜花盛开的地方

丰台区地处永定河故道，地势平坦，土壤肥沃，地下水丰富，种植花卉的地理条件得天独厚，其种植花卉的历史可以追溯到元代以前，可谓悠久，素有"花乡"之称。特别是黄土岗、草桥一带，不少花农世代都以养花为业。

清人励宗万所写《京城古迹考》引《春明梦余录》云："右安门外西南，泉源涌出，为草桥河，接连丰台，为近郊养花之所。元人园亭皆在此。今每逢春时为都人游观之地。自柳村、俞家村、乐吉桥一带，有水田，俱旗地。桥东为三公主园，南有荷花池。过此则王纲明家园也，墙外俱水田种稻。至蒋家街，为故大学士王熙别业，向时亭台极盛，今亦荒芜矣。其季家庙、张家路口、樊家村之西北，有官庄并各村地亩，半种花卉，半种瓜蔬；刘村西南为礼部官地，种粟米高粱及麦。京师花贾，皆于此培养花木，四时不绝，而春时芍药，尤甲天下。泉脉从水头庄来，向西北流，约八九里，转东南入海子北红门，归张湾。水清土肥，故种植滋茂，春芳秋实，鲜秀如昼，诚北地难得之佳壤也。"

明清时期，这里的花卉生产种植更加兴盛，"都人卖花担，每晨千百，撒入都门"。（《帝京景物略》）每年贩运到京城市场出售的芍药能达上万株。

清《宸垣识略》是记载北京史地沿革和名胜古迹之书，其中记载："草桥在右安门外

丰台花乡牡丹花盛开 / 魏齐庚 摄

十里，众水所归。种水田者资以为利。土近泉宜花，居人以莳花为业。有莲花池，香闻数里。牡丹、芍药，栽如稻麻。"

清《鸿雪因缘图记》记载："前后十八村，泉甘土沃，养花最盛，故居民多以养花为业。"旧称十八村包括丰台的黄土岗、玉泉营、纪家庙、樊家村、草桥、马家楼、刘村等村庄。北京的花卉栽培技术也十分发达，可以四季有花。《帝京景物略》："入春而梅，而山茶，而水仙，而探春。中春而桃李，而海棠，而丁香。春老而牡丹，而芍药，而栾枝。入夏，榴花外，皆草花。花备五色者蜀葵、莺粱、凤仙；三色者鸡冠；二色者玉簪；一色者十姊妹、乌斯菊、望江南。秋花，耐秋者红白蓼，不耐秋者木槿、金钱。耐秋不耐霜日者，秋海棠。木樨，南种也，最少；菊，北种也，最繁。"当时宫中陈设鲜花，皇宫及王公府邸都四时养花，有些花农作为花把式进入到王府官宦之家。

清《燕京岁时记》中记有："玫瑰，其色紫润，天香可人，闺阁多爱之。四月花开时，沿街唤卖，其韵悠扬。晨起听之，最为有味。芍药乃丰台所产，一望弥涯。四月花含苞时，折枝售卖，遍历城坊。有杨妃、傻白诸名色。是二花者，最为应序。"

《燕京花木志》记述菊花曰："丰台为都门花木之渊薮，艺花者群居于是。自花神庙以西多果木、唐花。自花神庙以东，多艺菊，谓菊为大秋。"唐花是花农在暖房里培育的一些观赏性小型盆栽花卉，"凡卖花者，谓熏治之花为唐花。每至新年，互相馈赠。牡丹呈艳，金橘垂黄，满座芬芳，温香扑鼻，三春艳冶，尽在一堂，故又谓之堂花也"。

花农称暖房为暖洞子，培育的花卉除送往皇宫大内外，还送往海淀地区的一些宫苑。明、清时期，花农在暖洞里养殖水仙，在冬季出售。

花卉具有满足人们审美、休闲需要的价值，既可装点人们的生活，又能使人们赏心悦目，陶冶情操。因此，在花卉的种植过程中，形成颇具特色的花卉文化。每逢花时，观花游览者比肩接踵，轮毂相望，花事繁盛，文人墨客、学士名流吟诗作画抒发情怀。清人庞垲写诗道："四月清和芍药开，万紫千红簇丰台；相逢俱是看花客，日暮笙歌夹道回。"从上述诗中，我们可见踏青的花客和盎然的春意。明代草桥、纪家庙村有两处花神庙，每逢开庙，设立花市，花农祭拜花神，高跷、狮子会、五虎少林会等花会云集表演。二月十二日传为花王诞日，曰花朝。丰台一带的花农都到此进香献花。"幽人韵士，赋诗唱和。春早时赏牡丹，惟天坛南北廊、永定门内张园及房山僧舍者最胜。除姚黄、魏紫之外，有夭红、浅绿、金边各种，江南所无也。"（《帝京岁时纪胜》）

新中国成立后的1951年，花乡的花农们成立了互助组；1954年，草桥、樊家村的花农分别在北京郊区成立了以养花业为主的第一个鲜花生产队和园艺队；1959年，花乡成立了园艺大队。是年朱德委员长来到花乡视察。1978年，黄土岗公社更名为花乡。

近年来，花乡已形成了多层次现代化的都市型新农业。"花山、花海、花乡情，买花就到玉泉营"已成为美誉度极高的花卉品牌。不仅如此，以"花为媒"，为满足社会需求，向吃、住、游、娱、购等多种功能延伸的市场格局已经形成。鲜花盛开的地方给人们带来更加浪漫的生活。

## 七、西瓜之乡庞各庄

关于西瓜的种植，宋人有许多关于辽地种植西瓜的记载，据说西瓜是由回纥人从西方传入辽朝内地的。1979年在门头沟斋堂地区发现辽代古墓，在墓内有分布于墓室四壁和顶部的壁画，其中一幅画的是侍女手捧果盘，盘中有西瓜、石榴等。这可以证明西瓜的种植在当时已经传到现在的北京地区。《北京通史》载："北方高寒，果品稀少，燕京地区果类丰富，契丹人视为珍品，皇家专门有果园。种植较多的有枣、栗、桃、杏、梨等，还有西瓜。这些果品经常供应契丹内地。"

宋金议和后，南宋使臣范成大曾奉命使金，在经陈留至开封城途中，写有《咏西瓜园》诗，并为此作了题注："味淡而多液，本燕北种，今河南皆种之。"这说明，河南西瓜栽培是由我国北方传入的。

明代，西瓜在北京地区的种植已不断扩大，其中主要产地集中在京城的南部和西南部，尤以今天的大兴一带种植广泛，而大兴又以庞各庄的西瓜最为著名，明代时被定为太庙的贡品。

太庙是明清两代皇帝供奉祖宗牌位、年节大典祭祀祖先的地方，是最高祭祀礼仪的上演场所，有着严格的礼制、礼仪。明时，西瓜被列为太庙六月份祭献的荐新果品之首。所以人们把庞各庄西瓜叫作"贡瓜"。

清时，在北京地区市场上的西瓜已有多个品种，清人所写《燕京岁时记》一书中记载："六月初旬，西瓜已登，有三白、黑皮、黄沙瓤、红沙瓤各种。沿街切卖者，如莲瓣，如驼峰，冒暑而行，随地可食。既能清暑，又可解醒，故予尝呼为清凉饮。"

大兴为永定河洪积冲积平原，地势平坦，沙土、蒙金土或二合土占90%以上。沙性土通透性好，不易受涝，土温变化快，温差大，白天表土温度上升快。而蒙金土上层的质地以沙质为主，透水通气良好，可以迅速地接纳较大的降水量，防止地面径流，减少水土流失。下层质地偏黏，起保水托肥作用，减少养分下渗流失。这种土壤条件适宜西瓜的生长，有利于西瓜对水分和矿物质的吸收，以及西瓜根系的发育和糖分的累积。

庞各庄西瓜的特点是质地沙脆，甘甜多汁，十分爽口。过去大兴西瓜有大花铃、核桃纹、黑蹦筋等品种。新中国成立后引进中国农科院培育的"早花"西瓜以及其他地方的品种。20世纪80年代引进"京欣一号"西瓜品种，至今一直是主打品种，曾在1986、1987、1988年全国西瓜早熟品种评比中获得第一名，并获得农业部颁发的"选育与推广技术进步一等奖"。1995年，大兴庞各庄被农业部命名为"中国西瓜之乡"。1995年，"庞各庄西瓜"成为国内第一个西瓜商标。近些年，庞各庄的西瓜品种结构不断调整和变化，大兴区农科所育成的航兴一、二、三号西瓜开始大面积推广，小型瓜种植面积在早熟栽培中占据了一定比例，无籽瓜、特色西瓜类型

瓜乡街景 / 魏齐庚 摄

不断增加。

1988年6月，大兴区举办首届西瓜节，在全国开创了以农产品为名义的农业文化节庆活动先河。当时的西瓜节确实在社会上引起很大反响，前来参观、洽商的人络绎不绝。而对于老百姓的生活来说也是一件新鲜事，纷纷赶去选购、采摘，虽然那个时候交通还不那么方便，人们却不怕路远，乐此不疲。

西瓜节，"以瓜为媒"，吸引了客商，扩大了经济交往，有效提升了农业品牌效应，不仅提高了农民的收入，同时也促进了西瓜市场的繁荣，每年一度的西瓜节已成为大兴对外交往的一张名片。

现在，以庞各庄镇为中心，形成了一条西瓜产业带，四个西甜瓜产业区。从1995年国家商标局首次公布国内第一个西瓜商标"庞各庄西瓜"，至今已拥有"京庞""永定河"等一批西瓜产品商标。而主要栽培品种已发展为30多个，有大果型、中果型、小果型及无籽西瓜品种。西瓜的上市时间从每年的4月下旬开始，一直持续几个月的时间，源源不断供应市场。

随着休闲农业蓬勃发展，大兴西瓜在技术上不断创新，出现了树形栽培、管道栽培、架式栽培、设计式栽培等，在日光温室里，一排排西瓜藤排列整齐，间距合宜，以方便游客观摩和采摘。对于西瓜的色、形、味，也不断改进和丰富，在庞各庄瓜园里，有绿皮、黄皮、红瓤、黄瓤不同颜色的西瓜，也有不同形状的西瓜，还有来自不同国度和地区的名优品种。瓜园成为人们集观光、科普、采摘、品尝于一体的好去处，而观光农业也成为西瓜之乡新的效益增长点。

2007年，大兴西瓜获得国家地理标志性保护产品。

## 八、指尖上的文化遗产

2011年，在国务院公布的第三批国家级非物质文化遗产名录中，固安县的柳编技艺榜上有名。

柳编是我国民间流传的手工艺品，其原料来自柳条，植柳与治水、防洪密切相关。

固安在永定河的南岸，与地处北岸的北京市大兴区相望，全境属永定河洪积、冲积平原。历史上永定河入固安县境,水无定道,迁徙频繁,泛滥为患,黄沙遍野,是永定河水患的重灾区。"固安之苦,浑河也!"

前人在与水患斗争过程中总结出诸多切实有效的方法,其中就有砂柳坝、柳埽盘头、卧柳护坎、镶埽挂柳、卧柳淤岸等,这些方法或是阻止洪水直接冲刷河堤,或是以巩固堤坝防患于未然。从史料中我们也可查阅到堤防种柳的历史悠久,明代就总结出"植柳六法"。由于柳根长而且韧,根深扎堤盘根错节,既可抵御风浪的冲击,又可加固堤防,同时简便易行,就地取材,经济且有实效。

《(乾隆)永定河志》记载,明万历四十三年(1615年)六月,固安县创修重堤暨龙王庙碑记中有"堤长五百四十丈,高一丈八尺,厚阔狭不等。两旁密树以柳,计万余木"。清乾隆三十八年(1773年)春,乾隆帝阅视永定河,谕令:"两岸大堤内帮多种卧柳,以资捍御。"并作诗"题金门闸堤柳"一首:

> 堤柳以护堤,宜内不宜外。
> 内侧根盘结,御浪堤弗败。
> 外惟徒饰观,水至堤仍坏。
> 此理本易晓,倒置尚有在;
> 而况其精微,莫解亦悉怪。
> 经过命补植,缓急或少赖;
> 治标兹小助,探源斯岂逮。

《(嘉庆)永定河志》卷九在防守事宜中对种柳作以记载:"每兵一名,例应栽植柳一百株。于冬末春初,津液含蓄之时,采取长八尺、径二寸许柳栽。惊蛰后,地气开通。于附堤内外十丈,柳隙刨坑深三尺栽种,不时浇灌。至夏秋之交,点查成活数目呈报,以七成为率。岁终报部。乾隆也曾谕旨,两岸堤里,近河之堤根,以及软滩之上种笪箄柳;南、北两堤内村庄,围村悉种卧柳。"

在颐和园藏永定河文书中,有数份关于种柳的清册文书,其中还有一份1916年3

月30日，调署南七工民国时期有关永定河南岸理事厅采买栽种柳树的文书，其中提到："肥壮柳秧在于树木最稀之处如法栽种。县佐亲自监视，务使埋深三尺，用力筑实，认真督率，不敢稍涉轻忽，现于清明节前一律栽种完竣。"

广泛种柳，其意在于防范水患，同时也给柳编提供了原料，柳编业应运而生，可谓一方水土养一方人。固安柳编工艺的原料十分充裕，与固安所处的地势，以及长期以来人们治理永定河广泛植柳有密切的关系。

据固安县志记载，柳编历史悠久、品种繁多，至今已有近500年的历史。据《固安县志》载："柳器，屈柜柳所为，如升、斗、簸箕、栲栳之类。"固安县的邻县，永定河故道的永清县，其《永清县志》中记载：河东韩村、陈各庄一带，民率种柳林，柳大者伐薪为炭，细者折其柔枝编辑柳器，大者为筐可容石许，小者或类盆盂方圆。横上居民专织柳器为升斗量器，器良易售出。

清光绪年间，固安县在县城南、河道衙署之西，有柳市。永定河道游智开有文字记载，"贩竖麇集，皆柳器也。笸箩尤工致，日中一哄千万立尽。贫家夫妇昼夜编织，以资糊口"。游智开还写了《笸箩词》，如下：

> 折尽杨柳枝，绾尽杨柳丝，
> 与郎作笸箩，绾郎无别离。
> 离家长苦思，在家长苦饥，
> 与郎作笸箩，杨柳郎生涯。

清光绪三十二年（1906年），固安县筹备成立商会，1914年，商会下设柳器同业工会。1931年3月，固安县成立柳编职业工会。民国初设杞柳公司，继而成立胜大公司，收购柳货，加以油漆彩饰，远销北京、天津、上海、苏州、沈阳等地，并销往日本、朝鲜，形成外贸产业。

新中国成立后，固安柳编有了长足的发展，柳编技艺不断提高，市场不断扩大，柳编遍布全县。生长在滩涂地上的柳条柔韧、洁白、着色力强，是生产柳编制品的上

乘原料，而柳条在聪明勤劳的固安人的指尖从编织一些简单的盛物、盛粮的器物，或农业生产需要的物资材料，逐渐走向广阔的市场，工艺日臻成熟。现在固安柳编已然成为农民增收、企业致富、乡镇发展的不可或缺的产业，柳编的品种达700多个。

固安柳编／魏齐庚　摄

在固安县柳泉镇有一个柳编工艺品展示厅，各种柳编成品琳琅满目，其中有各种提箱；各种果篮、花篮、礼品篮；各种储物筐、宠物筐；各种餐具盘；以及茶几、首饰盒等。既有装饰型的工艺品，也有实用型的用具、器物，还有可以作为馈赠的礼品。这些柳编远销英、法、德、日、意等40多个国家。

1995年国庆节，高5.5米，象征丰收果实的巨型花篮出现在天安门广场；1999年5月1日，6个做工精美，高1.8米、直径1.3米，盛载各色鲜花的硕大花篮出现在"99昆明世博会"上，它们都是来自固安柳编艺人的指尖。

指尖上的文化遗产不仅有固安的柳编，还有永清县的扎刻艺术。永清县的南隅有个南大王庄村，村里出了个扎刻大师徐艳丰。2008年6月秸秆扎刻入选国家级非物质文化遗产名录。

永清县历史上也是水患频发之地，永定河自西北向东南流经县境，在县辖之地有一条支流汇入，当地人称为"浑河汊子"，南大王庄便坐落在河南。这里的主要农作物有玉米、高粱、小麦等，尤其是高粱不怕涝。

每当秋收后，当地的农民利用收割的高粱秆扎成盖帘、篮子等生活用具，也有手巧的人用高粱秆扎成比较复杂的蝈蝈笼子和各种物件。徐艳丰的扎刻艺术之路正是从

蝈蝈笼子开始的。

徐艳丰是个农民，两岁时父亲病故，随母亲改嫁到南大王庄，家庭生活拮据，从小没有读过书。他看着别人扎蝈蝈笼子十分着迷，不仅很快学会，还举一反三扎刻花灯和一些建筑物，尤其钟情古建。

徐艳丰扎刻作品／魏齐庚 摄

仿古建筑的结构复杂，观赏性强，但涉及几何学、物理学、力学、建筑学等原理。徐艳丰"扎刻"艺术之路充满艰辛，他不抛弃、不放弃；徐艳丰又因身患重病险些"被判死刑"，他不颓废、不悲观；如今徐艳丰面对的是无数的鲜花、掌声、荣誉，他不自负、不傲气。他多次携带作品参加国际民间艺术、民间文化活动的交流，其扎刻作品也多次参加国际、国内大赛并获得大奖。1996年被联合国教科文组织、中国民间艺术家协会授予"民间工艺艺术家"称号，徐艳丰入选国家级非物质文化遗产代表性传承人。

"扎刻"艺术的原料是高粱秸秆。"扎刻"是指这项艺术的工艺特点。"刻"，是用工具刀在秸秆上挖槽，以便整体的主体搭建和相互咬合，而"扎"则是在主体框架的基础上，用锥子钻眼，连接各种表现砖瓦构件的秸秆，并用竹扦固定住。扎刻艺术对表现我国古代建筑极具表现力。因此，古代建筑如宫殿、亭、台、楼、阁是徐艳丰扎刻艺术表现的主要对象，虽然是毫不起眼的高粱秸秆，但在大师的指尖通过创作、加工，无数秸秆的有序排列和组合，平凡变为不凡，呈现出来的是令人惊叹的、独具中国韵味的扎刻工艺品。

徐大师的扎刻工作间就在村里的家中，正屋的一侧是工作室，另一侧做展厅。工作室里一张圆桌就是工作台，上面总是堆着正在制作的半成品和长长短短的高粱秆，工具是一把卡尺、一把小刀、一张图样。展室里摆放着各种获得大奖的证书，以及形形色色且做工精美的扎刻作品，其中有黄鹤楼、故宫角楼、飞云楼、应县木塔、庆州白塔等。

徐艳丰制作扎刻的高粱秸秆与一般的高粱秸秆并不完全相同，他扎刻的高粱秸秆是他自己经过多年摸索的杂交品种。他将东北高粱和本地高粱杂交，秸秆细长、硬度增强、不易变形，被誉为"铁秆高粱"。为了满足扎刻所需要的秸秆有粗有细的条件，徐艳丰在种植时根据合理密植的原理进行管理，这样密度不同的秸秆粗细也不同。每年秋收后，需要将选好的秸秆放在窝棚下风干，按照粗、细分门别类放入库房保管。徐大师扎刻的作品一般不使用当年的高粱秸秆，而是使用隔年高粱秆，为的是保证材质干燥不会变形。扎刻原料看起来平常，实际上从种植到收割、保管、制作，都颇费心血。

徐大师备料如此繁复细致，制作工艺也毫不逊色。展室中的飞云楼历时3年，耗用了数万根高粱秸秆，楼高117厘米，底边宽66.4厘米，共5层结构，顶部是歇山式，全楼斗拱密集排列，充分表现了其建筑结构和艺术特点，是徐艳丰的倾心之作。飞云楼的原型是山西万荣东岳庙的飞云楼，始建于唐代，斗拱繁密，犬牙交错，纯木质结构，现为全国重点保护单位。更令人吃惊的是徐艳丰并没有到过山西运城，而是根据画册上刊登的图片完成扎刻作品，不但造型准确，而且制作精美，所有接口均采用传统木工卯榫结构咬合在一起，不使用一个钉子，一根铁丝，门窗还可以自由开合。徐艳丰当年制作的《天安门》也是凭借一张年画而完成的，这一扎刻作品长2米，宽1米，用了70多万根高粱秆，耗时3年有余，被日本的博物馆收藏。他创作的故宫角楼被中国美术馆收藏。

2013年，徐艳丰应邀走进大学校园为学生讲课。2016年新年伊始，徐艳丰走进河北省图书馆参加"河北非遗文化系列"讲座，为大家讲述永清秸秆扎刻艺术。

一方水土，养育一方人。一代又一代生长在永定河畔的人们，在与大自然的斗争中尽享地利，用智慧和辛勤创造美好的生活。

几只鸭子悠闲地在永定河里戏水／壹图网供图

# 第十三章 沿着河水寻找美丽风景

**有**人说，巍巍管涔山尽览天下神奇，悠悠宁武关荟萃河山妙景；有人说，永定河上游的大同桑干古道乌龙峡景区，风光独特，令人心旷神怡；也有人说，桑干河大峡谷景观秀丽，两岸高山耸峙，悬崖陡峭相对，中间河水奔腾，河道弯转狭窄，奇峰突起，异石林立，气势磅礴；还有人说，永定河流经北京170千米，沿途风景最美的当数山区100多千米的山峡段，人称"百里画廊"。这里地形高低悬殊，平缓与陡峭交替，永定河水就像利刃将莽莽大山斩断分割，又像银链把崇山峻岭——串联。

河水在山谷间流淌穿行，既有峭壁屏列，也有名山险滩；既有关城古迹、古道相依，也有大山深处的暮鼓晨钟，说不尽的故事传说，看不尽的美景相连，大河两岸如诗如画、人文荟萃。

永定河汤汤河水是大自然最富才华的艺术家，一路走来，没有蹉跎，攥笔搦管，洋洋洒洒，或浓或淡，将万种风情留在了两岸。

永定河大峡谷的上游入峡口在河北省怀来县官厅水库拦河大坝，从大坝出发，沿途有素有"枣乡"之称的旧庄窝和幽州两个小山村属于河北省，过了幽州村便进入北京市的地界。

## 一、嵌在大山深处的珍珠湖

在地质学上，北京有一条著名的沿河城断裂带，从西南向东北横亘门头沟区的西北部，这里群峰竞秀，山水交融，是上天所赐。

清光绪年间为勘察建坝事宜，许振祎曾同周馥、张莲芬等到过这里，感叹："两岸石壁耸立数仞，中如削瓜，下尽没水。较瞿塘入峡光景，宛然相肖。"在这崇山峻岭之中有永定河进入北京流域之后的第一个旅游风景区——珍珠湖。

珍珠湖风景区处于永定河的主河道，其主体是珠窝水库，湖水清澈，平滑如镜，如同镶嵌在崇山峻岭中的一颗珍珠。水库长9.5千米，水面宽200～600米，总库容1340万立方米。这里的山与水是一种默契，大山默默地矗立，河水静静地流淌；这里的山与水是一种永恒，山离不开水，水离不开山，不离不弃。

最大限度保留原生态的天然景观，是珍珠湖景区的特色。这里的杏花村、双柳岛、锁龙峡、金刚峡、亚洲第一桥等景点，都是原始自然景观的呈现，就像未经雕琢的璞玉，留给人想象的空间和更多回归自然的体会。春天，杏花绽开之时，景区内数百棵杏树争舞霓裳，一簇簇的红粉像天上的云霞洒在湖畔，渲染着春天的力量；夏天，这里草木青葱是避暑的好地方，绿色的山，绿色的水，人们泛舟、戏水、垂钓，享受炎炎夏日的清凉；秋天，天高云淡，湖畔赤橙黄绿，风情万种；冬天，山舞银蛇，银装素裹，气象万千。四季轮回，珍珠湖尽情呈现不同的景致，不变的是带给人们的那份惬意、悠然。

珍珠湖上的永定河七号桥是一座"颜值"很高的桥。它造型美观，受力合理，充分发挥了不同建筑材料和拱桥形式的特长，将优雅与力量的结合呈现给了人们。同时，它如飞虹凌空而架，两岸陡峭的崖壁，桥下碧绿的湖水，四周环抱的群山，共同勾勒出的一幅美丽画面，着实迷人。

这也是一座历经时间磨砺的桥梁，它的命运和祖国的命运紧密相连。桥梁于1959年完成初步设计，1960年2月开工，1962年因丰沙线缓建停工，1964年开始续建，

永定河七号桥／魏齐庚　摄

1966年6月竣工，1972年正式运营。1978年，该桥获得全国科学大会科技进步奖，迟来的荣誉背后有着一段蹉跎岁月，而蹉跎岁月掩不住它的气势如虹。

永定河七号桥位于丰沙铁路下行线，上游距官厅水库大坝约28千米，下游距珠窝水库大坝约4千米，全长217.98米，跨越永定河，有"亚洲第一桥"的美称。至今七号桥仍然是我国最大跨度的钢筋混凝土铁路拱桥，在北京铁路博物馆的大厅里，最醒目的位置是永定河七号桥的巨幅图片。

七号桥是桥，也是景，虽在峡谷之中，却早已名声在外。它不仅吸引着众多游人前去观瞻，也是"驴友"户外活动推崇的经典，摄影爱好者更是不断造访，将它四季的芳容摄入镜头。丰沙线是沟通西北的主要干线，这里不时有火车呼啸而过，风驰电掣。到过这里的人们都有一个共同的感受，无论你从哪个角度观赏，都是美丽和震撼。北京市委老领导王宪同志曾到此视察，即兴写《珍珠湖》一首：

> 一脉相连数百峰，远近高低奇景生。
> 两岸车鸣似虎啸，几叶扁舟谷中行。

珍珠湖的上游入口有向阳口村。这是一个古老的村庄，自然环境优美，背靠大将军山，永定河河水从村前流过，进入珠窝水库库区。旅游的开发焕发了村庄的活力，错落有致的民居粉饰一新，游人在这里可以品尝农家的特色饭菜，也可以在这里小住，颐养身心。

向阳口村北有大悲岩观音寺，寺庙创建于明代，因殿堂建在半山腰的山洞中，从外边看只能看到大殿一角，故当地人也称为"盖不严"。北京西山洞中建庙并非罕见，但寺内的一盘花岗岩碾子，碾砣和碾盘均重达千斤以上，却令人惊叹。"盖不严"处在半山，山高路陡，且是羊肠小路，石碾如何运上山洞，在民间留下一段动人的传说。传说南海观音路过此地，看中了这里，便四处化缘筹建庙宇。一日，老和尚下山化缘到一户财主家，财主吝啬，便说可施碾一盘。村民望碾兴叹，都说几千斤的碾子根本无法运到山上的庙里。老和尚没有恼怒，双手合十说道："请施主把家里的牛喂饱，明日帮我拉碾子。"第二天日上三竿，地主家的大石碾不翼而飞，却见牛棚中的牛一身是汗。待人们到山上的寺中观望，只见庙里的僧人正在推碾子压面呢。传说归传说，时到今天，到过"盖不严"的游客，看到大石碾还会唏嘘不已。

大悲岩观音寺原有正殿三间，供奉千手千眼观音，寺西面有山洞题额为"群仙塘"，寺东为"玉皇庙"，供奉玉皇大帝，大殿下方有石室，石雕门窗，题额刻有"创修斗阁朝云洞"，观音殿与朝云洞中均有壁画，寺中存有明代、清代和民国时期的石碑三通。

珠窝村位于珍珠湖景区的下游，邻近珠窝水库大坝，通常称为景区的南门。村子四面环山，是个小盆地，当地村民更愿意说这里的地形像个聚宝盆。永定河沿着村前的山脚流淌而过，河滩是村里的水田，种满了蔬菜和果木，郁郁葱葱，如同水乡，和上游的向阳口村相比，这里显得古朴、恬静。

珠窝村有创建于明代万历年间的山神庙，庙前庙后长满了柏树，其中有20棵为国家一级保护古树，古柏中树龄最长的有上千年，被村民敬为神树。村后的山坡上还有一些大大小小的洞口，是明朝万历年间炼银留下来的矿石洞，当地流传顺口溜：珠窝的沙，碣石的土，一两炼出（白银）三钱五。

到珍珠湖游玩，可以乘坐游船、游艇，在碧水青山之间尽情放飞心情；也可徜徉在湖畔和山野之间，充分享受源自大自然的那份宁静和乐趣；还可以走进水岸古村，感受乡间美味，探访人文古迹。只要走进它们，一定有意外的收获和欣喜。

## 二、金顶妙峰山

《妙峰山琐记》云："妙峰山者，神京巨镇，宛邑名峰，取象苏迷，去天咫尺。"妙峰山属太行山脉，又称妙高峰，是仰山的主峰，海拔1291米，坐落于北京市门头沟区，是朝香圣地、民俗文化胜地，北京周边最具文化底蕴的风景名胜区。从北京市区到妙峰山约55千米，走109国道，沿永定河上行，至担礼村路口进山便可到达。在妙峰山俯视西南永定河尽收眼底，如《妙峰山志》所云："远山若平沙万幕，浑河一线，曲折随之，穷目至渺渺茫茫、天空一色而止。"

妙峰山娘娘庙久负盛名，始建于明代末期，高踞群峰之上，享有"金顶"之美誉。山顶有碧霞元君祠，亦曰"灵感宫"。

碧霞元君在历史上是中国民间影响力最大的女神之一，在人们心中救苦救难，功德无量，能为众生造福如其愿。《妙峰山志》记载："妙峰山者，乃名胜之地，中有天仙圣母碧霞元君感应四方，神化万世，凡诸燕京信士，有求必应，无祷弗灵。"由此可知，碧霞元君在民众的心理层面上无所不能，乐善好施，祷之即灵。

妙峰山／程章法 摄

灵感宫为娘娘庙正殿，供奉碧霞元君、子孙娘娘、眼光娘娘、瘢疹娘娘和送生娘娘，殿内曾悬挂慈禧所书的三额匾牌，分别为"慈光普照""功侔富媪""泰云垂荫"。娘娘庙内还有财神殿、武圣殿、王奶奶殿、地藏殿与药王殿，后进院正殿供奉白衣大士。灵感宫之东有关帝庙，之西有东岳大帝庙。玉皇顶供奉"玉皇大帝""四大天王"为其保驾。除此之外，妙峰山还有傻哥哥殿、喜神殿，喜神殿是由梨园界捐助所建。妙峰山供奉佛、道、儒、民俗各路神灵，成为北京及周边地区的民众信仰中心。

清人所写《壶天录》记载当年见闻："每岁四月朔日开庙，望日始闭，半月中进香者，西直门起，终海淀，南至大觉寺，数十里，东殆马颊，络绎不绝。"富察敦崇著有《燕京岁时记》描写妙峰山庙会："妙峰山碧霞元君庙，每届四月自初一日开庙半月，香火甚盛。凡开山以前有雨者，谓之'净山雨'。庙在万山中，孤峰矗立，盘旋而上，势如绕螺。前可见后者顶，后可见前者之足。自始至终，以夜继昼，足无停趾，香无断烟，奇观哉。"富察敦崇还写道："人烟辐辏，车马喧阗，夜间灯火之繁，灿如列宿。以各路之人计之，共约有数十万。以金钱计之，亦约有数十万。香火之盛，实可甲天下矣。"《妙峰山志》也记载："日夜有无量人，烧无量香。叩拜人遮地，顶踵相接，绝无跌撞焚衣之事。山下遥望，则紫雾遮天，夜则红光上冲霄汉矣。"以上文字所展现的香火盛况是我们在今天难以想象的。

到妙峰山进香的信男善女来自四面八方,有来自京城以及周边地区的香客,也有山东、山西、东北等远道而来的香客,有达官贵人也有平民百姓。"环畿三百里间,奔走络驿,方轨叠迹,日夜不止。"(《天咫偶闻》)

据京西古道专家安全山介绍,历史上到妙峰山进香的古道主要有六条,由海淀凤凰岭前车耳营村上山的北道;由鹫峰下北安河上山的中北道;由大觉寺处上山的中道;由香山经灰峪村上山的中南道;由三家店经琉璃渠、陈家庄上山的南道;以及由下苇甸经上苇甸的岭西道。进香的山路崎险,然而对于人们无畏途可言。

娘娘庙建成之初,香火并不兴盛,至清代康、雍年间,香火始盛,不仅香客竞相"朝顶",各地的香会组织也纷纷前来"赶会",庙会也随之兴盛逐渐走向鼎盛。

行香走会有文、武之分,集合善士,酬神献供,为香客服务,是为"文会",如开山老会、粥茶老会、裱糊老会、缝绽老会、燃灯老会等,各种名目达上百种。文会在进香沿途施舍粥茶,供香客食宿,提供各种义务服务,谓之"茶棚"。茶棚多设于村中、道边、寺庙,内设香案供品。最初,茶棚为松棚或芦苇搭建的席棚,后来多用原有旧庙或新建庙宇型房舍。

青年武术团体,搬演社火,献艺表演,是为"武会",如开路会、五虎棍会、石锁圣会、狮子圣会、中幡会、高跷秧歌会等。有的香会兼负多项表演项目,聚集多支表演队伍。表演以"酬神娱人"为宗旨,从京城到妙峰山,来往途中,鼓钹齐鸣。香会中还有"皇会",是经"御赏"或"御赐"过的香会。

香火如此兴盛,"皇朝倡之于前,太监势利从之于后"。慈禧太后题匾额三块,皆为御书,"至光绪二十二年(1896年)、二十三年(1897年)、二十四年(1898年),慈禧太后传看各种皇会十二项,表演团体七十余堂,会众近三千人"。(《妙峰山志》)

自清康熙十二年(1673年),有"万寿善缘缝绽老会"茶棚,各种香会及茶棚年年增加,到乾隆年间沿路茶棚达到三百数十所,文、武皇会一百七十余堂。

1925年4月,北京大学顾颉刚、容庚、容肇祖、孙伏园、庄严等五人,来到京西妙峰山对妙峰山庙会进行了为期三天的实地调查。这次调查研究可谓开启了中国现代民俗学第一次严谨的、有组织、有目的的民俗学田野调查。调查之后，五位学者分别从自己所关注的角度，撰写了对妙峰山庙会民俗的调查文章，《京报副刊》连续六期刊出妙峰山进香专号，在社会上产生广泛影响，受到了民俗学界的关注。中国民俗学界普遍认为妙峰山民俗文化是北京传统民间文化，甚至是北方传统民间文化的一种象征。国学大师顾颉刚曾为奉宽先生《妙峰山琐记》作序曰："妙峰山是北平一带的民众信仰中心。自从明代造了碧霞元君庙以来，直到现在约三百年，不知去了多少万人，磕了多少万头，烧了多少万香烛，费了多少万金钱。这着实是社会上的一件大事。"

上山进香的人们时兴在下山时"带福还家"，走在香道见到认识或不认识的人都会互嚷"带福还家"。《妙峰山琐记》记载："'灵感宫外'，有卖绒彩蝠、胜、花、蝶、抹额之类者，为'福儿'，回香人买戴头髻，谓之'带福还家'。戴，带；蝠，福；音同也。"这段文字，实际是人们上山进香后的最后情景，虔诚的心理得到慰藉，"带福还家"使虔诚的进香之行画上完美的句号。时至今日，"带福还家"仍然在香客、游客中流行，"带福还家"，也带着轻松的心情。

1990年，妙峰山恢复了春季庙会；2008年，妙峰山庙会入选第二批国家级非物质文化遗产名录；2014年，妙峰山香会博物馆正式开馆，民俗文化在这里彰显其独特的魅力。

前往妙峰山途经古村樱桃沟，在村庄东北部山坡的台地上，有历史悠久的仰山寺遗址，辽、金时期，仰山寺就享有盛名，高僧辈出。有史料载："敕建仰山栖隐禅寺，命元冥凯公开山，赐田设会，度僧万人。"

建于辽代的应县佛宫寺释迦佛塔俗称应县木塔，是我国著名的辽代大型木结构建筑，国家文物保护单位。1974年考古人员在该塔发现一批珍贵文物，其中的大部分经卷是燕京地区的大寺院所印造，当时的这些寺院聚集着许多高僧，负责经藏的翻译、校勘，这批文物中的《上生经疏科文》是"燕京仰山寺前杨家印造"。人们很难想象一条古老的河流将远隔几百里的两座著名寺院联系在一起。

仰山一带风景美好，金世宗大定年间在寺庙旧址建栖隐寺，金章宗时因其地景致优美，又就寺之所在，建为行宫，俗称"灵水院"。仰山有"五峰八亭"，中顶如莲花心，五峰为屏，峰峦拱秀，曰独秀、翠微、紫盖、妙高、紫薇；八亭为接官亭、回香亭、洗面亭、具服亭、列宿亭、龙王亭、梨园亭、招凉亭。

金章宗多次游幸仰山，泰和七年（1207年）秋天写有《游龙山》一首：

> 嵯峨云影几千重，高出尘寰迥不同。
> 金色界中兜率境，碧莲花里梵王宫。
> 鹤惊清露三更月，虎啸疏林万壑风。
> 试拂花笺为觅句，诗成自适任非工。

当时栖隐寺的住持万松行秀禅师也写了一首迎驾诗，受到金章宗的称赞，诗曰：

> 莲宫特作内宫修，圣境欢迎圣驾游。
> 雨过水声琴泛耳，云看山色锦蒙头。
> 成汤狩野恢天网，吕尚渔矶浸月钩。
> 试问风光甚时节，黄金世界菊花秋。

上述两首诗，都是短短数句，但是将寺庙、行宫建筑的豪华，仰山秋天的山野景致，以及圣驾出行狩猎、垂钓的场景跃然纸上。

历史上的仰山名气很大，金朝的诸位皇帝多次来到这里，明翰林院刘定之《重修仰山栖隐寺碑记》中云："京师之西，连山苍翠，蟠亘霄汉，所谓西山是也。仰山乃其支垄，而蜿蜒起伏，特为雄胜。所止之处，外固中宽。栖隐寺据之，创始于金时。金之诸主，屡尝临幸。有章宗所题诗在焉，固以宗奉其教之故，亦爱其景而然也。"

仰山栖隐寺几经兴废，留下了不同时期的诸多文物遗存，尽显岁月的磨砺和沧桑，是郊游访古的好去处。1981年，门头沟区政府将仰山栖隐禅寺遗址列为文物保护单位之一。

妙峰山海拔高，山势峭拔，植被茂盛，花草清丽，其中的玫瑰谷和樱桃沟是蜚声在外的两块金字招牌，每年的玫瑰节、樱桃节吸引大批游人前来观光、旅游、采摘。

妙峰山的玫瑰种植已有上千年的历史，宋徽宗攻入北京后，听闻妙峰山有优质玫瑰花，便下令燕山府每年进贡，"一日金字招牌来，令置玫瑰一百斤，岁以为例"。传说在妙峰山的仰山栖隐寺，有一位僧人掌握提炼技术，但荒唐圣旨下达后，僧人闻之逃逸他乡。

妙峰山的玫瑰具有花形大、花瓣厚、花色深、含油量高等特点，既可以供游人观赏，也有极高的经济价值。涧沟村是玫瑰种植基地，每到6月，千余亩玫瑰竞相开放，漫山遍野成为花的海洋，满谷飘香。开花时节，是花农的农忙季节，清晨便背着背篓上山采花，穿梭在花丛之中。涧沟村以玫瑰产业为龙头，不仅为高档化妆品提供原料，与企业联手进行药材、酒类、食品等多领域的开发合作，同时美丽的事业还带动休闲旅游事业的发展，前来观赏、摄影、小住的客人络绎不绝，村民开办的农家乐有声有色，自制的玫瑰酱、玫瑰茶，也成了旅游的特色产品。

妙峰山上的樱桃沟村是远近闻名的樱桃种植基地，由于自然条件及山区独特的小气候非常适合樱桃的栽植，这里种植的樱桃，色泽鲜艳、晶莹剔透，甜度高、口感好、个头大，樱桃的品种多达几十种。樱桃沟村把樱桃当作大事业来做，多次派技术人员到英国、西班牙、德国、美国等樱桃原产地进行考察学习，及时引进国外优良品种，佳红、那翁、红灯、大紫、拉宾斯等优质品种成为主打产品。2000年，樱桃沟村为大樱桃注册了"妙樱"商标，走上了品牌化道路。

"好风凭借力，扬帆正当时"，樱桃沟村以樱桃种植这项甜蜜的事业为支柱，建成集旅游、观光、采摘、科普、休闲、度假于一体的樱桃植物博览园，而农业的成功转型也使农民走出了一条科学的、生态的、持久的致富之路。

妙峰山是集人文和自然风光于一体的自然风景旅游景区，山水的灵秀与人文的厚重彼此交集。玫瑰谷、樱桃园，人们可以尽情享受休闲的浪漫和欢愉，而历史的遗迹、进香的古道，依旧静静地守候，或许试图提醒人们，留住那些悠远的岁月记忆。

## 三、发现天台山

天台山地处永定河左岸，北京市石景山区西北部，主峰海拔430米。因主峰西侧有平台一处，得名天台山，也叫天泰山。

天台山风景区与香山公园、八大处景区接壤，从香山"鬼见愁"走山路到慈善寺只需要半个多小时，从八大处过来的路程稍微远一些，天台山南麓与翠微山相邻，如果站在天台山的平台处向西眺望，永定河尽收眼底。

人们大都到过香山、八大处，殊不知天台山和这些著名景区山连着山，树连着树，路连着路，它更像是乐得清净的隐士，藏匿在偏隅一角，"宠辱不惊，看庭前花开花落；去留无意，望天空云卷云舒"。

这里植被极好，春天有遍山山桃、杏花争相开放。据有关史料记载，翠微山西至天台山一带从前多桃林，其景致就恰似桃园仙境一般。而秋天则是天台山又一个花季，秋风为天台山披上盛装，枫叶的火红、黄栌的金灿，层林尽染，绚丽得让人惊叹。

天台山风光秀美，历史遗迹众多，北麓有慈善寺，南麓有双泉寺。《燕京岁时记》："天台山在京西磨石口，车马可通。即翠微山之后山也。每岁三月十八日开庙，香火甚繁。寺门在南山之麓，寺在北山之巅，相去几至里许。沿山有流泉三四，涓涓不穷。"天台山的慈善寺，始建于明代的万历年间，1995年10月被北京市政府公布为第五批文物保护单位。

慈善寺与传统寺庙的形制有很大不同，完全是依山而建，因地制宜，从平面图看呈现的是北斗七星形状。山门在勺柄的最顶端，由文昌阁、接引殿、卧佛殿和药王殿组成。山门到寺庙的中心区域如同勺柄，由一条沿山的小路连接，一侧依山，一侧是沟谷，十分幽静。信步而行，可看到在绿树葱茏的山腰中，矗立着一尊巨大的释迦牟尼石雕头像，甚为壮观。这尊头像由山上露出的一块巨大的青石就地雕凿而成，有四米之高，堪称北京最大的石雕佛头。

走进寺庙的中心区域，首先看到的是一排建在高台上的殿堂，自南向北依次为小

天台山慈善寺 / 魏齐庚 摄

财神庙、王三奶奶殿、弥勒佛殿、龙王庙、娘娘殿、火神殿、吕祖庙、马神庙、多宝财神殿等。财神庙多见，小财神庙却不多见，据慈善寺的工作人员介绍，小财神是民间崇奉的利市仙官，颇受商人的欢迎。现在，这座小财神庙所供奉的佛像是目前慈善寺仅存的传世佛像。

慈善寺是一座集释、道、民间诸神为一体的寺庙，至今已有400余年历史。整个寺庙占地面积约15万平方米，共有38座殿宇，一百五十余间房舍。慈善寺所立民间神像众多，格局别开生面，吸引无数香客，老百姓孜孜求福一念，来到这里各得其所。

主体院落又有一座山门，门额写有"古刹慈善寺"五个大字。山门里的布局分东西两路，西路佛教殿堂依次为一进韦驮殿、二进大悲殿、三进魔王殿，左配殿为达摩殿、地藏殿，右配殿为盂兰殿、圆通殿，大悲殿内供奉千手千眼观音，魔王殿原来供奉"魔王老爷"的肉胎。东路为道教殿堂，依次为财神殿、三皇殿和斋堂，左右有耳房、厢房、西客堂。东山坡上还有山神、天神、玉皇殿，在山顶处有一座高耸的燃灯佛塔。

历史上的慈善寺香火极旺。寺中的《重修佛楼宝殿碑》记载："缘京西天台山慈善寺者，清初之古刹也。供奉燃灯古佛，俗称魔王老爷。元觉妙境，灵显真迹，亿兆同钦，名闻中外。例于每年三月之望，为古佛成道之期，远近村民，绅商学界，善男信女，焚香顶礼者络绎塞途，感灵祈福者争先恐后。厥因肉体金欲，瞻祷仪容，诚为一方香火极盛之寺也。"

天台山有流传至今的故事，说是清康熙年间，有一疯僧来到天台山修行，终成正果，朝廷赐为"魔王和尚"，因此慈善寺早期在民间又被称为"魔王和尚庙"。而疯僧的肉胎与清世祖顺治极为相似，因此在民间有"顺治出家天台山"的传说。

顺治帝信佛且非常虔诚，生前向往禅界，曾多次召见高僧请教佛法，颇感禅心相印，法号为"痴道人"，民间的传说给慈善寺带来了一分神秘。

慈善寺的大悲殿前矗立一座石质日晷，于清乾隆年间制作，表盘的中央刻有"1790"的字样。"日晷"是古代人类利用日影测得时刻的一种计时仪器，它利用太阳的投影方向来测定并划分时刻，通常由晷针、晷面和底座组成。北京故宫、国子监、古观象台都设有日晷，老北大红楼前也曾设有日晷，后迁移北大校园内。为何慈善寺在200多年前将日晷置于寺中？是谁将日晷置于寺中？成为至今的待解之谜。

慈善寺曾经名噪一时，与爱国将领冯玉祥将军不无关系。据考证，爱国将领冯玉祥将军曾在1912年5月至1925年1月间三上天台山慈善寺。冯玉祥将军喜爱天台山，因为这里风景秀丽，远离喧嚣，还因为他独具军人的眼光，认为这一带有一夫当关，万夫莫开之险，倘若发生战争，可以充分利用。

1912年，清宣统皇帝溥仪退位，袁世凯重新编练军队，冯玉祥任左路备补军前营营长，奉命开往京西三家店，守护陆军部军械局。闲暇时，冯玉祥曾徒步上山，参观慈善寺，在寺中居住。

1917年，段祺瑞排挤冯玉祥，免除冯玉祥第十六混成旅旅长职务，任正定府第六路巡防营统领。其间，冯将军觉得"每天闲着，无事可做"，便提出辞呈，遂"称病"二上天台山，住在慈善寺休养。冯玉祥到达天台山后，曾给友人写信，在其中一封信中写道："昨日下午八时，平安抵天台山，觉目旷神怡，有超出尘寰之慨，至为畅适。因思民国十余年来，军阀害国而有好结果者，曾有几人？岂可尤而效之，自速败亡？此次下野，诚千载一时之机，从此静养山林，不问国事，遂我平生求学之愿，留备将来救国之用。"

1924年10月，冯玉祥发动"北京政变"，推翻曹锟贿选政府，驱逐末代皇帝宣统出紫禁城。冯玉祥领衔致电孙中山，邀其北上，遭到段祺瑞、张作霖的反对，冯玉祥愤愤不平，再上天台山的慈善寺隐居。隐居期间，有各界人士前去拜访，张学良也曾到此探望，并与冯玉祥、寺院住持等合影留念。

冯玉祥将军到天台山隐居，并没有消沉，每一次都是对复杂政治形势的一次静心思考，是其生涯中的一次蓄势。

冯玉祥将军在天台山休养期间，与书墨为伴，潜心读完《七子兵略》，留下六处珍贵的摩崖石刻，有"勤俭为宝""真吃苦""耕读""淡泊""灵境""谦卦"等，还写有多副楹联，其中有"欲除烦恼须无我，历尽艰难好作人""穷经安有息肩日，学成方为绝顶人"，这应当说是冯玉祥将军的本色写照。

天台山之美，自古吸引各界雅士慕名前来游览，而爱国将领冯玉祥三上天台山，与慈善寺结下的不解之缘，也令人神往。慈善寺内有冯玉祥将军事迹陈列馆，馆内冯玉祥将军的戎装塑像两侧，有毛泽东主席的悼词"冯玉祥将军逝世谨致悼意"；朱德同志的悼词"焕章将军千古，为民主而牺牲"。冯玉祥于1948年9月，由美国返回祖国的途中遇难。

从石景山五里坨到天台山风景区，途中也不寂寞，沿山路上行，有万善桥、双泉寺。万善桥是一座古老而精致的石拱桥，桥身造型优美，悬于山涧之上，如同山野绿林中的一弯下弦月。该桥建于明代，以后曾多次修葺，旧时这里是香客去往天台山慈善寺、双泉寺的必经之路。

双泉寺坐北朝南，曾一度杂草丛生，几近荒芜，现在已修葺一新。寺内有泥佛、铁佛、铁钟、黑龙壁画等，寺北有祈福宝塔。《顺天府志》记载："双泉山，山在城西四十里，按重修记云，山有二泉，唐时古道场也。"《日下旧闻考》也有记载："金章宗明昌五年，诣其寺潜暑。寺有双泉，因而得名。即建祈福宝塔于寺北。至明成化五年十月，赐名香盘禅林。"

近年来，石景山区在文物保护和利用上成效显著，对慈善寺、双泉寺进行了全面修缮，古老的寺院重回人们的视野。而一条新建的盘山公路直通寺院大门和各个景点，使上山的路途变得轻松，不再艰难。

## 四、潭柘、戒台风景区

民间古谚"自古名山僧占多"。潭柘、戒台风景区拥有两大古刹：潭柘寺和戒台寺，仅有数里之遥。清人所写《燕京岁时记》云："凡游潭柘者，必至戒台。……寺名万寿，在潭柘东南，以松胜。故京师论游者，必与潭柘并称焉。"

潭柘、戒台风景区，从永定河之滨开始，曾有数条古香道从这里向山上汇集，入山愈深，风景愈美，禅味愈浓。

芦潭古道自京城过卢沟桥，经大灰厂穿石佛村到戒台寺。翻过罗睺岭，走南村、鲁家滩、平原村到潭柘寺，曾是进香的御道。庞潭古道，从石景山区的庞村过永定河，河岸曾是潭柘寺僧人种植的大片稻田，从这里经卧龙岗、栗园庄、石门营、苛罗坨到达戒坛寺，翻越罗睺岭与芦潭古道交会。栗园庄有潭柘寺的下院奉福寺，苛罗屯有戒台寺的下院西峰寺。历史上永定河上有一处古渡口"新城"，现为门头沟的东、西辛称村，从"新城"开始，经何各庄、太清观、万佛堂，翻过红庙岭，经桑峪到达潭柘寺，这便是辛潭古香道。

如今的公路交通快捷方便，直达山上景区。而条条古香道，也成为人们体味旧时光的旅游资源，虽然隐匿在山石和树林之中，却挡不住人们探寻历史遗迹的兴趣和脚步。

### 1. 千年古刹——潭柘寺

据《潭柘山岫云志》记载，潭柘山"山本自来太行，冈连西山，旧志称'太行第八陉，为神京右背'是也。险峻叠岫，巍干云霄，抱抱回环，巇重岭复，特称幽奥名迹最久。主山以培搂当群山心，九峰岷而立，古有龙潭、柘木，因得名焉"。

潭柘山有十景、九峰。十景是平原红叶、九龙戏珠、千峰拱翠、万壑堆云、殿阁南薰、御亭流杯、雄峰捧日、层峦架月、锦屏雪浪、飞泉夜雨。

潭柘山九峰有回龙峰、虎踞峰、捧日峰、紫翠峰、集云峰、璎珞峰、架月峰、象王峰和莲花峰。值得庆幸的是唯美的自然景色与古人笔下的诗画风光流传至今。

潭柘寺建于晋代，初名"嘉福寺"，唐代改名"龙泉寺"，金改名"大万寿寺"，清康熙三十一年（1692年），敕封"岫云禅寺"，因前有柘树，后有龙潭，又称"潭柘寺"。潭柘寺古，民间素有"先有潭柘寺，后有北京城"之民谚。

潭柘寺殿宇恢宏，依山势而建，寺内占地2.5公顷，寺外占地11.2公顷，是北京地区规模最大的皇家寺院。寺院的建筑可分为三个部分，中路是建筑的主体，沿中轴线前为牌楼，依次是山门、天王殿、大雄宝殿、毗卢阁。山门外有一座4柱3楼3门式牌楼，牌楼上是康熙帝御笔，前额"翠嶂丹泉"，后额"香林净土"。山门正中门洞上方，镶嵌汉白玉雕龙横匾，康熙帝钦题"敕建岫云禅寺"。山门东侧一面是庭院式建筑，有方丈院、延清阁、万岁宫、太后宫、流杯亭等，这里清幽恬淡，曲水流觞，乾隆帝曾在这里赋诗饮酒。西路是殿堂组合式建筑，有戒坛、观音殿、龙王殿等。观音殿是全寺最高的建筑，有乾隆帝所题匾额"莲界慈航"。

潭柘寺山门／魏齐庚 摄

潭柘寺的塔林是潭柘寺的重要组成部分，保存着金、元、明、清各代不同形制的僧塔75座，是北京地区保存最好，数量也最多的一处塔林。塔是僧人圆寂后为其修建的墓塔，岁月的更迭给不同年代的墓塔留下不同的印记，而其中高僧的墓塔是古代建筑艺术的典范。

潭柘寺作为北京最大的皇家寺院，风景旖旎，规模宏大，历史上自金代开始，历朝都有皇帝到潭柘寺进香礼佛。辛亥革命以后，潭柘寺高僧与军阀张作霖、吴佩孚、黎元洪等都有往来。1929年，蒋介石也曾到此拜谒。

历代皇帝的"驾幸"，为佛教的发展带来繁荣，也为寺院的建设铸就一次又一次的辉煌，仅以清康熙帝行幸颁赐为例：康熙二十五年（1686年）秋天，康熙帝驾幸潭柘，御书《金刚经》十卷，《药师经》十卷，沉香山一座，寿山石观音一尊，罗汉十八尊；三十一年（1692年），赐修大殿银一万；三十六年（1697年）驾幸潭柘，敕建"岫云禅寺"额，大殿额"清净庄严"，天王殿、毗卢阁、戒坛、大悲坛御书额，金黄龙缎大幡一对，竹帘一百六十挂，绵帘一百六十挂；三十七年（1698年），赐桂花十二捅，龙须等竹八扛植行宫前后，御书牌楼额，前"翠嶂丹泉"，后"香林净土"；三十八年（1699年），赐大殿镀金剑光鸥带四条；四十一年（1702年），驾幸潭柘，御书行宫额"倚松恬淡""松竹清泉"，方丈额"松竹幽清"，楞严坛南楼"五云多处"，对联"庆云宿飞栋，喜树罗青墀""经声夜息闻天语，炉气晨飘接御香"。御书旧作潭柘诗一章，"怡神水树清樾洽，满目奇峰入夏云。微起凉风响万籁，山中莺哢奏纷纭"。康熙帝还为震寰和尚画像题诗一章，"法像俨然参涅槃，皆因大梦住山间，若非明镜当台语，笑指真圆并戒坛"。震寰是清代钦命住持，京城的著名高僧，于康熙三十八年（1699年）辞世。

康熙四十三年（1704年），赐墨刻《心经》塔一轴，墨晶罗汉一尊，大雄宝殿古铜供器一堂凡五件，大铜磬一口，金钟一口；五十二年（1715年），赐喇嘛藏佛一百尊，金山寺诗一轴，橘柑榛果共八扛，大红缎大幡一对。

康熙四十三年（1704年）皇太后每年赐饭僧银五百两，五十六年（1717年），织金幢五十对，锦幔一百方，龙缎桌围二百条，绣锦经盖八百袱。

清朝的雍正皇帝一向深居简出，也曾到潭柘寺进香礼佛；而清朝乾隆皇帝更是多次行幸潭柘寺，留下诗章和墨宝。

由于历代皇帝对佛教的崇信，给予寺院赏赐巨大，使寺院得到特殊的荣誉和巨大财富，并在朝廷和贵族直接支持下得以发展，民间信仰佛教者众多。

潭柘寺的古树名木也是人们前来观光旅游的看点。清人所写《燕京岁时记》云："庙中万山中，九峰环抱，中有流泉，蜿蜒门外而没。有银杏树者，俗曰帝王树，高十余丈，阔数十围，实千百年物也。其余玉兰修竹、松柏菩提等，亦皆数百年物，诚胜境也。"

毗卢阁前有"帝王""配王"银杏两株，传说是乾隆帝所封，"帝王树"高大伟岸，树冠繁茂，有上千年的树龄，而其传说更为神奇。毗卢阁殿前东侧的两棵古树紫玉兰，是玉兰中的珍品，花开之时，满树绯紫，香气袭人，把寺院点缀得格外绚丽。之所以被世人誉为"二乔玉兰"，应该是以人心度树，以觉性度花，以汉末三国时期的绝代美女大乔、小乔形容玉兰之美。潭柘寺的竹子是康熙所赐的竹中珍品龙须竹。这里的龙须竹分为"金镶玉"和"玉镶金"，名字耐听，寓意喜人。金黄色的竹竿，上有翠绿色的纵向条纹，每节交替生长为金镶玉，玉镶金则是翠绿的竹竿，上有金色纵向条纹。

现在休闲、旅游的人多了，每逢时令季节，潭柘寺举办玉竹节、玉兰节、银杏节，名寺古刹也成了人们赏花、观树的好去处。

## 2. 天下第一坛——戒台寺

北京西部有马鞍山，西连群峰，东瞰永定河，登高远望，京华景物尽收眼底。马鞍山在锦屏山东最高处，形凹如鞍。《潭柘山岫云寺志》云："京城西望一山，高秀如驼之峰，如侧方山子之冠者，戒坛。后五里，极乐峰也。远望翠黛有加，近亦不减。"

戒台寺在马鞍山北坡，以古洞之多、戒坛之大、古松之奇而闻名天下，是国务院公布的第四批全国重点文物保护单位。戒台寺原名慧聚寺，考证史料可追溯到唐高祖武德五年（622年），至今已有近1400年的历史。辽代咸雍年间（1065—1068年），高僧法均在此建立戒坛传戒。戒台寺曾在元代遭火灾，于明代正统年间得到重修，明英宗敕赐戒台寺由"慧聚寺"更名为"万寿禅寺"，沿用至今。因寺内有全国最大的佛教戒坛，故称为戒坛寺或戒台寺。

历史上的戒台寺在中国佛教界占有重要的地位，由于寺内的戒坛可以授佛门的最高戒律——菩萨戒，因而成为中国佛教的最高学府之一。又因其曾持有辽代道宗皇帝亲笔抄写的金字《大乘三聚戒本》，而从辽代到元代中期，一直是北方佛教律宗的中心。

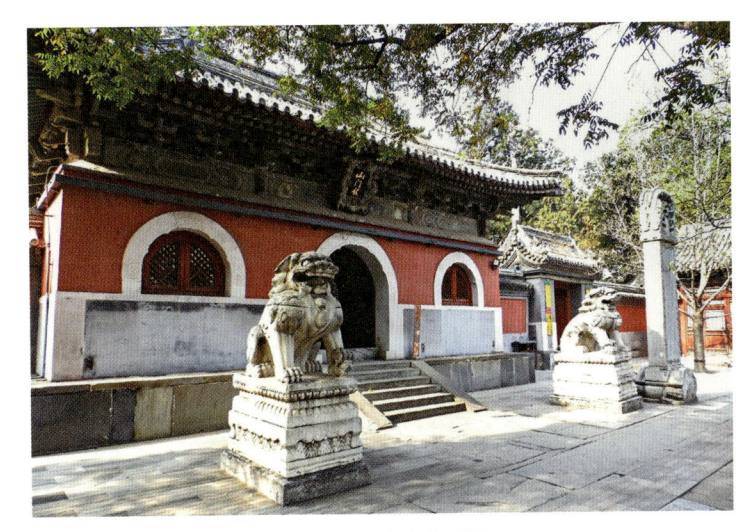

戒台寺/魏齐庚 摄

戒坛寺久负盛名，高僧辈出。《日下旧闻考》：万寿寺在马鞍山，唐武德中建，曰慧聚寺。明正统间改今名。有清代康熙帝、乾隆帝御书联额。寺有戒台，乃辽咸雍间僧法均始开，明正统中敕如幻律师说戒立坛焉。法均自辽代在此开辟戒坛，讲经说法，四方僧众前来听讲、受戒的人数极多。在辽代遗存《法均大帅遗行碑铭》中，记录了法均信徒对其的崇拜，"一之二之日，同行云奔；三之四之日，檀冉景附。交尝甘露。互挹清风。自倍岁增。众常累百"。法均在戒台寺圆寂，有数百人为其穿孝，十余人舍身殉葬，"七众号恸。如哭所天"。在戒台寺矗立着两座辽代风格的塔，一座为法均的舍利塔，一座为法均的衣钵塔。

戒台寺占地4.4公顷，坐西朝东，主要建筑依山而建，重檐复宇，规模宏大，气魄不凡，颇有皇家风范。有山门、天王殿、大雄宝殿、千佛阁、三仙殿、九仙殿等，依次排列在中轴线上。大雄宝殿两侧有伽蓝殿、祖师殿和禅堂等，北部有法均塔、明王殿、戒坛殿、大悲殿等。戒台寺还有诸多年代久远的经幢、石碑，是我国北方目前保存辽代文物最多、最完整的寺院。文学大家朱自清曾于1934年春天到潭柘寺、戒台寺游览，写了《潭柘寺戒台寺》一文，文中写道：

戒坛在半山上，山门是向东的。一进去就觉得平旷；南面只有一道低低的砖栏，下边是一片平原，平原尽出才是山，与众山屏蔽的潭柘气象便不同。进二门，更觉得空阔疏朗，仰看正殿前的平台，仿佛汪洋千顷。这平台东西很长，是戒坛最胜处，眼界最宽，叫人想起"振衣千仞冈"的诗句。

寺的后山上有石窟洞群，观音洞、庞涓洞、孙膑洞等，留下了一段历史，也演绎着各种传说。

大雄宝殿，戒台正殿，供奉过去佛、现在佛和未来佛三世佛塑像，千佛阁位于南线大雄宝殿后面的台基之上，"上千佛阁，俯浑河，正曲，勾其三面，如玦然"。千佛阁因供奉1680尊木雕佛像而闻名于世，由于年久失修，仅存遗址，2011年开始复建工程，千佛阁将得到复原，再现昔日宏伟风貌。

戒坛大殿雄伟壮观，现存戒坛是我国最大的一个，正方形汉白玉石台，通高丈余，3层，周围饰以浮雕，殿顶有五个金色宝顶，殿内有乾隆帝御笔"树精进幢"横匾。内侧挂有康熙帝亲笔的"清戒"二字匾额。

戒坛前有明王殿，戒坛与千佛阁之间有牡丹院等庭院式建筑，给这座北方巨刹平添了一抹江南的别致。

戒台寺古木甚多，以松著名，"戒台松涛"独成一景。一些巨松为辽代所植，历尽千年沧桑，至今仍生机勃勃。最为著名的为五大名松，即"活动松""抱塔松""卧龙松""九龙松""自在松"。

活动松，树冠似伞，牵一枝而全树瑟瑟而抖，相传为元代时的住持月泉高僧所植。乾隆帝多次到访戒台寺，对活动松尤其喜爱，三次为其赋诗，其中一首为："老干棱棱挺百尺，缘何枝摇本身随？咄哉谁为挈其领，牵动万丝因一丝。"

卧龙松，生性不朝天，却向横处长，犹如苍龙，倒卧在千佛阁前，至今已有千年树龄。

自在松，与卧龙松相对而生，有八百年的树龄，枝叶婆婆，枝干舒展，颇有"潇洒自在"之仪，故名"自在松"。

抱塔松，是法均和尚墓塔旁的一棵千年古松，伸出的两条枝杈紧紧盘绕在墓塔的两侧,形态十分动人,故名抱塔松。民间传说,这棵松树是天上的玉皇大帝派来守护法均墓塔的神龙,在风雨交加之时,为防止墓塔被雷电击中,便伸出双臂抱住古塔,形成今天古松抱塔的奇观。

九龙松,在山门的右侧,是植于辽代的一棵白皮松。因其上部有九条大的枝干,气势磅礴,故得名"九龙松"。

除以上五大名松外,还有莲花松、菊花松、凤尾松、龙凤松等。

《潭柘寺戒台寺》描写这里的名松,"'卧龙松'与'抱塔松'同是偃仆的姿势,身躯奇伟,鳞甲苍然,有飞动之意。'九龙松'老干槎枒,如张牙舞爪一般。若在月光底下,森森然的松影当更有可看。此地最宜低回流连,不是匆匆一览所可领略"。

戒台寺不仅以松胜,寺内的丁香也闻名遐迩,共有1000多棵,其中树龄在200年以上的就有20棵。据说这些古丁香身世不凡,是清朝的乾隆皇帝命人从畅春园移植到戒台寺。每年4月,丁香盛开之时,这里春景盎然,花香四溢,一片片淡紫、紫红、象牙白,展现出戒坛寺的另外一种风景,如同五彩云霞,胜似仙境。

《宛署杂记》云:每年自四月初八至十五日止,戒坛说法,天下游僧聚集戒坛寺,届时商贾辐凑。四月也是明朝都人游赏的季节,"宛俗是月初八日耍西湖景、玉泉山,游碧云、香山。十二日耍戒坛,冠盖相望,绮丽夺目,以故经行之处,一遇山坳水曲,必有茶棚酒肆,杂以妓乐,绿树红裙,人声笙歌,如装如应,从远望之,盖宛然如图画云"。

戒台寺自辽代开辟戒坛以后,一直受到历代朝廷的重视,很多代住持都是皇帝亲自选派,不少名僧还被委以各种官职,有多位皇帝到此进香礼佛,题写匾联,赏银赐物,撰写诗文。民国时期,袁世凯、徐世昌、黎元洪都曾到过戒台寺。

戒台寺地处的马鞍山,地表植被茂密,地层主要为石灰系岩层,矿产丰富,有煤矿、黏土矿及石灰矿,且开采历史悠久。戒台寺内现存明、清时期的《敕谕碑》,民国时期的《大总统徐世昌戒台寺碑》,其内容均为禁止挖煤、开矿,以保护古寺、山林等。这在北京地区极为罕见,可见其地位之尊,也成就了历史上保护寺庙及环境的一段佳话。

除了达官显贵之外，一些社会名流也与戒台寺结有善缘，京剧大师谭鑫培、杨小楼、梅兰芳等都曾到过这里小住。梅兰芳所著《舞台生活四十年》一书，记录了他和几位朋友到戒台寺偶遇谭鑫培的故事："我们看过和尚坟，循着原路走回去，刚走不多几步，远远看见过了七八个游客，簇拥着走在前头的一位老者。他穿的是雪青色的长衫，黄色的坎肩，头戴小帽，帽上好像还缀着一块碧玺。瘦瘦的个儿也并不太高，举步轻盈，风度飘逸。我心里正估计，这个老头儿的举止行动很像谭老板，等走近一瞧，一点都没看错，正是他。"

新中国成立后，在党和国家的关怀下，1957年10月，戒台寺被北京市人民委员会定为北京市的第一批重点文物保护单位之一；1996年11月，戒台寺列入全国重点文物保护单位名录。今天的戒台寺风景区不仅有富于浓厚宗教色彩的古老寺院，又有保持良好的自然植被，而且交通便利，成为北京市旅游风景名胜区。

## 五、"燕都第一仙山"石景山

石景山作为北京的行政区划是众人所知的，这也是北京十六个区县中唯一以山冠名的行政区。长期以来，石景山深锁闺中待人识，而石景山确有其山。

石景山，孤峰特立，海拔183米，占地375亩，位于首钢厂区的西北隅，"东临帝阙，西濒浑河"，石景山由此而来。

石景山多名，"京西四十里许，山曰石经，又曰湿经，亦名石景，帷山雄峙一方，高接云汉，钟灵秀之气，郁造物之英，真为燕都第一仙山也！"（《重建石景山天主宫碑记》）

名字多故事就多，每个名字都有一段美丽的故事或传说。最为久远的名字当为石经山，有说因山上有石室藏经而得名。以寺内珍藏着石经而著名的云居寺，有辽代石刻经《菩萨本行经·下》，其中有一段文字，确是提到了当时辽南京（今北京）的三处藏石经的地点："《大方便佛报恩经》七卷，此三卷，共十卷同帙，马鞍山洞里已有镌了，京西三十里小石经亦有是，卢沟河东垠上"。经专家考证，京西三十里的卢沟河东岸"小石经"既是今天的石景山。

也有说石景山曾经寺庙众多，香火很盛，只有一条崎岖蜿蜒的石径小路自下而

沿着河水寻找美丽风景 第十三章

上通往山顶，故名石径山。还有人说，唐僧师徒四人去西天取经，路过此地，经书被河水打湿，情急之下，将经书摊放在此晾晒，从此这里叫湿经山。古典小说《西游记》中确有相似情节，说的是唐僧师徒在取经路上途经通天河受阻，幸得老鼋相助而顺利过河。人们之所以将《西游记》中的情节附加于石景山，缘于石景山上的一景"晾经台"。我们无从考证晾经台的历史渊源，但是这一美好传说为石景山增添了一分遐想空间，同时也使永定河文化更加丰富多彩。山上诸多古迹胜景为神话般的石景山罩上了一层扑朔迷离的光环。

石景山／魏齐庚 摄

山不在高，有仙则名。石景山上道观寺庙众多，佛道两教并存，构成了石景山特有的宗教文化景观。历史上，在山的顶部有金阁寺，寺内藏有石经，可追溯至唐晋以前，是石景山的标志性建筑。可惜历经沧桑，金阁寺已荡然无存，后人只能在史料中寻觅到它的踪影。在山顶金阁寺的原址上，是首钢后建的功亭阁。自上而下，迂回曲折，沿途可览碧霞元君庙、天空寺、天主宫、吕祖庙、三清观、药王庙、石刻和石窟等。

玉皇殿处在石景山半山腰，殿庞高大，金碧辉煌。玉皇殿建于唐代的武德年间，明代万历年间重新修缮，并改名为天主宫。

在石景山的南坡有建于明正德年间的碧霞元君庙。这是一组依山而建的院落，殿宇轩昂，有史料描述该寺"穷极壮丽"，庙门前有大戏台，院子中有数通古代碑刻，周围苍松翠柏郁郁葱葱。"都人岁以元日往祠，至四月士女又群集。"明、清至民国

355

期间，以碧霞元君庙为中心的石景山庙会每年都在此地举行，庙会在阴历的四月十五前后三天，前来进香的和赶庙会的人络绎不绝，山道两旁商棚鳞次栉比。

沿碧霞元君庙西行，是明许用宾撰书的《重修净土寺添置田亩碑记》的碑亭，站在碑亭抬首望去，是直上直下的悬崖峭壁，如刀削斧砍一般，峭壁上刻有经文，因年代已久已经辨别不清，唯有"石经山"三字依稀可辨。沿崖壁东行有还源洞，据专家分析为道教人士开创。在西侧的峭壁之下有一石室，石室里所供石佛为唐代遗存，洞上石额从右到左雕刻着孔雀洞三个大字。石额的上方，有两株从墙缝间顽强生长出来的古柏，生机盎然，酷似孔雀的尾巴。孔雀洞东20米的石壁上，刻有明代神宗的御笔"灵根古柏"四个字。孔雀洞的东侧平台上有本来洞，洞内供奉阿弥陀佛像，佛像为元明时期的遗存，至今保存完好。石景山的崖壁上还有多处石窟、石屋及众多的石刻，依山雕凿而成，蔚为壮观。石景山景区还保存有多方石碑，有极高的历史价值和艺术价值，为我们提供了重要的历史信息。在漫长的历史长河中，这里道观与禅房相连，亭台和洞龛相接，佛、道共驻一山，证明它曾经拥有的往日；岩壁上的藏经洞穴、造像窟龛，以及遗存的古井、碑石，是它独有的景观。

石景山双眼古井／魏齐庚　摄

在石景山上还有两处双眼古井，一在南坡的路旁，东天门东北37米处；另一处在山的西侧峭壁下，孔雀洞的东侧。古井原被掩埋，经勘查后陆续挖掘、清理出来。人们揣测，这两处古井应是山上寺庙中僧人的生活水源。

石景山是一座孤峰，雄踞于永定河的东岸，有一峰独秀之趣。向山顶仰望，殿阁庙宇依山而建，古柏遒劲、草木葱茏；凭山俯瞰，永定河水逶迤流过，首钢高炉尽收眼底；放眼远望，西山连绵一览无余。历史上这里是险要之地，古老的永定河一路奔流为山峡所束，在这里与石景山亲密邂逅，便如脱缰的野马进入平原，其景象十分壮观。

清乾隆年间，文学家赵怀玉游西山，曾登上石景山写下《归途二十里渡浑河登石径山遇雨》诗，诗中生动地描写了山上的景物，永定河与石景山迎头相撞的惊心动魄，以及风雨中的淡定心境。诗中写道："回头别群山，西望尽碧空。岂知青未了，山色忽向东。茏嵸邈双阙，诛荡开九重。林枯少栖鹘，洞累疑藏蜂。虚无想金阁，黯淡留铜容。遗经署元和，高爵夆卢龙。能邀定州殁，始信大觉功。至今来游客，证古名犹蒙。徐开荆枳地，力陟陂陀峰。下临戝无地，上瞩愁近穹。桑干塞外来，至此势更雄。飞声撼诸天，一听三日聋。塔孤势疑动，客惧不敢从。前山雨欲集，归路云已封。不辞沾衣湿，藉慰久旱衷。"

石景山不同寻常，在历史上曾有多位皇帝来此巡幸。《明武宗实录》记载："正德十二年（1517年）五月，上微行石经山，经玉泉亭数日乃还。石经山寺，朱宁所营建也，穷极壮丽，乃邀上幸焉。"明武宗是明朝第十代皇帝朱厚照。《帝京景物略》记载，万历戊子年（1588年），神宗行幸石景山、观浑河。大文学家袁宗道奉旨作诗曰："鸾舆回峪岭，羽骑度岩河。仰睇石景山，俯瞰桑干河。"袁宗道还写了《观浑河》一诗，诗中是一派震撼的景象："桑干水流何太急，狂飙卷浪高千尺。浮溯穿石吼风雪，新涨奔崖乱云日。圣主顾且惊，拊髀呼近臣。仅一衣带水，泛滥愁吾人。"

清朝康熙、雍正、乾隆三代皇帝也与石景山有着不解之缘。清朝的康熙帝多次登上石景山，写下诗词三章。

### 驻跸石景山

驻跸荒亭日欲斜，潺湲石溜滴云霞。
鸾旗飘动连香草，龙骑骎骎映野花。
岩洞幽深无鸟迹，峰崖高处有人家。
青山绿水谁能识，怀古登临玩物华。

> **石景山东望**
>
> 车书混一业无穷,井邑山川今古同。
>
> 地镇崚嶒标异秀,凤城遥在白云中。

> **石景山望浑河**
>
> 石景遥连汉,浑河似带流。
>
> 沧波日滚滚,浩淼接皇州。

康熙帝境界开阔,不局限于自然山水,不仅笔下的石景山、浑河水,大气磅礴,而且帝王之气潜之于内,其抱负、宏愿自然地流露笔端。

石景山现有北惠济庙遗存清朝雍正帝御制碑,御制碑阴刻有乾隆帝御制诗两首,人们也称雍正、乾隆父子碑。碑文中有康乾两代皇帝治理永定河的功绩,以及封神建庙的记录,为我们今天提供了宝贵的历史史料。清朝的乾隆帝多次到石景山,瞻谒惠济庙,留下多篇诗章,也留下一代天子的感慨和忧思。

历史弄人,石景山在很长的时间内淡出人们的视野,隐身于厂房、高炉之中。它在高炉的簇拥之下,保持孤傲挺拔的风骨,见证永定河畔诸多历史的变迁,见证我国钢铁建设的风雨岁月,它同首钢的诞生和发展荣辱与共,一同走过近一个世纪的漫长历程。

在新世纪,当首钢华丽转身,石景山再次走进人们的视野,山上的遗迹已经修葺一新,这座"仙山"和首钢的工业遗址共同拉开帷幕,再次携手演绎新的传奇。

## 六、两岸掠影

永定河两岸,自然景观与人文风光水乳交融,物质和非物质文化遗产丰富,因此自然景观平添了一份厚重,人文风光中不乏自然美景。

城镇景观的"八景"文化现象，流行于金、宋时期，在全国非常普遍。"八景"是对地方胜迹的礼赞，"老八景"牵住了往日的时光，各地有着自己的精彩。徜徉在永定河两岸，你可以邂逅昔日永定河最美丽的风光。

秦汉马邑县在今山西朔州市，清嘉庆时废县制，仅存斑驳的古城墙。但是，永定河源头的原始美貌至今有处可寻。据第三次全国文物普查《朔城区不可移动文物名录》记载："明时马邑古城位于朔城区神头镇马邑村内。"这里水量充沛，也是著名的永定河源头之一，马邑城、神头镇都是永定河源头的另一张名片。原马邑境有"八景"：洪涛雨霁、神坡古寺、玉泉秋声、雁门耸秀、古寰落照、楼台远眺、龙池月夜、桑干冬暖。

洪涛雨霁、龙池月夜、桑干冬暖等景，均为源头胜景。明正德《大同府志》载："朔城区西南九十里有杨泉、神池，洪涛山下有洪涛山泉。"《（乾隆）永定河志》中载："池周里许，旧名司马泊，其水澄清可鉴，隆冬不冰。"当地人说金龙池其水清澈，可鉴眉睫。马邑地属高寒地区，每逢隆冬季节，千里冰封，山舞银蛇，然而这里的河面并不结冰，水雾弥漫，恍为仙境，美不胜收，遂为古城八景之一。明代诗人祝颢诗曰："金龙池畔水，演作桑干河。东驰入沧海，浩荡成洪波。"

现在的金龙池风光旖旎，成为市民和游客休闲、垂钓、访古的去处，马邑旧八景，没有因朝代的更迭而失去光泽，它深情地告诉人们，永定河从这里出发。

朔州古有"八景"：林衙古刹、广福钟声、美女钓台、翠屏积雪、小峪藏春、丰王古墓、双化晚照、恢河伏流。恢河是今永定河的正源，北魏时恢河称为马邑川水。大清《一统志》："恢河在朔州西南，自宁武府宁武县流入，又北至马邑县，南入桑干河，即古马邑川。"清《朔州志》载："恢河伏流在南五十里，出宁武军山口，到红崖儿村伏流十五里，至塔底村南涌出，经城南至马邑，入桑干河，俗呼南河。""恢河伏流"，民称"十里钻沙"，伏流一段的河床经年累月为透水性较强的沙砾石所覆盖，沙砾石下有涓涓细流，时隐时现，可谓一大奇观，脍炙人口，在当地素有冠八景之说。

也许，有些奇观美景，我们只能在书中偶遇或相逢，但是尽管如此，也能让我们怦然心动。

历史文化名城山阴县，境内有恒山山脉、洪涛山脉以及黄花岭。境内有较大的河道4条：桑干河、木瓜河、黄水河、元子河。其中桑干河贯穿其间，木瓜河、黄水河、元子河皆为桑干河上游的支流。山阴县名的由来还有一段故事，辽时置河阴县，因在桑干河之阴而得名。后来又易名为山阴县，因在佛宿山之阴而得名。

山阴县桑干河畔文魁塔／魏齐庚　摄

明《山阴县志》载："通都大邑类以山川得名。山阴故平壤，然而诸峰环峙，众派经流，不乏形胜。辽以桑干之南更名河阴，元以佛宿之北更为今名。"

山阴县境内，古有"八景"：佛宿之眠、寒潭石壶、香山叠翠、悲岩晚照、龙湾异卉、晓城楼橹、埔石微风、桑干竞波。据史料记载，桑干河在城北十里处，滔滔河水浪花飞溅，大有一泻千里之势，蔚为壮观。

新时期，山阴县启动了桑干河湿地生态公园项目，规划建设内容概括为"六大区域"和"六类生态结构层"，全部工程将实现水体、河滩、草甸、灌丛、林地、耕地六类绿化结构层，打造成为集现代农业、生态观光、人文展示、旅游度假、科研会展、休闲娱乐、餐饮服务于一体的现代休闲胜地。

永定河上游的应县历史悠久，文物古迹繁多，其中矗立于县城的应县释迦木塔最为著名。木塔建自辽时，约高千仞，七层八面，上下玲珑，远瞻百里，是中国最高最古的一座木构塔式建筑，也是现存唯一的一座木结构楼阁式塔，为全国重点文物保护单位。木塔玲珑是应县古八景之一，更为称奇的是木塔第四层释迦塑像的背腹内，曾发现大批由燕京地区印造的珍贵经卷，印证了一千多年以前永定河上下游地区之间的交流，以及佛教界的相互联系。应县木塔上有句楹联"俯瞰桑干滚滚波涛萦似带，遥临恒岳苍苍岫嶂屹如屏",其中的恒岳即我国著名的北岳恒山,匆匆的桑干河水激荡古今文化大气象,流过一座古老的小城,也记住一段如烟的往事。

与木塔玲珑齐名的另外七景为桑干烟雨、龙湾春色、凤井含辉、浑水夜月、边耀夕照、黄花秋风、南山晓云。桑干烟雨是春夏时节,桑干河上细雨蒙蒙,烟霭纷纷的景色。八景中的浑河是桑干河的重要支流,发自浑源。据史料记载,浑河绕边耀山下西流合桑干河而东入于海,其水至此,清冷无滓,亦不鸣激。至夜则静影沉璧,浮光耀金。而月上下可观,最奇趣也。

对于前来应县的人们来说,站在举世闻名的应县木塔上凭栏远眺,恒岳如屏,桑干似带,该是无比惬意的一件事。

桑干河由应县入怀仁县,在境内流长25千米。怀仁县位于山西省北部,地处山西省雁门关外,隶属于山西省朔州市,桑干河的上游。"桑干流碧"是怀仁县古八景之一。

大同古称云中、平城,是全国历史文化名城之一。这里曾是北魏首都,辽、金陪都,明清时期的重镇,历史文化积蕴非常深厚。著名的云冈石窟便坐落于大同市西郊17千米处的武周山南麓,为全国重点文物保护单位,被联合国教科文组织列入世界遗产名录。

古时云中"八景"有魏陵烟雨、石窟寒泉、采凉积雪、宝塔凝烟、玉桥官柳、雷山返照、凤台晓月、桑干晚渡。

大同是永定河上游最大的城市,古老的桑干河水流丰沛穿城

应县木塔/魏齐庚 摄

而过，有大同民谚："桑干河里下豆面——汤宽"。文人则称大同是腰缠桑干河玉带，内外长城合欢而抱；西出杀虎口塞外风光扑面而来；南过雁门关杏花疏影满眼妖娆。

桑干河是大同市的母亲河。当年的桑干河水势颇丰，可以行舟，古定桥在历史上即是一处繁华的渡口。嘉靖年间，都御史李文进曾进言，开桑干河以通运道，自大同古定桥至卢沟桥务里村。当时抚臣侯钺驾舟自怀来载米逆流而上，后达古定桥。桑干晚渡展现给我们一个遥想的空间，傍晚时分，落日的余晖尽情地洒在水面，有的船儿已经停泊靠岸，有的船儿再次驶离岸边，划开涟漪，摇橹船夫的背影和船上的赶路人渐渐随船远去。如果可以对着天际曝光，定是一幅安详而美丽的剪影。

桑干古渡是河北省阳原八景之一。桑干河由西向东横贯全县，流程100千米有余。泥河湾给这片土地增加了几分神奇，被誉为"东方人类的故乡"，是世界最早的人类发源地之一。泥河湾遗址群主要位于阳原县境内桑干河两岸区域内，该省拟在该遗址群上空建造一条"时空隧道"，让人们在此可体验人类200万年进化历程中的不同场景。阳原县史称弘州，有八大景观：郭西绿浪、天马行云、黄岩幽洞、柳沟古刹、温泉午浴、天门耸翠、上观仙桥、桑干古渡。据《阳原县志》载，桑干古渡有万固桥。如今的桑干古渡不见踪迹，天堑已变通途，一座双车道高标准的钢筋混凝土大桥，横贯桑干河两岸。

涿鹿物阜民丰，有着丰厚的文化遗产资源，古老的桑干河使这里可以追溯充满魅力的历史遗迹。也许很多人不曾到过这里，但没有人不知道这里，因为这里有最早的古战场，最古老的轩辕城，最为灿烂的三祖文化。

涿鹿有名胜古八景：鸡鸣晴岚、黄羊雨笠、笔架彩霞、龙门

云冈石窟 / 魏齐庚 摄

叠翠、矾山霁雪、鹿野耕耘、桑干秋涨、温泉晨澜。涿鹿又有名胜新八景：劈山飞

流、大河坦图、田园锦翠、古城新湖、陵园清晖、万龙戏珠、果林彩虹、西坡绿云。

涿鹿县新、旧八景中的桑干秋涨、劈山飞流、大河坦图都是桑干河的经典美景。涿鹿处于桑干河大峡谷与怀涿盆地的过渡地带，桑干河水从上游的峡谷之中倾泻而下，每年伏秋大汛，河水骤涨，波涛汹涌，犹如脱缰野马，气势恢宏。过去大河隔着两岸，给人们生活带来不便，如今桑干河大桥长虹飞架。劈山大渠，是涿鹿县水利建设史上的一项浩大工程，也是涿鹿县人民自力更生的见证。工程由劈山开始，修明渠、凿隧道、填大坝、开支渠，惠及六乡，数十个村庄。劈山大渠的建成在历史上是一件很轰动的事，郭沫若曾亲临涿鹿施工现场，满怀激情地写下《劈山大渠》一诗，其中写道："黄羊山下人满山，劳动歌声入云端。箩筐扁担铁锹铲，拦腰正把山劈断。人造大渠百里长，要使桑干上山岗。"

涿鹿是一个农业大县，是"国家级商品粮基地县""全国水果产量百强县""中国名优特经济林仁用杏之乡""中国葡萄之乡"。在新时期，涿鹿县委、县政府将对桑干河的综合治理提上日程，把桑干河文化元素融入新型城市开发中。他们在桑干河两岸规划了"一河两城"项目，"一河"指的是桑干河景观整治，"两城"是桑干河北岸的幸福新城和南岸的葡萄新城，建成后将使涿鹿成为北京周边一座亮丽的卫星城。

怀来县地处盆地，境内群山环抱，桑干河、洋河、妫水河在这里交汇，永定河从这里始，新中国成立后修建的官厅水库位于盆地的中央，当地人称怀来是山环水抱，柳暗花明，四河汇聚，一湖独秀。

怀来素有"京畿锁钥"之称，古时为兵家必争之地，境内遗留下有古战场、古驿站、古长城。古代诗人写有诗句："落日开平路，怀来古县城，数家惟土屋，万乘有行宫。雪拥关山壮，尘随驿马轻。长桥人并立，还爱此河清。"东郊雨霁、西岩月落、南山叠翠、北岭凌云、三桥晚钓、古寺晨钟、浑河白浪、佛峪温泉，号称"怀来八景"。有史料称，三桥晚钓是指永定河的支流妫水河上的景致，而浑河白浪则是秋天的特有景致，桑干、洋河、妫水汇流而下，岸澜沙浮，奔腾澎湃，秋河增涨，银练翻飞，呈现一种张扬的天然之美。

怀来往日的古战场与今天的青山绿水，是怀来人文环境的厚重与自然环境诗情画意的交织，呈现的是无法复制的记忆和绝无仅有的气质。随着2022年冬奥会规划的逐步落实，怀来县作为冬奥会的生态绿化廊道，被纳入京张"生态走廊"规划和首都生态屏障的规划之中。

固安县地处永定河下游，永定河、大清河从县境流过，当地人称有玉带两条。固安是北京以南的重要门户，永定河上曾设多处渡口，"桑干古渡"声名昭著，是固安的胜景之一。古时有诗人写桑干古渡：

> 秋泛洪流接大荒，西风野水听鸣榔。
> 粘天草色连芳渡，落日溪声带夕阳。
> 短棹浮云凭渺漠，虚丹漂雨付沧浪。
> 风波满眼乡关异，欲向渔郎问钓航。

固安旧有十景：金台市骏、玉井飞龙、双湖印月、魁阁连虹、玉带环流、醴泉清冷、清浦晓霞、桑干古渡、壁水活泉、雀台晴眺。

位于永定河下游南岸的永清县紧邻固安，北部与北京大兴区接壤。"永清"二字是天宝元年唐玄宗为表彰幽州节度使靖边之功所赐，取"沙漠永清"之意。永定河曾横穿永清境内，历史上多次泛滥成灾，自古"十年九涝"。永清境内有"村下有村、井下有井"之说，源自过去永定河泛滥，泥沙淤积，常常淤塞河道，淹没村庄，沿岸村民往往以村中的大树为标记，在大水过后，返回故土，重建家园。

永清古有旧"八景"：南桥秋水、三塔垂虹、韩城留角、汉庙西风、西山叠翠、通镇晓钟、灵宗鼓韵、雁口声喝。永清又有新"八景"：地下长城、长河落日、天门冷月、白塔梵音、千鸾献瑞、林海万顷、疏篱野趣、温泉涤尘。"长河落日"，不仅是自然的景色，也带给我们长长的回味。长河即永定河，在天色渐晚的日暮时分，落日传达给人们安详、宁静的气息，或是忙碌了一天的人们更需要舒缓，落日之下的水面，让人可以欣赏一抹余晖，享受一份从容和淡定。

安次县现为廊坊市安次区，追溯其历史，于西汉置县，后更名为东安县，民国时复置安次县。1983年3月，经国务院批准，撤销安次县并入廊坊市。安次地处永定河下游，因河道淤塞多次迁徙，安次县也几经迁移，有媒体称安次县城是被永定河赶着跑的县城。

安次名胜古迹众多，有著名的安次八景：双阁凌云、遥峰夕照、谯门晓钟、灵应飞塔、永定潮声、长堤秋月、北野烟林、土楼晴雪。

在新时期，安次又提出新八景：古垣汉堡、龙河春水、遗台残雪、长桥秋月、遥堤春晓、经幢墓影、墩台遗址、果林夜雨。无论是老八景，还是新八景，都有永定河的倩影。

乾隆帝于清乾隆三十八年（1773年）巡幸津淀阅视工程，有御制文《阅永定河记碑》和两首御制诗，当地人称回龙碑，坐落于安次境内永定河南堤调河头乡朱官屯村，并建有回龙碑亭。现在碑亭已经不在，仅存的石碑和部分石构件，保存在廊坊市文物管理处，石碑记载了永定河70年间六度迁流的一段历史。御制碑文的最后写道："在河固无一劳永逸之方，在治河实有后乐先忧之责也。"乾隆帝在位期间致力于永定河的治理，并多次阅视永定河。

遥堤春晓向我们展现的不仅是一座御碑，也是安次人民大举河工，治理水患的真实写照。在安次，有关永定河治理的历史故事和传说数不胜数。

北京作为永定河重要节点，保留有许多名胜古迹，卢沟晓月是北京八景之一，蜚声中外，因有其他章节介绍，在此不再赘述。

卢沟桥乾隆"卢沟晓月碑" / 魏宇澄 摄

岁月无痕，沧桑有迹。700多千米的永定河是一道风景线，也是一道风情线，永定河文化的深远与厚重，沿岸的美丽风光和人文景观或许可见一斑。

恒山悬空寺 / 魏齐庚 摄

# 第十四章

# 永定河上的露天桥梁博物馆

**在**永定河流经北京的河道上，有数十座桥梁飞架两岸，它们与永定河相依相拥，共同经历两岸的寒来暑往和历史的兴衰变迁。

2006年，首都博物馆的工作人员对北京的工业遗址进行调查研究，当他们把目光聚焦在永定河时，发现在永定河的出山口门头沟三家店地区到卢沟桥地区，十几千米的地方，竟然有不同时期的十数座桥梁。其中有中外闻名的卢沟桥，有永定河上的第一座铁路桥卢沟铁桥，尤其是三家店附近，不到2千米的河道，7座桥梁飞架两岸，极其壮观。这些桥梁时间跨度之大、桥梁之密集、形态之多样，实属罕见。来往的路人戏称这里是"桥梁约会"，桥梁专家誉为"桥梁艺术荟萃"，文博学者称之为"俨然是露天的桥梁博物馆，历史互为交错的地方"。

我们对博物馆并不陌生，博物馆通过征集收藏文物、标本，进行科学研究，举办陈列展览，传播历史和科学文化知识，对人民群众进行爱国主义教育和社会主义教育，那里每一件珍藏都是历史的留影，每一件文物都是时间的印记。徜徉在博物馆，我们可以穿越时空的阻隔，通过珍藏的文物叩问历史，与先人对话；我们可以感受人类文明的浩瀚和永恒。

如今，博物馆的概念已经不再仅仅限于室内，其外延可以扩展到街区、城市，世界上许多城市都堪称是一座露天的博物馆。在我国，一些名胜古迹、工业遗址等露天博物馆并不鲜见。

## 一、演绎传奇——闻名遐迩卢沟桥

卢沟桥因河而名，卢沟河即今天的永定河。在卢沟河上建石桥是金世宗在大定二十八年（1188年）五月提出，大定二十九年（1189年）金章宗命建桥，于明昌三年（1192年）建成。《金史·河渠志》记载："卢沟桥成，敕命名'广利'。"可见，此桥从建成始就有两个称谓，而广为人知的是卢沟桥，广利桥只是记载于历史文献之中。无独有偶，我国著名的赵州大石桥，宋哲宗赐名"安济桥"，而今却以赵州桥闻名于世。

卢沟桥距今已有800多年，是北京现存最古老的石桥。卢沟桥连桥堍全长266.5米，宽9.3米，有桥拱11个，栏板279块，望柱281根，桥面由花岗岩铺砌，桥的东、西端各有一对华表，华表云板上的吉祥云纹生动飘逸。

卢沟桥/魏齐庚 摄

卢沟桥的桥墩设计颇有特点，充分考虑了分水的功能。桥墩的平面呈船形，前端迎水方向砌成楔形分水尖，后端如船尾。一旦洪水来临，桥墩的分水功能可以迅速使水流分散，减轻激流对桥梁的冲击力。每年春季，永定河常有凌汛发生，桥墩分水尖上有三棱铁柱，可以有效击碎冰凌，以保证浮冰通过，故俗称"斩龙剑"。

卢沟桥的东桥堍北侧有两通石碑，一为清康熙八年（1669年）重修卢沟桥碑，底座为赑屃，碑首为龙纹，高5.78米，是卢沟桥四座石碑中最为高大的一通。碑文是康熙帝御笔，是关于清康熙七年（1668

康熙八年（1669年）"重修卢沟桥碑"/魏宇澄 摄

369

年）河水泛滥，冲毁部分石桥及修复的简记。另一通是乾隆帝御笔"卢沟晓月"碑，碑阴是乾隆帝所作的卢沟桥诗，字迹依稀可辨。

桥西端的雁翅北侧，也有两座石碑，其中有清康熙四十年（1701年）视察永定河所立石碑，碑首是双龙纹，须弥座为二龙戏珠，侧面雕有瑞兽麒麟，石碑安放于碑亭之中，碑亭四角是龙纹的石柱。石碑镌刻康熙帝诗章：

> 源从自马邑，溜转入桑干。
> 浑流推浊浪，平野变沙滩。
> 廿载为民害，一时奏效难，
> 岂辞宵旰苦，须治此河安。

另一座石碑是乾隆帝修葺卢沟桥所立，原有碑亭没有保留下来。这座石碑的四面刻满碑文，碑文记载的是清乾隆五十年（1785年）修葺卢沟桥的经过。卢沟桥自建成后曾有过多次维修，有关史料记载明永乐年间至清道光年间，曾对卢沟桥修葺13次。

卢沟桥作为北京的名胜古迹，不仅体现了我国古代非凡的桥梁建筑艺术，同时积淀了深厚的人文历史，卢沟晓月自金列为燕京八景之一，现在保存下来的历代碑记，已成为卢沟桥的一部分。

卢沟桥的狮子是卢沟桥上的一景，不仅造型各异，工艺精美，且数量众多。由于年代久远，历经自然风蚀和战争的损坏需要增补，元、明、清三个朝代以及新中国成立后在这里都有杰作，体现了各个时代的艺术造诣。一直以来，"卢沟桥的狮子数不清"的说法广为流传，众多姿态不同、神情各异的石狮子集中在一处建筑物上实属少见，历经八百多年的风雨，保留下来的石狮子已是经过几代的修缮增补，最为难数的是小狮子，它们或在大狮子的脚下，或在大狮子的背上，或伏在大狮子的一侧，刘侗、于奕正在《帝京景物略》中描述其景："石栏列柱头，狮母乳，顾抱负赘，态色相得，数之辄不尽。"1962年，文物部门对望柱逐个统计，对狮子逐一编号登记，得出的最后数字是485只。然而，时隔40多年后，现在的狮子数量又有501只和502只之争。

## 第十四章 永定河上的露天桥梁博物馆

卢沟桥在古蓟城外，是出入京师的要道，两岸是货物的集散地，店肆林立，设有渡口，元人蒲道源有诗曰："卢沟石桥天下雄，正当京师来往冲。"

卢沟桥入诗、入画，历代文人墨客留下大量的诗文画作。古人云，每当"五更鸡唱，斜月西沉"卢沟桥的景色格外美妙。其中明代诗人王洪的诗作，月色、河水、人家、古店、鸡鸣、远山、秋色以及回家的心情跃然纸上，所呈现的景致和境界，让人领略到当年的风貌。

> 河上人家尚掩扉，河中孤月荡寒辉。
> 清霜古店闻鸡早，落叶空林见客稀。
> 飞雁渐随秋影没，远山还映曙光微。
> 壮游记得从东道，匹马高吟此际归。

明臣梁潜所写《卢沟桥北上》也是清晨，却因北上写出的是另一番意境：

> 迢递桑干河水平，东方欲曙月斜明。
> 芦花钓舫渔初去，茅屋人家鸡正鸣。
> 咫尺严城通御气，依微紫禁动钟声。
> 石梁如砥霜华重，曾扈銮舆拂曙行。

著名旅行家意大利人马可·波罗，曾经畅游卢沟桥，并在后来写成的《马可·波罗游记》一书中，对它做了纪实描绘：

自从汗八里城（元大都皇城）发足以后，骑行十英里，抵一极大河流，名称普里桑干。此河流入海洋，商人利用河流运输商货者甚夥。河上有一美丽石桥，各处桥梁之美鲜有及之者。桥长三百步，宽逾八步，十骑可并行于上。下有桥拱二十四，桥角二十四，建置甚佳，纯用极美大理石为之。桥两旁皆有大理石栏，又有柱，狮腰承之，柱顶别有一狮，此种石狮甚巨丽，雕刻甚精。每隔一步有一石柱，其状皆同。两柱之间，建灰色大理石栏，俾行人不致落水。桥两面皆如此，颇壮观也。

马可·波罗的描述应当是比较接近原始的状况，距离金代建桥的时间还不到一百年，他游览此桥后卢沟桥的美名随之漂洋过海。

除了旅行家、诗人留下了不少文字和诗词之外，古代许多画家也以卢沟桥为题画下了不少动人的画幅，其中有藏于中国国家博物馆的一幅元朝画卷《卢沟运筏图》。它以卢沟桥为中心，描绘了600多年前的桥景。桥下木筏成排，顺卢沟河而下，桥上车骑往来，行人不断，桥的两头客舍林立，酒幌高悬，展现出一派热闹景象。

1937年"七七事变"，卢沟桥的枪声打破永定河畔的安宁。1937年7月7日夜，驻北平丰台日军在卢沟桥附近借"军事演习"之名，向中国驻军挑衅，并以一名士兵失踪为借口，要求进入宛平城进行搜查，在遭到拒绝后，日军即向卢沟桥一带的中国驻军发动进攻，并炮轰宛平县城。日本帝国主义侵华的野心昭然若揭，中国第29军奋起抵抗。以此为标志，日军开始了全面侵华，中国全面抗战爆发。卢沟桥以中华民族坚强不屈誓死反抗外来侵略者的象征载入史册，闻名中外。至今，宛平城墙下有长眠在这里的抗日勇士，城墙上依稀可见累累弹痕。

这是一个值得人们铭记的地方。1961年国务院将宛平城和卢沟桥列为第一批国家级重点文物保护单位。1985年，中央正式决定在宛平城内旧县衙遗址上，兴建一座规模宏丽的中国人民抗日战争纪念馆。在纪念馆里，珍贵的图片以及各种文物，反映了九一八事变至抗日战争胜利这一历程中有关重大历史事件。这场战争使无数的同胞失去了生命，而中国人民奋起反抗的精神，永远激荡着每一个中国人的胸怀。

宛平古城在卢沟桥东，原名"拱北城"后为"拱极城"，明崇祯十三年（1640年）建成，1928年民国政府迁往南京后，北京改名北平，宛平县衙移此，始称宛平城。宛平城，为京南门户，明、清两代，这里均为驻兵之所，畿辅要地。宛平，取自东汉刘熙所撰《释名》：燕，宛也，宛然以平之意。

1984年国家拨专款修复宛平城，重建了两座城楼和瓮城；2001年又复建了四个角楼、四个敌楼和两个中心楼；并参照明、清时的卫城形制结构将城墙的严重破坏处修缮。在"七七事变"炮火中被炸毁的宛平县署、卢沟驿站等经过修复之后，再次出现在世人面前。沿着青石铺就的地面信步，从东门到西门，街道两侧是仿古建筑的样式，一些文玩字画的店铺和挂着招幌的商铺再现古城的古风古貌。

1985年，京石公路永宁大桥通车后，北京市政府决定从8月24日起停止机动车、兽力车在卢沟桥上通行，进行修复，修复后的卢沟桥作为文物供人们参观游览。

如今的宛平城下，永定河已是波澜不惊，古老的卢沟桥横卧在河面，一切是那么祥和而安宁，这里曾经发生的一切已经渐行渐远。然而，先人倾注在卢沟桥上的思想和智慧没有泯灭，历经800多年的风雨，没有摧毁它坚强的身躯。而每一个来到这里的人的心情也不会平静，因为历史的沉重，需要人们思考；这里抗击日寇的呐喊声和枪炮声，依然会在我们的耳畔响起。

## 二、永定河上的第一座铁路桥——卢沟铁路桥

卢沟铁路桥是京广线上的铁路桥。李鸿章于清同治二年（1863年）提出在中国修建铁路，但是遭到大多数臣僚的极力阻挠，他们认为"何必师事夷人""变而从夷，正气为之不伸，邪气因而弥炽"。当时以奕䜣为首的洋务派痛斥"夫天下之耻，莫耻于不若人，……今不以不如人为耻，而独以学其人为耻，将安于不如而终不学，遂可雪其耻乎？"晚清时期，在中国这片传统观念极为凝重的土地上，任何新事物的发展总是困难重重，举步维艰。

中国的第一条自建铁路是唐胥铁路，长9.7千米，工程于清光绪七年（1881年）动工，同年11月竣工。通车伊始，清政府就以"机车直驶，震动东陵，且喷出黑烟，有伤禾稼"的理由，下令禁止使用机车，蒸汽机车改为骡马拉车。北京的第一条铁路创建于1888年，是一条宫廷观光专列，因为当时的慈禧担心破坏风水，不用机车牵引，让人"贯绳曳之"，也不能鸣笛。这条铁路全长4华里左右，南起中南海，终到北海北岸的静心斋。这种马拉人拽的火车在今天已成为笑谈，却是中国兴建铁路艰难起步的开端。

清光绪十五年（1889年），张之洞上奏清政府，缓办津通铁路，先修筑北京卢沟桥至汉口的卢汉铁路以贯通南北。张之洞是清末重臣，洋务派代表人物之一，其奏文

极富文采，传说每折上奏，慈禧便命人朗读。张之洞在奏折中提出了修建卢汉铁路的七条好处：其一，内处腹地，不近海口，无引敌之虑；其二，偏户散处，易于绕避庐舍丘墓；其三，干路袤远，厂盛站多，农商各界，生计甚宽，舍旧谋新，决无失所；其四，一路控八九省之冲，人货辐辏；其五，调兵入卫或发兵征讨往来便捷；其六，便于使用新法开采太行山以北的煤矿、铁矿等资源；其七，便于漕运等。

清廷考虑各方意见后，决定修筑卢汉铁路。然而旧中国积贫积弱，筑路维艰，卢汉铁路的开工也不是一帆风顺。起初，修筑卢汉铁路不想借用洋款，拟由户部每年拨银200万两，而实际上所需款项不能落实，迟迟不能开工。光绪二十二年（1896年），成立筑路公司，由盛宣怀作为督办筹款修建。由于官款不足，商股难集，向洋人借债成为卢汉铁路的主要用款来源。直到光绪二十三年（1897年），卢汉铁路南北两段分别开始施工，并于次年先完成卢保铁路，即卢沟桥至保定。光绪二十六年（1900年）八国联军侵占北京，将卢保铁路自卢沟桥延至正阳门。光绪三十一年（1905年）全线贯通，改称京汉铁路。光绪三十四年（1908年）底，还清了全部债款。1928年京汉铁路改称平汉铁路，1949年中华人民共和国成立后，恢复京汉铁路之称。

京汉铁路从北京正阳门到湖北重镇汉口，全长1214.5千米，堪称中国历史上第一条铁路大动脉。

从闻名于世的卢沟桥向北，大约半千米，有一座巨大的钢铁巨梁横跨在永定河之上，这就是北京第一座钢架结构的铁路跨河大桥——卢沟铁路桥。现在的这座大桥已经不是一百年前的原物，几经更换支座和加固、重修，但是它那浑厚的钢铁支撑起巨大的桥身，数不清的颗颗铆钉，让我们依然可以感受到曾经的艰辛、悲壮与辉煌。

卢沟铁路桥由英国工程师设计，清光绪二十四年（1898年）建成。这座铁桥高6.5米，全长498.84米，由15孔31.7米半穿式双线下承钢桁梁和2孔9.9全焊式上承钢板梁组成，矩形墩台，桥墩两端呈尖形，中间有门洞，为中国铁路仅有，是北京第一座钢架结构的跨河大桥。

永定河在历史上水患频仍，对卢沟铁路桥构成严重威胁。由于建桥时梁底标高偏低，建桥后多次出现洪水水位接近或超过梁底的情况。据史料记载，1917年、1924

年、1929年、1939年、1946年、1950年、1956年均出现洪峰。尤以1939年最大，水位超过桥墩，水漫钢梁，桥头路基冲断30米，上游左岸满溢，下游右岸决口，所幸桥墩无一损失，卢沟桥未见损坏。

1957年10月，万里长江上第一座公路、铁路两用的武汉长江大桥胜利建成通车。从此，京汉铁路与粤汉铁路连成了一体，正式更名为京广铁路，卢沟铁路桥成为京广线上跨越永定河的铁路桥。

卢沟铁路桥/魏齐庚 摄

它曾见证民族铁路事业的艰辛起步，也记录下抗日英烈的不屈身影。"七七事变"震惊中外，当时中国军队和日本侵略军在卢沟铁路桥进行了激烈的争夺战，战斗十分惨烈。中国战地记者方大曾在卢沟桥事变爆发后前往激战前线采访，写出长篇报道《卢沟桥抗战记》，这也是第一篇揭露卢沟桥事变真相的新闻作品。他写道："十日下午开始的二次总攻，日军仍未能得逞，反而遭了比第一次战役更大的损失，计两次战役死伤达二百三十名之多，而我军伤亡则为一百五十余人。二十九军在这次抗敌战争中，其悲壮惨烈，实非笔墨所能形容。"

他还写道："在日军二次进攻的夜里，我军有一排人守铁桥，结果全部牺牲，亦未退却一步。及后援军赶到，始将铁桥再行夺回。"

卢沟铁路桥拥有威武的钢铁身躯，在无声中铭刻着一百多年的历程，也把曾经的历史深深嵌进一个民族的记忆深处。

## 三、百年桥韵——京门支线铁路桥

北京西部地区有丰富的煤藏量,京门铁路作为京张铁路的支线"以兴煤业"距今已有百余年的历史。

据《北京志·铁路运输志》所载,清光绪二十七年(1901年),意大利公使便提出修建京门铁路运煤,清政府未准。之后,又有北京煤商和外国人申请承办该路,均被清政府以各种理由而搁置。光绪三十二年(1906年),商部奏请京门铁路归并京张铁路,作为京张铁路接修支线。同年10月,由京张铁路总工程师詹天佑率队勘测设计京门段。光绪三十三年(1907年)3月,北京西直门至门头沟铁路动工兴建,1908年竣工通车,全长25.231千米,工程费用为632499.5两白银。

众所周知,京张铁路是由有"中国铁路之父"之称的詹天佑主持设计修筑,为中国筹款自造之路,是我国铁路建设史上具有重要意义的里程碑,表现了我国人民伟大的民族精神和智慧。

京门铁路是专门运煤的铁路,原自西直门站南侧车公庄出岔,西经五路、田村、西黄村、苹果园等站,达门头沟的三家店站、门头沟站。京门线三家店铁路桥是京门支线途经永定河的桥梁,也是门头沟第一条铁路桥,桥梁结构为铁路单线简支上承式铆接钢桁梁桥,桥身为8孔黑色钢梁,跨度216.6米,桥墩高7.63米,桥上两侧有人行道。

1909年4月26日的《政治官报》刊登了当时验收的情景,验收人员乘坐火车开往门头沟,行程43分钟,"永定河大桥一道计八空,每空铁梁长百尺,

京门铁路桥/魏齐庚 摄

桥墩连基均用唐山自造洋灰和石子建筑，工省料坚。……全路安设诸法，及一切制造均合华人使用，与收回洋人承办之路，多须改良者不同。等情前来伏查铁路之役，必支于互通而后运输利便。门头沟一带山北向产高煤，从前专恃驮运，脚价既昂，销路遂滞。近日支路一通，开车以来运煤颇旺，后来营业自可望有起色"。

值得一提的是，京门铁路永定河大桥使用的唐山自造水泥来自唐山启新水泥厂。这是中国自营的第一家水泥厂，距今已有100多年的历史。在唐山启新水泥厂建立之前，国内没有一家水泥生产企业，水泥需求均依赖进口，故称"洋灰"，价格十分昂贵。启新建成以后，正值修建铁路的热潮，当时修建的多条铁路如：京奉、京汉、京张、津浦铁路等所用水泥均来自启新。启新水泥因其质量优良，曾多次荣膺国际大奖，"马牌"商标是享誉国内外的知名商标。

据首都博物馆的工作人员考察，至今京门铁路桥桥梁的钢架上仍然留有材料的生产厂家的商标，是英国的一家跨国钢铁公司的前身。这家钢铁厂于1872年建立，以生产优质钢材而著称。首都博物馆的工作人员认为，钢材留有的英国厂家的标记，说明这座桥梁是原钢架结构，含有很高的工业遗址的文物价值，也代表着清朝末期北京早期工业文明输入的开始。这是在100多年前，英国的优质钢材经过海外采购、货物运输、工程设计和安装施工等一系列的复杂过程，留下的历史印记。

目前京门铁路桥仍在使用，每天还有火车过往。在桥梁东侧的路口，有"门头沟区西老店监护道口"，并设有看管路口的道班，道班每天有人值班。在桥的西头北侧有一碉堡，碉堡留有射击孔，无疑是战争留下的遗迹。

至今，时常有人到这座桥梁近处探访，在这里可以感受历史的触动，也能感受到先行者的力量。

## 四、"古董桥"——京门公路桥

2014年7月，北京多家媒体报道，北京七座"古董桥"将启动大修。其中一座石担路联络线三家店洋灰大桥即是京门公路桥。

古董是为人所珍视的古代遗存下来的物品，是先人留给我们的宝贵文化遗产。旧时，人们还曾把古董称为"骨董"，所谓"骨"，取肉腐而骨存之意，意思是保存过去之精华。古董所沉淀的大量历史、文化等多种信息往往具有不可替代性。

京门公路桥称为"古董桥"，首先缘于时间的久远。《中国煤炭志》记载，1920年京兆尹拨款20万元开始修建京门公路，1921年4月京兆尹拨款30万元，修建京门公路永定河上三家店大桥。该桥由法国人设计，法商承建，当地的民工施工。桥梁全长253米，宽度为9米，桥高为14米，有8个跨度为30米的桥孔，桥面有人行道和中心车道，设计荷载4吨。此桥于1923年12月建成通车。京门公路是北京最早的一条地方公路。

京门公路桥的建成让人刮目相看，代表着当时最先进的桥梁水平，桥身轻盈、美观、跨度大，具有欧式风格。该桥还是我国修建的第一座大跨径钢筋混凝土拱桥，在中国现代桥梁史上称得上是标志性建筑，也是我国现存最老的现代公路大桥。当地老一辈人习惯称之为"洋灰桥"。

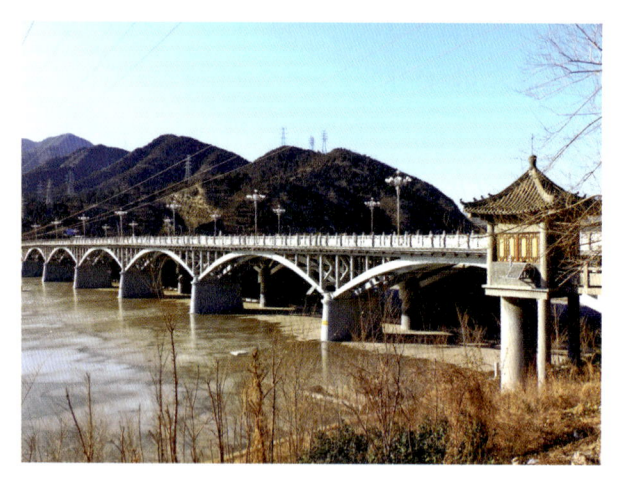

京门公路桥／魏齐庚 摄

古人云："水行莫便于舟，陆行莫便于车。故古圣人兴物，前民观转蓬而制车以行陆，刳木为舟、剡木为楫以行水路。至由陆济水而往来至便者，莫梁若焉。"

三家店，这个据传从辽代起从三个店铺开始聚集形成的村落，处于永定河道出山口东侧。作为京西山区的余脉和北京小平原的引领，三家店村既是京西通往京城的咽喉要地，又是通往妙峰山南香道的起点。因而，自古以来三家店是古渡口，也是市场活跃的商业集散地，同时还是京西古道上最重要的交通枢纽之一。

过去永定河两岸人民往来不便，三家店村往返对岸的渡口有季节性的木板桥或摆渡，遇有洪水便将板桥撤掉，也停止摆渡。尤其对煤炭的运输十分不利。公路桥修好后，方便了门头沟煤炭的外运。当时运输车辆主要是铁轮大车，为了减少磨损，保护桥面，桥面安装了两条凹槽的铁轨，以便运输煤炭的车辆通行。这种情况一直持续到1926年胶轮大车出现后，才将铁轨拆除。

这座桥梁历经九十余载，在历史上曾经过多次洪水的考验，也曾多次维修、加固。1924年，也是大桥建成后的第二年，永定河上游洪峰下泄而大桥安然无恙。

1982年，门头沟公路部门收到一封来自法国的书信，寄信人提到："桥的设计使用寿命是60年，如今时间已到，应立即停止使用。"这封善意的提醒函令人感动，令人感动的不仅是字里行间所传达的信息和责任，还因为这封信来自当年设计者的后人。2005年9月，门头沟区人民政府将该桥列为区级文物保护单位。

2014年，国家再次对这一桥梁进行修补，考虑历史文物的重要参考价值和独特的桥梁样本，路政部门反复研究，对结构承载力及最不利截面进行验算，大修工程遵循"保护性修缮"的原则，采用防水、防盐蚀、防碳化、防紫外线的抗老化策略进行加固。这次修补工程结束后，此桥作为景观桥保留。

如果把它比喻成一位老人，她已经年近百岁，但是她的容颜让你看不出她的年龄，历经岁月的洗礼，外观依然美观、古朴、典雅，每天往来于两岸的人们络绎不绝。除公路部门和"文史爱好者"外，知道这座桥梁身世的人甚少，门头沟文保单位在桥头竖立的一座小石碑，俨然成为这座桥梁的身份证。

如今与京门公路桥相依相伴的是一座三家店公路新桥，这座新桥在京门公路桥的北侧，是三家店桥梁组团中最年轻的一座桥梁，2002年8月施工建设，于2003年竣工通车。新桥全长259.94米，宽24.6米，双向六车道，是现在永定河出山口公路的主要通道。这座新桥与老公路桥并驾齐驱，且十分协调，如果不注意观察，人们很难发现三家店公路桥是两座并列的桥梁。

## 五、多项第一聚一身——三家店拦河闸桥

永定河上的三家店拦河闸桥是北京第一座现代钢筋混凝土大桥。大桥于1956年2月动工兴建，1957年5月正式运行，是一个闸、桥合一的拦河闸公路桥。

三家店拦河闸桥位于门头沟三家店村西侧，这里是官厅山峡的出山口。拦河闸的

主要功能是拦蓄永定河上游包括官厅水库下泄水量，经调节后均匀向市区供水，满足城市工业用水、生活用水，补充城市河湖损耗水量，改善水质。水闸全长249.2米，闸底高程102米，设闸门17孔，蓄水能力可达100万立方米，是永定河上的第一座大型水利枢纽工程，也是20世纪50年代中国北方地区修建的第一座现代化大型水闸。

拦河闸桥在汇聚于三家店的七座桥中正好位于中间，北侧有三座桥，南侧也有三座桥，至今已运行50多年。这座大桥建成后，成为机动车辆通行的主要通道，**重型机动车辆不再走京门公路的老洋灰桥，老洋灰桥限行小型车辆、自行车以及过往行人**。这种情况一直持续到进入21世纪，三家店公路新桥的建成。

在三家店拦河闸桥的桥头，永定河的左岸是永定河引水渠，经模式口、玉渊潭、木樨地，最后到达西便门与护城河贯通，全长约25千米，是新中国成立后北京修建的第一个大型人工引水渠工程。1957年4月23日，水渠建成通水，第二天的《北京日报》在头版位置报道了这一工程通水情况。

三家店拦河闸桥和永定河引水渠，是在新中国成立初期百废待兴，经济条件还很困难的条件下起步，为首都的城市发展和经济建设做出了重要贡献。

## 六、横贯水闸上游——丰沙线永定河一号特大桥

位于三家店站至斜河涧站之间的永定河一号特大桥，是丰沙线跨越三家店永定河水闸上游水面的大型双线铁路桥。这里水面宽阔，碧波荡漾，桥上往返火车十分频繁，不时有火车鸣笛通过。

丰沙线是新中国成立以后北京局建成的第一条干线铁路，桥高25米，全长711.4米，跨越永定河。由2孔23.8米和20孔31.7米预应力钢筋混凝土梁组成，混凝土矩形桥墩，抗洪能力设计为300年一遇。这座桥梁桥是由铁三院设计，铁四局于1959年施工，1971年竣工。丰沙线在大秦线开通前承担北京、沙城间90%的运量。每天也会有客运列车往来。由于丰沙线全线与永定河若即若离，行走于山水之间，因此也是最美的一段铁路线。

## 永定河上的露天桥梁博物馆 第十四章

丰沙线铁路，1952年9月21日开工，1955年6月30日开通，是继京包铁路之外从北京去往冀西北重镇沙城、张家口的第二条通道，也是晋煤外运的主要通道。

丰沙线的施工极其艰巨。清末，詹天佑在修建

丰沙线永定河一号特大桥 / 魏齐庚 摄

京张铁路线时，选用沿永定河到沙城的方案，最终因工程艰巨，财力不足而放弃。新中国成立后，随着工农业的发展，运量激增。为提高北京、张家口之间的运输能力，铁道部决定修通丰沙线。丰沙线由解放军工程部队负责施工建设，1953年部队改为铁道兵第四工程局继续施工，提前半年接轨通车。丰沙线正线长100.62千米，三家店至官厅间线路穿行于永定河峡谷中，七跨永定河，有隧道67座，500米以上隧道采用机械开挖，500米以下隧道由人工完成；有桥梁77座，其中特大桥1座，大桥11座，中桥13座，小桥52座。投资总额1.09亿元，平均每千米造价108.5万元。

在丰沙线永定河一号特大桥的桥头，立有一座丰沙路纪念碑，纪念碑上写道：修建丰沙线铁路共有四万余人。有转业的原中国人民解放军铁路工程第八师，有原各营业线的职工，有祖国各地的农民兄弟。这支建设队伍，以建设社会主义的高度热情和英雄气魄，在与尖石、塌方、流沙、洪水展开斗争中，有108位同志献出了自己宝贵的生命。这种忠于人民事业的高贵品质与光辉的英雄事迹永垂不朽！

1958年铁道部决定增建丰沙二线，1972年10月丰沙线复线改建完成，1984年实现全线电气化，装备了先进的线路设备。现在的丰沙线，上行线8跨永定河，下行线12跨永定河，4次与上行线立交，上下线共建桥梁140座，其中特大桥3座。丰沙铁路对于晋煤外运和冀西北山区经济开发起着重要作用。

## 七、有桥墩没桥面——丰沙线旧桥

这是一座悲情之桥，只有桥墩而没有桥面，它在这个桥梁组团中显得突兀。站在河边望去，一排桥墩在河水中默默地静立，没有过往的行人，没有过往的车辆，显出几分凄凉和肃穆。它曾经是过往行人心中的一个疑团，它是桥吗？它是怎样的一座桥？它为什么是一个半拉子的桥？如果翻开史料寻找答案，谜团定会揭开，但留给人们心中的却是隐隐的痛。

这是一座承载着历史往事的桥，往事中的痛楚凝固在每一个桥墩里。日军侵华时期，日本侵略者为了掠夺京西及大同煤炭，拟修建塘沽至大同的铁路（简称同塘路），计划五年完成。1940年开始分段修建丰沙段，完成三家店至斜河涧、官厅至沙城、清水涧至珠窝、安家滩至官厅四段共长56.9千米的路基工程的36%，桥涵工程的46%，隧道工程的44%，1944年停工。这条铁路线大致相当于新中国成立后修筑的丰沙铁路一线，最终因世界反法西斯战争形势发生根本性变化，我国抗日战争不断取得节节胜利，太平洋战争后日本国内资金匮乏等因素未能得逞贯通，其间也包括当地抗日军民积极开展的"破交"斗争。这座没有完工的旧桥，当时桥墩已经完成，琉璃渠、落坡岭隧道也已打通，路基已基本完成。新中国成立后，在其基础上修通丰沙线铁路，在它一侧的双线大桥建成后，此桥作废，现只剩桥墩。

"一个没有历史记忆的国家，是没有前途的。"七十多年过去了，历史的伤痕没有被时间抹平。这一排矗立在河中的桥墩，是日本帝国主义侵华的铁证，是距离那段历史最近的地方，每天都在向人们指证日本侵略中国的罪恶行径，警示人们不忘国耻。

丰沙线旧桥遗留下来的一排桥墩，算不上是名胜古迹，但是却成为永定河上最有代表性的历史遗址之

丰沙线永定河旧桥 / 魏齐庚 摄

一。它顽强而默默地守候，它留住了那段刻骨铭心的记忆。

这里桥梁交会，数量集中，走近这些桥梁，无论是公路桥、铁路桥，它们不同寻常的背景，它们不同的艺术韵味和独特景观，它们蕴藏着的丰富文化内涵，它们所承担着的不同社会责任，总是给我带来内心的触动、震撼和久久的思索。

这里的每一座桥梁，都是每个历史阶段的横断面。它们有着不同的历史背景和不同的建筑风格，沉淀了丰富而深刻的文化内涵。永定河将这些横断面连接起来勾勒出来的是几百年来，特别是一个世纪以来北京的发展脉络，让人感受到了一种时序的更替，岁月的轮回。

首都博物馆曾有研究人员对上述桥梁进行普查、调研，提出建立"永定河桥梁博物馆"的概念，希望作为北京工业遗址的重要部分予以保护和研究。在这里我们看山、看水、看桥，任何一座桥梁都会告诉你一段历史。

从三家店到卢沟桥地区的桥梁远不止上述所说，斜军联络线永定河一号特大桥是全国罕见的弧形桥梁，高耸的桥身，美丽的弧线，宛如一道美丽的彩虹倒卧在永定河水面；北京六环的跨线斜拉桥在这里交会，这是我国第一座墩顶转体法施工的桥梁，是六环路上的标志性建筑，设计和施工工艺都有重大突破。其造型表现的节奏和韵律，具有时代感和景观效果，可谓巧夺天工；还有京石公路永定河上大宁水库大桥，京石高铁全线最长的永定河特大桥等。根据市规划委公布的信息，在永定河的三家店至京石高速段，还将建设多座跨河大桥。这些桥梁是今天国家繁荣昌盛的彰显，呼唤我们在继承中走向未来。

2013年10月，备受京西人瞩目的长安街西延长线工程正式开工建设。众所周知，长安街不仅是一条普通的城市干道，而且具有政治意义和象征意义。为了征集到最好的设计，西延线跨永定河桥梁设计面向全球招标，国内外的一些著名设计单位竞相角逐，参加了投标，人们猜想着这座大桥的模样，对此充满期待。

2019年9月29日，西起门头沟石担路，东至石景山古城大街，全长约6.5千米的长安街西延项目全线通车，新建的跨河特大桥——新首钢大桥精彩亮相。新首钢大桥为全球首例双塔斜拉钢构组合体系桥，是目前北京地区最大的跨径桥梁；大桥全长

新首钢大桥 / 魏齐庚 摄

1354米，最宽的地方54.9米，设计双向8车道和非机动车道及人行道，是目前我国桥梁中最宽的一座钢桥梁。这座大桥，寓意"合力之门"的两座钢塔是三维空间扭曲构造形态，分别为124.5米和77米，像两个倾斜巨大的椭圆形铁环矗立在大桥两端。这一永定河桥梁博物馆的新成员，成为长安街西沿线上的点睛之笔。

新首钢大桥为保障步行市民的出行安全及体验，在机动车道两侧分别设置了非机动车道和人行步道，市民或游客凭借大桥最外侧的栏杆可以远眺风景。

新首钢大桥在设计上还通过桥墩柱的错落布置，在大桥下形成很多围合空间，人们通过人行步梯，可从大桥下到永定河岸边，以利于人们利用开阔空间休闲与健身。

# 第十五章 永定河文化研究进行时

**永**定河既是一条自然河流，也是一条人文河流、精神河流。作为线性文化遗产，对永定河文化的探求、研究工作，依然在路上。

## 一、概念的提出与共识

"永定河文化"这一概念，最早是在20世纪80年代由门头沟区的同志提出的。当时，门头沟以《永定河文化》为刊名编辑了四集油印刊物。2001年门头沟区邀请北京的有关专家、学者，一起进行"永定河文化"专题研讨，引起与会人员的重视和社会的广泛关注。2002年初，在门头沟区政协会议和人大会议中，一些代表提出打造永定河文化品牌的提案、议案，受到区委、区政府的高度重视。在这之后，有关永定河文化的调研工作、考察工作，多层面的研讨工作有条不紊、卓有成效地展开，其相关信息不断出现在各个新闻媒体。一批致力于历史、地理、地质、水利、北京学等方面的学者、专家，也积极为各级政府出谋划策。在不断的调研和交流中，人们愈加清晰地认识到永定河既是自然之河，也是人文之河；永定河流域文化，有着非常丰富、深刻的内涵，其历史作用及现实意义不容小觑。

2005年11月28日，在门头沟区委、区政府倡导下，北京永定河文化研究会正式登记成立。研究会属于社团组织，由数十家单位、企业会员和关注永定河文化研究的个人会员组成。

北京永定河文化研究会的成立和第一届理事会的产生，标志着永定河文化研究真正开始登入学术殿堂，预示永定河文化研究将走向新阶段，同时担当服务地方经济建设的历史使命。研究会宗旨十分明确，就是深入研究永定河文化，挖掘其文化内涵，树立文化品牌，整合资源优势，为地区经济转型，推动永定河流域地方经济文化一体化发展，提供理论支持和献计献策；同时，通过研究、宣传，弘扬永定河文化，传承永定河文明，让人们更多地认识北京的母亲河，更自觉地保护母亲河，在新时期共建和谐家园。研究会成立，是北京市学术界的一件大事。

应该说"永定河文化"这一名称和概念的提出并使用，并不是偶然的。改革开放给中国带来了历史性的变化，它涉及社会的经济、政治、文化等各个领域。永定河是北京的母亲河，在漫长的岁月里，生生不息，为北京的建立提供了必要的地理空间和自然环境。自古以来，大河两岸的人们在这里繁衍生息，创造了丰富的物质文化和宝贵的非物质文化。门头沟占总面积94%的地区属于永定河流域，永定河流经门头沟100余千米，700多千米的永定河水，把最美的"身段"留给了门头沟。随着北京市城市战略定位的确立，门头沟人清醒地认识到，要增强门头沟区的竞争实力，进一步形成门头沟的整体合力和促进京西地区又好又快地科学发展，加强和发挥文化引领的作用十分重要。文化建设在地区建设中有战略意义，文化亮点也是新的经济增长点。

实际上，每一条自然界中的河流都会衍生对应的文明或文化。国内外各地区对于流域文化的研究、开发和建设并不鲜见。不同河流有其不同的自然地理环境、历史环境和人文环境，因此也具有不同特色的人文内涵。在我国，长江、黄河等流域文化的研究深入人心，方兴未艾；大运河申请世界级非物质文化遗产的成功对河流文化研究起到示范作用；而外国的尼罗河与古埃及文明、恒河与印度文明等莫不如是。

"永定河文化"最初的提出不排除与之俱来的乡土情怀，乡土情怀源自对家乡的热爱。但是，提出一个概念，建立文化品牌，是一个庞大的系统工程，没有政府和领导的支持寸步难行。

令人欣慰的是"永定河文化"的研究工作，从一开始就得到区委的支持和有关领导的认可。无疑，这些领导是开明的，具有前瞻性的。或许，这种共识来自时代的呼唤，来自责任的呼唤。门头沟区对永定河文化研究工作的重视体现在以下方面。

第一，门头沟区把永定河文化与地区的发展连接。区委、区政府制定《门头沟区国民经济和社会发展第十二个五年规划纲要》，把永定河文化放在十分突出的地位，提出坚持特色引领，"切实提高永定河文化的影响力和竞争力"。门头沟区委还将永定河文化作为干部培训的重要内容，结合本区实际，举办专题讲座。

第二，提供启动资金和必要的办公场所，对于重要课题研究及研究成果给予经费支持。

第三，对北京永定河文化研究会工作给予帮助和指导。区委宣传部定期听取工作安排和工作汇报，提出工作意见，帮助协调"永定河文化"研究与相关部门工作的对接，使研究会的各项工作保持顺畅。

第四，给予项目任务，以项目支持。吸纳研究会参与地区发展规划，以及重大课题的调研，促进文化研究与实际工作的结合，研究成果的转化，形成可持续发展的动力；组织开展高层次的研讨、交流活动，邀请研究会的人员参与其中，以不断提高研究人员的研究能力和研究水平，与社会相关部门建立广泛联系，促进研究工作向纵深发展。

第五，门头沟博物馆于2011年8月更名为永定河文化博物馆。名称的变化，标志着门头沟博物馆将转变为一座大型水域文化专题类综合性博物馆，其主要职责是收藏保护、研究探索、展示传播永定河流域文化遗产；承担永定河文化专业研究责任，推动永定河文化学术研究、交流和应用工作；挖掘永定河文化资源，积极策划永定河文化基本展览和专题展览等。引导公众全方位、大视角、多渠道解读和享受永定河流域文化的魅力。

第六，注意选派既有奉献精神又有文化功底的同志充实到研究会的工作之中。

毋庸讳言，弘扬文化是全社会的责任，政府在其中的作用至关重要。"永定河文化"走上历史舞台，既是大胆的文化创意，也体现具有传承历史文化的责任。在门头沟，永定河文化的研究工作不是单打一，不仅是北京永定河文化研究会的工作，宣传部门、文化部门、旅游部门、水务部门、教育部门、人大、政协以及社团组织，民俗、宗教、古道等各方面工作要有机对接，形成合力。

## 二、春华秋实，硕果累累

永定河文化的研究从始至今走过十几年的路程，也形成了自己的特色，收到了显著成效。

一是北京永定河文化研究会选择从整个流域着眼，从门头沟做起，从本土做起，从基础工作开始。基础性研究的有效途径首先是挖掘、搜索、收集，把各种历史信息和地方文化信息集中起来。这些信息有的来源于各种典籍、遗存、文物，有的来源于民间故事和传说。他们从一个个村落开始，通过对永定河文化的各种资源抢救性挖掘、整理，分类定性建立了资料库，并先后出版了一批优质图书，《北京门头沟村落文化志》就属于这种性质。实践证明，收集、挖掘、整理的过程既是一个宣传的过程，也是保护的过程。

门头沟是永定河流经北京最长的地区，结合地区的特点，研究会重点确立民间民俗文化，宗教寺庙文化，古村、古道文化，平西红色历史文化，生态山水文化，煤业、矿业文化等六大主题，拉开永定河文化研究的大幕，并通过旅游休闲、主题活动等方式来促进文化传承，再现活力创新，

研究会学习日 / 永定河文化研究会提供

打造永定河文化品牌，促进区域经济社会发展。上述内容，因具有鲜明特色，都在国内具有一定的知名度。

二是加强研究队伍的建设，提高研究人员的素质。永定河文化不仅是一个概念问题、理论问题，更是一个"历史"问题。因此，研究永定河文化，不仅需要热情、胆识，还需要严谨的科学态度。永定河是线性文化遗产，从基础工作做起，但不能囿于一地。为了加大对永定河文化研究的力度，拿出一批永定河文化研究的成果，研究会坚持每年有计划地组织研究人员进行永定河流域的实地考察。先后考察了河流的源头管涔山，古人类文化遗址泥河湾，山西大同市、河北涿鹿县、蔚县、怀来县、阳原县、永清县、张家口市，以及天津市等桑干河沿线、洋河沿线、永定河沿线等地区，考察人数达300余人次。通过实地考察，开阔眼界，获得整个流域的一手资料，更好

地将历史信息、理论问题与本真的状态相互衔接。根据研究的方向，聘请专家和学者做讲座，派出人员到北大、农大等院校听专家老师讲课等。几年来听取各种讲座达800多人次，形成较为坚实的学术研究基础，不断提高组织重大课题研究、协作攻关的能力。

为了促进研究的深入，北京永定河文化研究会与北京联合大学、北京学研究基地、北京市科协、北京市社会科学院等单位建立了合作机制，积极参加北京史研究会、当代北京史研究会、中国文物学会、中国古都学会、中国水利学会等市级和国家级文化学术研讨。在此期间，市社科院历史所将永定河文化作为重点科研课题进行研究，北京学研究基地将永定河文化研究会作为外围学术组织给予支持和指导。他们还应邀参加山西、内蒙古、河北、天津等地的研讨会等。

北京永定河文化研究会重视专家库的建立，聘请50多位专家学者作为顾问。他们主要来自中国科学院、中国社会科学院、北京市社科院、水务局、文物局、北京师范大学、北京联合大学、首都师范大学、首都图书馆等单位，均为国内从事相关专业研究，并有重要学术影响的高水平专家，人员结构与学科分布合理，学术专长形成互补格局，他们热情地给予工作指导，同时参与重大课题的研讨和研究。研究会还成立了首席专家组，发挥他们思想库、智囊团的作用，

考察古商道／魏齐庚　摄

以进一步提升永定河文化研究工作的水平和影响力。

北京永定河文化研究会有着良好的学术交流和研究氛围，努力建设一个新型的、对外开放、内外联合、特色鲜明、优势互补的文化研究平台，对参与相关课题研究的区内外，各省、市的专家学者，提供研讨、交流的平台。这种开放，打破了条块分割的状况，在研究资料、人员、信息等方面实现资源共享，使永定河文化在更宏观的视野中进一步释放其丰富的内涵和巨大价值。

三是构建永定河文化研究体系。在通过对永定河流域历史发展演变过程的追溯，通过考察永定河流域历史发展及其特点的基础上，探讨、研究永定河文化的特点和内涵。永定河文化的研究始终坚持两手抓，一手抓自然永定河的研究，一手抓文化永定河的研究。对自然河流的研究是基础，包括河源、河口、干流与支流，河流变迁，名称演变，流经地区的地理环境、生态环境等。文化永定河的研究包括：流域城镇的形成，社会的变迁，农业、工业、战争、佛教、商业、风土人情，以及上下游地域之间的交流往来、民族融合等；还包括水事文化，如水资源利用、水利工程、河流治理、防洪减灾等。

归纳近年来的研究内容主要有以下几点：（1）对永定河文化的概念、内涵，进行初步的界定，确定研究方向；（2）永定河文化的构成体系、组成部分、主要内容以及有关历史文献、历史遗迹、考古发现等证明；（3）永定河孕育了北京城，母亲河对北京的影响，在历史不同时期所呈现的不同特点，永定河文化与北京文化的关联性；（4）北京建城3000多年以来，人们利用水利的智慧，以及与水患斗争的史记；（5）永定河对沿岸地区历史、经济、人们生活的影响，以及两岸水文化遗迹、社会历史遗迹；（6）永定河纵向的线性文化与横向的各区域文化的相互联系和影响；（7）关注永定河流域的中华文明探源工程，通过考古发现和文献记载，进一步厘清永定河流域在中华文明起源过程中的作用；（8）整合文化资源，发挥品牌作用，为地区经济建设提供有力的文化支持；（9）积极探讨永定河流域文化的现代价值，即对政治经济与社会生活产生积极或消极的影响，在新形势下，为永定河的治理、规划、开发献计献策。

该会已形成稳定的、具有特色的研究课题，同时承担并完成了多项市级及其他科研项目，取得了一批高质量的研究成果，显示出可喜的发展潜力。

2006年，承担了北京市社科院"十一五"规划课题"门头沟古村落生态文化资源及其开发前景的研究"，组织了200多名调查员深入农村进行调查，整理调查报告，编辑出版《北京门头沟村落文化志》；门头沟文化委员会与北京市社科院历史所联合出版了《历史上的永定河与北京》专辑；北京学研究基地在近几年出版的研究文集收录有关永定河文化研究论文数十篇。2009年，北京市委、市政府领导对永定河的治理提出"探索生态修复新路子，建设更加良好的生态环境，实现更高水平的可持续发展"的指示，研究会与北京市水利规划设计研究院共同承担了"北京永定河生态走廊文化调查与规划研究"的任务，此项工作历时两年，内容全面，填补了河流生态修复在水文化方面的空白，具有创新性和实用性。永定河文化已成为北京城市建设与文化发展不可或缺的关键词。

2011—2014年以来，与北京市社科院合作，编写、出版了《永定河研究文集》，该文集包括古道古村落文化、民间民俗传统文化、永定河流域源头文化等19个选题，文集的编写过程是进一步调查的过程、梳理的过程，也是研究的过程，为永定河文化的研究提供了系统全面、翔实的资料。

永定河文化博物馆成立后的第一年，集中力量编辑的《（乾隆）永定河志》《（嘉庆）永定河志》《（光绪）永定河续志》正式出版。这三部清代官修的永定河专项志书，详细记录了截止到清末近200年永定河的治理档案、史实和研究成果，是研究永定河文化，发掘永定河资源，开发治理永定河和发展永定河沿岸社会经济重要的历史典籍。

四是构建立体式宣传平台。宣传是研究成果的扩大和延伸，也是永定河文化研究的应有之义。《永定河》是研究会主办的季刊，旨在为永定河文化研究、交流提供平台，也是宣传永定河文化的阵地和信息发布的平台。会刊及时发布专家学者以及研究会成员的研究成果，也会选登永定河流域其他地区的研究成果、文化信息。《永定河》的主要栏目有特邀专稿、大河春秋、学术争鸣、耕耘心得、文化线路、协同发展、博物收藏、工作动态等，面向北京市永定河文化研究专家、顾问、会员，以及北京市相关部门和门头沟各级政府部门发放，至今已发行五年，成为会内和业内不可缺少的一本好刊物。

2011—2013年，为了进一步弘扬永定河文化，扩大影响力，研究会与门头沟区文化委员会、区图书馆、区电视台、《京西时报》等联合举办"永定河文化访谈录"，市、区的专家学者从多角度、多层面，进行专题讲座，每周二讲，连续播出一年的时间，所播放的

永定河文化论坛专家与会员合影 / 永定河文化研究会提供

内容，《京西时报》全文转载，产生广泛的影响。同时，创办永定河文化网站，刊登关于永定河文化方面的图片和资料，扩大永定河文化品牌的知名度。据不完全统计，近年来在国家和市级各种报刊发表文章105篇，在市区进行永定河文化讲座160场。接待《北京日报》、北京电视台、中央电视台、中国教育电视台等市属以上主流媒体记者采访200余次，应邀到中央电视台、北京大专院校、中小学校宣讲永定河文化265场次。近年来积极协助北京电视台完成大型专题片《大西山》和《永定河》的拍摄，在人员和研究成果方面给予了鼎力支持。

2017年7月，北京市委召开第十二届二次全会，会议提出：全力推进大运河文化带、长城文化带、西山永定河文化带建设，强化"首都风范、古都风韵、时代风貌"的城市特色。"西山永定河文化带"概念从开始酝酿，到推进实施，正式写入新版北京城市"总体规划"之中，永定河文化研究会为此做出了积极努力。

北京永定河文化研究会在中国社会组织评估中被评为"5A"等级，还被评为"北京市社会组织系统先进集体"，市级"五星级"诚信社会组织、市级优秀社团组织。

## 三、那些人，那些事

北京永定河文化研究会，有顾问、专家、会员100多人。在这个团队中，有"30后""40后""50后""60后""70后""80后"，他们来自科研单位、机关、企业、院校、乡镇、街道，也有长期在文化部门工作的人员。这些看似不太相关的数字和短语，是北京永定河文化研究会成员的真实描写，其中不乏退休人员。这是一支讲究奉献的团队，当你走近他们，就会发现是一种使命感使他们聚集在一起。

一群土生土长的门头沟人是研究会的生力军。他们是潜心"挖"文化的人，怀着对家乡的一片挚爱之心，多年来努力工作，孜孜不倦，就像愚公移山一样。他们很多人没有专门从事过研究，但是他们不辞辛苦，上山下乡，掌握大量的一手信息，对本地的文物遗迹了如指掌；他们善于组织群众，扩大宣传，积极将研究成果与实地相结合，而不是束之高阁；他们将基础资料汇集起来，经过潜心研究，写出了具有专业水准的论文。长期以来，研究领域在人们的心里是神秘和神圣的，而大量的工作需要从基础做起，研究会凝聚的是一群努力工作的背影。研究会有一批老同志，充分发挥老同志的余热是研究会卓有成效开展工作的诀窍之一。这些老同志熟悉情况，能独当一面，有较高的思想水平和理论水平，成为研究专题的骨干和带头人。

门头沟人打动了科学家，来自科研战线的专家与本土专家，老一代与新一代，优势互补的学术群体正在迅速生成，随着工作的全面深入展开，学术研究更趋活跃。十余年来，原本较为个人化、零散的、浅层次的学术探讨和研究成为过去，学术上的整体性、系统性，不断深化得以体现，使整体研究水平上了一个台阶。

安全山，是北京永定河文化研究会副会长，大家公认的"古道专家"。他的老家是一个叫安家滩的山村，永定河水从村前流过。虽然离开了家乡，但他心中的永定河一直在涌动，在流淌，没有干涸。

在永定河两岸有许多历史遗留的古道，古道与永定河相依相随，若即若离，时而汇聚，时而分开，河有多长，路就有多远。安全山认为，永定河河谷是大自然赐予的天然通道，人工修筑的古道都是在这条天然通道的基础上发展起来的。著名的京西古道是北京西部永定河上游地区人类繁衍生息、经贸往来、宗教活动、军事活动的重要交通路线。

安全山对古道的研究是从走路开始的。为了获得一手资料，无冬历夏，利用工作之余徒步行走在山间、河畔。有些地方没有人家，他就自带水和干粮。他致力于古道研究20多年，也走了20多年。他在《北京日报》《北京青年报》《北京晚报》《北京文史资料》《人民政协报》发表多篇考察研究文章，在《永定河文化研究》发表论文数十篇。北京市社科院的同志评价说，安全山关于永定河的研究是走路走出来的，他的论文是用双脚写出来的。

2006年，安全山查出得了喉癌，住院进行了手术。面对突如其来的身体变故，他依旧没有停止自己的研究工作，行走不止，笔耕不辍。近年来，他有多篇文章发表在专业学术杂志上，《走西山》《京西古道》《京西商旅古道》《京西军旅古道》等多部书籍先后问世，字里行间凝结着他对文化事业的执着和热爱。

2012年4月，北京门头沟区启动门头沟国家步道系统规划工作，安全山作为地方专家团队的负责同志全力配合旅游部门开展实地勘察，并根据自己多年的研究成果提出建设性的意见。2013年4月，门头沟正式发布以京西古道群为主体，打造总长270千米的国家步道，以现存的京西古道遗迹为脉络，串联古道、古村、古镇、自然景区，形成覆盖全区的国家步道体系。这一体系由5条互相连通的步道构成，包括太行山国家步道、长城国家步道、永定河国家步道、妙峰山香道以及百花山—灵山步道。

永定河是一条自然风景线，也是一条文化风情线，古道辗转于河道两侧，从古村落到古城、从山间到田野，串联起一个个古村落、一道道古关隘，其中一些经典路段和景观，具有很强的震撼力和吸引力。过去的艰辛之旅可以成为健身之旅、休闲之旅、探古之旅。安全山希望通过永定河畔古道的研究，蹚出一条路来，为古道的应用前景做出努力，为发展休闲旅游事业做出贡献，使古道成为永定河畔的文化品牌，让更多的人能够体验古道的文化和魅力。安全山老师曾即兴作诗曰："幽燕古来多事，山河历尽沧桑；京西古道史悠长，碑铭史书有述。走涧翻山越岭，险隘要塞关城；戍守驮运进香忙，遗迹供今览胜。"

张云涛，是门头沟区住建委的一名基层干部，他的本职工作与永定河文化研究看似相距甚远。但是，在很多人的眼中，他是永定河文化研究的专家。

1987年，张云涛有机会借调参加《当代中国·北京卷·门头沟分册》的编写工作。在工作中，他接触到大量的历史信息，其中的碑刻引起了他的极大兴趣，当编写工作圆满完成以后，他仍沉浸其中兴奋不已。

在多年的考察和研究中，张云涛深切地感受到那些历史遗留的石刻是供研究、考证最难得的宝贵资料。往事如烟，岁月钩沉，每一通碑文的撰写者都是各个时代的见证者、亲历者，每一篇碑文都是对历史的一个注释。于是，他开始学习碑刻拓印技术，拓印了数百幅京西碑刻拓片，作为自己和他人的研究资料。

永定河流域的各类碑刻、墓志、摩崖、题记、题字等石刻文字存世量多，年代跨度大，种类丰富，是研究历代社会风俗、历史史实以及文化艺术的重要实物资料，具有极高的学术价值。张云涛采用最原始但却有效的方法，背着录音机、照相机、拓碑工具和材料，上山下乡进行实地调查和收集第一手资料。有些地方偏僻，交通不便，只能靠步行，最多的一天，他走了100多里路程。20多年来，他行走在永定河两岸的庙宇、村落、田间、山野，有历史遗迹的地方，就有他的身影，无论酷暑严寒，从没停止过。

张云涛每到一处，都尽可能地对每件碑刻进行实地勘察，拍照摄影、测量尺寸、现场拓碑和甄别文字。回到家里对采集的各种信息，及时进行整理，分门别类做好标记，进一步对年代问题、人物生平，或碑文中涉及的信息资料展开梳理和研究，在研究的基础上写出专业论文，充分展现学术价值和文献价值。

戒台寺位于永定河畔的马鞍山，是全国重点文物保护单位，其中历代碑刻就有80余块，其数量、规制、年代、种类和内容都是其他地方无法比拟的。张云涛被这样一座石刻文化的宝库深深震撼。他用了四年的时间进行梳理，撰写《北京戒台寺石刻》一书，其间翻阅了大量的书籍、史料，征求了诸多专家学者的意见，十几次修改书稿。2007年，张云涛倾心撰写的37万多字的《北京戒台寺石刻》，由北京燕山出版社出版。2010年，张云涛撰写的《潭柘寺碑记》一书出版。张云涛还在碑刻搜集、整理的基础上发表多篇论文，论文或收录于国际、国内学术论文集，或被主流媒体发表。他的69幅碑拓及楹联精品被国家图书馆收藏。永定河两岸的大量碑刻，内容丰富，其中的内容有记事碑、功德碑、四至碑、墓志铭、禁示碑、诗文碑等，碑刻信息还原了当时的历史情景，不仅对补史、正史极为重要，而且为永定河文化的研究提供了鲜活的，多元化、多层次的历史信息、社会信息、文化信息。

北京永定河文化研究会的张广林会长，是一位令人尊敬的文化长者。他在文化界辛勤耕耘了40个春秋，并为之付出了大量心血。2013年，张广林在门头沟文联主席的岗位上退休，担任了北京永定河文化研究会会长，从此他非但没闲下来，反而更加忙碌了。在张广林看

张广林会长工作照 / 北京永定河文化研究会提供

来，永定河的文化研究正处于临界状态，在领导的支持下，只要方向选准，方法对头，并付之努力，就一定会有所成就；永定河是北京的母亲河，作为北京目前研究永定河文化唯一的一个专门团队，责任重大，不能懈怠。

他说："自从担起北京永定河文化研究会这副担子，我就有了一种强烈的愿望，希望通过文化研究的蓬勃发展，让更多的人了解门头沟，了解永定河，并从现状中得到警示，自觉保护生态、保护自然、保护母亲河，这种愿望使我不由自主地全身心地投入到工作之中；永定河文化研究不应当是纯粹的学术研究，而是在研究的过程中，将挖掘、宣传、保护贯穿始终，呼唤全社会的关注，提升全社会的保护意识，切实开发好、利用好、保护好。"

他认为，永定河文化是促进经济建设与发展的"软实力"，希望永定河文化能成为经济发展的重要支撑，推动政府做顶层设计的工作。他在打造永定河绿色生态发

展；探索永定河文化产业路径；积极参与永定河沿线重要景点的规划论证；积极推进上下游联手开展永定河文化研究等方面向政府建言献策，参与产业谋划，关注整体发展，做出了积极贡献。

他对于文化事业的眷恋和热情，还体现在对研究人员的尊重和无私的支持上。他对每一位研究人员的研究课题都很关注，对每一篇论文都亲自过目，对出版的每一部书籍都亲自审核，甚至工作到深夜。他精心组织专家讲座和理论研讨，组织不同形式的考察活动，对研究会的工作计划、工作内容和工作安排及时通报给大家，从思想和行动上取得共识，提高了研究会的凝聚力和影响力。他还把个人藏书无偿提供给大家查阅。他说，他很愿意做河流中的一道迈石、一座桥梁，真诚为大家服务好。作为一个门头沟人，他对家乡的爱是真诚的；作为一个文化人，他对永定河文化事业的奉献是无私的。

老骥伏枥，志在千里。研究会中还有赵永高、刘德泉、袁树森、杨德林等一批老同志，他们是一群志同道合的伙伴，不计报酬，不辞辛苦，甘于奉献。无疑，研究工作是辛苦的、繁杂的，但是他们辛苦而又快乐着，他们的每一篇论文和每一项研究成果都是心血的付出，永定河文化的光彩闪烁着他们的文化自觉和自信。

## 四、渐入佳境，方兴未艾

对于像永定河这样一条河流来讲，用古老和悠久来形容她，显然远远不够。千万年来，永定河以及衍生的永定河文化，使其已经不是一般意义上的自然河流。大河两岸的一处处古迹地名如雷贯耳，一段段岁月更替让历史留痕，流动的水脉也是一条波澜壮阔的文脉，在历史的每个节点留下经典。永定河属于线性文化遗产，永定河文化所拥有的内容不仅仅是一地、一隅的地域文化。经历了漫长的历史塑造，流域文化自西北向东南，史前文化、三源文化、秦晋文化、燕赵文化、塞外文化、古都文化、京畿文化、津卫文化等，各种文化的交融，形成独具特色的文化内涵。永定河把山西、河北、北京、天津等几大文化中心连为一体，极大地促进了整个永定河流域的文化发展，也使永定河流域成为独具特色的文化带，人才荟萃，文风兴盛，珠辉玉映。永定河流域的许多地区都开展了积极的文化研究和专题研究。

永定河在石景山区内河段长约11.6千米，流域面积约80平方千米。自古以来，石景山地区人民的生活和生产与永定河息息相关，有关永定河的故事、传说源远流长，广为传播。这些故事和传说有神话传说、史事传说、人物传说、风物传说、神奇故事、生活故事等。这些故事传说，大都来源于民间，有的是神奇演绎，有的源于历史纪实，但是都与永定河有关，记述了人们对永定河的依赖，治理水患的憧憬，惩恶扬善和与大自然抗争的精神。如河挡挡河的传说、永定河铁牛的传说、卢沟河小白龙斩妖的传说、关老爷挥刀拦洪水的故事、于成龙为民诓驾的故事、王老汉栽种河堤柳的传说、冯将军严惩老兵痞的故事等。这些故事和传说生动形象，内容丰富，具有浓厚的地方色彩，是永定河两岸人民群众智慧的结晶，闪烁着信史的光芒，是永定河文化的组成部分。2008年，经石景山区文委搜集、整理，"永定河传说"被列入第二批国家级非物质文化遗产名录。

2007年，北京市社科院历史所出版《北京历史文化研究》——"永定河历史文化研究"专辑。也是在2007年，丰台区政协和石景山、门头沟、房山、大兴区政协共同发起了"首都西南区域经济发展论坛"，以永定河文化为纽带，每年研究经济社会发展问题，旨在加快推进这一区域发展，加快民生改善。至今，"首都西南区域经济发展论坛"已举办多届。每次论坛都会邀请区领导和学者进行主题演讲，并对专家进行论题专访，各区领导与专家共同探讨发展大计。内容涉及"城乡一体、统筹发展"的研究，西南区域生态建设研究，积极财政政策下的西南区域经济发展机遇研究；永定河环境综合治理、开发利用和永定河文化研究等问题。我们的母亲河把这五个区串联在一起。自2010年起，论坛特邀河北省涿州市和固安县一同参加，共同谋划。

在新时期京津冀经济圈发展不仅是经济概念也是文化概念，以永定河为载体的流域文化是客观存在的文化形态，从发源地到入海口，流经之地自古经济往来密切，同时文化的联系千丝万缕。

2003年2月，河北省泥河湾文化研究会成立，来自省内外文化、文物和地质界的专家、学者及有关方面人士200余人参加了大会。北京大学文博学院、中国科学院地质与地球物理研究所、中国科学院古脊椎动物与古人类研究所、山西省考古研究所及辽宁省文物考古研究所的著名专家学者出席了大会。被誉为"东方人类的故乡"的泥河湾在永定河上游，在泥河湾所在的阳原县建有泥河湾博物馆；"泥河湾"对于研究人类进化、探索中华民族起源、发展桑干河流域的现代经济文化，都具有重大历史意义和现实意义。

中国科学院古脊椎动物与古人类研究所原研究员卫奇，是国内早期从事泥河湾研究较为有影响的专家之一。他现在已是七十多岁的老人，退休后举家迁往河北省阳原县泥河湾小长梁遗址所在地——大田洼乡东谷坨村定居，仍然埋头泥河湾考古研究，他曾专程到北京永定河文化研究会并进行学术讲座。

在中华文明五千年的发展中，永定河流域文明起源文化具有独特性，在中华民族大融合的历史进程中具有开端地位。从1992年开始，涿鹿县就提出了"三祖文化"的命题，多年来历经史学名家的探究和学术研讨、论证。2010年11月，河北省"炎黄蚩三祖文化"研究会成立。

河北省张家口桑干河历史文化研究会经过筹办也已挂牌工作。在此之前，"桑洋文化"即永定河上游的桑干河、洋河两河的文化研究已经开展得有声有色。门头沟区与永定河上游的张家口市山水相连，其中一些景区与张家口市接壤。2013年7月，在国家"京津冀协同发展"的大背景下，门头沟区与张家口市召开座谈会，双方有关领导就共同合作事宜进行前期对接，其中合作项目主要包括：共同开发生态建设、旅游建设、基础设施建设、旅游通道建设、水利建设等。

**门张协同发展文化交流对接活动 / 永定河文化研究会提供**

2014年在京举办"门头沟张家口协同发展文化线路旅游产业"文化交流活动，张家口历史文化研究会、北京永定河文化研究会、社科院历史所以及京西古道文化创意工作室等相关单位的专家学者们从自己的领域出发，围绕"协同发展"这一主题研讨。大家以文化线路和生态旅游为切入点，商讨门头沟区与张家口地区协同发展的基础和思路，从社会科学文化的角度，为两地决策协同发展提供有价值的意见和建议。张家口市历史文化研究会的同志提出"一河一路"（永定河和京西古道）将张家口与门头沟紧紧串联在一起。

2014年10月，为进一步加强北京与张家口的文化合作，促进2022年冬奥会的申报工作，共同探索有密切联系的历史文化，实现京张地区的文化资源共同开发发展，门头沟区委领导率队到张家口市开展文化产业交流活动。由区文联、北京永定河文化研究会、京西古道文化创意工作室、北京京西古道文化发展协会、区政协文史委、区民俗协会等组成的交流团在张家口地区进行为期三天考察的基础上，又在门头沟举办了论坛，对"千古文明开涿鹿""中华文明从这里走来"两个品牌的运作模式和"三祖文化"与永定河文化共推共建工作进行了沟通洽谈。

2015年3月，张家口市京畿民间文化研究会、涿鹿县委宣传部与北京永定河文化研究会进行了文化对接、交流，并在永定河门头沟段进行学习考察。

2015年4月，在北京"中国古村镇保护与利用学术研讨会"上，安大钧会长倡议，由大同古城保护和修复研究会、张家口历史文化研究会、北京永定河文化研究会、北京市社科院历史所牵头成立"桑干河—永定河流域课题组（或研究会）"，得到了上述各单位的积极响应。大家达成共识，不拘泥于现在的行政区划研究问题，要在盘清各自文化家底的基础上，在古人类文化、丝路文化、都城文化、长城文化、宗教文化、古村镇文化等诸多领域展开协作研究，合力打造"桑干河—永定河文化走廊"。

永定河流域各地区还采取文艺创作和理论研究等多种形式相结合的文化联动，提升永定河文化意识，凸显永定河文化品牌。山西省作家协会诗歌专业委员会大同分会与朔州市怀仁县第十一中学联合创立诗刊《桑干河》，涿鹿县以弘扬桑干河文化为主题，以现代艺术创作为途径，举办"太阳照在桑干河上"全国诗歌大赛，《太阳照在桑干河上》——"三祖龙尊杯"武家沟镇首届全国摄影大赛；将奔腾不息的桑干河、灿烂辉煌的华夏文明和独具魅力的桑干河文化相融于现代诗歌和摄影作品之中，以提升桑干河文化的知名度和扩大桑干河文化的影响力。

《太阳照在桑干河上》，是已故作家丁玲在晋察冀参加土改运动后，以桑干河畔的涿鹿县温泉屯村土改为背景，写出的反映土改运动的长篇小说。小说反映的是当时社会重大现实题材，一经发表便引起社会上的强烈反响，许多人都是通过这本书而知道桑干河。为了缅怀丁玲，温泉屯村建立了丁玲纪念馆，著名作家魏巍题写了馆名。

自2007年始，门头沟"永定河文化节"，一年一度，通过文化表演、展览、专题论坛等多种形式，向人们介绍永定河，加深公众对永定河文化的了解和认识，增强人

中国永定河诗词大会颁奖晚会 / 北京永定河文化研究会提供

们的文化自信和保护意识。

2018年8月，北京电视台纪录片《永定河》热播，为北京城市文化追根溯源；为构筑京津冀一体化新格局助力；以科学的、生态的视角，引导公众认知、了解、保护

永定河，使"绿水青山就是金山银山"的发展理念进一步深入人心。

文化的地域性是历史自然形成的，文化的行政区划是人为因素的结果，永定河使两岸的人们携起手来，共同打造独具魅力的永定河文化品牌。

## 五、任重道远

永定河文化研究，对于探索中华文明的起源，对于从整体上认识永定河在中华文明史上的地位和作用，有着极为重要的意义。

永定河流域曾经发生过无数个影响中国历史进程的重大事件，这些事件包括思想的、文化的、军事的、生产生活的，如此丰富精彩的历史篇章是中华五千年文明的一个重要组成部分。

永定河文化光彩夺目、气韵悠长，具有强大的生命力，缘于她独特的气质和魅力，缘于她所具有的文明尺度、场域、体量、结构和功能。

永定河是北京的母亲河，北京建城3000多年，自1153年后成为中国的政治中心。永定河文化是北京的母体文化，忽略了永定河文化的存在，即是欠缺的北京文化。

永定河文化研究需要"跨界"，一水相连，地域相接，人缘相亲，作为线性文化遗产，涉及多个省市和地区，需要广泛的协调合作，需要科学的态度，也需要创新的精神。

必须把"永定河文化"放在永定河流域、北京小平原的大视域中，否则就会掩盖其历史的光芒。自然地理、人文地理是深入研究的根基，是永定河两岸长期历史形成的客观载体，永定河养育了华夏的祖先，是北京的母亲河，必然具有跨区域的文化辐射力和影响力。如果仅以局部的，或某一段河流的文明作为永定河文化，那么就会使研究工作大打折扣，就会使永定河文化研究失去系统性，就可能以偏概全，支离破碎。国家京津冀一体化经济发展战略，为整合流域文化资源和进一步深入研究永定河文化提供了平台和路径。

永定河文化是一个时空交织的多层次、多维度的文化复合体，水务、文物保护、考古，以及地质、城市规划、环保、民俗等多领域的专家学者已经介入永定河的研究并发挥了积极作用，永定河文化的研究正在向多学科相互交融、多领域相互支持、多地相互影响和交流的方向发展。在漫长的历史发展中，永定河流域给我们留下探索的广阔空间，新的遗存、遗迹以及重大考古发现接踵而来，需要我们对永定河文化的成就、特色和地位做出新的思考。

新时期，永定河的治理和管理面临新问题，北京实施"探索生态修复新路子，建设更加良好的生态环境，实现更高水平的可持续发展"的目标，无疑是永定河文化研究的现实课题。

2021 北京西山永定河文化高峰论坛会场／魏齐庚　摄

永定河文化的研究和宣传已然做了大量工作，得到永定河流域各个地区的文化认同，取得了一些成果，也得到政府部门的支持，以及社会上一些有识之士的积极参与。但是，与永定河流域在我国的地位、在北京的地位相比，还不够匹配，还有差距，还需要进一步的深耕。

# 第十六章
## 续写新时代母亲河的精彩

永定河，滋养了泱泱华夏文明，孕育了首都北京，她的浩荡激流见证了八百多年来王朝的更迭与新中国的诞生。永定河北京段长170千米，在新中国成立前灾害频发，沿岸人民的生产和生活不断受到威胁；新中国成立后，永定河得到有效治理，真正走向"永定"；转瞬，永定河已然走进新时代。

在新的历史时期，人民日益增长的美好生活需要和不平衡不充分的发展之间的矛盾，成为我国社会的主要矛盾，正确处理好生态环境保护和发展的关系，显得尤为重要。永定河的历史和现状足以说明，生态环境与人类生存和社会发展息息相关，生态环境的好坏，直接影响社会的发展和文明的兴衰。

在新的历史时期，永定河的历史文化价值历久弥新、更加凸显，面临新的矛盾和新的问题，两岸人民共同携手，为实现"流动的河、绿色的河、清洁的河、安全的河"而努力，为母亲河的明天续写精彩。

## 一、破解母亲河之忧

20世纪60年代以来，随着上游来水减少，水资源过度开发、地下水位下降、水质污染等问题突出，永定河流域有的地段开始出现干涸、断流。自80年代以后，永定河持续断流；尤其是近10年来，主要河段年均干涸121天，年均断流316天，致使永定河生态系统严重退化，可谓河在"囧"途。这些问题有自然因素的影响，也有人为因素的影响。

从2003年开始，虽然每年定期由上游的洋河、桑干河向下游的永定河北京段补水，但是已经难以满足已久的饥渴，永定河水量偏少，自净能力较差，部分河段仍然断流。水资源严重短缺、水环境严重污染、水生态严重受损，三者之间不是孤立的，而是相互联系、交互影响、彼此叠加。

河里没有了水，便没了往日的风光，母亲河没了水，失去了颜值，也失去了应有的尊严。在利益的驱使下，永定河断流之处，不仅是裸露着干涸的河道，而且面临生态环境的继续破坏。城市的不断发展，需要大量建材，河床的沙石被偷盗采挖，拉沙的车辆往来络绎不绝；有的地方把河床、河滩当作廉价的开发场所，建起名目繁多的工厂、游乐场、养殖场；有的在河边拦水建鱼塘；还有大片的农田开垦挤占河道；一些工业废物直接露天倾倒在河堤，河道内有大量垃圾和排入的污水。昔日清澈的水面不见了，本来宽阔平坦的河道不见了，留下的是令人扼腕的心痛，千疮百孔、面目全非。

**永定河断流时的情景／魏齐庚 摄**

永定河上游的官厅水库是新中国成立后修建的第一座大型水库，也是首都北京的重要水源地之一，中国第一个环保机构官厅水系水源保护领导小组就曾设在这里。在20世纪70年代初，官厅水库遭受污染后，国家投入专款对排污量大、污染重、毒性高的重点企业多次进行治理，治理后的官厅水库水质明显好转，库区有毒有害物质和重金属得到有效控制。

但是，成果没有得到很好的巩固和保持，在80年代中期，永定河水的污染和危害愈演愈烈。随着流域经济快速增长，永定河上游的桑干河、洋河周边地区，聚集了一批高污染行业。其中电力、煤炭、钢铁、建材、机械、化工、化肥、毛纺、造纸、酿酒、制药、制革等工业，排出大量工业废水，不仅污染程度高，而且污染种类多，是官厅水库的重要污染源。在永定河北京段，工业每年的耗水量已成为北京水资源的不可承受之重，而冶金、化工和电力等工业部门又在全市工业用水中占有较大比重。永定河流域的农业增长也比较迅速；同时，在官厅水库上游陆续修建了大大小小的水库数百座。

经济的快速增长，城市生产和建设规模不断扩大，随之而来的还有人口的快速增加，官厅水库上游的生活污水年排放量不断增加。工农业及生活用水超过水资源承载力，环境治理投资跟不上污染项目的快速增长，污染物排放超过环境容量，水库来水减少，地下水严重超采，湿地萎缩，河道干涸或断流，流域生态环境日益恶化。

我们或许不曾想到，我们却实实在在地看到，古老的永定河畔，一座座的城市高歌猛进之时，一组组的建筑拔地而起之时，我们付出了沉重的代价。粗放式发展，在创造经济效益的同时，牺牲的是环境效益，而生态被破坏的同时，往往失去的还有文明，永定河未能例外。

永定河是贯穿京津冀晋蒙的重要水源涵养区、生态屏障和生态廊道。永定河北京段地处京津冀交界，也是京津冀协同发展的生态大动脉，具有重要的防洪和生态功能，上述问题的存在，严重制约了区域经济社会的持续健康发展。

如何保护好、利用好我们的母亲河惠及子孙后代，不仅是老百姓关注的一个话题，也是摆在政府面前一个沉重的课题，北京市政府一直没有停止寻求解决的方案。

2009年，北京市委、市政府把永定河生态走廊与水岸经济带建设列上工作日程，先后出台了《永定河绿色生态走廊建设规划》和《永定河绿色生态发展带综合规划》。2010年，永定河绿色生态走廊建设正式拉开帷幕，其目标是明确的，投资的耗费也是巨大的，旨在通过整治这条河流，以恢复母亲河的生机，在永定河北京段自上而下形成溪流—湖泊—湿地相互连通的河流生态系统；建成综合生态自然景观、城市景观、田园景观的生态走廊；同时改善投资环境，发展两岸经济，构建绿色生态发展带。

然而，绕不过去的问题是水从哪儿来？由于缺水，永定河已经不可能恢复成数十年前水量充沛的自然河流。北京市的永定河治理工程所涉及的北京段170千米，水源不能依赖永定河天然水且造价昂贵。因此规划的实施从一开始，一方面寄托着人们的期盼，另一方面又有不绝于耳的质疑之声。

但是，人们知道这虽然不是最为理想的办法，却也是为了留住母亲河而开启的一种抢救模式。北京市在永定河中下游的处境显得比较尴尬，过去在河水丰沛之时，难免遭受洪水的威胁，而今在缺水的现实下，又不得不承受断流之痛。

2015年4月，中共中央政治局召开会议，审议通过《京津冀协同发展规划纲要》提出，要加强生态环境保护和治理，扩大区域生态空间，推进永定河等"六河五湖"

生态治理与修复。

2016年12月，国家发改委、水利部、国家林业局联合印发《永定河综合治理与生态修复总体方案》，《方案》提出将集中利用5~10年时间，逐步恢复永定河生态系统，将永定河打造为贯穿京津冀晋的绿色生态廊道。

2017年4月1日，《永定河综合治理与生态修复总体方案》正式启动，永定河综合治理与生态修复作为京津冀协同发展战略率先实现突破的着力点开始实施。按照部署，京津冀晋四省市还分别编制了各自具体的实施方案。

国家和地方政府具有强大的公共行政管理职能和政治影响力，这一系列重大举措的出台，意味着永定河治理进入国家和地方的顶层设计，是对永定河流域优势的再确认，对正确处理生态修复、环境保护与经济社会协调发展具有重要意义。这一系列重大举措的出台，也意味着流域管理的保护、统筹、协调得到进一步加强。

新时代，面临新挑战，国家和北京市关于永定河治理、保护、建设的规划，以及西山永定河文化带保护和利用的规划，意在破解困局。永定河生态、经济带的建设在京津冀的协同发展中必将有所突破和作为，每一步推进都鼓舞人心，催人奋进。

## 二、新理念开启新征程

建设生态文明是关系人民福祉、关乎民族未来的大计，是实现中国梦的重要内容。践行"绿水青山就是金山银山"的发展理念，已成为当代中国的发展共识，也彰显党和政府大力推进生态文明建设的鲜明态度和坚定决心。

永定河是线性资源，逐步实现"流动的河、绿色的河、清洁的河、安全的河"的治理目标，是一个艰苦的过程，是一个系列工程，需要加强跨地区、跨部门协作，牢固树立流域治理和区域发展"一盘棋"思想，也需要创新制度和打破常规，充分发挥市场机制作用，明确责任、依法治理，认真研究空间布局合作共赢，多管齐下、标本兼治。

（1）国家发展改革委、水利部、国家林业局制订印发了《永定河综合治理与生态修复总体方案》，并会同有关地方和单位共同成立永定河综合治理与生态修复部省协调领导小组，部署和实施了永定河综合治理与生态修复工作。国家牵头，京津冀晋四省市联动，积极协调永定河流域保护与利用部门之间、行政区域之间，以及不同利益主体之间各类矛盾，进行统一规划，平衡水资源、水生态、水环境等不同功能诉求之间的关系和多元利益冲突十分必要，是做好水系水源保护工作的有效组织形式。

**河北省河长信息公示牌 / 魏齐庚 摄**

永定河流域的京津冀晋四省市率先在永定河建立了河长制，各地区主要领导干部挂帅担纲"河长"职责。从上游的桑干河到下游的永定河，在河道边醒目位置有河长公示牌，河道名称，河道长度，河长职责，河长姓名、职务，以及联系、监督电话等信息一目了然。河长即责任人，河长制作为一种新的河湖管理机制，其核心是责任制。实践证明，"河长制"工作机制，有利于统筹协调全盘工作，做到既管水又管岸，"水岸"一体管理。为了实现流动的河、绿色的河、清洁的河、安全的河，"河长制"管理，一方面体现了当前确保永定河流域修复治理工作全面展开的责任担当，强化和落实领导责任；另一方面是实现长效管理的有效保证。随着河长制的全面建立，沿线水环境实行全面监测，永定河管理保护进入新阶段。

在永定河下游的一些河段，多年来干涸断流成为无水河段，在河道和滩地上，一度积累了大量建筑垃圾。河长制的实施，"撬动"了在这里沉睡多年的陈年垃圾。2018年年底，在市河长办、房山区政府和相关单位的共同努力下，配合水务部门"清河行动"和"清四乱"的开展，清理垃圾堆体的专项行动启动，陈年垃圾得到彻底清理，消除了生态安全隐患和防汛安全隐患。

（2）永定河的治理与生态修复，是一个大动作、大行动，要让这样一条大河恢复生机、实现清水长流，需要大思维谋划、新理念推进。而大动作、大行动也需要大的投入，这无疑是对融资能力的严峻考验，不仅需要政府的推动，还需要加快健全永

续写新时代母亲河的精彩 第十六章

永定河流域投资有限公司领导向水利部领导介绍
生态治理情况 / 永定河流域投资有限公司提供

定河流域投资公司运作机制,创新融资模式。

2018年6月,京津冀晋四省市人民政府联合战略投资方中交集团共同出资组建永定河流域投资有限公司。

2018年12月,水利部海河水利委员会和京津冀晋四省市水利(水务)厅(局)及永定河流域投资有限公司六方共同签署了《永定河生态用水保障合作协议》,永定河流域水量统一调度更加规范化,各方面工作顺利推进,永定河生态文明建设进入了快车道。

2019年11月,在首届永定河论坛上,投融资分论坛以"创新融资模式、助力流域发展"为主题,围绕"投资一体化带动流域治理一体化"模式,探讨建立政府、企业、社会多元化投入机制,健全政府和社会资本合作机制,拓宽投融资渠道,以实现流域治理的可持续的绿色发展之路。永定河治理的新模式不断在实践中取得共识,流域上下游协同治理、互利共赢的新格局也在探索中进一步形成。

(3)根据现阶段永定河存在的水资源超载严重、污染严重、生态空间不足且功

411

能退化、部分河段防洪能力不足、区域协同管理能力不足等五大问题，坚持多管齐下，标本兼治。

逐步将永定河恢复为"流动的河、绿色的河、清洁的河、安全的河"，构建绿色生态河流廊道，逐步解决永定河生态环境透支问题，首先是补齐生态环境的短板，恢复永定河生机，确保实现"流动的河"目标。

北京市将"节流"作为重要措施，强化本地节水，协调上游地区实施区域用水结构调整，压减河道沿线地下水开采规模，通过"节流"以增加永定河生态用水；同时通过建设小红门等一批再生水利用工程，实现本地水循环利用，永定河平原段水源保障及净化工程等一批流域治理重点项目如期开工建设。

上述措施虽然可以起到改善作用，但不足以让永定河流动起来，协调上游省市适时加大下泄水量，增加域外省市对永定河生态用水补充，回补地下水，加快全流域生态恢复势在必行。这需要北京市与山西省、河北省紧密协作，协同联动。2018年，永定河上游山西、河北向北京集中输水1.2亿立方米；2019年，山西省的万家寨引黄工程开始向永定河补水，加上上游的册田水库和河北省友谊水库的来水，官厅水库最高蓄水量创近20年新高。

2019年的生态补水分春秋两个时段实施，阳春三月开始春季补水，首次引黄河水进京，实现黄河与永定河的历史性"牵手"。引水从山西万家寨引黄工程北干线的一号隧洞引出，经支流七里河注入桑干河，流向官厅水库，并下泄至永定河。秋季补水工作于9月开始至年底完成，全年调水量达3.29亿立方米。在补水期间，上游地区加强值班，开闸放水，确保补水工作的顺利实施。

补入永定河的黄河水水质较好，水量充沛，有利于山西桑干河生态的修复，也有利于桑干河下游永定河生态的修复，对解除永定河流域的干涸缺水状况，打造绿色生态河流廊道发挥重要的支撑作用。经过补水"充值"，永定河北京段沿线河流生态流量增加，环境得到明显改善，一些河段水量丰沛，河面变宽，以往岸边的树木和灌木置于河道之中；而一些断流的河段，也迎来久违的河水。北京境内有水河道较上年同期增加了40千米，水面的面积增加了300公顷。

## 续写新时代母亲河的精彩 第十六章

永定河获得新生，两岸人民的生活也在变化，这种变化蕴藏着一种绿色发展的力量，让人们感受到一种生态自然的美好和幸福。

在永定河门头沟段的一座小山村陈家庄，有一处干涸多年的泉眼，居然涌出汩汩泉水，再现往日泉水趵突的喜人景象；门头沟区军庄镇河段，是永定河的"出山口"，经过连续的生态补水，100多米宽的河道碧波荡漾，河畔群山倒映在河面，岸边花草繁盛，绿树成荫，林间有新修的人行步道幽静而惬意；在石景山下的永定河段，人们再见浪花奔流。

2020年的春季补水，使永定河北京段"满血复活"，5月12日奔涌的水头非常强势，漫过北京与河北交界处，沿岸大堤站满了前来看水的人们，有孩子，也有拄着拐杖的老人；有沿河村庄的老乡，也有驱车而来的城区市民，大堤上停满各式车辆。在大兴的北臧村河段，河滩里的树木已经浸泡在水里，而北章客村河段的河水临近对面河堤，人们成群结伙兴致勃勃地穿过河滩走近河水。20多年了，很多在河边出生的孩子从幼儿到成年第一次看到村边的河水流过，那

2020年永定河春季补水北臧村 / 魏齐庚 摄

2020年永定河春季补水北章客村 / 魏齐庚 摄

种兴奋一语难表，而那些经历过河水涨落的老人也难掩激动的心情，河边观水的人们，认识的或不认识的，聚在一起议论着水从哪儿来，水到哪儿去，预测着有了水将会给当地带来的变化。

黄河水助力永定河，每一滴水都来之不易，每一滴水都值得珍惜。当永定河流动起来，染绿两岸，恢复往日的生机之时，人们看到了各级有关部门的有效组织和永定河上游人民的鼎力支持。

永定河从山西的管涔山到天津的入海口，虽然流域内的上中下游在资源、环境、交通、产业基础等诸多方面存在差异，但在发展的过程中、在生态的保护问题上是命运的共同体，水、土相连，息息相关。实现流动的河需要上下联动，实现绿色的河、清洁的河、安全的河，依然需要联动，一个也不能少，甚至需要"壮士断臂"的决绝勇气。

永定河流域的治理与生态修复工程，作为跨省级行政区域的流域综合治理项目，涵盖农业节水、河道修复、水污染治理、水源涵养等78项工程，总投资370亿元，预计到2020年实现永定河全线恢复通水，2025年基本建成永定河的绿色生态河流廊道。绿色生态河流廊道，是依河而建的带状廊道，其结构与功能，主要由植被、水体等生态性结构要素构成，具有水资源保护与管理、生物及其栖息地保护等功能，以及多种社会文化功能及其他经济功能。

永定河支流妫水河 / 魏齐庚 摄

解决河水污染，不仅仅是补水这么简单，河水水质差，根源在岸上。按照国家《永定河综合治理与生态修复总体方案》，北京市对任务进行了细化，制订了《北京市永定河综合治理与生态修复实施方案》，明确永定河治理是首都生态环境建设的一号工程，确定了河道综合整治、水源涵养、河道防护林等5大类46项重点工程，总投资估算256亿元，其中纳入总体方案的有195亿元。延庆区妫水河世博园段水生态治理工程、房山区永定河河岸景观林提升工程等工程陆续完成；以综合调水为契机，沿线各区、各级河长坚决贯彻落实市总河长1号令，全面开展"清河行动"，永定河沿线清理围垦养殖4万平方米，清理垃圾6.4万立方米，拆除违建47万平方米，解决污水直排107处。

其实，早在多年以前，聚集在永定河畔的工业群就开始寻求转型的路径。首钢的高炉熄灭了炉火，石景山热电厂燃煤机组正式关停，门头沟地区的煤窑陆续封闭。这里的每一座工厂、矿山，都记录着曾经的辉煌，为了首都的碧水蓝天，退出的脚步有些悲壮却从容有序。

门头沟大部分地区处在永定河山峡段，对于重点流域生态修复工程重点落实；同时按照"生态修复、生态治理、生态保护"三道防线建设思路，采取"养山保水、进村治水、入川护水"综合治理措施，推动山区清洁小流域治理，促进水生态环境的优质发展。

桑干河生态补水项目是国家实施永定河生态修复规划的重要环节，朔州是桑干河生态补水的第一站。2017年6月，山西省率先启动桑干河生态补水。桑干河在朔州市流域面积为7571平方千米，为了保证输水工作的顺利推进，开展了水污染防治百日会战，全面实施清河行

朔州引黄北干线一号隧洞出水口 / 魏齐庚 摄

动，围绕"禁直排、清淤污、拆违建、关企业、停项目、迁村户"等内容，开展了以"整治入河排污口、河道清淤清垃圾、拆除河道违法建筑、生活污水提标达标、工业企业达标提升、绿化沿河岸线、严厉打击违法排污"七项攻坚战为主的桑干河清河行动，并同步对沿河各县区的出入境断面进行监测。为了保证河道清洁和有效输水，采

用"格网石笼+复合土工膜"的复合结构对主槽进行全断面防渗和防冲处理。在山西万家寨引黄工程北干线的一号隧洞输水口旁，竖立有桑干河朔州段流域示意图和朔州市桑干河清河行动工作简介，上面写有"浚河、控污、固堤、绿岸、增水、兴业"的工作目标十分醒目，清河行动抓源头，并从河道治理扩展到全流域治理。朔州市提出的目标是"一年治标、两年治本、三年创优，清水进北京，确保水安全"。

永定河的治理与修复，是一项庞杂的巨大工程，在探索和创新中前行，在困境中孕育生机，在阵痛中酝酿着蝶变。

应该看到，实现流动的河、清洁的河、安全的河、绿色的河，也是一个环保概念，在综合治理与修复的同时，强化永定河水资源和生态环境刚性约束机制，对于重点区域、重要河段进行重点监测和管控；积极推进流域强化综合执法；加强生态环境保护和修复的相关监测、管控、评估与综合监督，以保护已经取得的成果显得非常必要。

（4）湿地建设在永定河综合治理与生态修复中有重要担当。湿地是珍贵的自然资源，也是重要的生态系统，具有不可替代的综合功能，被称为"地球之肾"。永定河湿地的建设，对河流与沼泽湿地起到良好的抢救性恢复作用；可以营造与改善城市居民生活环境；保护湿地中的丰富物种和改善野生水鸟栖息空间；同时有强大的生态净化作用，为下游提供相对清洁的水源等。

官厅水库、首钢、北京新机场临空经济区周边，是永定河流域生态建设的三处重点，总体规划建设五大湿地。到2025年，永定河流域预计新增湿地水面可达8万亩。

官厅水库八号桥水质净化湿地工程是2017年首个启动的永定河综合治理与生态修复的湿地项目，在永定河汇入官厅水库的入口处约4千米，西至大秦铁路，东至八号桥水文站，沿河道延伸约3.5千米、宽约700米，总面积211公顷。湿地充分利用河道及滩地，是集森林湿地、溪流湿地、生物塘湿地、单元湿地于一体的大型生态涵养区。2019年10月，湿地主体工程已经完工开设试运行。八号桥湿地通过乔木、灌木、水生植物及沸石等净化永定河来水，对官厅水库水环境的大幅改善起到重要作用，已初见成效。

围绕官厅水库，还有多个湿地建设项目，包括妫水河湿地群、库滨带湿地、黑土洼湿地扩建工程等。

黑土洼湿地于2004年建成,已经运行10余年,是永定河入官厅水库的第一道生态屏障。上游来水先行引入湿地,经过沉沙区、浮水植物区、厌氧净化区,水质得以净化,再进入官厅水库,有效削减了入库污染物,对官厅水库入库水质的净化起到了重要作用。黑土洼湿地与新建的八号桥湿地协同运行,将共同净化上游来水,保障官厅水库水质。

2019年4月,中国北京世界园艺博览会开园,世园会的主题是"绿色生活 美丽家园",倡导以园艺为媒介,人们尊重自然、保护自然、融入自然,牢固树立绿色、低碳、环保的生产生活理念。园区汇聚100余个国家和国际组织等官方参展者,展出千余种花卉,成为中国递向世界的一张绿色名片。支撑这一盛会的核心资源,是由妫水河—官厅湖组成的生态走廊。官厅水库周边,八号桥、妫水河入河口两大湿地,还成为冬奥会周边的重要景观节点。

官厅山峡的王平湿地生态修复示范工程是永定河北京门头沟段湿地自然保护区的核心区之一;位于门头沟区王平镇,西起王平沟口,东至南涧沟口。王平地区曾是煤炭生产基地,以前这里的河道生态环境污染,存在水脏、水少、河床渗漏等问题,经

官厅国家湿地公园 / 魏齐庚 摄

过湿地生态修复工程建设和多项措施，将矿井废水、中水和雨洪作为水源得到很好的利用，形成湿地有30种20万株水生植物共存，河畔有滨水步道、河中小岛高低错落的湿地景观。

在永定河左岸的石景山段南大荒湿地，与永定河现状"五湖一线"中的莲石湖、园博湖相邻，相得益彰。南大荒湿地采用人工湿地技术，建设总面积30公顷，建成后每天可净化河水6万立方米。除日常净水功能之外，南大荒湿地与永定河休闲森林公园融为一体，以既有的林地、湿地水生植物景观为基底，增加亲水配置，营造多功能滨水空间、人水和谐的休闲园，免费向市民开放。

在丰台、大兴两区交界处，还将利用地铁房山线南侧的永定河左岸滩地开辟长兴湿地，形成总面积40公顷的林水相融滩地景观。长兴湿地的主要作用是净化小红门的再生水。

根据北京市的规划，在永定河下游的北京新机场南侧，也有大型滞洪湿地的建设。这片湿地位于永兴河两岸，京九铁路以东、新机场南部联络线以西，共分为3个区域，总占地规模约242公顷，滞洪量约为620万立方米。该湿地建成后，不仅可以成为市民的亲水空间，还能为机场隔音、降尘、减噪。

怀来官厅水库国家湿地公园项目以洋河、桑干河汇合后的永定河河漫滩以及官厅水库海拔479米以下的土地为主体，规划总面积为1.3万公顷，属于复合型湿地。湿地建成后可有效改善和提高永定河流域的生物多样性水平，起到涵养水源、保持水土、净化水质的作用。为提升官厅水库流域建设保护效果，怀来县还实施了京冀生态水源保护林工程、生态防护林工程、绿色奥运廊道绿化等一批生态工程，在水库周边的农村启动污水治理工程，与湿地公园项目共同形成官厅水库全流域生态综合治理体系。该项目对改善区域湿地生态环境，改变当地农耕种植为主的生产方式发挥重要作用。

永定河上游的大同桑干河国家湿地公园，以桑干河为中心向两边辐射，湿地面积3933.14公顷，包括河流湿地、沼泽湿地和人工湿地三大湿地类；永久性河流湿地、洪泛平原湿地、草本沼泽湿地、灌丛沼泽湿地、库塘湿地、输水河湿地共六个湿地型。

永定河上游的山阴县桑干河湿地，是永定河上游生态建设的又一个重点工程，湿地面积4000余亩，通过拓宽河道和清淤，一改当地农民挤占河道种地的现象，扩大了水面，保障了河道正常的输水和泄洪。

大同桑干河国家湿地公园 / 魏齐庚 摄

天津市武清区永定河故道国家湿地公园地处永定河下游，整个公园面积249公顷，东起龙凤河与运河交汇闸，南至永定河南麻扬水站处，西至永定河与永定新河交汇处，北至东洲扬水站闸，地域范围主要包括龙凤河故道、永定河故道及其两岸人工湿地，集湿地保护、生态修复、文化展示、科普宣教、休闲观光于一体。

天津武清永定河故道国家湿地公园 / 魏齐庚 摄

随着永定河治理与修复工作的不断落实，这条润泽内蒙古、山西、河北、北京和天津等五省区市的古老河流焕发生机，生态优势再现，开始为当地的经济发展注入强劲的动力。

## 三、聚焦永定河的变化与未来

岁月不居，时节如流，国家实施永定河综合治理与生态修复总体方案进入到2020年，槐花飘香的五月，永定河北京段25年来首次实现170千米全线通水，永定河正在迎来新图景。

未来的永定河会变成什么样？和谐共生的画卷是人们共同的憧憬，流动的河、绿色的河、清洁的河、安全的河，是人们共同努力的目标。

一方面，发挥永定河的空间载体功能，高标准定位，注重生态保护修复和沿线环境建设，建立节约型、环保型、可持续发展的经济发展与经济增长模式，构建一条生态绿色发展和创新资源集聚带，是新时期赋予的社会责任；另一方面，在永定河文化带建设的背景下，需立足于更好地推动流域生态经济区建设，精心梳理沿线地区历史文脉，发挥文化引领发展的作用，复兴永定河文化资源，对接京津冀经济带建设整体布局，打造具有永定河独特文化气质的经济带，推进国际化创新型人文城市建设。

### 1. 告别"厚重"，拥抱新时代

告别是为了新的出发。

永定河两岸分布有北京市重要的工业基地，钢铁冶炼、机械制造、电力工业、煤炭和石灰开采，是依托能源资源的产业结构，高耗水、重污染。永定河缺水，一方面是水资源利用产生污染物负荷量加大，另一方面用水导致河流纳污能力降低，使得水环境的损坏状况加剧，流域环境承载能力与工业布局不相匹配。对那些造成永定河流域生态环境影响和破坏的产业或生产模式，应该严格控制、关闭、摒弃。

首钢是永定河畔的特大型企业，为北京的发展做出了巨大的贡献。如今，规模庞大的钢铁工业老厂区，既是一笔宝贵而丰厚的遗产，也是考验着首钢转型的一道难题。2010年岁末，有着91年历史的首钢熄灭了在北京的炉火，为了首都蓝天，也为了母亲河的绿水。与此同时，远在渤海之滨的曹妃甸厂区，一座5500立方米的高炉开始拔地而起。

首钢所在的"十里钢城"紧临永定河左岸，在西山永定河文化带建设中举足轻重，是北京现存规模最大的工业文化遗产，在搬迁调整和转型升级中，首钢充分保护、利用老工业区，大力推进文化复兴、生态复兴、产业复

首钢园区 / 魏齐庚　摄

兴和活力复兴，采取"工业文明博物馆+工业历史遗址园"的模式，推进首钢工业遗址公园建设，加快北京老工业区崛起，努力打造新时代首都城市复兴新地标。

首钢厂的东门是一座仿古建筑，被视为首钢的标志，如今原拆原建移至长安街西延长线的北侧，得以保留；首钢厂区内的高炉经过改造显示出历史感与现代感的融合；利用现状架空工业管廊及通廊系统改造而成的空中步道，为目前世界最长的空中走廊；冬奥组委办公区是由西十筒仓区改造而成，经过精心设计和施工已经于2016年5月入驻；由首钢三高炉空压站、返焦返矿仓、低压配电室等工业建筑组成的工舍精品酒店已经对外开放；园区内山体及古建筑群修葺一新；改造高炉等工业遗存建设成博物馆；诸如此类，不胜枚举。与此同时，冬奥会跳台滑雪项目使用首钢滑雪大跳台，冬奥会国家队训练使用国家体育总局冬季运动训练中心，短道速滑、花样滑冰、冰壶、冰球四个项目的冬奥训练场馆和配套公寓，已全部投入使用。

首钢园区规划依托西山永定河历史文化，将近代工业遗存再利用与历史文化带建设相结合，打造科技文化融合典范，打造服务国际交往的文化传播高地，成为具有全球示范意义的老工业区转型升级的中国样板，纳入国家首批城区老工业区改造试点、国家服务业综合改革试点区、国家可持续发展实验区、中关村国家自主创新示范区、国家级智慧城市试点；以崭新的面貌，跻身于国际先进水平，获得英国皇家规划学会

北京冬奥会大跳台 / 魏齐庚 摄

"2017国际卓越规划奖",获得国际绿色建筑大会"2017年绿色建筑先锋大奖"。

如今漫步首钢老厂区,曾经的"钢铁巨人"变身为空气清新怡人的高端绿色生态园区,在传统工业的厚重外衣下,是新时期愈加强烈的脉动,焕发出勃勃生机。随着首钢园区基础设施承载力和环境品质不断提升,高端要素和创新要素不断加入和积蓄,首钢园区必将再现辉煌。

京能石景山热电厂是首钢园区的老邻居,这是一家大型发电供热企业、百年老厂,北京最早的公用发电厂,为首都电力的发展做出了重要贡献。为全面落实北京市压减燃煤和加快清洁能源建设工作部署,2015年3月19日,4台22万千瓦燃煤机组全部正式关停。石景山热电厂燃煤机组关停后,其供电供热负荷由新建的西北燃气热电中心京西燃气热电项目替代。

随着我国逐步向高效、清洁、减排方向发展,电力行业结构发生深刻变革,发电领域对提高环境质量,有着义不容辞的责任。石景山热电厂转型升级后,原有的电力工业风貌，包括燃煤机组、转子发动机等部分工业设备将予以保留，打造以"文创""科技""综合能源服务"为主题的产业园区，并服务保障北京2022年冬奥会。按照规划，园区还将建设一座博物馆，展示建厂历程和北京电力发展历史。百年老厂将与西山永定河等自然景观一起，呈现自然山水与工业遗存相互融合、交相辉映的独特魅力。

二七厂科创城一隅/魏齐庚 摄

2014年7月23日，永定河畔的另一大型燃煤热电厂大唐国际高井热电厂的6台燃煤机组正式关停。在燃煤机组关停的按钮被郑重按下的那一刻，标志着该厂在其发展历史上即将翻开崭新的一页。高井热电厂新建成3台具有国际领先水平的35万千瓦级燃气—蒸汽联合循环热电联产机组，实现清洁高效能源的替代与提升，为首都改善大气质量和优化生态环境做出新贡献。

西南五环外的北京二七机车有限公司是中国铁路货运车辆及特种铁路车辆制造基地之一，是永定河畔又一个有着厚重历史的大型企业，人们更习惯称之为"二七厂"。这个已经走过100多年历程的老厂也在悄然发生着变化。2018年3月，工厂已经全面停产，重新闪亮登场的是保留着工业元素的科创园区——"27-PARK，二七厂1897科创城"的新名片。二七厂的旧厂房经过一年多的改造焕然一新，旧厂房打造成适合高科技创新、文化创意、生态休闲以及相关配套产业入驻的新空间。

2020年5月，二七厂国家冰雪运动训练科研基地西区一期整体完工，速滑馆、轮滑馆和运动员公寓投入使用。

门头沟以矿产资源丰富著称，曾是北京重要供煤地区和生产石灰的地区，一黑（煤炭）、一白（石灰）是其主要的经济支柱。门头沟区位于北京市西部的永定河两岸，以山地面积为主，从辽代开始已有上千年的采煤史。按照门头沟区转型发展的目标，从2005年开始，陆续关停了区属全部200多家乡镇煤矿。2019年年底，随着门头沟区最后一家国有煤矿大台矿的关停，门头沟区煤炭开采业告别历史舞台。除了煤矿，门头沟区域内还关闭了数百家大大小小的非煤矿山、灰窑和沙石厂。

在门头沟有一条黑水河，从采煤矿区流入永定河，夏日的雨水混合着煤矿井下抽出的地下水，黑浪翻涌。煤矿关闭以后，经过治理和修整，昔日的黑水河碧波荡漾，河上的汉白玉石桥造型各异，河边有休闲的小路，成为街道居民休闲小憩的地方，也成为城市建设中的一个亮点。

经济转型牵扯的不仅是经济问题，还需要勇气和决心。关闭了煤窑、灰窑和沙石厂，农村富余劳动力给本地经济发展带来的压力是巨大的，在全面退出资源开采业的同时，门头沟确立了都市型现代农业、旅游休闲产业、高新技术产业、文化创意产业、生产性服务业等五大产业发展方向，并针对农民的特点，开办果树栽培、禽类饲养、旅游服务、电脑技能等技术培训班，使农民通过充电获得新的知识走上致富新路。

我们欣喜地看到，经过多年来永定河综合治理工作的推进，永定河沿线生态环保趋势向好，新业态、新产品不断出现；永定河两岸变美了，变得更加富有活力，变得更加时尚；在这个前提下，永定河流域经济也将不断"引爆"。

## 2. 精心规划，绘制新蓝图

根据国家发改委、水利部、国家林业局联合印发的《永定河综合治理与生态修复总体方案》，在空间布局上，将永定河划分为水源涵养区、平原城市段、平原郊野段、滨海段4个区段，将通过采取水资源节约与生态用水配置、河道综合整治与修复、水源涵养与生态建设、水环境治理与保护、水资源监控体系建设、流域综合管理机制等6项主要措施，集中利用5~10年时间，逐步恢复永定河生态系统，将永定河打造为贯穿京津冀晋的绿色生态廊道。

《永定河综合治理与生态修复总体方案》明确提出，到2020年，永定河河流生态水量得到基本保障，河流水环境状况明显好转，生态功能得到有效提升，防洪薄弱环节得到治理，跨区域协同体制机制基本建立，初步形成永定河绿色生态河流廊道。到

2025年，永定河将初步恢复自然河流功能，成为一条"流动的河、绿色的河、清洁的河、安全的河"。

根据《北京市永定河综合治理与生态修复实施方案》，北京市将以官厅水库周边、首钢周边、北京新机场临空经济区周边作为重点"林水共治"，在永定河北京段形成官厅水资源保护区、山峡水源涵养区和平原生态休闲区。在永定河流经沿线编织绿网，推进水源涵养林和绿色景观带建设，不仅有多处湖泊、滨河公园和诸多湿地相伴，也有大面积的滨河森林，大幅改善沿线的人居环境。

以往的经验和教训告诉我们，城市化进程的发展需要以生态保护为前提，综合考虑社会、经济、环境发展各个方面的因素，合理布局，使城市的各个发展要素在未来的发展过程中相互协调。良好的城市规划，是一定时期内城市发展的蓝图，对保证城市的有序发展，促进城市经济建设十分重要。

2017年9月，中共中央、国务院批复同意《北京城市总体规划（2016—2035年）》。"总体规划"以资源环境为硬约束，确定了人口总量上限、生态控制线、城市开发边界"三条红线"，第一次提出，聚焦科学配置资源要素，优化调整生产、生活、生态空间结构。

"总体规划"中提出，加强三条文化带整体保护和利用，三个文化带即大运河文化带、长城文化带、西山永定河文化带。西山永定河文化带建设，"依托三山五园地区、八大处地区、永定河沿岸、大房山地区等历史文化资源密集地区，加强琉璃河等大遗址保护，修复永定河生态功能，恢复重要文化景观，整理商道、香道、铁路等历史古道，形成文化线路"。

根据北京城市"总体规划"，各个分区规划对永定河文化保护传承利用做出了安排，努力发挥永定河文化带对城市功能空间的组织和优化作用，构建"永定河文化带发展格局"。

门头沟区是永定河流经最长的地区，在未来规划中提出，坚持减量提质，促进集约发展；坚持生态优先，坚守绿水青山。统筹山水林田湖草各类生态要素，大幅提高生态规模与质量，进一步加强水资源管理，加强永定河、清水河等主要河道及小流域生态化综合治理，加强浅山区生态修复和违法违规占地建房治理，实现生产空间集约高效、生活空间宜居适度、生态空间山清水秀。通过构建门头沟区生态安全空间格局、多尺度生态控制体系及生态基础设施系统，推动区域生态协同治理。门头沟还提出，加强城市设计和城市风貌引导，控制山前地区、滨水地区建筑高度，创造舒适宜人的公共空间，全面提升城市空间品质。建设城景合一、处处是景的精品山水城市；以西山永定河文化带和长城文化带为统领，发扬门头沟区深厚的历史文化传统，提升京西古道、古村落品牌的整体品质，构建多维度、立体化、网络化的整体历史文化保护格局。

至今，门头沟地区有保存相对完好的古村落群，这些村庄，物质与非物质文化两类遗产互相融合，互相依存，各具特色。根据自然禀赋，不断融合多种业态，推进乡村现代化，是永定河文化带建设的应有之义。门头沟在尊重永定河沿线原住民的生活形态和山水环境，乡村建设因地施策，尽量保留乡土建筑，活化历史文化资源形成地方特色方面做出了积极探索。

当前，城市建设快速发展，一些历史文化厚重和农业特色的村庄成为值得珍惜的宝贵资源。如果能尽量保持原有田园风光和特色乡村形态，让人们依然可以领略农田耕作的生态景致和鸡犬相闻的休闲生活将多么难得。

石景山地处永定河出山口和北京西长安街延长线，是西山永定河文化带的重要节点。这里不仅有丰富的文物古迹、永定河水利遗址资源，以及近代工业遗址，同时有着悠久的历史文化和永定河文化。按照北京城市总体规划赋予石景山区国家级产业转型发展示范区、绿色低碳的首都西部综合服务区、山水文化融合的生态宜居示范区的功能定位，石景山立足资源禀赋优势，确立了建设创新引领、生态宜居、区域协同、多元文化交融、山水城市相融、产城发展共融、具有国际魅力的首都城市西大门的发展目标。石景山区将依托辖区内丰富的自然和文化资源，构建类型多样、特色鲜明、文化深厚的文化展示集群，把文物古迹修复保护和生态修复建设相结合，将这里打造成为西山永定河文化带的综合性地标。

丰台区境内拥有丰富的历史文化资源和旅游资源，有金中都城垣遗址、卢沟桥、

门头沟斋堂水库 / 魏齐庚 摄

宛平城、长辛店二七机车厂、大葆台西汉墓博物馆等遗迹；有北京园博园、北宫国家森林公园、莲花池公园、世界公园、中国人民抗日战争纪念馆等，著名的卢沟晓月是"燕京八景"之一。位于永定河丰台段的园博园，东临永定河新右堤，于2013年5月开园。依托永定河丰富的生态环境资源和历史文化积淀，融古今园林之智慧，集中外园林之精华，成为永定河绿色生态发展带上又一颗璀璨明珠。

丰台区在未来规划中提出：坚持生态优先发展战略，以南中轴、南苑森林湿地公园、永定河文化带和生态融合发展带统领城市生态格局，将山水林田湖草作为生命共同体进行系统保护，大幅度提高生态空间规模与质量。推动生活方式和消费模式的绿色转型，实现人与自然和谐共生。

永定河在丰台段以南中轴和永定河文化带统领文化空间结构，构建莲花池—金中都、南中轴—南苑、卢沟桥—宛平城—长辛店三大文化板块。

莲花池—金中都文化板块结合莲花池、凉水河等历史水系，建设金中都遗址公园及金中都博物馆、户外文化交流空间等公共文化场所，带动历史遗存与丽泽金融商务区的融合发展。

南中轴—南苑文化板块深入挖掘南中轴—南苑辽、金、元、明、清皇家苑囿历史文化资源，整合抗战遗存、航空航天等文化要素，还原具有"野趣"的历史生态风貌，植入国家文化展示、国际文化交往等功能，促进生态文化与现代城市和谐共生。

卢沟桥—宛平城—长辛店文化板块建设卢沟桥国家文化公园区，塑造成为弘扬爱国主义精神的教育地、凝聚中华民族精神的纪念地、促进国际和平交流的承载地。保护宛平城历史风貌，调整功能业态，整治周边环境。保护长辛店街区历史遗迹与特色风貌，引入创意产业，对二七机车厂和车辆厂工业遗产进行整体提升。

北京市大兴区位于永定河的冲积扇小平原上，永定河大兴段共55千米，有着厚重的历史和丰厚的物质文化遗产、非物质文化遗产。大兴区将结合北京市西山永定河文化带建设，对永定河河神祠、北岸分司、海禅寺、南宫遗址等永定河沿岸历史遗址遗迹进行保护研究，将其打造成一条文化带、生态带、文明带、体育带、休闲带。把永定河现有的生态资源、历史文化资源，充分融入大兴区分区规划布局。在战略定位上，大兴区将建设国家科技成果创新转化的科创新高地、北京南部地区的首都新门户、京津冀地区资源要素集聚流通的区域新动脉、城乡土地制度的改革先行区。

大兴区永定河畔的南海子郊野公园，为一片天然湿地，是辽、金、元、明、清五朝皇家猎场和明、清两朝皇家苑囿，著名的"南囿秋风"是明代"燕京十景"之一。经过规划和修缮，重现"潴以碧海，湛以深池""陂隰广衍，草木丰美"，回归的麋鹿得到栖息和繁衍，大面积的湖水和绿化，以及独特的文化底蕴，吸引人们到这里休闲观光。

永定河的修复和治理工作实施以来，各级政府及相关部门高度重视，做了大量工作，取得明显成效。流域

南海子湿地公园 / 魏齐庚 摄

428

续写新时代母亲河的精彩 第十六章

永定河畔玩耍的孩子们 / 魏齐庚 摄

生态环境改善，为沿岸人民争取了更多的生活空间。生态环境转化经济优势，各地滨河地区成为城市经济文化娱乐中心，成为地区最有活力的地带，永定河还将成为撬动南城发展的有力杠杆。

历史上的永定河，塑造了北京今天的格局，亿万年的流淌，深深影响着北京的方方面面，而永定河文化早已深深融入城市的血脉，潜移默化地润泽人们的心灵。如今，永定河作为北京的母亲河，依然影响着北京城市的面貌，是推动产业格局演变、重塑城市辉煌的有力依托。焕发生机的母亲河，再为北京注入活力，给两岸人民带来生态福祉。

一个足以让人们期待的新时代母亲河的新图景正在绘就。不仅如此，国家京津冀一体化经济发展战略，为整合流域文化资源和进一步深入研究永定河文化提供了平台和路径，西山永定河文化带的建设将唤起更多人聚焦永定河，也会聚合起大势磅礴的筑梦力量。

429

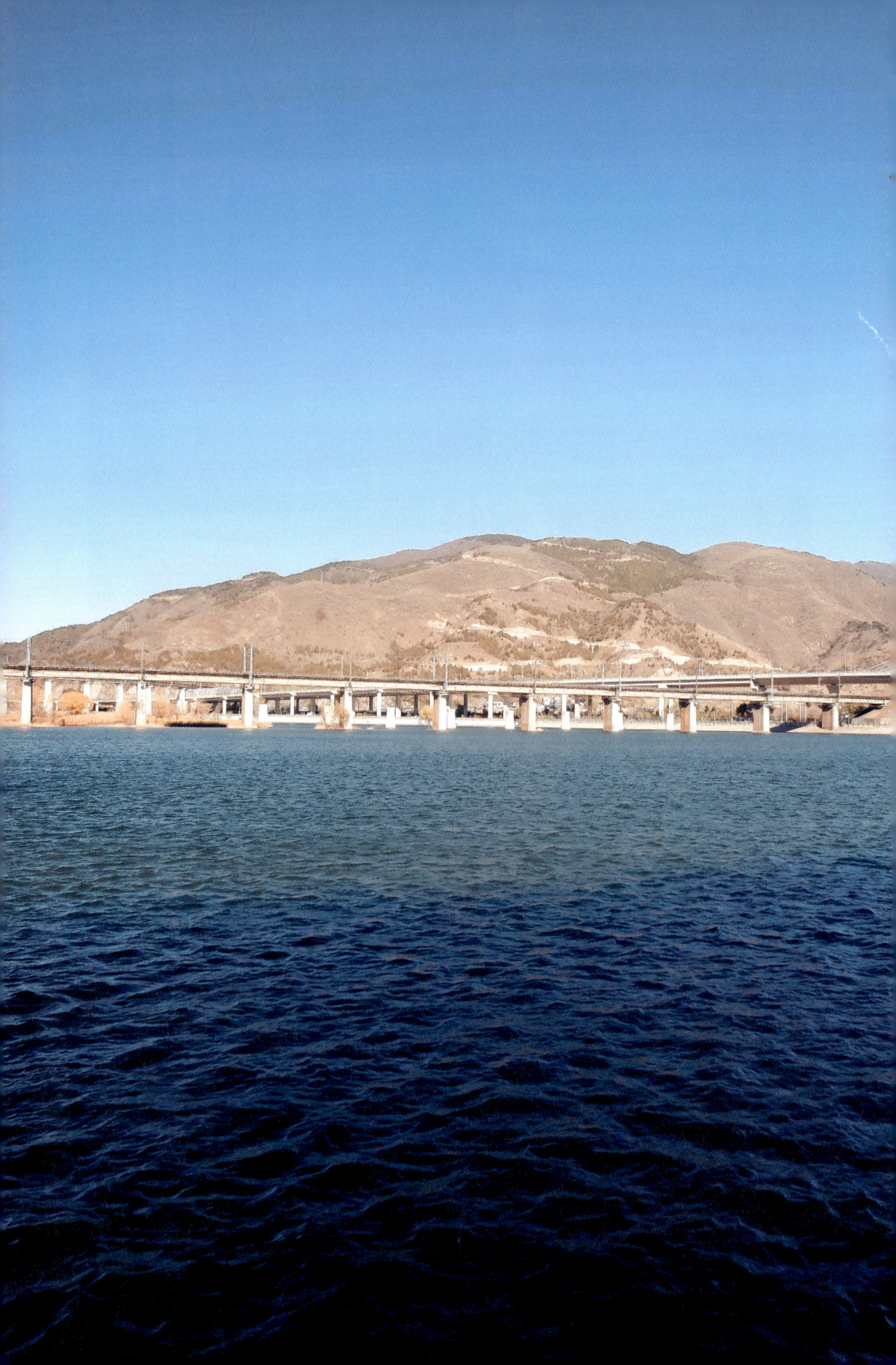

# 参考书目

[1] 郦道元.水经注.永乐大典本［M］.北京：商务印书馆，1962.
[2] 王钦若等.册府元龟［M］.南京：凤凰出版社，2006.
[3] 脱脱等.金史卷［M］.北京：中华书局，1975.
[4] 熊梦祥.析津志辑佚［M］.北京：北京古籍出版社，1983.
[5] 宋濂等.元史·河渠志［M］.北京：国家图书馆出版社，2014.
[6] 刘侗，于奕正.帝京景物略［M］.北京：北京古籍出版社，1983.
[7] 王养濂等.康熙宛平县志［M］.北京：北京燕山出版社，2007.
[8] 陈琮.（乾隆）永定河志［M］.北京：学苑出版社，2013.
[9] 李逢亨.（嘉庆）永定河志［M］.北京：学苑出版社，2013.
[10] 朱其诏，蒋廷皋.（光绪）永定河续志［M］.北京：学苑出版社，2013.
[11] 于敏中等.日下旧闻考［M］.北京：北京古籍出版社，1983.
[12] 华北水利委员会.永定河治本计划［R］.1933.
[13] 顾颉刚.妙峰山［M］.上海：上海科学技术文献出版社，2014.
[14] 曹子西.北京通史［M］.北京：中国书店，1994.
[15] 北京市政协文史和学习委员会.北京水史［M］.北京：中国水利水电出版社，2013.
[16] 北京市永定河管理处.永定河水旱灾害［M］.北京：中国水利水电出版社，2002.
[17] 北京铁路局志编纂委员会.北京铁路局志［M］.北京：中国铁道出版社，1995.
[18] 北京市地方志编纂委员会.北京志·自然灾害卷·自然灾害志［M］.北京：北京出版社，2012.
[19] 中国煤炭志编纂委员会.中国煤炭志［M］.北京：煤炭工业出版社，1999.
[20] 北京市丰台区地方志编纂委员会.北京市丰台区志［M］.北京：北京出版社，2001.
[21] 北京市门头沟区地方志编纂委员会.北京市门头沟区志［M］.北京：北京出版社，2006.
[22] 门头沟村落文化志编委会.北京门头沟村落文化志［M］.北京：北京燕山出版社，2008.
[23] 北京市石景山区地方志编纂委员会.北京市石景山区志［M］.北京：北京出版社，2005.
[24] 大兴县志编纂委员会.大兴县志［M］.北京：北京出版社，2002.
[25] 卢沟桥文物保管所.卢沟桥文集［M］.北京：北京燕山出版社，1987.
[26] 石景山区文化委员会.永定河传说［M］.北京：同心出版社，2013.
[27] 侯仁之.北京城的生命印记［M］.北京：生活·读书·新知三联书店，2009.

[28] 罗哲文,柴福善.中华名寺大观[M].北京:机械工业出版社,2008.
[29] 王玲.北京与周围城市关系史[M].北京:北京燕山出版社,1988.
[30] 尹均科,吴文涛.历史上的永定河与北京[M].北京:北京燕山出版社,2005.
[31] 李家瑞,李诚,董洁.北平风俗类征[M].北京:北京出版社,2010.
[32] 于德源.北京灾害史[M].北京:同心出版社,2008.
[33] 安全山,齐鸿浩.京西商旅古道[M].北京:团结出版社,2013.
[34] 张云涛.潭柘寺碑记[M].北京:中国文化出版社,2010.
[35] 颜昌远.水惠京华[M].北京:中国水利水电出版社,1999.
[36] 吴廷燮.北京市志稿[M].北京:北京燕山出版社,1998.
[37] 沈来新,刘培斌.北京永定河生态走廊文化调查与规划研究[M].北京:团结出版社,2014.
[38] 叶良辅.北京西山地质志[M].北京:农商部地质调查所,1920.
[39] 河北省地方志编纂委员会.河北省志·自然地理志[M].石家庄:河北人民出版社,2012.
[40] 天津市地方志编修委员会.天津通志.水利志[M].天津:天津社会科学院出版社,2005.
[41] 山西省地方志编纂委员会.山西通志[M].北京:中华书局,1991.
[42] 中国水利水电科学研究院水利史研究室.再续行水金鉴[M].武汉:湖北人民出版社,2004.
[43] 中共中央文献研究所编辑委员会.周恩来选集·下卷[M].北京:人民出版社,1984.
[44] 北京颐和园管理处,国家图书馆,中国科学院情报中心,北京市海淀区档案馆.明珠耀两河[M].北京:国家图书馆出版社,2019.

# 再版后记

《永定河史话》是作者尤书英用了近三年时间，两走永定河全线，而用心撰写出来的一部书。本书采用史话的形式，介绍了永定河及永定河流域的历史文化和风土人情，对于永定河文化的传播，特别是永定河是北京的母亲河这一理念的确立，起到了非常好的推动作用。

在2017年《永定河史话》第一版正式出版后，我们召开了高规格的评审会，时任北京市社科院院长王学勤，北京学研究基地首席专家、北京联合大学原校长张妙弟教授，以及北京市地方志、北京史研究会、北京地理学会、北京史地民俗学会、有关出版行业等有关专家学者给予了高度评价，各大新闻媒体的朋友出席了这次活动，纷纷给予了报道和采访。永定河文化研究会的工作也得到有关领导的肯定和好评。特别是在北京电视台播出大型人文地理纪录片《永定河》期间，寻求这本书的单位和个人非常多，第一版印刷一万册，仅两年时间库存就所剩无几。看来只要是好书，贴近时代和百姓生活的书就会有需求。

当然我们要感谢作者尤书英。我很清楚，尤老师为此付出了很多心血，没有她的付出，就没有《永定河史话》这本书的深度和厚度，是她孜孜以求的精神收获了研究成果。尤老师阅历丰富，经过部队的锻炼，有机关和大型企业工作的积累，多年来一直积极参与有关永定河文化的发掘、整理和研究工作。当初我们把这本书的写作任务交给她时，是看重尤老师为人谦和，做事认真负责的态度，同时也是看重其具备的综合潜力，有过写书的经历。实践证明，《永定河史话》是一部关于永定河文化研究的精品之作。

然而，要完成这样一部既有历史跨度，又有文化厚度的专著谈何容易。在写作过程中，尤老师展现出其军人气质，在各种困难面前没有退缩。她查阅了大量历史资料，同时实地考察，行走在永定河两岸，从管涔山到天津永定河入海口，几乎每个重要地点都留下了她的足迹。我们看到的《永定河史话》也因此有比较开阔的视野和独到的笔触。

《永定河史话》一书的撰写和出版也是我们研究会的一件重要工作，得到永定河文化研究会各位专家老师的关心和关注，遇事大家及时沟通，上下共同努力。这也是我们一直以来倡导的工作氛围。

2020年，北京出版集团将再版《永定河史话》列入日程，尤老师为此感到荣幸和欣慰。对第一版书稿做了些许调整，并在第一版的基础上增加了一章"续写新时代母亲河的精彩"，重点介绍国家对永定河的治理措施和发展规划，向广大读者展现了重新焕发生机的母亲河和更加美好的未来。

我们永定河文化研究会是在门头沟区委、区政府及有关部门的关心和支持下于2005年成立，至今已经十多年了。这十多年来研究会由点到面、由浅到深、由粗到细，做了大量工作，取得了丰厚的成果。永定河是北京的母亲河，永定河文化是一个大文化概念，既蕴含丰富的物质文化，又蕴含非常丰富的非物质文化。2017年，国家《永定河综合治理与生态修复总体方案》开始实施，2017年，北京新版城市总体规划将长城文化带、大运河文化带、西山永定河文化带的建设正式列入其中，适逢其会，我们研究会的研究课题也更加深入，整体水平提升到一个新的更高的层面。我们组织专门人员开展"永定河三大源头文化"的研究，同时请有关专家和政府有关部门共同研讨有关永定河文化成果的开发、利用和转化，使其文化价值不断得到延伸。

书归正传，《永定河史话》的再版是一件好事，可喜可贺。一本学术研究类的书籍在发行之后还能再版实属不易。在这里，诚挚感谢北京出版集团各位领导的大力支持，你们的决策为母亲河奉献了一份爱，也是为北京西山永定河文化带建设奉献的一份厚礼；还要感谢参与此书的各位专业人员付出的努力，你们严谨的态度和细致的工作，使《永定河史话》得以更加完美呈现。我相信再版的《永定河史话》带着读者的希冀，带着我们对母亲河的共同关切，将为永定河文化的宝库再添光彩。

张广林
（北京永定河文化研究会会长）
2022年3月12日